A PORTA DOS LEÕES

**NAS LINHAS DE FRENTE
DA GUERRA DOS SEIS DIAS**

Proibida a reprodução total ou parcial em qualquer mídia
sem a autorização escrita da editora.
Os infratores estão sujeitos às penas da lei.

A Editora não é responsável pelo conteúdo deste livro.
O Autor conhece os fatos narrados, pelos quais é responsável,
assim como se responsabiliza pelos juízos emitidos.

Consulte nosso catálogo completo e últimos lançamentos em **www.editoracontexto.com.br**.

STEVEN PRESSFIELD

A PORTA DOS LEÕES

**NAS LINHAS DE FRENTE
DA GUERRA DOS SEIS DIAS**

Tradução
Leonardo Pinto Silva

Copyright © 2014 by Nine Sisters Imports, Inc.
This Portuguese language translation of *The Lion's Gate: On the Front Lines of The Six Day War* by Steven Pressfield is published by arrangement with Nine Sisters Imports, Inc.

Direitos de publicação no Brasil adquiridos pela
Editora Contexto (Editora Pinsky Ltda.)

Foto de capa
Reuters/Latinstock

Montagem de capa e diagramação
Gustavo S. Vilas Boas

Preparação de textos
Tatiana Borges Malheiro

Revisão
Lilian Aquino

Dados Internacionais de Catalogação na Publicação (CIP)
Andreia de Almeida CRB-8/7889

Pressfield, Steven
A Porta dos Leões: nas linhas de frente da Guerra dos Seis Dias /
Steven Pressfield; tradução de Leonardo Pinto Silva. –
1. ed., 1ª reimpressão. – São Paulo : Contexto, 2020.
480 p. : il.

Bibliografia
ISBN 978-85-7244-977-9
Título original: The lion's gate: on the front lines of the
Six Day War

1. Guerra Árabe-Israelense 2. Oriente Médio – Israel
I. Título II. Silva, Leonardo Pinto

16-0925   CDD 956.046

Índices para catálogo sistemático:
1. Guerra Árabe-Israelense, 1967

2020

EDITORA CONTEXTO
Diretor editorial: *Jaime Pinsky*

Rua Dr. José Elias, 520 – Alto da Lapa
05083-030 – São Paulo – SP
PABX: (11) 3832 5838
contexto@editoracontexto.com.br
www.editoracontexto.com.br

Este livro é dedicado, com respeito e profunda admiração, a Lou Lenart, capitão do Corpo de Fuzileiros Navais dos EUA (1940-1947) e da Força Aérea de Israel (1948-1954).

SUMÁRIO

Nota sobre uma história híbrida 9

|Livro um| A espera 13

|Livro dois| En brera 57

|Livro três| A espera, parte dois 127

|Livro quatro| Moked 161

|Livro cinco| Sinai 207

|Livro seis| Jerusalém 285

|Livro sete| A batalha profunda 387

|Livro oito| A Porta dos Leões 419

Posfácio 463

Agradecimentos 465

Os que tombaram e os que foram condecorados
na Companhia de Reconhecimento da 7ª Brigada Blindada 471

Bibliografia 473

Créditos das imagens 477

O Autor 479

NOTA SOBRE
UMA HISTÓRIA HÍBRIDA

Antes de dizer o que é este livro, preciso explicar o que ele não é. Não é uma história abrangente da Guerra dos Seis Dias. Batalhas inteiras foram deixadas de fora. Observações críticas fundamentais, como os contextos diplomático e político antes da guerra, o ponto de vista dos árabes e mesmo a história do povo judeu, só foram incluídas em menções testemunhais de personagens centrais desta obra, os próprios veteranos da guerra. Mesmo aquelas unidades das Forças de Defesa de Israel (FDI) cuja contribuição para a vitória foi fundamental – a Brigada Golani, a Ugda Yoffe, as Brigadas Harel e Jerusalém, o Sayeret Matkal, a Marinha e muitas outras – são mencionadas somente *en passant*.

A Porta dos Leões reconstrói as experiências de apenas algumas das unidades das FDI – o 119º Esquadrão de Mirages da Força Aérea, a 7ª Brigada de Blindados (sobretudo, a Companhia de Reconhecimento), o 124º Esquadrão de Helicópteros, o 71º Batalhão de Paraquedistas, entre outros. Mesmo no âmbito dessas formações, um número restrito de pessoas ganha visibilidade. A matéria-prima deste livro vem de 63 entrevistas que realizei em Israel, na França e nos Estados Unidos, perfazendo cerca de 370 horas de conversa. O foco é deliberadamente pessoal, subjetivo e idiossincrático.

Este livro não tem a pretensão de documentar os "fatos" da guerra. A essência desta narrativa são os testemunhos dos soldados e aviadores, suas lembranças. A memória é algo bastante complexo. É verdade? É história? É fato? Não me preocupo tanto com essas perguntas, que, ao fim e ao cabo, não podem ser respondidas, mas com a realidade humana daquele instante. O que me fascina é a abordagem subjetiva do evento. Quero estar no *cockpit*, dentro do tanque, vestindo o capacete. O que importa para mim é *como o evento foi vivenciado por aqueles homens e mulheres*.

A memória, como sabemos, é notoriamente traiçoeira. Ela pode ser egoísta, autólatra, autocomplacente. A memória se esvai. As pessoas esquecem. As lembranças contêm hiatos e lacunas. Além disso, há o efeito Rashomon. O leitor atento descobrirá neste livro trechos em que três indivíduos trazem três diferentes versões de um mesmo evento do qual participaram. Esse fenômeno ocorreu durante a realização das entrevistas. Quando conversei com mais de uma pessoa ao mesmo tempo, o depoimento de uma delas por vezes contradizia o do amigo. "Não, quando isso aconteceu ainda não estava escuro. Você não lembra?" O leitor deve ter isso em mente ao avaliar os relatos apresentados nestas páginas.

Também é preciso mencionar como foi tratado o material obtido nas entrevistas. Em alguns casos, o discurso do entrevistado foi transcrito na íntegra. Em outros, eu o editei, inverti a ordem, alterei o tempo verbal, abreviei o relato e empreguei outros artifícios narrativos. As entrevistas foram feitas em inglês, que, para a maioria dos entrevistados, é a segunda ou terceira língua. Várias entrevistas foram traduzidas *in loco* pelo meu colega Danny Grossman. Ao reunir o material para utilizar neste livro, por vezes imaginei a prosa dos entrevistados como se tivesse sido dita em sua língua materna.

Livros. Vários dos personagens entrevistados – Yael Dayan, Ruth Dayan, Eliezer "Chita" Cohen, Uzi Eilam, Ran Ronen, Giora Romm, Morele Bar-On, Avigdor Kahalani, entre outros – são autores ou coautores de obras sobre a Guerra dos Seis Dias. Com sua permissão, incorporei trechos dessas obras em suas narrativas orais. Uma unidade de destaque neste livro é a Companhia de Reconhecimento da 7ª Brigada Blindada. Membros desse grupo produziram um documentário intitulado *We Looked Death in the Eye...* (Nós encaramos a morte...), sobre o que viveram na guerra de 1967. Procedi com esse filme da mesma maneira que com os livros, apropriando-me de certas frases ditas à câmera e integrando-as às narrativas.

Devo também alertar o leitor sobre outra violação intencional das convenções em relação à escrita de livros de História. Moshe Dayan morreu em 1981. Eu realizei minhas entrevistas em 2011 e 2012. Evidentemente, não teria como entrevistá-lo. Mesmo assim, escrevi capítulos sobre ele na primeira pessoa, utilizando suas palavras.

Por que estou classificando este livro de "História híbrida"? Porque as técnicas que empreguei em sua confecção derivam de uma série de disciplinas – do Jornalismo e da História acadêmica, da não ficção convencional e das narrativas de não ficção e do *New Journalism*.

Os capítulos sobre Dayan devem ser lidos levando isso em consideração. Ele não ditou aquelas frases para meu gravador. Elas não são seu testemunho recontando o que ocorreu. Mesmo assim, fiz todo o esforço possível para ser fidedigno ao Moshe Dayan histórico, no limite que minha imaginação e meu conhecimento permitissem.

Felizmente, Dayan deixou uma autobiografia, um diário da Campanha do Sinai de 1956, um extraordinário testamento pessoal intitulado *Living with the Bible* (Vivendo com a Bíblia) e uma série de outras obras publicadas. Além disso, existem excelentes biografias dele, escritas por seus colegas e contemporâneos. Tive o privilégio de entrevistar diversos indivíduos que eram muito próximos de Dayan: sua primeira esposa, Ruth; sua filha, Yael; seu sobrinho, Uzi; bem como seus parceiros e companheiros de armas Neora Matalon-Barnoach, Shlomo Gazit, Morele Bar-On, Michael Bar-Zohar, Aharon Yadlin e Zalman Shoval. Dito isso, ao ler os capítulos sobre Dayan, o leitor deve ter em mente que por vezes extrapolei os limites e caí na pura especulação.

Nas estantes do meu escritório, existem 107 livros sobre a Guerra dos Seis Dias e seus antecedentes. Por que escrever mais um? A resposta é: eu queria contar a história de maneira subjetiva, relatar a saga ocorrida tanto na terra como no ar de uma forma que nunca vi ser contada antes, mesmo que isso significasse tomar algumas liberdades diante das convenções acadêmicas e jornalísticas. O rápido passar dos anos foi outro fator. Vários dos veteranos entrevistados para este livro já eram sexagenários; outros, um contingente expressivo, já contavam 70, 80, 90 anos. Eles poderiam não ter outra oportunidade de contar suas histórias.

Eu sou judeu. Queria contar a história dessa guerra judaica, combatida por judeus para preservar a pátria judaica e o povo judeu. Não pretendo ser imparcial. Ainda assim, tentei, apesar das liberdades tomadas, contar a história direito. Sou o único responsável pela estrutura, pelo tema e pelas opções editoriais deste livro. Escolhi o que colocar em primeiro e em último lugar, o que incluir e o que deixar de fora. Os veteranos me distinguiram contando suas histórias, mas a responsabilidade pela forma e pelo conteúdo finais desta obra é inteiramente minha.

E assim será, se o rei souber de alguma nação ou povo que almeje usar a violência para se apossar de qualquer coisa que pertença a Israel, ele convocará os capitães estacionados nas cidades de Israel aos milhares e às centenas, e eles enviar-lhe-ão um décimo dos seus para que o ladeiem na guerra contra os seus inimigos. E, se um grande exército se abater sobre a terra de Israel, eles enviar-lhe-ão um quinto dos seus homens armados. E, se um rei com carruagens e cavalos e um grande exército investir contra Israel, eles enviar-lhe-ão um terço dos homens, com armas, e os dois terços que restarem deverão montar guarda nas suas cidades e fronteiras para que nenhuma empresa invada suas terras. E, se a batalha recair sobre o rei somente, eles enviar-lhe-ão metade dos seus soldados, e a outra metade não deverá ser apartada das cidades a que pertencem.

Trecho do *Pergaminho do Templo*, escrito há mais de 2 mil anos e recuperado um dia depois da libertação de Jerusalém, em 7 de junho de 1967.

LIVRO UM
A ESPERA

DOIS IRMÃOS

Três semanas antes da guerra, fui visitar meu irmão Nechemiah em Jerusalém. Nós dois nascemos lá. Aquela cidade é o nosso lar.

O major Eliezer "Chita" Cohen é piloto e comandante do 124º Esquadrão, primeira e principal formação de helicópteros de Israel.

Nechemiah tinha então 24 anos e era capitão do Sayeret Matkal, as Forças Especiais de Israel. Ao lado de Ehud Barak, o futuro primeiro-ministro, era o soldado mais condecorado do Exército de Israel. Nechemiah havia recebido cinco medalhas por bravura – uma por serviços relevantes e quatro citações do comandante das Forças Armadas.

Nechemiah tinha sido promovido do posto de tenente havia quatro meses. Foi transferido para a 35ª Brigada de Paraquedistas, uma unidade de elite, onde se tornou comandante de uma companhia, tudo isso para adquirir experiência liderando formações maiores que as equipes de 12 homens das Forças Especiais.

A data de nossa visita foi 15 de maio, Dia da Independência. Minha esposa, Ela, e eu fomos com nossos filhos assistir ao desfile em Jerusalém Ocidental. Nechemiah ligou e nos convidou para ir ao seu posto de comando. "É seguro", ele disse. "Traga as crianças."

O posto avançado de Nechemiah ficava em Abu Tor, no meio de uma terra de ninguém. Abu Tor é a colina mais alta ao sul da Cidade Velha. Do local, controlam-se o acesso por terra da Jordânia e os arredores ao sul da Velha Jerusalém.

Nechemiah tinha cerca de cinquenta paraquedistas distribuídos em equipes de quatro ou cinco ao longo da linha do armistício. Ele instalou seu quartel-general num belo casarão de tijolos vermelhos que estava abandonado havia mais de vinte anos, desde os combates de 1948. Ao redor do casarão, havia arame farpado, barricadas e ninhos de metralhadoras. As placas alertavam: "Perigo – Minas". Era um lugar belíssimo no meio de uma paisagem desoladora.

Descendo a colina, havia postos e fortificações da Legião Árabe. Eram, as tropas de elite do rei Hussein, treinadas pelos britânicos, usando os famosos *keffiehs* quadriculados nas cores vermelha e branca. Meus filhos ficaram arrepiados ao avistar soldados inimigos tão de perto.

Nechemiah e eu passamos duas horas juntos. Fomos ao telhado plano do casarão. O local se parecia com qualquer outro posto avançado ocupado por jovens soldados – sacas de areia, binóculos potentes, caixas com ração para combate, sacos de dormir empilhados pelos cantos, mochilas dispostas num semicírculo com armas e capacetes à disposição para a ação.

É preciso levar em conta que Nechemiah e eu viemos de uma família muito humilde. Crescemos brincando nos becos, nas ruas secundárias e nas encostas pedregosas de uma cidade que não podíamos chamar de nossa. Jerusalém estava então sob o Mandato Britânico. Não havia Israel. Nós, judeus, não tínhamos um país.

Quando o Estado foi fundado, em 1948, o Exército da Jordânia venceu a batalha por Jerusalém. A Legião Árabe expulsou nossas forças da Cidade Velha e ateou fogo em mais de cinquenta sinagogas, matando todos os judeus que encontrava pela frente.

Nechemiah e eu sabíamos o que estava se passando e sentíamos ódio, mesmo ainda crianças. Quando crescemos, nos tornamos soldados e, depois, oficiais. Paramos de falar como crianças birrentas e começamos a planejar como militares profissionais. Nechemiah é paraquedista, eu sou piloto. A bola está conosco. Temos que fazer o trabalho.

Era assim que encarávamos a situação, Nechemiah e eu, no telhado do casarão, admirando aquela terra de ninguém. Nós dois sabíamos que a guerra estava a caminho. "Você se sente frustrado, irmão", perguntei, "por estar preso aqui em Jerusalém quando os combates certamente serão no Sinai ou na Síria?".

Naquele momento, achávamos que a guerra não chegaria à Cidade Sagrada. A Jordânia não arriscaria atacar Israel, temendo ser derrotada. E Israel não podia dar o primeiro passo. O restante do mundo jamais permitiria.

Do telhado, meu irmão e eu avistávamos o bosque de álamos que fica acima do Muro das Lamentações, o local mais sagrado para o nosso povo. As árvores pareciam tão próximas que tínhamos a impressão de quase poder tocá-las, ainda que entre nós houvesse o arame farpado e os postos de combate da Legião Árabe.

"Olhe lá, irmão", eu disse. "O monte Moriá, onde Abraão amarrou Isaac, à distância de uma cusparada. Ali está a Torre de Davi e o que sobrou do bairro judeu da Cidade Velha. Tudo isso é nosso. O que nos impede de tomar posse, *ahuyah*?" Usei a palavra árabe para "irmão", como todos fazíamos em nossa família. "Vamos esperar a permissão das Nações Unidas ou das potências mundiais? Os jordanianos não ocuparam a Cidade Velha porque tinham direito adquirido. Ela nunca fez parte daquele país. Eles a tomaram à força em 1948!"

Perguntei a Nechemiah o que ele achava que os norte-americanos fariam em nosso lugar. O Exército deles ficaria quieto por um único minuto que fosse se uma potência estrangeira ocupasse a avenida Pennsylvania? Os britânicos ficariam impassíveis se uma nação estrangeira se apossasse de uma mísera rua em Londres? O que os russos fariam?

Consigo ouvir a resposta do meu irmão como se ele estivesse aqui bem na minha frente. "*Ahuyah*", ele disse, "se a guerra chegar, ela também chegará a Jerusalém. Vamos libertar a Cidade Velha".

Não acreditei nele. Pensei comigo: "Isso é apenas um sonho". Todos os alertas de combate naquele tempo eram emitidos contra os egípcios, os sírios e os iraquianos. Nunca contra os jordanianos.

"Vai acontecer", meu irmão disse. "Você vai ver."

Nós nos abraçamos e nos despedimos. Foi a última vez que vi Nechemiah vivo.

Meu irmão caçula – sou oito anos mais velho – recebeu ordens para juntar-se com sua companhia à 35ª Brigada de Paraquedistas, estacionada ao longo da fronteira com o Egito. Ele foi morto em Gaza, no primeiro dia da guerra.

Meu esquadrão de helicópteros foi designado naquele dia para executar missões de evacuação no norte do Sinai e na Faixa de Gaza. Escutei o chamado de emergência pelo rádio do meu esquadrão: "Baixas em massa próximo à cidade de Gaza".

Enviei um dos meus pilotos, Reuven Levy, para cuidar da evacuação. Nunca me ocorreu que meu irmão pudesse estar entre os mortos. Ele era muito bom, muito esperto. Nada poderia acontecer a ele.

Levy recebeu ordens de um oficial no local para não me contar sobre a morte de Nechemiah. "Chita é um comandante de esquadrão crucial", disseram a Levy. "A nação precisa dele operando em plena capacidade."

Então, voei noite e dia em missões durante a guerra, em Gaza e no Sinai, na Cisjordânia e em Jerusalém e sobre as colinas de Golã, sem saber o que tinha acontecido ao meu irmão.

No último dia, enquanto Israel inteiro rumava à Jerusalém libertada para tocar as pedras e admirar o milagre que muitos acreditavam que nunca iria ocorrer, eu estava no escritório do comando da base aérea de Tel Nof sendo finalmente informado de que meu irmão não havia sobrevivido para testemunhar aquilo. Naquela hora meu mundo acabou.

A VOZ DO TROVÃO

O Estado de Israel é do tamanho de Nova Jersey. Somados, os territórios dos seus vinte Estados árabes inimigos superam em 2,6 milhões de quilômetros quadrados* o restante dos Estados Unidos. Em 1967, a população de Israel era de 2,7 milhões de habitantes. Muitos eram imigrantes recém-expulsos dos países árabes do Norte da África e do Oriente Médio. Os recém-chegados tinham poucas habilidades que pudessem ser aproveitadas na defesa do país. A maioria nem sequer falava hebraico. O Estado de Israel existia imerso num mar de 122 milhões de árabes, uma proporção de mais de quarenta para um.

O tenente Zeev Barkai tem 23 anos e é oficial de operações do 71º Batalhão de Paraquedistas. Ele é um kibutznik do kibutz Kinneret, no mar da Galileia. Ele receberá a Itur HaOz, a segunda mais alta condecoração israelense por bravura, pelos seus feitos durante a Guerra dos Seis Dias.

Em 1967, não havia estações de TV em Israel. Tínhamos apenas uma estação de rádio, Kol Israel – Voz de Israel. No entanto, podíamos assistir à TV árabe. Havia uma estação na Jordânia e uma no Egito, além da Voz do Trovão, do Cairo, uma emissora de rádio que transmitia o dia inteiro (às vezes num hebraico ruim) e cuja propaganda diária tinha alcançado o nível da histeria, com o objetivo de aterrorizar a população de Israel. "Judeus, o povo árabe decidiu livrar a Palestina da presença de vocês. Portanto, façam suas malas e vão embora antes que a morte os alcance. Tel

---

* N. T.: Por clareza, ainda que sejam utilizadas no universo militar, optou-se na tradução por converter as medidas inglesas (imperiais) por métricas.

Aviv vai ficar em ruínas. Nossas bombas vão atingir seus alvos. Para onde vocês vão correr, sionistas?"

A gente tentava rir daquelas coisas, mas não conseguia. Sabe a canção "The End", do Jim Morrison, do The Doors? Era popular naquela época. Um verso dizia algo como *"This is the end, my friend, this is the end"* ("É o fim, meu amigo, é o fim"). Era assim que nos sentíamos naquela semana. A TV do Cairo exibia imagens de imensas multidões árabes nas ruas, carregando cartazes e entoando "Morte aos judeus!", "Morte aos sionistas!". A Voz do Trovão repetia o que Azzam Pasha, da Liga Árabe, tinha dito em 1948: "Será uma guerra de extermínio e um massacre memorável, que ficará marcado na História, como os massacres mongóis e as Cruzadas". Naquela época, o mundo árabe contava com um líder como jamais teve ou voltou a ter na Era Moderna – Gamal Abdel Nasser, presidente do Egito. (O Egito, então, chamava-se oficialmente República Árabe Unida, embora seu parceiro, a Síria, tivesse abandonado a união em 1961.) O sonho de Nasser era o pan-arabismo: um único Estado estendendo-se da Ásia Cen-

O presidente Gamal Abdel Nasser, à esquerda, com o comandante do Exército, Abdel Hakim Amer, e pilotos egípcios, poucos dias antes da guerra.

tral, atravessando o Oriente Médio e a África e chegando ao Atlântico. Ele queria um mundo árabe moderno, secular e socialista, munido com os armamentos mais modernos e equipado com as tecnologias mais recentes. Para isso, o Egito e a Síria já tinham se aliado à União Soviética, então no auge de sua riqueza e seu poder.

Equipada pelos russos, a Força Aérea de Nasser possuía 480 aviões de combate, todos a jato, incluindo 180 MiGs-17 e MiGs-15, 80 MiGs-19 e 130 MiGs-21, a versão mais moderna, capaz de voar duas vezes mais rápido que a velocidade do som. Além disso, a Força Aérea do Egito tinha 20 caças-bombardeiros Sukhoi-7, 70 bombardeiros Tupolev-16 e Ilyushin-28, e ainda 90 aeronaves de transporte Ilyushin e Antonov e 60 helicópteros. Israel não tinha um único bombardeiro sequer. A Força Aérea da Síria acrescentava aos egípcios 120 aviões soviéticos, incluindo MiGs-19 e MiGs-21. Os iraquianos contribuíam com outros 200.

O Exército egípcio consistia em cerca de 1.200 tanques, incluindo 300 dos novos T-54 soviéticos e 200 dos novíssimos T-55. Estes eram os mesmos tanques utilizados pelo Exército russo. A Síria possuía mais 550 tanques soviéticos, e o Iraque, outros 630, totalizando 2.400, sem contar os 130 prometidos pelo Líbano e os 100 da Arábia Saudita. Contra isso, as brigadas blindadas de Israel tinham como pôr em campo somente 800 tanques – 250 Centurions britânicos, 200 Pattons M-48 norte-americanos e mais 150 blindados leves AMX-13 e 200 Super Shermans, tanques da época da Segunda Guerra Mundial reconfigurados e rearmados para combates no deserto.

No decorrer do último mês, Nasser despejou no Sinai 950 tanques, 1.100 blindados de transporte de tropas, 1.000 unidades de artilharia e 100.000 soldados. As forças egípcias e sírias eram treinadas por instrutores soviéticos. O radar de defesa aérea havia sido construído e instalado pelos soviéticos. Em muitos casos, também era operado por eles. As defesas de solo egípcias do Sinai – campos minados, "caixas" de artilharia e posições em *bunkers* – eram construídas e projetadas por engenheiros soviéticos segundo a doutrina militar mais recente. A pedra no sapato de Nasser éramos nós. No encontro da Liga Árabe em 1964, 13 nações sob a liderança de Nasser criaram o Comando Árabe Unido, uma instituição militar comprometida em erradicar a entidade sionista. A palavra "Israel" não existia em nenhum mapa árabe.

21

Minha unidade foi convocada no dia 21 de maio. Em Israel funciona assim: você pertence aos reservistas. O Exército permanente de Israel era composto então de apenas três brigadas. As FDI, Forças de Defesa de Israel, são um exército de reservistas. Para alcançar a plena capacidade, a força precisa mobilizar os reservistas, o que significa que eles devem abandonar seus trabalhos civis e se apresentar para o serviço militar. A economia inteira é obrigada a parar.

Meu amigo Yoram Zamosh, comandante da nossa Companhia A, estava dirigindo um trator quando um táxi veio buscá-lo. O Exército mandava táxis para os oficiais. O operador de rádio de Zamosh, Moshe Milo, também estava arando um campo num Caterpillar D4. Ele era sargento. Um ônibus foi apanhá-lo, assim como outros homens recrutados do *kibutz*. Yoram e Moshe mal tiveram tempo de correr para casa e se despedir. Só conseguiram pegar uma escova de dentes, deixar um bilhete e partir.

Nosso batalhão reuniu-se num local chamado Campo Israel, vizinho à base aérea de Lod, nos arredores de Tel Aviv. Unidades de paraquedistas precisam se posicionar próximo a bases aéreas por razões óbvias. A base aérea de Tel Nov era a única equipada para o treinamento de paraquedistas. Uma cerca dividia a base em duas; de um lado ficava a piscina, o cinema e a sorveteria – era o lado dos pilotos –; do outro, as torres de salto, a pista de obstáculos e os barracões – esse lado era o nosso.

Três quartos dos homens de nosso batalhão vinham de *kibutzim* ou de *moshavim* (*-im* é um sufixo que indica o plural em hebraico). Um *kibutz* é uma fazenda comunitária em que todos compartilham a terra e os bens. Um *moshav* é algo parecido, onde se permite às famílias ter a posse de seu próprio pedaço de terra e cultivá-lo.

Nos *kibutzim* daquele tempo, as crianças eram educadas não por seus pais, mas pela comunidade. Viviam em uma "casa das crianças" e cresciam supervisionadas por professores e cuidadores, no meio de outras crianças. Os ideais dos pioneiros continuavam muito em voga. Todos os membros do *kibutz* eram iguais. Ninguém tinha salário, as refeições eram servidas no refeitório comunitário. Alguns *kibutzim* só contavam com um telefone. Possuir carro próprio era algo que não passava pela cabeça de ninguém. O *kibutz* típico até podia ter uma ou outra lata-velha – um Peugeot, um Deux Cheveaux, ou mesmo um Studebaker Lark, fabricado em Israel. Se alguém tivesse que dirigir para algum lugar – para a cidade, consultar-se com um médico, digamos –, era só colocar o nome numa lista e torcer para que o comitê lhe entregasse as chaves. Nós pegávamos ônibus, andávamos de bicicleta ou a pé. Todo mundo andava a pé.

Morar num *kibutz* às vezes era muito duro. Quando o comandante do nosso batalhão, Uzi Eilam, fez 20 anos e completou seu primeiro serviço militar, quis estudar no Technion, o Instituto de Tecnologia de Israel, em Haifa. Uzi já se sobressaía como líder. Era um sujeito claramente destinado a fazer grandes coisas. O *kibutz* votou e não permitiu. Queriam que ficasse ali, cultivando a terra.

As pessoas pensam que os israelenses daquela época eram religiosos. Não é verdade. No *kibutz* de então, a ética era socialista, comunitária, sionista – não era antirreligiosa, mas certamente era não religiosa. Moshe Dayan, que nasceu no primeiro *kibutz* de Israel, Degânia Alef, nunca celebrou seu *bar mitzva*. Muitos de nós também não. Podíamos até acender uma vela, mas só sabíamos um punhado de rezas.

Em Israel, as décadas de 1950 e 1960 eram chamadas de *Tekufat HaTzena*, a "Época da Austeridade". A economia penava para absorver centenas de milhares de imigrantes, muitos dos quais tinham sido expulsos de países árabes. Eram muitas vezes pessoas pobres, que não tinham educação nem as habilidades requeridas no Ocidente. No *kibutz*, pelo menos tínhamos o que comer. Pode-se reconhecer alguém que cresceu na Época da Austeridade por seus dentes sem cáries. Ninguém tinha dinheiro para gastar em luxos como açúcar e doces.

Israel, como eu disse, é pequeno. No *kibutz* onde Zamosh, Milo, eu e outros do nosso batalhão crescemos, tínhamos a impressão de que vivíamos numa fazenda no Kansas. Mesmo Tel Aviv – nossa Manhattan – estava a uma hora e meia de distância.

Em nossa base, próxima a Lod, a brigada começou a treinar para valer. Éramos tão novatos, nem sequer tínhamos saltado juntos. Logo, estaríamos saltando em combate, diziam os rumores, no Sinai. Morávamos em barracas – dois homens em cada uma – espalhadas por pomares, sob laranjeiras e limoeiros e passávamos as noites escutando a Voz do Trovão pelos nossos transistores. O noticiário era repleto de histórias sobre as tropas de Nasser e o crescente número de tanques estacionados no Sinai. A ONU mantinha uma força de paz no deserto. Será que ela conseguiria detê-los? No dia 18 de

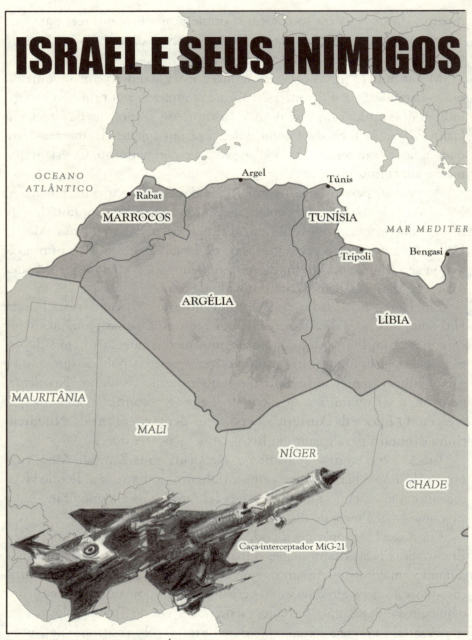

Fundado em 1964, o Comando Árabe Unido, composto de 13 membros,
era o braço militar da Liga Árabe. Seu objetivo era,
nas palavras do general de brigada dos EUA S. L. A. Marshall, a "eliminação de Israel".

maio, Nasser ordenou sua retirada, e a força de paz se foi. Por volta de 22 de maio, ele fechou o estreito de Tiran, interditando nosso porto de Eilat.

Seria a guerra? Em 24 de maio, recebemos ordens para ficar de prontidão. O dia D seria na manhã seguinte. A ordem foi cancelada; depois, foi repetida nos dias 25, 26 e 27, e, novamente, nos dias 29 e 30 daquele mesmo mês. Cada vez que éramos dispensados, os políticos davam uma desculpa diferente. Estavam buscando uma solução negociada ou esgotando todas as opções diplomáticas. No mais das vezes, estavam tentando fazer com que os russos dissessem a Nasser para recuar ou convencendo os norte-americanos, os britânicos ou os franceses a vir para o nosso lado.

Quando você é um tenente de 23 anos de idade, não dá a mínima para essas coisas. Tudo o que sabe é que cada dia que o governo passa sem tomar uma decisão é um dia a mais que o inimigo tem para se preparar, para arregimentar tanques e armas, para cavar trincheiras e túneis e se fortificar. Cada 24 horas passadas significam que mais dos nossos vão morrer.

Lembro-me de ter conseguido uma folga de 20 horas porque minha mãe havia adoecido. Peguei carona; me deixaram a uns 15 quilômetros de distância, ao anoitecer. Da estrada, eu podia avistar o vale do Jordão a leste. O Exército do rei Hussein dispunha de 176 tanques norte-americanos Patton; da fronteira, eles poderiam alcançar o meu *kibutz* em menos de uma hora. Os blindados da Síria poderiam descer as colinas de Golã e atropelar nossas defesas em menos tempo ainda.

Eu me encontrava a poucos quilômetros das ruínas da antiga Megido – o Armagedom da Bíblia. Tentava não pensar nisso, mas a música do The Doors continuava tocando na minha cabeça.

NO MEIO DO DESERTO

Eu estava morando em Atenas quando recebi um cabograma do meu pai pedindo que eu voltasse para casa imediatamente. Achava-se que nenhum israelense gostaria de estar em outro lugar enquanto a pátria estava em perigo. O fato de meu pai, que conhecia as dinâmicas políticas e militares do Oriente Médio tanto quanto qualquer um, escrever uma mensagem assim só podia significar uma coisa: a guerra era iminente.

Yael Dayan tem 27 anos e é filha do então comandante em chefe das Forças Armadas, Moshe Dayan. Ela já publicou dois romances bem recebidos pela crítica, além de ensaios e artigos de jornal, e adquiriu uma aura de celebridade na imprensa europeia. É também segen mishne, segundo-tenente, *da reserva das* FDI.

Tomei o voo da BEA com destino a Lod, o aeródromo construído pelos britânicos que seria mais tarde o Aeroporto Internacional Ben-Gurion. Minha mãe foi me buscar. A data era 25 de maio de 1967. Fomos de carro para o centro de mobilização em Tel Aviv, onde eu apresentei minha identificação militar e solicitei transferência para o sul, para o *front* egípcio. O sargento atrás do balcão sorriu. "E aonde mais você acha que todo mundo quer ir?".

Porém, minha solicitação foi aprovada.

Voltando para casa, minha mãe e eu escutamos a última arenga de Nasser, na qual o presidente do Egito declarava que seu objetivo final era a destruição de Israel. Nasser anunciou que os Exércitos do Egito e da Síria agora estavam sob um comando unificado e convidava a Jordânia a se unir a eles. Dizia que estava em contato diário com os líderes de uma dúzia de outros Estados árabes, que tinham prometido contribuir com soldados, armas ou dinheiro.

Jantei com meu pai naquela noite. Ele tinha visitado as unidades de combate no *front* e estava com o moral alto. Fez até uma piada dizendo que eu tinha conseguido em duas horas o que ele não conseguiu em duas semanas: um trabalho de verdade.

Perguntei em que condição ele tinha visitado as unidades da vanguarda.

"Como um soldado uniformizado, acompanhado por um oficial encarregado", ele disse. Ezer Weizman, que era o chefe de operações das FDI (e concunhado do meu pai; a mulher de Ezer, Reumah, era irmã da minha mãe), tinha convocado meu pai, mesmo sem a necessária hierarquia. "Eu dou as caras apenas para aborrecer o pessoal."

Meu pai disse que tinha se encontrado com Ezer naquela manhã e, em seguida, com seu amigo Meir Amit, que era chefe do serviço de inteligência de Israel. O Egito agora tinha quase mil tanques no Sinai, ameaçando nossa fronteira ao sul. "Se lhe oferecessem um posto", Amit perguntou a meu pai, "você aceitaria?" Dayan lhe entregou este bilhete endereçado ao primeiro-ministro, Levi Eshkol:

> Caro Eshkol,
>
> Solicitei que Ezer Weizman providencie minha convocação formal para a ativa para que minha presença no Exército seja legal e adequada. Se você ou o comandante das forças acharem que posso ajudar nesta guerra designando-me uma tarefa específica, claro que aceitarei. Do contrário, continuarei vinculado às unidades de combate para acompanhar de perto o desenrolar dos fatos e poder expressar minha visão sobre a força do Exército e sobre o que pode ser feito na prática.
>
> Moshe Dayan, 25/5/[19]67

Conversamos sobre a minha convocação. Eu tinha sido destacada para a *ugda* do general Ariel "Arik" Sharon, que agora estava entrincheirada em Nitzana, na fronteira com o Egito.

Ugda é uma formação típica do Exército de Israel. Aproximadamente do tamanho de uma divisão, é composta de brigadas independentes com o propósito de realizar uma tarefa particular ou enfrentar um adversário específico. A *ugda* é uma formação efêmera. Leva o nome do seu comandante. Na fronteira do Sinai, o Exército tinha mobilizado três delas. No norte, a Ugda Tal (nº 84), sob o comando do general Israel Tal; no centro, a Ugda Yoffe (nº 31), sob o comando do general Avraham Yoffe; no sul, a Ugda Sharon (nº 38), sob o comando do general Arik Sharon. Uma brigada blindada independente, a 8ª, sob as ordens do coronel Albert Mendler, estava posicionada mais ao sul, defronte a Kuntilla.

Meu pai estava ausente do Exército havia dez anos, mas na memória do público ainda era o herói da 56ª Campanha do Sinai e representava o modelo de comandante do combate israelense. Enquanto jantávamos, os convidados continuavam a se aproximar da mesa, sem esconder sua agitação.

"Quando o governo vai chamar você, Moshe?"

"Vão convocá-lo para ser ministro da Defesa?"

"O povo o apoia, general Dayan."

Perguntei a meu pai se ele esperava receber um posto de comando do primeiro-ministro Eshkol.

"Ele vai acabar chamando você primeiro!"

Meu pai discorreu sobre a diferença entre "intenção" e "objetivo". Em qualquer ordem militar, a intenção está acima e é mais importante que o objetivo. Ele disse que o problema de Eshkol era sua intenção de preservar Israel *a qualquer custo*. Para esse fim, o primeiro-ministro abaixou a cabeça para potências ocidentais, especificamente os Estados Unidos, enquanto hesitava e se recusava a tomar uma decisão baseada somente em nossa força.

Yael Dayan.

Mas a intenção do primeiro-ministro não podia ser preservar Israel à custa de sacrificar seu espírito de luta e a independência das suas ações. "Bater à porta das potências é cortar as próprias bolas. Nós sabemos disso, e Nasser também. O que manteve Israel a salvo durante dez anos foi o medo que os nossos inimigos têm de nos atacar. A intenção do primeiro-ministro tem que ser 'preservar a nação *destruindo as forças que se alinharam contra ela'.*"

"Estamos sendo provocados", meu pai disse, "e a única maneira de lidar com um provocador é dando-lhe um soco na cara".

"O que você faria?", perguntei.

"Atacaria agora. O quanto antes. Encararia o inimigo e o destruiria. Não existe outro jeito."

Lá fora, o carro do meu pai estava esperando. O relógio marcava quase meia-noite. Ele estava de partida para o quartel-general do Comando Sul em Beer-sheva.

"O primeiro-ministro vai falar ao país em alguns dias", eu disse. Nos escritórios de mobilização, eu tinha ouvido falar num discurso planejado para a noite de 29 de maio. "Você vai ouvir?"

"Sim", Moshe Dayan disse. "Mas sem fazer muito gosto."

A RAJADA MORTAL

A última coisa que passava pela minha cabeça era o discurso de Eshkol. Eu achava que iria escutá-lo quando fosse ao ar. Mas meu trabalho era derrubar MiGs, e não me preocupar com coisas da política. Estava profundamente absorto nos meus voos e no meu treinamento e achava que nada poderia penetrar aquela bolha.

O tenente Giora Romm tem 24 anos e é piloto de caça do 119º Esquadrão, estacionado na base aérea de Tel Nof. Ele vai se tornar o primeiro e único ás da Guerra dos Seis Dias a derrubar cinco MiGs.

Todo esquadrão de combate, e provavelmente toda unidade operacional do mundo, é constituído por duas gerações: os caras mais antigos, os capitães e majores, no topo da cadeia; e os jovens tenentes lá embaixo. Os capitães e majores são os pilotos graduados, o comandante do esquadrão e seus adjuntos. No 119º Esquadrão, eles eram os aviadores com mais experiência operacional. Tinham combatido na Campanha do Sinai em 1956. Tinham sobrevoado o Egito, a Síria e a Jordânia em missões de reconhecimento. Já tinham experimentado o "triplo A", a artilharia antiaérea composta de canhões, explosivos e armas de mão. Tinham participado de combates no ar. E tinham derrubado aeronaves.

Nós, calouros, não tínhamos passado por nada disso. Tentávamos imaginar como era a guerra, mas não era algo que fôssemos capazes de fazer. Para nós, a guerra era uma mistura cinematográfica das memórias de Pierre Clostermann e de antigas batalhas mostradas nos filmes britânicos.

Os veteranos eram casados e tinham família; moravam em colônias de chalés na área administrativa da base. Tinham carros e máquinas de lavar roupa. As esposas tomavam conta de tudo para eles. Eu tinha 22 anos. Media quase 1,90 metro e pesava 70 quilos. Dividia um quarto no quartel dos oficiais solteiros com outro piloto, Avramik Salmon. Não tinha esposa. Meu carro estava na casa dos meus pais, em Tel Aviv. Eu andava de bicicleta. Lavava minhas roupas na casa de Ran Ronen, o comandante do nosso esquadrão. A mulher dele, Heruta, ajudava a todos nós. Pendurava nossas meias e macacões de voo no varal do quintal e dobrava tudo bem empilhadinho para pegarmos depois.

Todo piloto acha que o esquadrão a que pertence é o melhor. Eu achava e continuo achando. Vou contar uma história sobre nosso comandante, Ran Ronen:

No treino de combate ar-ar, a derrubada de um avião é validada com base no filme registrado pela câmera do canhão. Você tem que passar um segundo inteiro com a mira no avião contra o qual está competindo. Mas naquele tempo era permitido treinar algo que chamávamos de "tiros de demonstração". Você podia recorrer ao filme da câmera do canhão mesmo se não estivesse numa posição que garantisse a derrubada do avião inimigo, mesmo que não conseguisse mantê-lo em sua mira durante um segundo completo. O propósito dessa prática era simplesmente demonstrar no final do dia, na sala de *briefing* – como são chamadas as reuniões realizadas antes do voo –, na companhia de Ran e dos demais pilotos, que era você quem estava no encalço dos outros caras, e não o contrário.

Um dia, Ran convocou o esquadrão. "Isso é bobagem!", disse ele com aquele vozeirão que fazia qualquer um saltar da cadeira. "De agora em diante", declarou, "os pilotos só poderão ativar a câmera do canhão quando o avião do oponente estiver no meio da mira". Um tiro certeiro. E nós tínhamos que manter aquele avião bem na mosca durante um segundo inteiro, 16 fotogramas consecutivos do filme.

Os pilotos gemiam só de ouvir aquilo. Você faz ideia de como é difícil manter o inimigo no centro da mira durante um segundo inteiro?

"Eu não tenho a menor pena de vocês", disse Ran. O tiro certeiro, os 16 fotogramas padrão, passaria a ser conhecido como "rajada mortal". Se você quisesse levar o crédito por ter derrubado um inimigo, teria que produzir uma rajada mortal. No dia seguinte, quando o esquadrão decolou para praticar combate aéreo, os níveis de destreza aumentaram 40%. Foi impressionante. Cada piloto elevou seu patamar. Você tinha que elevá-lo. Não havia outra maneira de conseguir dar a rajada mortal.

Quando eu tinha 15 anos, prestei o exame e fui aceito num novo internato militar associado à Escola Reali, em Haifa. A Escola Reali era o colégio da elite de Israel. A escola militar secundarista era uma versão da Academia de West Point. Assistíamos às aulas em Reali pela manhã e fazíamos nosso treinamento militar à tarde.

Não creio que exista em Israel hoje uma instituição do nível daquela escola. Por que eu quis ir para lá? Queria testar a mim mesmo. Naquele tempo, em Israel, o ideal de qualquer um era fazer parte de uma elite cujo objetivo fosse servir. Os melhores dos melhores não eram motivados por dinheiro nem fama. O objetivo era servir ao país, sacrificando a própria vida se necessário. No internato militar, acreditava-se que todo formando seria também voluntário para integrar uma unidade de combate. Quanto mais de elite, melhor. Estudávamos, praticávamos esportes, fazíamos caminhadas. Percorríamos a pé Israel inteiro. Éramos incrivelmente fortes fisicamente. Mas o que era ainda mais poderoso eram os princípios que a escola martelava em nossas cabeças.

Primeiro: complete a missão. Em hebraico, a expressão é "*Dvekut ba-Mesima*". *Mesima* é "missão"; *dvekut* significa "colado a". A missão é tudo. Custe o que custar, deve ser cumprida até o fim. Lembro de mim correndo pela trilha da Cobra, em Massada, num verão em que fazia mais de 40 graus, com dois colegas de classe. Cada um de nós preferia morrer a ser o primeiro a dizer: "ei, vamos pegar mais leve!".

Segundo: seja o que for, dê o seu melhor. A maneira como amarra os cadarços do seu sapato. O modo como navega à noite. É empírico.

Terceiro: *En brera*. "Não há alternativa." Somos judeus. Estamos cercados por inimigos que querem nos destruir e exterminar nosso povo. Não há alternativa à vitória.

No 119º Esquadrão, Ran nos conduzia segundo esses princípios. Complete a missão. Execute cada ação com perfeição. Vá até o fim a qualquer custo.

E ainda havia um último princípio, que era, e continua sendo até hoje, a arma secreta da doutrina da FAI, a Força Aérea de Israel. Ele me foi ensinado assim: eu estava falando com um piloto mais velho. Ele me perguntou qual era, na minha opinião, a mais importante contribuição de Ezer Weizman para a Força Aérea. Ezer foi o comandante mais ousado e extravagante da FAI.

"Essa é fácil", respondi. "Ele nos conseguiu 72 Mirages." Eu me referia ao magnífico avião francês que pilotávamos em nosso esquadrão.

"Não, Giora", disse o veterano. "Ezer introduziu a cultura do *debriefing* brutalmente sincero."

Ao final de cada dia de treinamento, o esquadrão se encontrava na sala de reuniões. Ran assumia a frente e revisava todos os erros que tínhamos cometido naquele dia – não apenas os dos jovens pilotos, mas também os dele. Fazia uma autocrítica destemida e nos estimulava a agir com a mesma franqueza. Se você tivesse feito merda, admitia e encarava as consequências. O ego não significava nada. A busca da perfeição era tudo.

Um esquadrão operacional só pilota um tipo de avião. Na FAI de 1967, os nossos eram todos fabricados na França: o birreator Vautour, um caça-bombardeiro; o monorreator Ouragan, que parecia o norte-americano F-84 Thunderjet; os subsônicos Mystères e os supersônicos Super Mystères; e o orgulho da Força Aérea, o caça-interceptador Dassault Mirage IIIC.

O que eu acho do Mirage? Vou lhe contar uma história:

Depois da guerra, quando o Mirage foi substituído pelo F-4 Phantom norte-americano, fui transferido para um esquadrão de Phantoms. Certo dia, a equipe de solo estava empurrando meu avião de volta para seu compartimento e nós acidentalmente batemos a ponta da sua asa. Como punição, o comandante do meu esquadrão me manteve em solo. Liguei para um amigo, comandante de um esquadrão Mirage e ele me convidou para um voo.

Assim que sentei no *cockpit*, meus olhos se encheram de lágrimas. O Mirage é um avião como nenhum outro. Você se senta bem na frente, no alto. Consegue ver tudo. Os controles ficam perto e respondem ao mínimo toque. Você manobra um Mirage com a ponta dos dedos.

Ele é rápido. Quando o pós-combustor é ligado, a aeronave dá um salto. E que belo avião. Tem aquele corpo de Coca-Cola. As asas em delta. Prateado. O motor de vez em quando solta chamas e tem falhas de compressão, e você tem que aterrissar com o nariz tão empinado que mal pode ver a pista, e sem os flapes (as asas em delta não possuem flapes). Mas, voando na vertical, o Mirage era intocável, nada no céu era páreo para ele.

Estávamos treinando para atacar o Egito. O inimigo tinha 14 grandes bases no Sinai, no delta do Nilo e ao sul. Cada esquadrão da FAI tinha sua lista de alvos, primários e secundários. Você tinha que conhecer todos eles. Os aviões iriam atacar em formações de quatro. No nosso e em mais dois esquadrões de Mirages – o 101º, de Hatzor, e o 117º, de Ramat David –, cada aeronave seria armada com duas bombas de 500 quilos cada. As bombas teriam que ser despejadas em pontos específicos de pistas específicas na hora e no minuto exatos calculados para coincidir precisamente com os ataques de todos os outros esquadrões da Força Aérea em cada uma das bases egípcias.

Os bombardeios seriam seguidos por três rasantes num padrão de 270 graus, alternando a rotação duas vezes. Ou seja, você ataca primeiro, digamos, do norte, depois do leste ou do oeste e, em seguida, do sul ou do norte. Com nossos canhões de 30 milímetros, atacaríamos os aviões inimigos em solo. Sabíamos onde cada avião estava estacionado e a que horas os pilotos retornavam da sua patrulha matinal.

Todos os esquadrões da Força Aérea de Israel tomariam parte no ataque. Somente 12 dos 202 aviões seriam poupados para defender o céu da nação. Toda máquina que conseguisse voar deveria participar, incluindo os antigos Fougas Magisters da escola de aviação. Os Fougas seriam equipados com foguetes para atacar alvos em solo e fornecer apoio aéreo de perto para a infantaria e os blindados.

Como transformar 202 aviões em 404? Por meio da habilidade das equipes de manutenção em solo. Na maioria das Forças Aéreas, 75% é um número espetacular de prontidão para o combate, pois significa que, de cada 100 aviões, 75 estão aptos para voar. Em 5 de junho de 1967, a FAI tinha 100% dos seus aviões prontos para decolar. Nossas equipes de solo conseguiam virar um avião pelo avesso em questão de minutos. Elas davam um jeito de fazer cada um deles voar em quatro ou cinco missões por dia. No papel, o inimigo dispunha de mais aeronaves, mas nós conseguíamos colocar mais aviões no ar.

Em meados de maio, Nasser tinha fechado o estreito de Tiran. O Egito estava despachando mais e mais tanques para o Sinai. O 119º Esquadrão recebeu ordens para ficar na base em tempo integral. O tempo de treinamento passou de 10 para 12 horas por dia, e, depois, para 14. Quando não estávamos voando, fazíamos *briefings*, *debriefings* ou estudávamos nossas tarefas e missões.

Para mim aquilo era o paraíso.

O que me motivou a me tornar um piloto de caça? A busca por um simples combate no céu. Poder testar a mim mesmo no que, na minha opinião, era o auge da habilidade, da criatividade e da ousadia.

Somente uma vez durante a guerra eu senti medo. Chegaram notícias de que a 4ª Divisão Blindada do Egito tinha sido despachada para o Sinai. A 4ª, nós sabíamos, era a divisão de craques de Nasser, equipada com os tanques mais pesados e modernos, vindos da União Soviética. Eu estava num jantar militar e, por um instante, fiquei ao lado de Motti Hod, o comandante da Força Aérea.

"Motti", eu disse – só em Israel um tenente de 22 anos pode se dirigir ao chefe da Força Aérea não apenas pelo nome, mas também pelo apelido –, "O que você acha da 4ª Divisão egípcia avançando pelo Sinai? Deveríamos estar com medo?"

"Giora, essa é a notícia que eu estava pedindo. Tomara que Nasser avance *todas* elas. Quanto mais divisões ele trouxer, mais vamos destruir."

Eu pensei: "Uau, que jeito interessante de ver as coisas!". Isso me fez mudar completamente. Então, à medida que se aproximava a hora do discurso do primeiro-ministro, eu me preocupava mais com as roupas que tinha para lavar e menos com o que Levi Eshkol tinha para dizer à nação. "Será que a esposa de Ran tinha tido tempo de pôr minhas meias e cuecas na máquina de lavar?" Era isso que me preocupava.

O restante do país que sofresse com a política e a diplomacia e com a dúvida sobre se os norte-americanos viriam em nosso socorro ou não. Eu me recusava a perder uma noite de sono pensando nisso. Eu tinha o meu Mirage. Sabia pilotar e, com sorte, teria a oportunidade. Era tudo que eu sabia e tudo o que me interessava saber.

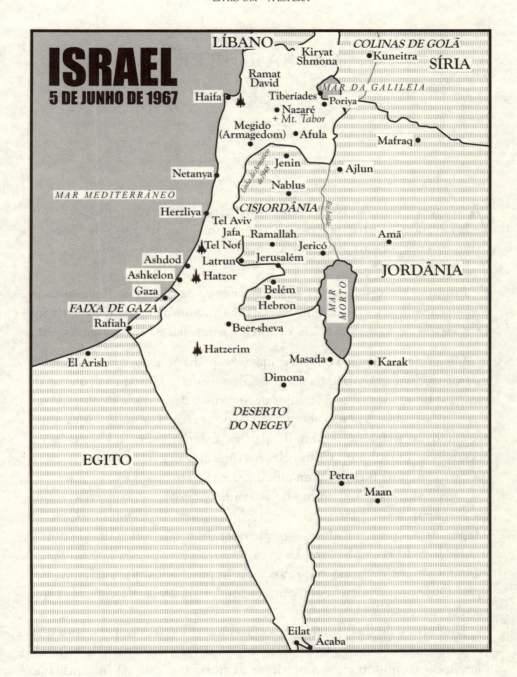

PALSAR SETE

A espera continua. Nossa companhia está estacionada no meio de dunas móveis perto de Kerem Shalom, um *kibutz* na Faixa de Gaza, na fronteira com o Egito. Faz calor. Quarenta graus às nove da manhã.

Eli Rikovitz é um tenente de 21 anos, comandante de pelotão na Companhia de Reconhecimento da 7ª Brigada Blindada. Pelos seus feitos durante a Guerra dos Seis Dias, ele será condecorado com a Itur HaMofet, a medalha por serviço com distinção.

Uma brigada armada em prontidão se espalha ao longo de vários quilômetros. Todo dia, às 3h30 da madrugada, a formação inteira – centenas de tanques, blindados leves e veículos de apoio – é despertada e colocada em alerta total. Capacetes na cabeça e afivelados no queixo, todos os motores acionados, as frequências de rádio abertas. Estamos esperando os egípcios atacarem ao amanhecer. Como eles não atacam, nós relaxamos.

Se existe uma fórmula para enlouquecer jovens soldados, é essa.

O trabalho da Companhia de Reconhecimento é encontrar o inimigo e liderar nossos tanques. Conduzimos jipes norte-americanos CJ-5 adaptados aos nossos padrões – o que quer dizer que roubamos de outras unidades todo o combustível extra, a munição e as rações que pudemos e estamos transportando tudo nos *racks* improvisados que soldamos nos jipes. Quando os pneus começam a afundar na areia, descobrimos que carregamos peso demais.

Do outro lado da fronteira, nos espreita a 7ª Divisão egípcia, com quatro outras divisões na retaguarda, na região central do Sinai. Na Faixa de Gaza, poucos quilômetros a nordeste da nossa posição, há outra divisão inimiga, a palestina, assim como uma força-tarefa quase do tamanho de uma divisão, a Força Shazli – batizada com o nome do seu comandante, o general Saad Shazli –, composta de 9 mil homens e 200 tanques e armas.

Somos uma divisão, a Ugda Tal, e temos duas outras – a de Sharon e a de Yoffe – ao sul. Nossa companhia, Palsar Sete, será a primeira a cruzar a fronteira. Vamos liderar os tanques da 7ª Brigada Blindada. O plano é que os dois batalhões blindados da brigada ataquem do norte, de Kerem Shalom, no lado israelense, em direção à confluência de Rafiah, no lado egípcio. Ali a estrada principal faz uma curva para o oeste, na direção de El Arish, no Sinai. Esse é nosso objetivo final.

Vamos conseguir? Estamos muito confiantes.

Somos todos jovens na Companhia de Reconhecimento porque somos soldados comuns. Reservistas são mais velhos, têm entre 22 e 50 anos. Envergar um uniforme significa que você estava no serviço militar obrigatório. Você é um garoto. Ingressou aos 18 anos. O cara mais velho na Palsar Sete é o comandante da nossa companhia, Ori Orr. Ele tem 28 anos. Eu tenho 21.

"Palsar" é um acrônimo de *Plugat Siyur*, que significa simplesmente "companhia de reconhecimento". Sete quer dizer que somos parte da 7ª Brigada Blindada. No meu pelotão são tão jovens que nem têm esposa. Uns poucos têm namorada. Quando mandamos cartões-postais para casa, escrevemos para nossos pais.

Minha mãe e meu pai moram em Zahala, um subúrbio de Tel Aviv construído para militares e funcionários do Ministério da Defesa. Yitzhak Rabin, o comandante do Exército, é nosso vizinho. Quando éramos crianças, meus amigos e eu costumávamos pegar carona com ele. Ele é um cara legal. À noite, eu costumava frequentar a piscina de Zahala; Rabin quase sempre estava lá, nadando de um lado para o outro. A casa de Moshe Dayan fica duas ruas acima.

Minha mãe me manda notícias de jornais, do *Haaretz* ("A Terra") e do *Ma'ariv* ("A Noite"). Os editoriais pedem a renúncia do primeiro-ministro Eshkol ou, pelo menos, que ele abdique do cargo de ministro da Defesa. O povo está exigindo um governo de união nacional. Aqui, no deserto, não damos a mínima para essas coisas. Queremos lutar. Somos jovens e acreditamos que somos à prova de balas.

Dia sim, dia não, surge o boato de que iremos atacar. Amanhã é o dia D, dizem. Já se passaram oito dias D até agora, talvez nove, nem me lembro. A cada vez nos dizem o código de ataque e a hora H. Novos planos são emitidos, baseados nas posições para onde as forças egípcias se movimentaram na noite anterior.

Nosso trabalho no Reconhecimento é guiar os tanques para suas novas posições de prontidão. Isso é feito ao escurecer, para evitar sermos vistos pela Força Aérea inimiga ou por seus postos de observação avançada. Se um tanque for deixado sozinho na escuridão, cairá na primeira trincheira que encontrar. Nossos jipes precisam guiá-los. Isso normalmente vai até duas ou três da manhã. Cochilamos sob os cobertores na areia ou dentro dos veículos. Aí vem o toque das 3h30; todos os motores são ligados, todos os soldados ficam pensando no que têm que pensar antes de enfrentar a própria morte.

Então vem a ordem para desmobilizar.

Há dois sujeitos aqui que são humoristas natos: Gabi Gazit e Benzi Zur. Ambos têm em torno de 20 anos. Para Gabi e Benzi, eu sou velho. Eles me pedem conselhos sobre sexo e casamento. O que sei eu? Eles perguntam sobre a morte. "Digam-me vocês", eu respondo.

Todos aqui no Reconhecimento somos amigos.

Miriam Lamm é a noiva do piloto Giora Romm. Ela é sargento, tem 22 anos e é especialista em criptografia no quartel-general da Ugda Tal.

Estou entre as poucas mulheres nas tropas de combate. Meu noivo, Giora, é piloto de caça no 119º Esquadrão de Mirages. Sou codificadora/decodificadora, membro do grupo comandado pelo general Tal. Estarei dentro de um blindado leve quando a guerra vier – se ela vier –, e atravessaremos a fronteira.

Nossa seção nos blindados leves, diferentemente das tropas de combate, é fechada. Não gosto disso. Sei que deveria me sentir mais segura dentro daquela caixa blindada,

A sargento Miriam Lamm, embarcada num veículo de comunicação durante um exercício de reservistas.

mas prefiro ver o que está acontecendo lá fora. Tenho a impressão de estar num caixão.

Meu pai está na reserva. Ele tem 51 anos. Os homens adoram a reserva. Ficam orgulhosos. Três semanas atrás, dois oficiais de farda bateram à nossa porta com uma mensagem. Ordem de Convocação nº 8. É a mais urgente e mais grave categoria de mobilização. Meu pai correu para buscar suas coisas, mas os oficiais disseram: "Estamos aqui por sua filha, sargento Miriam Lamm".

Meu pai ficou arrasado.

Receber a Ordem de Convocação nº 8 significava que você tinha que partir imediatamente. Tinha que ir com os oficiais.

Eu disse adeus, sentindo-me mal por meu pai, e ingressei na divisão de Tal.

Menachem Shoval tem 19 anos e é soldado na Companhia de Reconhecimento da 7ª Brigada Blindada, integrante da Ugda Tal.

Em Israel, quando você faz 18 anos, o Exército te pega e te põe onde acha que você é necessário ou onde os testes dizem que você se sairá melhor. No entanto, você pode se voluntariar antes, se quiser, para fazer parte de unidades como a dos paraquedistas ou o Sayeret Matkal. Eu sempre quis o Reconhecimento.

A companhia de reconhecimento de uma brigada blindada é uma unidade de elite. Você precisa passar por uma bateria de testes físicos e intelectuais, que, claro, são obrigatórios. Mas o processo de seleção real é *chaver mayvee chaver*, "amigo indica amigo".

Ainda não terminei meu treinamento. Isso me preocupa um pouco. Nossa companhia pode ser acionada em breve. Eu queria ter mais tempo para aprender tudo que preciso.

No Exército dos EUA, eu sei, um recruta passa pelo treinamento básico, e o treino avançado é a sua especialização militar. Somente depois disso ele é designado para uma unidade.

Não é assim que funciona em Israel. Nas FDI você vai direto para o lugar que vai ocupar. Seu posto vai treiná-lo a partir do zero. Nossa formação, a Companhia de Reconhecimento da 7ª Brigada Blindada, já treinou por todo o território de Israel. Aprendemos a operar a pé, nos jipes, dia e noite, em todos os tipos de clima. É uma vida dura. Os acampamentos não têm cozinheiros, lavanderia, banho quente. A equipe improvisa a boia e lava as próprias roupas. Você é treinado pelos mesmos caras com quem vai servir; mora em barracas ou *trailers* que mais parecem malocas de vagabundos do que bases militares.

Os exercícios de navegação são o grosso do treinamento no Reconhecimento. Navegação à noite. Você já viu um "mapa cego"? Só mostra a topografia. Não tem estradas, nem cidades, nem pontos de referência.

O propósito de uma marcha de navegação noturna é ir de determinado ponto para outro, numa sequência que pode incluir 10 ou 12 estações. É a coisa mais difícil que já fiz. Uma estação pode ser uma rocha. Só uma pedra. Você tem que encontrar essa coisa no meio do nada, no escuro, e em seguida anotar no seu caderno o que descobriu – um X branco, digamos, pintado embaixo da pedra. A próxima estação pode estar a um ou a dez quilômetros de distância, e é preciso completar esse circuito antes do nascer do sol.

Observar um grande navegador como Eli Rikovitz ou Amos Ayalon, os comandantes de pelotão do Reconhecimento, é como assistir ao próprio Beethoven compondo. Esses caras leem um mapa como você e eu lemos um livro. Eles não coçam a cabeça, não franzem o cenho. Eles olham e veem. Acho isso incrível.

Será que vamos usar alguma dessas habilidades quando atravessarmos a fronteira do Egito? Não sei. Ninguém sabe. Haverá guerra? Podemos ganhar?

Não param de chegar relatórios da inteligência dizendo que os egípcios trouxeram tanques Stalin, uma brigada inteira, para bloquear a aproximação ao sul de Rafiah, a mesma área em que nossos homens estão prontos para atacar. Os tanques Stalin são os blindados mais pesados que os russos usaram na Segunda Guerra Mundial. Esse tanque tem um canhão principal de 122 milímetros. Os canhões dos nossos Pattons têm 90 milímetros, e os dos nossos Centurions, 105 milímetros. Os Stalins foram desenhados pelos russos para destruir os tanques alemães mais pesados, os enormes Tigers e Panzers. Nem quero imaginar o estrago que um canhão de 122 milímetros é capaz de fazer.

A TRINCHEIRA DE NAOMI

Meu marido foi convocado em 21 de maio. A unidade que ele comanda, o 71º Batalhão de Paraquedistas, foi uma das últimas a receber ordens, embora fique óbvio que a convocação é iminente. Uzi passou a semana reunido com os comandantes de sua companhia em nossa sala de estar. Sirvo aos oficiais café e pães doces, enquanto eles abrem mapas no chão e em cima do piano.

A doutora Naomi Eilam é pediatra e trabalha no Ministério da Saúde. Sob sua responsabilidade estão duas aldeias de novos imigrantes, judeus iemenitas, para onde ela se desloca sob proteção armada por conta das incursões dos fedaim da Jordânia. Ela tem 29 anos e é casada com Uzi desde 1954.

Faz quase 13 anos que sou esposa de um militar e aprendi a odiar a palavra "operacional". Significa que meu marido está em algum lugar margeando a fronteira, numa operação de represália ou em alguma outra posição em que pode ser ferido ou morto. Uzi já foi baleado duas vezes, uma delas por nossas próprias forças. Nem mesmo as esposas israelenses se acostumam a isso.

Uzi lutou na Campanha do Sinai de 1956, a vitória que Israel inteiro achou que nos traria uma década ou mais de paz. Até quando nossas forças foram obrigadas pelos norte-americanos e pelos russos a abandonar o Sinai, em 1957, nós, israelenses, aceitamos aquilo com um otimismo cauteloso. Os capacetes azuis da ONU assumiram os postos dos nossos soldados no Sinai. O deserto se tornou uma área desmilitarizada, uma "zona tampão" entre nós e os egípcios. Nasser não podia mais trazer bombardeiros e tanques para perto da nossa fronteira. As grandes potências garantiam que ele não os traria. Elas iriam pôr seus escudos sobre Israel. Sob essa proteção, ousamos nos sentir seguros.

De repente, em 1967, tudo mudou.

Em 15 de maio, Dia da Independência em Israel, a rádio anunciou que divisões egípcias estavam avançando pelo Sinai. Vizinhos e amigos reagiram chocados. Nasser não pode fazer isso, pode? A ONU não deveria impedi-lo? Mas todo dia chegavam novas notícias de incursões egípcias.

Em 18 de maio, Nasser ordenou que a ONU se retirasse totalmente do Sinai. Nossos embaixadores apelaram ao Conselho de Segurança. Certamente, o secretário-geral, U Thant, vai resistir a essas provocações dos egípcios. Mas, dois dias depois, os soldados da ONU estavam empacotando seus equipamentos e indo embora.

Mais divisões egípcias avançavam pelo Sinai. Nasser tinha nacionalizado o canal de Suez havia muito tempo; agora, ele enviava paraquedistas para tomar Sharm el-Sheikh e fechar o golfo de Ácaba para os navios de Israel. O porto israelense de Eilat tinha sido bloqueado por esse claro e flagrante ato de guerra.

O mundo árabe vibrava de alegria. O atrevimento de Nasser acendeu as paixões anti-israelenses ao longo do norte da África e em todo o Oriente Médio. Multidões tomaram as ruas numa dúzia de nações árabes, entoando "Morte aos judeus!" e "Morte aos sionistas!". Síria, Iraque e Arábia Saudita prometeram tropas a Nasser. O mesmo fizeram Líbano, Líbia, Tunísia e Marrocos.

Como era possível isso estar acontecendo? Onde estavam nossos aliados? Os norte-americanos, atolados no Vietnã, faziam rodeios e protelavam. O Departamento de Estado afirmou que tinha literalmente perdido a carta de 1956 em que o secretário de Estado John Foster Dulles havia garantido a integridade do território de Israel.

A França, depois da custosa guerra da Argélia, tinha adotado a estratégia de ser amistosa com os árabes. Quando nosso ministro das Relações Exteriores, Abba Eban, solicitou a Charles de Gaulle que honrasse o compromisso de apoiar Israel, assumido após a Campanha do Sinai, o presidente francês o esnobou com desprezo. "Isso foi em 1957", ele disse. "Agora estamos em 1967."

Nessa mesma noite, a França interrompeu todos os embarques de armamentos para Israel.

No que se refere à Grã-Bretanha, as pessoas podiam estar do nosso lado, mas os políticos tinham apostado suas fichas no petróleo do Oriente Médio e na influência que poderiam exercer nas antigas colônias Jordânia, Iraque e Arábia Saudita. Whitehall não estava interessado em derramar sangue britânico na defesa de uns poucos milhões de judeus pé no saco, que ganharam as manchetes nos jornais de Londres pela última vez em 1946, quando um grupo de guerrilheiros explodiu o quartel-general dos britânicos no Hotel King David, em Jerusalém.

No subúrbio de Yehud, onde vivíamos Uzi e eu, os lares começaram a ficar vazios à medida que os maridos eram convocados para a guerra. Dirigi para Tel Aviv certa manhã e topei com a rua Allenby tão deserta que se podia atravessar de um lado para o outro fora da faixa de pedestres. Tentar fazer isso duas semanas antes era o mesmo que pedir para morrer.

As famílias estavam abandonando o país. Conhecia duas na nossa vizinhança. O aeroporto de Lod estava tão lotado, com voos partindo a todo instante, que uma piada cruel começou a circular: "O último a sair pode apagar as luzes?".

Cavando trincheiras em Gan Shmuel.

Na rua Dizengoff, em Tel Aviv, os comerciantes estavam fechando as lojas. As portas tinham sido bloqueadas com sacas de areia, e as janelas, lacradas com fita adesiva ou com portas de ferro corrediças. Durante a Guerra da Independência, em 1948, eu tinha 9 anos. Lembro dos Spitfires egípcios atacando Tel Aviv – que não oferecia qualquer resistência (Israel não tinha uma bateria antiaérea sequer) –, despejando bombas e metralhando civis pelas ruas.

Dessa vez seria muito pior. Nasser tinha bombardeiros soviéticos, Ilyushins e Tupolevs. Se a cidade começasse a queimar, quem ou o que iria impedir? Metade dos caminhões dos bombeiros tinha sido mobilizada. Até os ônibus da cidade tinham sido levados. Quase todos tinham se transformado em transporte para as tropas. Táxis também foram convocados, assim como caminhonetes de padarias, leiterias e, até mesmo, caminhões de lixo e Kombis. Vi um caminhão da Leiteria Tnuva levando reservistas.

Parques e campos de futebol da cidade estavam sendo convertidos em cemitérios. Em cada prédio de escritórios havia tabelas com nomes de doadores e seus respectivos tipos sanguíneos. Saguões de hotéis foram transformados em centros de coleta de baixas. Numa farmácia me deram uma folha mimeografada com instruções para identificar e enterrar os mortos.

Uzi cavou uma trincheira em nosso quintal. Ele é engenheiro, portanto fez tudo conforme o manual, com um zigue-zague a meio caminho, para que, se uma bomba ou um morteiro atingisse uma ponta, a explosão não matasse ninguém na outra.

Na primeira manhã em que soaram as sirenes, eu estava sozinha na cozinha com a neném. Eu a agarrei pela fralda e a arrastei para a trincheira enrolada no meu robe. Larguei a máquina de café ligada. Me lembro de pensar: "Será que eu me atrevo a entrar para desligá-la?".

Finalmente, após uns 15 minutos na trincheira, só eu e a neném, decidi que ficar ali era uma bobagem e voltei para casa. Depois, ficamos sabendo que as pessoas da defesa civil ainda não tinham aprendido que era preciso acionar a sirene indicando que o ataque aéreo havia terminado.

Nosso tranquilo subúrbio ficava a uns sete ou oito quilômetros do aeroporto internacional, mas os campos e colinas ao redor eram desertos. A linha do armistício ficava tão perto que batedores da Jordânia a rompiam quase todas as noites. Minhas responsabilidades médicas incluíam duas aldeias iemenitas, Bareket e Tirat Yehuda. Eram assentamentos para judeus do Iêmen que tinham sido expulsos do seu país depois de *pogroms* muçulmanos, transportados de avião para Israel pelos nossos pilotos e assentados em terras pertencentes ao Estado. A pobreza era extrema, mas os recém-chegados enfrentavam tudo com paciência e dignidade. Eu era a única ocidental levando assistência médica a eles e a primeira médica mulher que meus pacientes tinham visto na vida. As lesões mais comuns que tratava eram queimaduras, que os curandeiros provocavam nos aldeões doentes a fim de expulsar os *dybbuks*, ou espíritos malignos. Isso tudo tão próximo ao aeroporto que víamos os aviões passando sobre nossas cabeças, evacuando nossos compatriotas para Londres ou Nova York.

Meus superiores no Ministério da Saúde determinaram que era muito arriscado ir guiando para essas aldeias sozinha, por conta dos fedaim que cruzavam a fronteira da Jordânia; então, todo dia de manhã, dois soldados armados me apanhavam num jipe e me escoltavam. Quando esses soldados retornaram à ativa, eu passei a dirigir meu velho Peugeot até lá.

Toda manhã os jornais anunciavam que estávamos a caminho da guerra. E em seguida diziam que não. Isso continuava, dia após dia. O suspense foi ficando insuportável. Cada 24 horas de impasse produzia um estresse crescente na já alquebrada economia do país, para não mencionar na saúde mental das pessoas.

Portanto, nós, cidadãos, queríamos muito ouvir o que o primeiro-ministro Eshkol tinha a dizer no discurso que faria à nação. Estávamos ansiosos. Tínhamos medo. Queríamos relaxar a cabeça, de um jeito ou de outro.

O pior inimigo de um judeu costuma ser ele mesmo. Nós pensamos muito. Por acaso ficaríamos pensando até que fôssemos aniquilados? Como médica, eu sabia que decisões nem sempre podem ser tomadas com total conhecimento de causa. Queria gritar para os políticos: "Façam alguma coisa! Decidam-se!".

ZAHALA

O que é conhecido como FDI, Forças de Defesa de Israel, nós, israelenses, chamamos de Zahal. A palavra é um acrônimo para Zva Haganah L'Israel. No começo da década de 1950, o governo construiu uma colônia residencial nos arredores de Tel Aviv exclusivamente para oficiais do Exército. Esse assentamento chama-se Zahala. Minha casa fica no número 1 da rua Joabe. Na Bíblia, Joabe era o sobrinho do rei Davi e comandante do seu exército.

O general Moshe Dayan ficou mundialmente conhecido em 1956 com a vitória espetacular de Israel sobre o Egito no episódio que ficou célebre como Campanha do Sinai. Como chefe do Exército, Dayan foi considerado o arquiteto desse triunfo. Agora, em maio de 1967, fazia dez anos que estava afastado do Exército. Ele é um civil, membro do Knesset, filiado a um partido pequeno, de oposição, distante do poder.

As forças de combate de Israel são constituídas, organizadas e comandadas de acordo com uma doutrina diferente da de outros países. As Forças de Defesa de Israel consideram essenciais certos elementos que outras Forças Armadas julgam desnecessários. E não possuem certos componentes, como bombardeiros de médio ou longo alcance, que outras Forças Armadas veem como indispensáveis. A razão para isso é que as FDI foram criadas e evoluíram para travar um tipo muito específico de guerra, num tipo muito específico de local, contra um inimigo muito específico.

Em 1962, quando os primeiros Mirages IIICJ aportaram em Israel (designados pelos seus construtores com um J, de *juif*, "judeu", em francês), foram modificados por insistência do chefe da Força Aérea, Ezer Weizman, para se adequar a missões de combate muito peculiares.

O motor capaz de catapultar o caça interceptor para a estratosfera foi removido. Mísseis ar-ar foram relegados a um uso auxiliar. Ezer e seu principal piloto de testes, Danny Shapira, queriam armas: dois canhões DEFA de 30 milímetros. Foram acrescentadas também plataformas para duas bombas de 500 quilos.

Por que essas alterações? Porque a interceptação em grande altitude não é uma prioridade num país cujas pistas militares inimigas ficam a 25 minutos de voo dos seus centros populacionais. Nossa Força Aérea precisava, por seu turno, de aviões que pudessem bombardear e alvejar bases aéreas inimigas, metralhar colunas de blindados e concentrações de tropas e enfrentar caças inimigos em combates aéreos à moda antiga.

Israel não possui nenhuma das vantagens geográficas estratégicas dos Estados Unidos, por exemplo. Nosso país não possui uma massa de água de 5 mil quilômetros de extensão numa costa e um oceano de 8 mil quilômetros de extensão na outra. Não desfruta de relações amistosas com os países fronteiriços, nem de alianças militares em que possa se fiar.

Os limites de Israel não são fronteiras reconhecidas por seus vizinhos e pela comunidade internacional, mas linhas de armistício, que podem ser declaradas nulas e arbitrariamente invadidas a qualquer hora.

Eu era comandante militar da metade de Jerusalém controlada pelos judeus em 1948, quando traçaram a Linha Verde, separando o recém-nascido Estado de Israel da Jordânia inimiga. Tracei a linha em concordância com o tenente-coronel Abdullah al-Tell, meu homólogo na Legião Árabe. O instrumento que usamos, um lápis de cera, por acaso era verde. Onde a linha calhava de passar pelas ruas de um bairro, um lado se transformava em Israel, o outro, em Jordânia. Quando passava por uma casa, metade da propriedade ficava sob a jurisdição do reino hachemita, e a outra metade, sob o comando militar israelense. Na prática, a casa tinha que ser abandonada. Tornava-se, inevitavelmente, um monte de tijolos no meio das barricadas e fortificações que se enfileiravam pelo corredor de campos minados e arame farpado que dividia Jerusalém.

Não é possível adotar uma estratégia de defesa a fundo em um país que possui meros 15 quilômetros de largura e cujos centros comerciais e populacionais estão ao alcance da artilharia de seus inimigos. Uma postura ofensiva é a única possível. A guerra, se vier, deve ser lutada em território inimigo, não no nosso.

49

As FDI e a FAI foram construídas com base nos princípios de velocidade, agressão e audácia. Um tenente ou capitão no campo de batalha não pode contar com o luxo de poder apelar por instruções do alto-comando. Ele está sozinho, foi treinado para lutar dessa forma. Em *Diary of the Sinai Campaign* (Diário da Campanha do Sinai), escrevi o seguinte para o comandante de uma unidade israelense:

> Posso apontar para o canal de Suez num mapa e dizer: "Aí está o seu alvo e este é seu eixo de avanço. Não me sinalize durante o combate pedindo mais homens, armas ou veículos. Tudo que podíamos alocar você já tem, não há mais nada. Continue informando sobre seus avanços. Você tem que chegar a Suez em 48 horas". Posso dar esse tipo de ordem aos comandantes das nossas unidades porque sei que eles estão preparados para assumir tais tarefas e são capazes de executá-las.

Chego em casa após visitar as unidades do Comando Sul no final da tarde de 28 de maio. O primeiro-ministro Eshkol vai falar à nação esta noite. Não faço ideia do que irá dizer. Vai anunciar uma solução para a crise? Proclamar um acordo com as Nações Unidas ou com as grandes potências? Declarar guerra?

Minha mulher, Ruth, está preparando o jantar. Conto a ela que falei com nossa filha, Yael, e pergunto dos nossos dois filhos, Assi e Udi, ambos mobilizados pelas suas unidades de reservistas, e também dos meus sobrinhos, Uzi e Jonathan. Jonathan, filho da minha irmã, Aviva, está na Marinha. Uzi é filho do meu irmão, Zorik, que foi morto na Guerra da Independência; ele é oficial das Sayeret Matkal, as Forças Especiais de Israel.

Eu mesmo passei os últimos dias no campo com as tropas. Na sexta-feira, visitei a divisão de Avraham Yoffe, em frente ao Sinai, e revisei planos de batalha com ele e dois comandantes da sua brigada, os coronéis Yissachar "Yiska" Shadmi e Elhanan Sela. Chegou para mim naquela manhã uma mensagem do primeiro-ministro Eshkol. Voei de volta de Beer-sheva e o encontrei no Hotel Dan, em Tel Aviv. Ele disse que queria montar um comitê formado pelos Ministérios da Defesa e das Relações Exteriores, do qual eu iria participar.

Recusei. Não vou aceitar nenhuma posição de "consultor". Insisto em ser comandante dos combates. Se não puderem me dar nada, vou dirigir um tanque ou um caminhão. Não permitirei que Eshkol e seu governo neutralizem minha voz deixando-me de lado e dando-me um papel cerimonial.

O que mais odeio nesse jogo de empurra-empurra do gabinete é que ele resulta da falta de confiança em nossos combatentes e comandantes. Nossos soldados são jovens leões. É uma catástrofe para o espírito e para o moral da nação que ela seja tomada pela histeria e vá bater à porta das potências, implorando para ser salva.

No âmbito do Estado, quero dizer, nas deliberações do primeiro-ministro com o gabinete, é preciso chegar a um acordo claro e decisivo sobre as nossas intenções. Isso vai muito além da tática e da estratégia, muito além do local e do regional e muito além do tempo presente.

Deve-se responder à seguinte pergunta: aonde o país precisa chegar no fim desta crise?

Lembre-se, nós podemos aniquilar o Exército do Egito até o último homem e o último tanque, e ele será reconstituído inteiramente no prazo de um ano e meio, por meio de aporte de dinheiro, do recrutamento de homens de um país com mão de obra infinita e do reabastecimento de armas e treinamento pelo seu patrocinador, a União Soviética.

Egito e Síria são países-satélite dos russos, cujos interesses no Oriente Médio são fundamentais e permanentes.

Para nós, a vitória, no sentido da que foi alcançada pelos Aliados sobre as forças do Eixo na Segunda Guerra Mundial, não é possível. Não podemos derrotar os árabes. Eles são muitos e os Estados que os patrocinam são muito poderosos.

Dentro de tais limitações, então, o que é possível? É isso que o primeiro-ministro e o gabinete precisam responder. Eu me exaspero com Eshkol porque ele não está pensando nesses termos. Na sua visão, a questão é saber como Israel pode ser preservado. Essa não é a pergunta a ser feita, porque permite uma resposta do tipo: "Por meio de um acordo firmado imposto pelas potências". Uma saída assim salvaria Israel momentaneamente, mas com a desvantagem de nossos adversários não temerem mais qualquer tipo de retaliação, a única base verdadeira para garantir a segurança de uma nação de 2,7 milhões de habitantes cercada por inimigos, mais de 120 milhões deles.

Enquanto isso, o comandante Rabin, a quem respeito, está pensando pequeno, propondo anexar a Faixa de Gaza e usá-la como moeda de troca numa negociação com Nasser. Moeda de troca para quê? O Egito sabe que Gaza, com seus 250 mil refugiados, é um ninho de vespas. Nem mesmo Gaza deseja isso.

A questão que se impõe não é como Israel pode ser preservado a qualquer custo, mas como Israel pode ser preservado para o futuro. Para essa pergunta, nesse momento, não existe uma resposta que não seja "pela espada". Deve-se lidar com o inimigo de modo a impedir que ele ataque novamente, ou ameace atacar, durante o maior tempo possível.

Portanto, nosso objetivo não pode ser a mera anexação de terras ou a troca de territórios de valor duvidoso. Deve ser a destruição do Exército egípcio, não em parte e de maneira meticulosa, mas integralmente, num confronto direto, tanque contra tanque, avião contra avião, homem contra homem.

Existem plugues para dez telefones na minha casa, herança dos meus dias como comandante das Forças, mas agora apenas dois estão ligados, e Ruth é quem toma conta deles, cuidando das tarefas domésticas e tratando de negócios ou deixando-os à disposição de algum vizinho amigo que bata à nossa porta.

Sento com minha esposa para uma refeição frugal: salada, peixe e pão com azeite de oliva. O rádio sobre o balcão já está ligado na Kol Israel, que transmitirá o discurso de Levi Eshkol à nação, mas verifico novamente o seletor para me certificar de que está bem sintonizado.

"Quanto tempo falta para a fala do primeiro-ministro?", Ruth quer saber.

Espio meu relógio.

"Vinte minutos."

UMA SEGUNDA *SHOAH*

Em maio de 1967, quando um reservista era convocado, seu carro também era recrutado. O Exército não possuía veículos suficientes. Eu cursava o sétimo ano naquela época. A coisa mais estranha naquele mês estranhíssimo era que os carros iam desaparecendo. Você caminhava de manhã pelas ruas e elas estavam cada vez mais desertas em relação à noite anterior.

Haim Koren tem 13 anos e mora no bairro de classe média Bat Galim, em Haifa. Ele obterá seu PhD em estudos do Oriente Médio na Universidade Ben-Gurion em 1993. Em 2012, será nomeado embaixador de Israel no Sudão do Sul.

Enquanto esperávamos, ouvíamos a Kol Ha'Raam, a Voz do Trovão, transmitida do Cairo. O principal locutor da rádio, respeitado em todo o mundo árabe, era Ali Ahmad Said. Ele não fazia grandes discursos cheios de retórica ou arrogância. Seus programas eram assustadores justamente porque eram transmitidos num tom razoável, desprovido de emoções. Ele falava como se lesse as notícias.

"O tempo de vocês acabou, judeus. O experimento de nação que a entidade sionista conseguiu manter por 19 anos está prestes a expirar."

Ahmad Said explicava, em um hebraico com sotaque, como os bombardeiros pesados do Egito devastariam Tel Aviv e Haifa. Aconselhava os ouvintes de Israel a escapar enquanto podiam. Permanecer seria loucura. "Salvem-se e salvem suas famílias!"

Aos 13 anos, você não é jovem demais para compreender a magnitude dos eventos à sua volta. Naturalmente, pede aos seus pais que expliquem o que está se passando. A situação é tão grave a ponto de todos os jovens do nosso prédio terem ido para o Exército e todos os táxis e ônibus terem sumido? Até que ponto devemos acreditar no que estão dizendo no rádio?

Muitos dos nossos vizinhos eram sobreviventes do Holocausto. Nossos pais jamais falaram sobre isso. Nós, crianças, crescemos sem saber nada da *Shoah*. Nossos pais queriam nos proteger. Éramos sabras, nascidos em Israel, bravos e independentes. Quando perguntávamos alguma coisa aos nossos pais, eles respondiam de maneira confiante e positiva, mas eram traídos pelo tom de voz.

No sétimo ano, eu já era bastante interessado na História e na cultura árabes. Era fluente em árabe; lia jornais e escutava rádios árabes. Estava claro para mim que Nasser não falava somente pelo Egito, mas pelo mundo árabe inteiro. Sua voz era recebida com igual entusiasmo tanto em Damasco e em Bagdá como no Cairo e em Alexandria.

Os cádis das mesquitas egípcias tinham recebido ordens para declarar contra os judeus a *jihad*, a guerra sagrada. A música mais popular na Rádio Damasco era *"Cut their throats"* ("Cortem a garganta deles"). Multidões marchavam pelas ruas; milhares pediam a destruição de Israel.

Nasser pregava à comunidade concêntrica do mundo árabe, tendo o Egito e a si próprio como o epicentro. Sua voz convocava 122 milhões de árabes para que lançassem sua ira sobre nossos 2,5 milhões de judeus. Como nosso governo poderia responder a essas ameaças?

Naquela época, em Israel, o primeiro-ministro também era o ministro da Defesa. Ele comandava o Exército. Quando Eshkol iria responder a Nasser?

Dia 28 de maio.

Lembro da minha mãe dizendo no café da manhã: "Eshkol vai falar hoje à noite. Esta noite o primeiro-ministro vai falar à nação".

Na nossa parte do país, Levi Eshkol era um personagem reverenciado. Ele era do norte, assim como nós. Tinha sido fazendeiro e engenheiro. E dirigiu o país com sucesso, atravessando várias crises na economia, na imigração e na agricultura.

Finalmente, naquela noite, Eshkol iria falar. Nasser e Ali Ahmad Said teriam sua resposta. Eu mal podia esperar para ouvir.

O DISCURSO GAGUEJANTE

Minha primeira reação foi rir. Achei que era piada. Não podia estar acontecendo.

O tenente Giora Romm escuta o discurso de Eshkol na casa do comandante do seu esquadrão, major Ran Ronen, na base aérea de Tel Nof, na companhia dos outros pilotos do 119º Esquadrão.

Eu tinha um amigo na Kol Israel, a estação de rádio, que depois me contou que o primeiro-ministro havia repassado o texto duas vezes, ensaiando, e não engasgou numa só palavra.

Aparentemente, o que aconteceu quando Eshkol entrou ao vivo foi que, no último minuto, seu assessor, Ady Yoffe, substituiu o texto por uma versão revisada. Algumas mudanças tinham sido feitas à mão. O primeiro-ministro foi pego de surpresa. Durante alguns segundos, ele esqueceu que estava sentado na frente de um microfone aberto. Virou para o assessor e perguntou: "Que palavra é essa?". Todos nós ouvimos.

Haim Koren, 13 anos, está em sua casa, em Bat Galim, escutando o discurso na companhia do pai e da mãe.

Ele estava vacilante. Todos nós ouvimos o primeiro-ministro gaguejar. O rádio ficou mudo. Por um momento, parecia que a transmissão inteira seria interrompida.

Tive a impressão de escutar o engenheiro, ou sei lá quem controla essas coisas, tentando encerrar o programa no meio do discurso.

O tenente Avigdor Kahalani é comandante de uma companhia de tanques da 7ª Brigada Blindada, estacionada diante de Gaza numa posição avançada ao longo da fronteira Egípcia.

A voz é tudo quando você comanda. Como comandante de uma companhia num batalhão de tanques, você tem tripulações de 44 homens escutando o que você diz pelos fones de ouvido. Muitas vezes, num combate, quando fico assustado ou inseguro, propositadamente faço uma pausa para ter certeza de que minha voz está sob controle. Você não quer que seus homens escutem você cacarejando.

Yael Dayan está aquartelada com a companhia do general Arik Sharon na fronteira do Egito.

Vim dirigindo com meu amigo Dov Sion desde o *front* até Beer-sheva para protocolar um caso. Dov é coronel, faz a ligação do general Sharon com o Estado-Maior. Ele e eu escutamos o discurso do primeiro-ministro no rádio do carro, voltando de Beer-sheva.

Muita coisa se disse dos tropeços de Eshkol ao longo do texto. Mas o problema era o texto em si. As pessoas estavam desesperadas por uma decisão. Em vez disso, elas escutaram um apelo para que fossem pacientes. Esperassem as potências. Dessem uma chance à diplomacia.

Pensei nas tropas nas trincheiras ouvindo aquela tolice. Soube que alguns até choraram. O discurso foi a gota d'água. Depois dele, o povo assumiu o controle. A necessidade de decisão era maior que qualquer outra preocupação.

Itzik Barnoach ouve o discurso em Burgata, na planície de Sharon, onde ele e sua unidade de reservistas mobilizados treinam há quatro semanas.

Eu tinha um transistor e disse: Meu Deus, esse *schmuck* não está só dizendo bobagens, está gaguejando! Não tínhamos medo, mas estávamos ansiosos. O mundo inteiro contra nós e ainda não sabíamos o que iria acontecer? Esperávamos que esse discurso fosse declarar a guerra! Portanto, aquilo era ainda pior. Era um desastre. Um desastre.

A doutora Naomi Eilam é esposa do major Uzi Eilam, comandante do 71º Batalhão de Paraquedistas.

No dia seguinte, os editoriais clamavam por ação. Ou Eshkol renunciava ou cedia a pasta da Defesa para alguém. Depois de duas intermináveis semanas de crise, estava claro para todo mundo que a liderança política da nação continuava paralisada pela indecisão e pela inércia.

LIVRO DOIS
EN BRERA

HOMENS DO NORTE

O ano de 1967 não foi o primeiro em que a sobrevivência de Israel esteve por um fio. Havia 19 anos, antes mesmo de a pátria declarar independência, os Exércitos de cinco países árabes – Egito, Síria, Iraque, Jordânia e Líbano – amontoaram-se nas fronteiras, preparando-se para invadir. A intenção deles era eliminar o Estado de Israel antes mesmo de ele nascer.

O norte-americano Coleman "Collie" Goldstein foi piloto de B-17 da Segunda Guerra Mundial. Atingido ao sobrevoar a França, no outono de 1943, ele conseguiu aterrissar em segurança, salvando a vida dos seus dez tripulantes. Goldstein sobreviveu ao inverno, auxiliado pela Resistência Francesa, e cruzou os Pirineus a pé, são e salvo.

A data era abril de 1948. Eu estava em casa, na Filadélfia, quando recebi a ligação de um sujeito que se apresentou como Lou Lenart. Ele me disse que era piloto de caça da Marinha. Tinha pilotado Corsairs no Esquadrão VMF-323 em Okinawa e atacado as ilhas do Japão. Lou me perguntou se eu estava acompanhando as notícias dos jornais sobre o Oriente Médio. Respondi que sim. Também indagou se eu sabia que o Estado de Israel, que ainda estava para nascer, corria perigo mortal e estava desesperadamente precisando de pilotos de combate para defendê-lo.

Lou disse que tinha uma coisa importante para falar comigo, mas não podia ser pelo telefone. Ele falou que estava em Nova York e perguntou se poderia pegar o trem para a Filadélfia e me encontrar para tomar um café.

"Claro", respondi.

Naquele tempo, antes de receber o telefonema de Lou, meu dia a dia resumia-se em concentrar esforços para arrumar uma vaga numa empresa aérea dos Estados Unidos. Estava procurando emprego. Eu era um veterano condecorado, mas não conseguia nada. Ninguém queria empregar um judeu. Os passageiros da Pan Am ou da TWA não queriam ouvir: "Aqui fala o capitão Coleman Goldstein".

Eu estava determinado a aprender tudo que fosse necessário para começar uma carreira na aviação civil. Tinha uma licença de mecânico e diploma de engenheiro de voo. Mesmo assim ninguém me queria.

De repente, Lou apareceu. Disse que estava no Hotel Henry Hudson, na rua 57, em Manhattan. Aparentemente, lá funcionava o quartel-general do Haganá e de várias organizações clandestinas que procuravam voluntários para as Forças Armadas de Israel. Israel, Lou enfatizou novamente, precisava desesperadamente de pilotos. Ele mesmo estava de partida para Roma dentro de alguns dias. De lá, o Haganá trataria de levá-lo para Tel Aviv. Ele me fez um resumo de como os britânicos, que estavam cumprindo a reta final da ocupação da Palestina sob mandato das Nações Unidas, estavam municiando os árabes com armas, aviões e bombas, enquanto emparedavam os judeus que portassem até mesmo um revólver. Como diziam nos filmes, Lou me abriu os olhos.

Fui ao Henry Hudson, que por sinal servia os melhores martínis da cidade naquela época. Em taças grandes. Duas semanas depois, Lou e eu estávamos em Roma, num hotel na Via Veneto com um bocado de outros aviadores, judeus e não judeus, morando ao lado de negociantes de armas tchecos, mafiosos russos, cafetões, prostitutas e contrabandistas do Vaticano que transportavam ex-nazistas para o paraíso na Argentina e no Brasil por rotas secretas, chamadas "caminhos de rato".

Vestíamos jaquetas de couro de pilotos, andávamos armados e recebíamos o dinheiro da comida de um tesoureiro do Haganá que era a cara do Sydney Greenstreet. Era como estar num filme do Humphrey Bogart.

Mas era para valer. Na Palestina, o Mandato Britânico estava para expirar em questão de semanas. Invasores árabes e fedaim já estavam bloqueando estradas e aterrorizando fazendas judaicas. Os Exércitos de cinco países árabes, como já disse, se mobilizavam para invadir o recém-criado Estado judaico (que nem tinha nome ainda e, na verdade, nem tinha se decidido se queria mesmo ser um Estado) assim que ele declarasse independência.

Os judeus tinham uma sólida força de defesa, o Haganá, e sua tropa de choque, o Palmach. Mas eles não tinham tanques, artilharia, nenhuma arma mais pesada do que morteiros de 88 milímetros. E nenhuma força aérea.

LIVRO DOIS • EN BRERA

Os britânicos tinham dado aos egípcios 50 Spitfires novinhos. Com 50 Spitfires, eu conquistaria a Europa Oriental inteira. Os ingleses treinavam e armavam os Exércitos árabes desde a época de Lawrence da Arábia. O Iraque era a fonte primária do petróleo da Inglaterra; o acordo anglo-francês Sykes-Picot, de 1916, tinha traçado os limites locais, que abrangiam as fronteiras de Síria, Líbano, Transjordânia e Palestina. O rei Abdullah, da Jordânia, havia sido levado ao trono, em 1921 por decreto britânico. Seu exército, a Legião Árabe, era treinado e comandado por oficiais britânicos. Mesmo agora, em 1948, tanto o comandante em chefe da legião, um tenente, quanto o comandante de campo, um brigadeiro eram ingleses.

Enquanto isso, os judeus nos arredores de Tel Aviv e nas cidades costeiras estavam isolados numas poucas dezenas de *kibutzim* espalhados desde a Galileia até o Neguev. Grupos árabes bloqueavam as estradas. Era como o Forte Apache. Os judeus estavam cercados nas duas fazendas, confinados, sem esperança de poder escapar ou de ser reabastecidos por terra. Tudo tinha que ser levado por via aérea, mas o Haganá não tinha aviões. Quero dizer, *nem um único* avião. Nada.

Outro veterano norte-americano, chamado Al Schwimmer, transformou-se num visionário contrabandista de suprimentos, transportados em aviões para a Palestina. Schwimmer fundou uma companhia aérea de mentira, a Líneas Aéreas de Panamá. Ele estava sempre um passo à frente do FBI. Trazia os aviões passando pela América do Sul em direção à África e à Europa, e dali para a Palestina.

De alguma maneira Schwimmer e o Haganá conseguiram pôr as mãos em dois *bush planes* do Alasca. Eles os levaram até a Itália. Quem poderia pilotá-los para a Palestina?

Lou e eu nos voluntariamos.

O Noorduyn Norseman, de fabricação canadense, tinha sido feito para voar no interior do território gelado no extremo norte. É o que chamamos de *bush plane*, um monoplano robusto, com um motor poderoso e um compartimento de carga imenso. O Norseman, "homem do norte", era exatamente do que o Haganá precisava. Com essas aeronaves, suprimentos e munição poderiam ser transportados pelo ar para os *kibutzim* e os feridos poderiam ser retirados de lá. Mesmo apenas dois aviões poderiam salvar muitas vidas. Tudo que Lou e eu tínhamos que fazer era levá-los da Itália para a Palestina.

61

Era a mesma coisa que dizer: "Tudo que Lindbergh* tem que fazer é voar de Nova York a Paris". Em primeiro lugar, o Norseman tem alcance de voo de 800 quilômetros; a distância de Roma a Tel Aviv é de mais de 2 mil quilômetros. Com o Haganá e nossos copilotos, conseguimos equipar o interior dos monomotores com tanques auxiliares, feitos de borracha, mas ninguém sabia se o combustível extra seria suficiente. Não tínhamos paraquedas, nem coletes salva-vidas, nem botes. Nem rádio. Meus mapas eram de um atlas mundial. Eu não estava levando sequer uma marmita.

E tinha também o embargo. Os países do Ocidente, liderados pela Grã-Bretanha e pelos Estados Unidos, haviam estabelecido um bloqueio total de armas para Israel. Os britânicos faziam patrulhas aéreas para interceptar todo e qualquer envio. O FBI prendia qualquer cidadão norte-americano que servisse "a uma bandeira estrangeira". Os únicos países dispostos a trabalhar com os judeus eram os do Bloco Soviético, especificamente a Tchecoslováquia, desesperada por dólares norte-americanos. Não nos atrevemos a voar sobre a terra. Mesmo sobrevoar a costa, para fins de navegação, era arriscado. Lou me perguntou qual era o protocolo em caso de falha do motor sobre a água. Respondi: "Nós nos afogamos".

Se um caísse na água, o outro teria que continuar voando. Não havia mais nada que pudéssemos fazer.

"Sabe o Glenn Miller, o da orquestra?"

"O que morreu numa queda de avião?"

"Aquele avião era um Norseman."

A data era 2 de maio de 1948. Lembro-me de estar na pista em Brindisi, sem plano de voo, sem permissão para taxiar, com uma aeronave tão carregada de combustível (10 litros pesam quase 8 quilos) que não sabia nem se conseguiria decolar. Tínhamos outros dois pilotos voluntários a bordo, Milt Rubenfeld e Eddie Cohen. Fiz um membro do Haganá ficar na marca de três quartos da pista e disse a Lou para abortar a decolagem se o pneu não tivesse descolado do chão naquele ponto. Aquilo era um absurdo, é claro. Os aviões já estariam a quase 200 quilômetros por hora. Não havia como freá-los antes do penhasco no fim da pista. Além disso, precisávamos dar conta dos vazamentos de combustível e das válvulas que

---

* N.T.: Charles Lindbergh (1902-1974) foi o primeiro aviador a cruzar sozinho o Atlântico sem fazer escalas em 1927.

alternavam o abastecimento do tanque principal para os auxiliares. Sou um sujeito extremamente preocupado; Lou não é. Ele falou: "Collie, se você acha que vamos conseguir, então isso para mim basta". Eu não disse a Lou, mas achava que nossas chances eram de cinquenta por cento.

Para fazer um avião decolar é preciso acelerar a toda velocidade e manter os freios travados. Quando se atinge o ponto certo e os instrumentos informam que é a hora, você solta os freios e espera que a aeronave acelere o máximo possível. Enquanto eu estava engatando a marcha, esperando esse momento, dei uma espiada para fora e vi Lou abrir a porta e saltar na pista. Que diabo era aquilo? Meu coração praticamente parou de bater, imaginei que o avião estivesse com algum problema mecânico e que a missão inteira teria que ser abortada. Lou correu até a borda da pista, ajoelhou-se, pegou um punhado de flores e voltou correndo para o avião. Eu não consegui nem xingá-lo, porque não tínhamos rádios.

Lá vamos nós.

Conseguimos. Onze horas olhando para uma única hélice, sem falar uma palavra ou vislumbrar um pedaço de terra sequer durante a viagem inteira. Chegamos à costa ao norte de Tel Aviv e aterrissamos no escuro, numa pista de terra iluminada por barris em chamas. Uma multidão nos recebeu exultante. Vi Lou aterrissar e descer com as flores na mão. Estava tão tonto de cansaço que mal conseguia firmar os pés no chão, mas conseguiu se aproximar da garota mais bonita que encontrou e lhe entregar o buquê.

Uma semana depois, Lou estava na Tchecoslováquia treinando no único caça que os israelenses conseguiram obter: uma versão tcheca do Messerschmitt 109, alemão, uma sucata do pós-guerra que apelidaram de *mezek*, "mula".

AD HALOM

Aquele avião foi a maior bosta que eu já pilotei. Nem chegava a ser um avião. Tinha sido montado pelos tchecos com peças deixadas para trás pelos nazistas. A fuselagem era de um Me-109, mas a hélice e o motor eram de um bombardeiro Heinkel. Não é assim que se constrói um avião. No entanto, era tudo o que tínhamos, então ficamos com ele.

Lou Lenart nasceu na Hungria, em 1921. Cresceu em Wilkes-Barre, na Pensilvânia, e entrou para os fuzileiros navais dos EUA em 1940, porque ouviu dizer que seriam os primeiros a entrar em combate e "queria matar o maior número possível de nazistas, o quanto antes". Lenart tornou-se piloto de caça da Marinha, tendo realizado voos com Corsairs F4U sobre Okinawa e sobre o arquipélago japonês.

Até que ponto o avião era ruim assim? O verdadeiro motor do Messerschmitt era um Daimler-Benz DB 605, que tinha potência de 1850 hp; os motores dos nossos Junker Jumo mal produziam 1200 hp. Era como colocar o motor de um trator de fazenda num Lamborghini. O avião tinha o nariz pesado, era desequilibrado. Não havia guarnição no leme, e os flapes tinham que ser acionados por um único e minúsculo volante. Você não conseguia reduzir a velocidade daquela coisa. Aterrissava a mais de 250 quilômetros por hora, 100 acima do ideal.

O pior de tudo era a hélice. As hastes largas, de bombardeiro, produziam um empuxo lateral tão forte que na primeira decolagem que fiz o avião saiu descontrolado da pista, arrebentou uma cerca e continuou em direção a um penhasco. Só consegui retomar o controle a poucos metros de cair no Adriático. Além disso, os sincronizadores das metralhadoras, que disparavam entre as pás – que mais pareciam remos –, eram tão difíceis de calibrar que você se apavorava cada vez que puxava o gatilho, morrendo de medo de destroçar a própria hélice. Mas ninguém queria vender nada aos judeus; então, era isso ou morrer.

Há uma expressão em hebraico, *"en brera"*, que quer dizer "não há alternativa". Éramos nós e era Israel.

Quando eu era criança, em Wilkes-Barre, o lugar era cheio de católicos poloneses. Os moleques infernizavam a nossa vida; éramos uns poucos judeus por ali, até que juntei uma turma e comecei a bater neles sem dó. Vou contar a história de quando entrei para os fuzileiros.

O capitão dos fuzileiros navais Lou Lenart e seu Corsair, em Okinawa, 1945.

Foi em junho de 1940, bem antes da guerra, mas já se formavam filas diante dos balcões de recrutamento. Um sargento dos fuzileiros ficava lá, inscrevendo todo mundo. Cada recruta dava um passo à frente e punha seus documentos em cima da mesa; o sargento carimbava tudo sem nem sequer levantar o rosto. Até eu me aproximar.

Pude ver os olhos do sargento se fixarem na linha do formulário de alistamento onde estava indicado "religião". Nela eu tinha escrito "judeu".

De repente, o sargento ergueu a cabeça. Ele não tinha reparado em nenhum daqueles católicos, mas reparou em mim. Mediu-me com os olhos, de cima a baixo. "Os fuzileiros são uma corporação muito dura", ele disse. "Você tem certeza de que vai conseguir?"

Senti tanta raiva que quis voar no pescoço do sujeito ali mesmo. Eu sabia que a única razão para ele ter feito aquela pergunta era porque eu tinha escrito no formulário que era judeu. Mas sabia que não podia perder o juízo nem abrir a boca, ou ele não iria me aceitar. Então eu o fuzilei com os olhos.

"Se você conseguiu, eu também consigo."

Foi assim. Ele carimbou meus documentos e eu fui em frente.

Devo tudo aos fuzileiros navais. Por pegarem um garoto nascido numa pequena aldeia na Hungria e darem-lhe oportunidade não apenas de servir à bandeira dos EUA, mas também de o transformarem em um oficial e um piloto de caça... É por isso que eu amo e sempre vou amar os fuzileiros navais.

Quando a guerra terminou, voltei para casa, em Los Angeles, mas tinha ciência do que estava acontecendo na Europa, com os judeus que tinham sobrevivido ao Holocausto sendo trancafiados pelos britânicos em campos de passagem, toda aquela história do Êxodo. Eu sempre quis lutar na Europa. Ninguém me disse que os fuzileiros iriam combater somente no Pacífico.

Enfim, era noite de sexta-feira e li num jornal que um major palestino (naquele tempo, palestino era alguém que vivia na Palestina sob o Mandato Britânico) iria falar numa sinagoga em Hollywood. Eu fui. Ele falou; eu me aproximei e tentei me voluntariar, contei do meu passado como veterano de guerra. Ele estava desconfiado porque o FBI pesava a mão sobre os judeus naquela época. O Departamento de Estado também. Ele disse: "Procure-me no meu hotel amanhã à noite. Traga seus documentos de baixa e suas citações de combate". Voltei para casa, peguei minhas coisas e fui para o hotel naquela mesma noite. Duas semanas depois, fui aceito.

LIVRO DOIS • EN BRERA

De acordo com uma determinação da Administração dos Recursos de Guerra, qualquer veterano tinha o direito de comprar um avião. Um ex-capitão da TWA chamado Sam Lewis, que estava trabalhando com Al Schwimmer, me procurou e me deu cinco mil dólares em notas de cem. Mandou-me para o centro da cidade e eu comprei um C-46, um Curtis Commando, simples assim, um cargueiro enorme e poderoso, do tipo capaz de "voar sobre a corcunda" da Índia para a China. Os aviões estavam estacionados em depósitos no deserto de Mojave. Schwimmer tinha um hangar na Lockheed, em Burbank, com quatro mecânicos; eles pegavam os aviões e os deixavam em ponto de voo. Era esse o trabalho de Schwimmer. Criar do nada uma força aérea para Israel. Ele era um gênio, um visionário.

Algumas semanas depois, eu estava em Nova York, trabalhando com o Haganá no recrutamento de veteranos para voar por Israel. Foi quando peguei o trem para a Filadélfia para alistar Collie Goldstein. De lá fomos para a Europa e, depois, levamos os monomotores para Israel. Isso foi em 9 de maio de 1948, cinco dias antes do fim do Mandato Britânico. Cinco exércitos árabes inimigos estavam reunidos nas fronteiras de Israel, prontos para invadir assim que os *tommies** se retirassem. E Israel não tinha nenhum avião de combate. Nada com que pudesse atacar o inimigo. Nada.

No último segundo, seis de nós fomos enviados à Tchecoslováquia para buscar esses malditos Messerschmitts. A rota era Chipre-Roma-Genebra, depois por trem para Zurique e, finalmente, num DC-3 das Linhas Aéreas Tchecas até Praga, onde ficamos presos num hotel por dois dias, para só então chegar à base de treinamento. A invasão árabe seria em dois dias.

Não é possível aprender a pilotar um avião em dois dias, sobretudo um caça, e muito menos uma sucata como aquela. Mas, de novo, *en brera*. Não tínhamos alternativa.

Treinávamos num lugar chamado České Budějovice. Toda noite recebíamos boletins de Israel. A Legião Árabe, com tanques e artilharia, estava atacando próximo a Jerusalém. As forças Sírias tinham cruzado o Jordão. O Exército do Egito, com Spitfires, tanques e artilharia, avançava pela estrada costeira ao norte de Tel Aviv. Na fronteira há um *kibutz* chamado Yad Mordechai. Três batalhões egípcios estavam atacando um grupo de

---

* N. T.: Gíria para designar militares britânicos.

140 pessoas. Até mesmo as mulheres do *kibutz* combatiam nas trincheiras, disparando Enfields da Primeira Guerra Mundial. Conseguiram resistir por cinco dias, até que os egípcios tomaram o lugar de assalto.

Os oficiais tchecos eram caras bacanas e apressaram o treinamento ao máximo; mas nós tivemos que dizer a eles: "Vocês não estão entendendo. Israel inteiro está prestes a ser invadido!".

No dia 20 de maio, voamos de volta. Levou mais quatro dias para que os Messerschmitt chegassem, encaixotados, sem asas, nas barrigas dos três C-46 de Al Schwimmer. Um dos C-46 caiu, então perdemos dois Messerschmitts. Restaram apenas quatro. O bairro judeu de Jerusalém estava a poucos dias da rendição. A Legião Árabe deteve o forte de Latrun, isolando a capital.

O que era a Força Aérea de Israel naquele momento? David Remez era tecnicamente o responsável, mas quem eram os pilotos de verdade? Nós. Eu, Modi Alon, Ezer Weizman, Eddie Cohen, da África do Sul – nenhum de nós tinha pilotado em combate antes –, e alguns outros caras destemidos que tinham vindo de todas as partes do mundo para tentar salvar o jovem Estado de Israel.

Eu era o único piloto com alguma experiência em combate; Collie e alguns outros haviam pilotado em combates, mas apenas bombardeiros. Então, fui escolhido para liderar a primeira missão, que seria um ataque surpresa à base aérea egípcia de El Arish ao amanhecer. Quem escolheu El Arish? Eu. Como eu era o piloto sênior, dizia como iríamos agir. Claro, eu não tinha a menor ideia de onde ficava El Arish. Não tinha a menor ideia de onde ficava coisa nenhuma. Só sabia que os Spitfires egípcios estavam em El Arish. Nosso primeiro trabalho era destruir aqueles bastardos.

Finalmente, os mecânicos aparafusaram as partes dos Messerschmitts. O Exército egípcio estava a pouco mais de 30 quilômetros de distância, avançando pela estrada costeira. Não tínhamos tempo para preparar nada nem para testar os aviões. Eram 15h30 de sexta-feira, 29 de maio.

De repente, precipitou-se pela base um jipe transportando Shimon Avidan, comandante das tropas judaicas – duas companhias da Brigada Givati –, que estavam segurando os egípcios à unha.

"Lou, precisamos dos seus aviões já."

Avidan me disse que seus homens haviam explodido um trecho da ponte de Ishdud, cerca de 30 quilômetros ao sul de Tel Aviv. A força de invasão egípcia contava com sete batalhões de infantaria, um batalhão de artilharia blindado, apoio antiaéreo e antitanque e 600 veículos. Eles estavam contidos naquele momento; mas, assim que consertassem a ponte, não existiria nada para detê-los.

Eu contei a Avidan que meus planos eram atacar El Arish ao amanhecer.

"Esqueça El Arish! Você precisa decolar agora e atacar os egípcios na ponte."

"De jeito nenhum. Não testamos as bombas nem as metralhadoras, não sabemos nem se essas merdas vão decolar!"

"Lou, você não está entendendo", Avidan retrucou. "Se o Exército egípcio atravessar essa ponte, eles vão chegar a Tel Aviv hoje e será o fim de Israel."

En brera.

Não havia alternativa.

Decolamos. Onde ficava a ponte? Eu não fazia a mínima ideia. Enquanto eu voava em círculos, para permitir que os outros pilotos se juntassem à formação, meu número dois, Modi Alon, se aproximou e apontou para o sul.

A formação éramos eu e Modi, Ezer Weizman e Eddie Cohen.

Voamos durante alguns minutos e, de repente, os avistamos. A coluna egípcia tinha quilômetros de comprimento, ocupando toda a estrada, congestionada no leito seco do rio com a ponte bloqueada no meio.

Naquele momento, não havia nenhuma luz acesa. Atrás de nós estava Israel, o povo judeu pendendo por um fio. À nossa frente, estava o inimigo, avançando para destruir tudo o que amávamos.

Atacamos. As armas falharam; largamos a bomba antes da hora. Olhei para a direita e não vi ninguém. O fogo antiaéreo era feroz. Seis mil egípcios despejavam tudo o que tinham. Eddie Cohen, um piloto maravilhoso e corajoso da África do Sul, deve ter se aproximado demais. Seu avião não retornou. Consegui meter uma bomba de 70 quilos no meio de um aglomerado de caminhões e tropas numa praça de Ishdud. Modi e Ezer faziam o que era possível. Foi uma loucura. Recuamos após infligir danos mínimos.

Contudo, o choque para os egípcios foi acachapante. Sofrer um ataque aéreo de quatro Messerschmitts 109 com a estrela de Davi do lado!

Naquela noite, a Brigada Givati atacou o inimigo pelo flanco. Os egípcios entraram em colapso. A inteligência israelense interceptou o despacho enviado pelo comandante da brigada ao Cairo: "Fomos fortemente atacados pela Força Aérea inimiga e fomos dispersados".

O Exército egípcio recuou para leste, para se reunir com outras forças árabes que sitiavam Jerusalém.

Tel Aviv estava salva, assim como nossa pátria.

Algum tempo depois, consegui falar com vários oficiais egípcios que estavam lá naquele dia. Eles disseram que os soldados da coluna tinham certeza de que aqueles quatro aviões, nossos Messerschmitts de merda, eram apenas a ponta da lança. Que os judeus tinham centenas de outros, prontos para atacar e destruir todos eles.

Hoje aquele lugar é chamado de Gesher Ad Halom, *gesher* quer dizer "ponte", e *ad halom* significa "até aqui e nem mais um passo".

Collie Goldstein.

Essa história e a dos monomotores Norseman têm um final inusitado. Vinte anos depois, Lou estava em Nova York, esperando abrir o semáforo na esquina da rua 52 com a Broadway, quando uma mulher bonita veio caminhando ao encontro dele.

"Capitão Lenart?"

"Sim."

"Não se lembra de mim, lembra?"

A mulher sorriu e lhe estendeu a mão.

"Eu sou a garota para quem você deu o buquê de flores naquela pista de pouso no norte de Tel Aviv em 1948."

OS PRIMEIROS FILHOS

A geração da Guerra da Independência foi a geração dos primeiros filhos.

Moshe Dayan, Yigal Allon, Yitzhak Rabin e centenas de outros. Os sabras crescidos na terra, nascidos em Israel na década de 1910 e no início da década de 1920, que ascenderam ao poder em 1948. Incluo entre eles Menachem Begin e Yitzhak Sadeh, embora eles tenham vindo para a Terra Santa já adultos, e Arik Sharon, Uzi Narkiss e Ezer Weizman, que eram tecnicamente meia geração mais jovens. Ben-Gurion era o pai de todos eles. Eles o adoravam.

Shimon "Katcha" Cahaner serviu em todas as lendárias formações de paraquedistas das FDI, da 101ª Unidade, na década de 1950, passando pelo 890º Batalhão, durante o período de represália, e na 202ª Brigada no passo de Mitla, em 1956. Era comandante-adjunto do 28º Batalhão de Paraquedistas, que ajudou a liberar Jerusalém em 1967.

Éramos a geração seguinte. Danny Matt, Meir Har-Zion, David Elazar, Aharon Davidi, Motta Gur, Raful Eitan, Shmuel Gorodish, Uzi Eilam e eu. Poderia citar muitos, muitos outros. Jovens combatentes, alguns dos quais tinham sido comandantes de pequenas unidades em 1948 e, nos anos subsequentes, foram sendo promovidos ao comando de batalhões e brigadas. Havia milhares de outros, irmãos, primos e amigos cujos nomes são desconhecidos, exceto por nós e pelas suas famílias, que lutaram com igual bravura e se dedicaram tanto quanto nós, ou talvez mais.

Parte da geração dos primeiros filhos, a melhor parte, deu tudo o que tinha. Eles agora descansam debaixo da terra. Leem-se seus nomes nas lápides de mármore.

Por sete vezes, em 1948, essa geração tentou tomar Latrun, a fortificação britânica que dominava a estrada de Tel Aviv para Jerusalém. Sete vezes as armas dos árabes os derrotaram. As tropas de assalto eram integradas por civis, garotos e milicianos mal treinados, sem artilharia ou poder aéreo; alguns entravam em combate assim que desembarcavam dos navios que vinham dos campos de passagem no Chipre, com números tatuados nos braços. Eles apanhavam Garands M1 e Enfields 303 empilhadas no chão após serem carregadas por outros e tinham seu batismo de fogo cruzando plantações de melão.

A geração dos primeiros filhos aprendeu a lutar à noite. Isso era necessário para combater os árabes – primeiro, os ladrões que atacavam as fazendas judaicas para roubar ovelhas ou bois; em seguida, para explodir os dutos de abastecimento e enterrar minas ao longo das estradas; e, depois, quando os bandidos começaram a se autodenominar *fedaim*, "mártires", e seu objetivo passou a ser expulsar os judeus da Palestina de uma vez por todas.

Os filhos da primeira geração aprenderam a descer das torres de vigia e dos postos de guarda para se aventurar a pé, na escuridão, varando as cercas de arame farpado. Sadet e Orde Wingate, o oficial britânico a quem nos referíamos como *HaYedid*, "o amigo", os ensinaram. Ao amanhecer, os filhos retornavam, marcados pelo sangue de seus inimigos. Agora, em 1948, durante a Guerra da Independência, eles precisavam ainda mais da escuridão.

Perto da planície de Ayalon, onde Josué castigou os amoritas, o sol ergueu-se cedo demais sobre uma força de assalto comandada por Arik Sharon, então com 24 anos. Metralhadoras árabes surpreenderam os atacantes em campo aberto. Ferido no quadril, Sharon deu aos seus homens a única ordem que podia: "Salvem-se". Anos depois, outra bala o atingiu no mesmo quadril. "Mas dessa vez eu quase não senti", disse ele, "porque estava com meus camaradas e não tinha sido deixado para trás."

Em julho de 1948, Dayan tomou as cidades árabes de Ramla e Lod com um punhado de jipes armados com Brownings calibre .30. Ele se transformou numa lenda. Outros lutaram até o último tiro em Gush Etzion, perto de Jerusalém; mas recuaram, assistindo à Legião Árabe isolar a Cidade Velha e massacrar todo judeu que encontrava pela frente.

Joseph Trumpeldor no Exército inglês, durante a Primeira Guerra Mundial.

Os homens da Guerra da Independência lutavam usando botas de fazendeiro, sem hierarquia e sem uniforme. Montar um pelotão ou operar como uma companhia era, para eles, o ápice da tática. Executar a ação em escala de um batalhão estava além da sua capacidade; quando tentavam, o inimigo os despedaçava. Antes dos primeiros filhos, houve a geração dos seus pais e avós – pioneiros e visionários.

Ze'ev Jabotinsky foi oficial do Exército russo na Primeira Guerra Mundial. Seu amigo Joseph Trumpeldor lutou em Galípoli. Existe uma cidade ao norte de Israel chamada Kiryat Shmona, a "Cidade dos Oito". Ganhou este nome em honra aos oito judeus que morreram defendendo Tel Chai em 1920. Trumpeldor era o líder deles. Foi a primeira vez que judeus e árabes trocaram balas por conta de questões de terra.

Trumpeldor foi mortalmente ferido nesse combate. "É uma coisa boa", ele disse, "morrer pelo seu país". Isso tudo quando não havia país algum, exceto nos sonhos desses poucos homens.

Em 1916, no início da Primeira Guerra Mundial, Jabotinsky e Trumpeldor trabalharam para convencer Whitehall a formar uma legião judaica para combater como uma unidade ao lado do Exército inglês. Estavam buscando amealhar credibilidade para a ideia de um futuro Estado judeu. A passagem a seguir faz parte da biografia de Jabotinsky, descrevendo uma noite daquele ano:

> Londres, quarto pequeno, meia-luz. Joseph Trumpeldor delineou-me a ideia simples e fantástica de um movimento pioneiro. Trumpeldor disse:
> Precisamos de homens e mulheres prontos para tudo, tudo que a terra de Israel irá demandar. Uma geração que não cultivará interesses ou hábitos privados, mas será simplesmente como uma barra de ferro, que possa ser moldada para assumir qualquer forma que a máquina nacional precise.
> "Falta um pneu? Eu serei esse pneu.
> Precisamos de um prego, de um parafuso, uma engrenagem? Leve-me. Precisamos cavar? Eu sou a pá. Precisamos de um soldado? Eu serei esse soldado. Policial, médico, advogado, bombeiro? Leve-me. Eu farei de tudo. Não tenho fé, não tenho filosofia, não tenho sentimentos; nem mesmo tenho um nome. Sou o puro ideal de serviço, preparado para qualquer coisa. Não tenho restrições nem limites. Só conheço um comando: construir."
> "Mas", eu disse a Trumpeldor, "não há pessoas assim".
> "Haverá", ele disse.

Nós somos essas pessoas. A geração dos primeiros filhos, e agora nós, lutando ao seu lado e sob seu comando.

TEL SHIMRON

A primeira vez que vi Moshe Dayan foi em 1946. Eu tinha 16 anos e era membro de um grupo associado ao Haganá. O Haganá possuía diferentes divisões de acordo com a idade; a nossa era a dos mais jovens.

Zalman Shoval foi oficial da inteligência durante a Guerra dos Seis Dias. Tempos depois, ocupou o cargo de embaixador junto às Nações Unidas por dois mandatos, sendo que o mais recente se encerrou no ano de 2000.

Nosso grupo tomou parte num exercício de treinamento que durou a noite inteira, com barracas e sacos de dormir, numa colina chamada Tel Shimron. Essa colina tem vista para a aldeia de Nahalal, onde Dayan cresceu. É lá que ele está enterrado. *Tel* é uma elevação no relevo que contém camadas sedimentares de restos de civilizações anteriores. Josué derrotou o rei de Shimron nesse lugar nos tempos bíblicos.

No exercício noturno, nosso grupo de jovens foi designado para defender o campo no topo da colina. Outro grupo, de Nahalal, recebeu ordens para atacar, não com fuzis, mas com paus e pedras. Era assim que aprendíamos a lutar naquela época. Havia garotos e garotas em nosso grupo, mas o grupo de ataque era composto somente de garotos. Eles atacaram à meia-noite. Levaram cerca de um minuto e meio para nos conquistar.

Depois do combate, todos nos reunimos com o moral alto ao redor de uma fogueira. Dayan deu um passo à frente, vestindo calça de combate e suéter e usando seu tapa-olho. Ele tinha 30 anos, acho, talvez 31. Eu estava fascinado. Assim como os outros. Tinha ouvido falar de Dayan, mas a princípio por conta do seu ferimento, que tinha ocorrido cinco anos antes, quando ele era um aprendiz de combatente lutando ao lado dos australianos contra os franceses de Vichy.

Naquela noite, Dayan era o responsável pelo grupo de ataque da juventude do Haganá. Esses exercícios de treinamento eram uma oportunidade para os líderes do Haganá se familiarizarem com os jovens que iriam comandar no futuro. As noites eram, também, um bom momento para que os líderes em ascensão fossem expostos aos veteranos e heróis com quem depois iriam servir.

Nenhum de nós jamais havia conhecido alguém como Dayan. Estávamos acostumados à geração mais velha, os sionistas zelosos e rabugentos que tinham emigrado, em sua maioria, da Polônia e da Rússia e discursavam numa retórica que admirávamos, mas não sentíamos que fosse nossa. Em vez disso, aqui estava um jovem como nós – nascido aqui, que falava hebraico como nós falávamos, usando as mesmas gírias e os mesmos palavrões que só nós conhecíamos.

Dayan estava falando do futuro do Estado judeu, absolutamente convicto de que *iria* existir um Estado judeu. Foi eletrizante. Lembre-se, isso foi em 1946, quando esse desfecho estava muito longe de ser certo. Dayan não usava nenhum emblema hierárquico; o Haganá não os tinha. Era óbvio, porém, que ele era uma figura ungida. Era um favorito da liderança do Haganá, incluindo Yitzhak Sadeh, o comandante da Palmach, a tropa de elite. Tanto o pai quanto a mãe de Dayan eram membros de destaque do Partido Trabalhista; eles eram políticos e ativistas das primeiras famílias de Israel. Ben-Gurion descobriu o filho deles e o escolheu como futuro líder.

O ponto alto desses exercícios noturnos era preparar um café turco. Enchíamos nossos *finjans* com água fria e púnhamos colheradas daquele pó escuro, em seguida metíamos as taças de estanho na fogueira, na parte menos quente, para ir aquecendo lentamente. Quando o líquido começava a ferver, afastávamos os recipientes do fogo e batíamos três vezes com força no chão – *bam, bam, bam*. Depois, cada um voltava a pôr o seu *finjan* na brasa até o café subir novamente, o que só demorava alguns segundos, e então o tirava dali e vertia aquele líquido cor de lama fervente, com muito açúcar, dentro das nossas pequenas xícaras. Nada podia ser melhor nem mais divertido.

Dayan tinha um irmão mais novo, Zohar, apelidado de Zorik, que tinha servido durante a Segunda Guerra Mundial na Brigada Judaica do Exército inglês. No fim da guerra, Zorik abandonou os ingleses e entrou para uma milícia judaica clandestina chamada The Gang. O grupo se encarregava de roubar suprimentos e armas, até mesmo navios capazes de travessias em alto-mar, com o objetivo de ajudar os judeus egressos dos campos de extermínio a chegar até Israel. Certa noite, esse grupo fora da lei estava transportando clandestinamente sobreviventes de Bergen-Belsen pela fronteira da Alemanha rumo à Holanda. Ao cruzar a fronteira, a passagem do grupo foi impedida por um emaranhado de arames farpados. Zorik deitou-se sobre o obstáculo dizendo: "Que esses homens e mulheres passem sobre as minhas costas rumo à liberdade".

Zorik foi morto enfrentando um batalhão druso da Síria em Ramat Yohanan, em 14 de abril de 1948. Ele tinha 22 anos, uma jovem esposa, Mimi, e um filho de 3 meses de idade, Uzi. Moshe enviou seu segundo em comando, Israel Gefen, que era casado com sua irmã, Aviva, para dar a terrível notícia à sua mãe, Devorah. Ela estava na fazenda em Nahalal, a caminho do galinheiro, quando viu Gefen chegando.

Antes que o oficial pudesse dizer alguma coisa, Devorah perguntou: "Qual deles?".

A Guerra da Independência cobrou um preço devastador à população de nossa jovem nação. A mulher de Dayan, Ruth, me contou que sua pequena aldeia perdeu nada menos que 17 jovens. Ela disse que, em dado momento, as casas ao lado da sua estavam fazendo os preparativos para duas festas de casamento. Ambos os noivos morreram antes que as cerimônias ocorressem. As mortes em todo Israel totalizaram 6 mil – 1% da população.

Em novembro de 1948, o Exército egípcio, cujo avanço tinha sido interrompido ao sul de Tel Aviv, ainda não tinha se retirado. Em vez disso, essa força tinha se consorciado com unidades iraquianas e elementos da Legião Árabe da Jordânia. A formação conjunta deslocou-se para o sul, ao largo da planície costeira, onde logrou estabelecer um cinturão de fortificações que efetivamente cortou Israel ao meio. A base dessa linha era um forte Tegart (nomeado assim em homenagem ao arquiteto britânico que desenhou esse tipo de fortaleza policial-militar, do qual dúzias foram construídas durante o Mandato Britânico) chamado Iraq Suwedan.

O Iraq Suwedan controlava qualquer aproximação do Neguev, isolando e bloqueando todo acesso por terra aos *kibutzim* do sul. Por sete vezes, os soldados do Haganá tentaram tomar essa fortaleza, e por sete vezes foram rechaçados.

IRAQ SUWEDAN

Havia um forte a leste da aldeia árabe de Ishdud denominado Iraq Suwedan. Nós o chamávamos de "Monstro da Colina". Era uma construção britânica, assim como muitas outras, que foi dada aos egípcios quando os britânicos deram o fora em 1948. Essa é mais uma razão pela qual eu odeio os britânicos.

Lou Lenart, depois de liderar a missão que deteve o Exército egípcio ao sul de Tel Aviv em maio de 1948, tornou-se oficial de operações da inexperiente Força Aérea de Israel.

Quando eu digo forte, quero dizer forte. O lugar era enorme, quadrado, com muros altos, torres com metralhadoras, platibandas, muralhas de dois metros de largura e a bandeira vermelha, branca e preta do Egito tremulando lá no alto. Nasser em pessoa havia comandado o lugar quando era major. Ficava encravado no meio de uma planície chata como um piso de linóleo, sem nada, nem mesmo uma folha de grama, que uma força agressora pudesse usar como camuflagem. O Haganá tinha cavado trincheiras a cerca de dois quilômetros dali. Era onde nós nos agrupávamos, uns poucos caminhões e carros, mas com a maior parte dos homens a pé. O Haganá vinha atacando o forte havia meses. Foram sete assaltos, todos repelidos com sucesso. Mas aquele lugar tinha que ser tomado, porque bloqueava as estradas para o sul e cortava Israel ao meio.

O comandante judeu era Yitzhak Sadeh, um herói do Exército russo. O oficial de operações de Sadeh era Yitzhak Rabin, então com 26 anos, que comandaria o Exército antes e durante a Guerra dos Seis Dias e, posteriormente, se tornaria primeiro-ministro. Eu era oficial de operações da Força Aérea.

O jeito de tomar o Monstro era atingi-lo pelo ar com uma bomba. Possuíamos um Beaufighter britânico, que agentes do Haganá haviam roubado da Real Força Aérea fingindo alugá-lo para um filme.

Um Beaufighter é originalmente um caça, mas conseguimos equipá-lo como um bombardeiro, carregando-o com uma única bomba de 250 quilos. Como oficial de operações, eu tinha dois jipes com gerador e rádio. Minha função era controlar o solo. O avião tinha piloto, copiloto e um aviador que embarcou no último minuto, por pura diversão.

Se o Beaufighter tivesse êxito em lançar a bomba na praça central do forte, a explosão seria contida dentro das muralhas e o efeito seria duas ou três vezes maior. Iria destruir o lugar inteiro. Nossas tropas de assalto teriam, então, uma chance de tomá-lo.

Tínhamos recebido sinal verde para o ataque. No último minuto, meia dúzia de caminhões surgiu trazendo reforços. Os homens desceram. Estavam pálidos e magros. Tinham números tatuados nos braços. Alguém disse que haviam passado os últimos dois anos em campos de recolocação, sob domínio dos britânicos, claro, no Chipre. Haviam chegado a Israel uma semana antes apenas e tinham recebido uns poucos dias de treinamento militar. Eles se perfilaram e ganharam um fuzil cada um. Nunca vou esquecer aqueles rostos. Estavam certos de que iriam morrer, mas seus olhos brilhavam. Tinham armas nas mãos. Eram homens de verdade.

O Beaufighter passou por nós. Mas alguma coisa deu errado na aproximação. O avião não estava alinhado corretamente; precisou arremeter no último minuto.

Em qualquer Força Aérea do mundo existe uma máxima: "É uma passagem e uma aterrissagem". Quer dizer o seguinte: uma vez perdido o elemento surpresa, dê um rasante e acelere feito o diabo.

Eu sabia que deveria dar a ordem para abortar a missão. Se o bombardeiro tentasse uma nova passagem, os egípcios estariam esperando por ele. Era nele e em nada mais que todas as armas iriam atirar. Mas não podíamos parar. O assalto estava pronto. Os homens estavam com o sangue fervendo. Sadeh fez um gesto para mim, e eu fiz o avião retornar. Os caras largaram a bomba bem no alvo. A explosão acabou com o forte; nossas tropas tomaram de assalto o lugar. Porém, o Beaufighter acabou sendo atingido. Um dos motores soltava fumaça. Gritei pelo rádio para que o piloto virasse para leste, para onde estavam os nossos, onde era seguro, mas havia algo errado com o rádio dele. O avião virou para oeste, na direção do mar. Talvez o piloto estivesse pensando no mar aberto e plano próximo à costa, onde pudesse fazer uma aterrissagem de emergência. Eu não tive como acompanhá-lo. O combate em solo tinha começado. Passaram-se dias até conseguirmos reunir uma equipe para procurar a aeronave.

O avião havia caído na praia, perto da aldeia árabe de Ishdud, onde hoje fica a cidade israelense de Ashdod. Fomos até lá com seis ou sete caminhões e jipes, lotados de armas.

Yitzhak Rabin era oficial de operações do Exército, como eu disse. Eu fazia o mesmo na Força Aérea. Os destroços do avião estavam na praia, totalmente carbonizados. Nossos homens vasculharam toda a aldeia, incluindo a casa do *mukhtar*, o prefeito. Trouxemos os aldeões para a praça central, cercada de caminhões e armas. Um oficial da inteligência do Haganá interrogou o *mukhtar* em árabe.

"O avião estava em chamas quando caiu", disse o sujeito. Os aldeões tentaram salvar a tripulação, mas as chamas não permitiram. O oficial do Haganá perguntou que fim tinham levado os corpos. "Os chacais se encarregaram deles", disse o *mukhtar*. Ele e os aldeões haviam tentado manter os animais longe, mas não conseguiram. Os pedaços dos corpos dos aviadores que não tinham sido queimados pela explosão foram devorados pelos animais selvagens.

Enquanto o *mukhtar* repetia aquela merda, meus olhos estavam fixos no seu punho esquerdo. Ele estava usando o relógio que pertencia ao piloto do Beaufighter.

Eu puxei Rabin de lado, apontei para o relógio e disse a ele para atear fogo na aldeia, meter uma bala na cabeça do *mukhtar* e expulsar todos os aldeões. Apontei na direção da planície. As linhas egípcias estavam a poucas centenas de metros dali. "Faça os aldeões pegarem seus pertences e irem embora".

"Não posso fazer isso", disse Rabin.

"Por que não?"

Eu disse a ele que era o que os fuzileiros navais dos EUA fariam. Fazíamos isso em Okinawa o tempo inteiro. Os fuzileiros nem pensariam duas vezes.

"Lou, punição coletiva vai contra a Convenção de Genebra."

"A Convenção de Genebra que se foda! Você acha que esses árabes estão obedecendo à Convenção de Genebra? Eles queimaram nossos homens, depois os esquartejaram e deram de comer aos cachorros; se é que não os retalharam enquanto ainda estavam vivos!"

Eu já estava pensando que teria de dizer aos pais e mães daqueles aviadores o que havia acontecido aos seus filhos. Teria que mentir como o diabo, isso eu sabia. Nunca diria a verdade sobre como seus filhos haviam morrido.

Disse a Rabin de novo: "Atire na cabeça do *mukhtar* e queime a aldeia". Ele se recusou. "Somos judeus. Não podemos fazer isso."

Rabin era um idealista. Era isso que estava errado com Israel naquele tempo e é o que está errado com Israel hoje. Os fundadores haviam sofrido *pogroms* e perseguições durante tantos séculos, na Rússia e na Europa Oriental, que essa se tornou uma questão de honra quando conseguiram estabelecer seu próprio país: eles jamais tratariam os outros com a mesma crueldade com que tinham sido tratados. Isso é uma conduta admirável. É honrada. É nobre. Mas na guerra é uma bobagem.

"Por acaso Alexandre hesitaria em queimar essa aldeia? Ou César?"

"Stalin hesitaria?", perguntou Rabin. "Ou Hitler?"

Ele pôs a mão no meu ombro. "Não podemos fazer isso, Lou. Se agirmos assim, abandonaremos todos os princípios pelos quais estamos lutando."

O que eu podia dizer? Israel era o país de Rabin. Eu era um estrangeiro. Não podia impor as coisas do meu jeito.

Mas se me perguntarem se hoje eu me arrependo de algo na vida, vou dizer que de apenas uma coisa: não ter atirado no *mukhtar* naquela ocasião e de ter deixado que Rabin e o Haganá fizessem comigo o que bem entendessem.

UGDA SHARON

Já estou há quatro dias com a divisão de Sharon. Ainda sem ordens de ir para a guerra. O quartel-general de Sharon é em Shivta, a poucos quilômetros do limite territorial, embora a posição das divisões se estenda a oeste até Nitzana, bem na fronteira. A norte de nós, não muito longe, está a divisão de Avraham Yoffe e, mais ao norte, confrontando Gaza, está a *ugda* de Israel Tal.

Yael Dayan continua sua missão na Ugda Sharon como correspondente do porta-voz militar.

Como é a vida no acampamento? É uma cidade. Uma cidade de areia cujas estradas são rastros de pneus e esteiras, cujos lugares de reunião são abrigos debaixo de redes de camuflagem e cujos edifícios são veículos – tanques, caminhões, ambulâncias, reboques de munição e suprimentos, caravanas e *trailers*, carros e ônibus civis, jipes e veículos de comando e blindados leves –, a maioria dos quais passa o dia em movimento e, para evitar serem detectados e alvejados pelo inimigo, precisam ser remanejados toda manhã.

À noite, nossas companhias são como gazelas e raposas do deserto; de dia, lagartos e falcões. As linhas das dunas são marcadas por árvores de terebinto, das quais se extrai a terebintina (*elah*, em hebraico, que deu nome ao vale de Elá, onde Davi abateu Golias), arbustos de mamona e cactos espinhentos em forma de pera que nós, israelenses, chamamos de sabra.

Desisti de fazer qualquer coisa com o meu cabelo; simplesmente fiz uma trança e enfiei um boné na cabeça. Todo mundo tem o rosto coberto pelo pó fino conhecido como *loess*. À guisa de toalete feminino, contamos com um quadrado protegido por uma tela com uma placa sinalizando: SOLDADOS MULHERES. Na primeira noite, dormi numa trincheira; nas duas seguintes, ao lado de vários blindados leves do grupo de comando. A acomodação da noite passada parecia uma suíte do Ritz. Espreguicei-me no banco de trás de um furgão, o carro de um reservista que havia sido mobilizado.

Esta manhã começou como todas as outras. Os soldados estão de pé, em alerta, antes das quatro horas; todos os motores foram ligados, todos os tanques, todos os blindados; todas as frequências de rádio ficam abertas, mas ninguém pode falar. Não até que a guerra comece. O ruído é ensurdecedor, o ar fica tão empesteado com a fumaça do diesel e da gasolina que você precisa cuspir para tirar aquele gosto da boca. Os homens ficam de prontidão com as armas carregadas e travadas. As patrulhas partem. Os egípcios irão atacar? Às oito fica claro: hoje não. Chega a ordem para descansar. Cartões-postais são distribuídos. Os homens escrevem apoiando o papel nos para-lamas dos jipes e nas laterais dos tanques. Agora todos os veículos e todas as unidades são deslocadas para uma nova posição. Temos como certo que os inimigos são capazes de descobrir nossa localização, então é preciso alterá-la sempre. Nossas unidades de inteligência e reconhecimento agem da mesma forma em relação a eles.

Dov é meu guia e mentor nisso tudo. Ele é coronel, como eu já disse, veterano de duas guerras, suplente da Escola de Defesa Nacional, e agora faz a ligação de Sharon com o Estado-Maior. Ele narra para mim o balé contínuo de medidas e contramedidas das forças oponentes. O inimigo moveu um batalhão de tanques! Não, uma brigada! Imediatamente, a sala de situação, constituída por uma colônia de veículos de comunicação, tabuleiros e suporte de mapas, tudo debaixo de redes de camuflagem, reage reposicionando nosso Exército. A palavra hebraica para se referir a quem enverga a farda do Reconhecimento é *sayeret*. Os soldados são chamados de *sayerim*. Eles partem em patrulha. O helicóptero pousa, e mais mapas são alterados. Vermelho indica os inimigos e azul, os aliados.

Sharon está presente no comando, sem parar de falar nem por um minuto. Ele me recebeu calorosamente, apesar do histórico de episódios desarmônicos entre ele e meu pai. O homem: belo no seu uniforme cáqui, cabelo prateado caindo numa franja sobre a testa; sob uma dragona está presa a boina vermelha de paraquedista.

Para entrar no *trailer* de Sharon, é preciso subir três degraus de uma escada. Lá dentro há dois bancos de madeira que são forrados à noite por cobertores, uma mesa de trabalho usada para as refeições, um armário para guardar papéis e suprimentos e uma pia ao estilo do deserto, um barril com água, sabão e um espelho. Os pertences de Sharon cabem numa mochila menor que a minha. Seu motorista chama-se Yoram; o piloto do helicóptero, Ze'ev. Asher é o oficial de operações, e uma loura bonita chamada Tzipi serve o chá. Entre os hóspedes de Sharon há vários amigos civis; outros vêm e vão, vestindo *jeans* e camisa de manga longa, dirigindo os próprios carros, sendo alocados onde é possível.

Dov diz que preciso me equipar e me ajuda me dando meias, um capacete, doces cozidos e barras de chocolate. "Sempre leve chocolate." Um sargento me pergunta: "O gabinete vai dar ao seu pai o Comando Sul?". Referindo-se às três divisões – a de Sharon, a de Tal e a de Yoffe – aqui na fronteira do Sinai. Dayan vai ser nosso chefe? O que impede o governo de tomar uma decisão?

O noticiário da rádio informa que rei Hussein, da Jordânia, assinou hoje um pacto de defesa mútua com Nasser. O rei foi em pessoa, com seu jato Caravelle, de Amã ao Cairo, portando uma Magnum .357 na cintura.

Agora, Israel está cercado de Estados hostis por todos os lados. Pior, Hussein deu permissão para tropas iraquianas e sauditas cruzarem seu território, um ultraje que seria visto como *casus belli* uma semana atrás, mas agora é tolerado – mais uma cusparada em nossa cara.

Kuwait, Marrocos, Argélia e Tunísia também prometeram tropas a Nasser. Escutamos isso em nossos transistores entre uma e outra música da parada de sucessos.

Este foi o discurso de Nasser na Rádio Cairo: "Se tivermos sucesso em restaurar a situação de antes de 1956, não há dúvidas de que conseguiremos restaurar a situação de antes de 1948".

Antes de 1948 quer dizer: sem Israel.

Nossas tropas estão prestes a explodir de tão impacientes aguardando ordens para agir. "O que estamos esperando?"

Danny Matt, o comandante dos paraquedistas, chega. Ele conhece meu pai desde antes de eu nascer. Vejo os oficiais entrando e saindo do *trailer* de Sharon. Esses homens passaram a maior parte de sua vida adulta servindo juntos nas Forças Armadas. Quando se encontram, abraçam-se como irmãos e imediatamente começam a fazer piadas sobre combates que travaram juntos e ferimentos que sofreram nas batalhas. Quanto mais sinistra a lembrança, mais prazer eles têm em recontá-la.

Arik e Danny falam de seu amigo Katcha Cahaner, que conheço muito bem. Certa noite, em 1955, Katcha foi ferido tão gravemente numa operação de represália que os médicos do hospital de campanha cobriram seu rosto com um lençol, acreditando que estivesse morto. Um ano depois, quando o Batalhão de Paraquedistas saltou sobre o passo de Mitla, no Sinai, Katcha ainda estava na enfermaria, declarado 100% inválido. Katcha fugiu do hospital. Conseguiu chegar até Mitla em caminhões do Exército e juntou-se aos seus camaradas no passo.

"Sabe onde ele está agora?" É Arik quem pergunta.

"Na 55ª Brigada, preparando-se para saltar em combate", diz Danny. "Se nós recebermos as ordens, enfim."

Por razões de segurança, Dov não pode entrar em detalhes sobre o que a divisão de Sharon enfrentará se tivermos que atacar, exceto para explicar que existem duas posições conectadas: Abu Agheila e Um Katef. A 2ª Divisão egípcia detém um terceiro bastião em Kusseima. Essas três "localidades defendidas" são cruciais nas rotas a oeste que levam ao Sinai. Nossas forças precisam rompê-las.

"Complexidade no topo, simplicidade na base", declara Arik, resumindo sua filosofia de comando. "Um comandante", diz Sharon, "precisa guardar esquemas de batalha complexos na sua cabeça e entre o seu estafe, mas quando as ordens chegam às unidades operacionais, devem ser tão simples que até uma criança seja capaz de compreendê-las. 'Vá ali, faça isso'. Nada mais complexo".

Os olhos de Sharon brilham com um sorriso que ninguém é capaz de resistir. "Claro que o soldado de Israel deve ser capaz de decidir por si só e agir como quer. É assim que tem que ser. A razão pela qual vamos jogar os egípcios na lata de lixo é porque eles não podem fazer o mesmo que nós. Não sabem improvisar."

A palavra *balagan* vem do russo e significa "caos" em hebraico. Quanto mais vejo a aparente desordem neste acampamento, mais percebo a ordem dentro do caos.

85

Pela manhã, depois da ordem de descansar, acompanho uma patrulha na direção de Kusseima. Nossos jipes ultrapassam uma elevação na antiga Kadesh Barnea. Aqui os filhos de Israel acamparam, depois do êxodo do Egito. A 2ª Divisão de Nasser está entrincheirada bem na nossa frente agora. Pelos binóculos, posso ver o exército inimigo em movimento.

À noite, Dov me leva a Beer-sheva para protocolar um relatório. Uma garçonete do clube dos oficiais nos serve café. Eu pergunto que dia é hoje. Ela sorri. "Você ficaria surpresa com a quantidade de gente que pergunta a mesma coisa."

A UNIDADE

A 101ª Unidade foi formada em agosto de 1953. Era chamada simplesmente de "A Unidade". Éramos só uns 40 homens e servimos juntos por apenas quatro meses. Mas essa simples companhia estabeleceu o espírito e o *ethos* da batalha para todo o Exército de Israel. Arik Sharon era o comandante da Unidade.

Katcha Cahaner serviu sob o comando de Arik Sharon na 101ª Unidade. Ele vai terminar a Guerra dos Seis Dias como segundo em comando do 28º Batalhão de Paraquedistas, parte da 55ª Brigada, que liberará Jerusalém.

O moral do Exército estava muito baixo naqueles dias da década de 1950. O Palmach, que tinha sido o coração guerreiro do Haganá e depois das jovens FDI, havia sido dissolvido pelo primeiro-ministro Ben-Gurion, que o achava político demais. O Palmach era, em suas palavras, "o Partido Trabalhista com armas". Se Israel quisesse ter uma força de defesa profissional de fato, aquela formação precisava desaparecer.

Mas o Exército não dispunha de nada para substituir o espírito de bravura do Palmach. Nossos inimigos rapidamente se deram conta disso. Árabes começaram a se infiltrar pelas fronteiras à noite. Esses grupos assassinavam famílias durante o sono, enterravam minas ao longo de estradas que levavam a escolas, atiravam granadas de mão em dormitórios infantis.

As FDI não tinham nada capaz de detê-los. Forças do porte de pelotões e de companhias eram despachadas para além das fronteiras em operações de represália. Muitas vezes, os combatentes só voltavam ao amanhecer, carregando um ou dois feridos e informando que a missão não tinha sido cumprida.

Moshe Dayan era então o chefe do ramo de operações, o posto número dois do Exército. Ele escreveu:

> Decidi pôr fim nessa situação desgraçada e na apatia do comando das FDI, que aceita essas miseráveis falhas e as desculpas sem fim de que não conseguimos... Eu me reuni com os líderes... e lhes informei que, de agora em diante, se um oficial reportar que não conseguiu completar sua missão porque não foi capaz de suplantar as forças inimigas, sua explicação não será aceita a não ser que tenha perdido mais de 50% do seu contingente devido a baixas ou ferimentos.

Naquela época, Sharon era aluno da Universidade Hebraica de Jerusalém. Ele tinha 25 anos e um histórico de 8 anos de combate. Tinha acabado de se casar e queria levar uma vida normal.

Mordechai Maklef era comandante do Estado-Maior. Ben-Gurion o chamou e disse que queria uma unidade arregimentada para cruzar a fronteira e fazer os árabes pensarem duas vezes antes de realizarem incursões terroristas. Dayan opôs-se à ideia a princípio; ele achava que toda unidade das FDI devia possuir um espírito bélico, e não apenas uma equipe de elite convocada para fazer o trabalho sujo. O argumento de Ben-Gurion prevaleceu. Não demorou muito para Sharon ser convocado e aceitar a missão.

Sharon concordou em arregimentar e comandar a nova unidade. Mas fez três exigências: "Primeiro, quero escolher os homens a dedo, sem interferência do Alto-Comando. Segundo, a unidade deve ter à sua disposição os melhores e mais modernos equipamentos. Terceiro, quero tomar parte no planejamento central de todas as operações".

Eu tinha um amigo chamado Meir Har-Zion. Dayan certa vez lhe chamou de "o melhor soldado do Exército". Har-Zion tinha 22 anos à época; eu era quatro meses mais novo. Meir me disse: "Katcha, você já ouviu falar dessa nova unidade de comando? Vamos dar uma conferida".

Foi o que fizemos. Era assim que funcionava naquele tempo. Um recomendava o outro, "um amigo trazia um amigo".

O acampamento da Unidade localizava-se nos arredores de uma aldeia árabe abandonada chamada Sataf, próximo a Jerusalém. Na época, eu servia na Nachal, uma tropa pioneira. Israel era tão pobre naquele tempo que o governo não tinha dinheiro para o treinamento dos soldados; então nós, da Nachal, trabalhávamos duas semanas num *kibutz* para podermos nos sustentar e nas duas semanas seguintes treinávamos como soldados.

Meir e eu chegamos à 101ª Unidade num domingo. Sharon nos fez treinar, nós e os outros, que escolheu a dedo, naquele mesmo dia e na segunda-feira. Na terça, cruzamos a fronteira da Jordânia, cinco quilômetros. Você faz ideia do que são cinco quilômetros à noite? Parecem cem. Eu estava apavorado. Lembro-me de que em determinado momento os árabes surgiram do nada. Civis. Caímos no chão. Meu coração batia tão forte que eu achava que o inimigo não tinha como não ouvir.

Dois dias depois, nós nos aventuramos pela Jordânia percorrendo o dobro da distância.

O que fazíamos nessas operações? O que precisava ser feito. Sharon foi o melhor oficial de combate das FDI de todos os tempos, e foi um oficial da inteligência tão bom quanto. Conhecia todo mundo nos dois lados da fronteira, ou conhecia alguém que conhecia alguém. Era capaz de descobrir qualquer coisa. Por exemplo, se Sharon soubesse que determinado árabe estava planejando atacar Israel na quarta-feira, cruzávamos a fronteira na terça à noite e fazíamos uma visita a esse sujeito. Ou, se conseguisse as identidades dos membros de alguma gangue que tinham atirado num dos nossos ônibus escolares, íamos até eles e nos certificávamos de que jamais voltariam a invadir Israel.

Sharon liderou muitas dessas operações em pessoa. Ele nos conduzia pela fronteira numa escuridão tão grande que era impossível ver o homem que caminhava à nossa frente. Em território inimigo, nunca se anda em linha reta. Quando alcançávamos a marca de cinco quilômetros, já tínhamos tomado desvios, recuado e feito tantos zigue-zagues que nenhum de nós sabia mais para onde estávamos indo ou por onde tínhamos passado. Sharon sussurrava e nos reunia. "Estão vendo aquelas luzes ali? É um caminhão indo para o sul na rodovia 1, no quilômetro 106. Aquele vulto escuro no sopé da colina? É o acampamento da Legião Árabe em Nebi Samuel."

Sharon conhecia cada palmo de chão e nos obrigava a trabalhar até ficarmos iguais a ele. Ele nos ensinava a nos localizar sem o auxílio de mapas e bússolas. Tínhamos que conhecer a terra e pronto. Encontrar uma única casa numa aldeia árabe – uma casa específica, e não qualquer outra – não é uma tarefa simples. Chegar até lá é mais difícil ainda. Os cães latem. Ovelhas e cabras se amedrontam. Há vigias armados. Que trilha você faz para chegar lá? Que caminho usa para sair?

Certa noite, nossa patrulha estava à espreita numa colina em território jordaniano, quando avistamos um grupo de fedaim, 12 ao todo, movimentando-se pelo leito de um *wadi*, um rio seco, em direção à fronteira israelense. Abaixamo-nos e os deixamos passar. Pude ver o focinho dos bandidos com seus fuzis e os rolos de fios dos explosivos que carregavam. Sharon sabia que, pela trilha que seguiam, teriam que passar por certa colina vários quilômetros a oeste.

Estaríamos à espreita quando eles chegassem lá.

Assim era Sharon. Ele aspirava à grandeza. Não precisava pregar. Ele fazia você sentir que a segurança, a honra, a sobrevivência da nação, e mesmo a dos judeus pelo mundo, estavam sobre os ombros dele. Desistir ou dar as costas antes de completar uma missão era algo impensável na Unidade. Era preferível cortar um braço. Se eu estou rastejando numa trilha à noite, sozinho ou com outros soldados, e avisto cinco ou sete homens da Legião Árabe da Jordânia se aproximando na direção oposta, prefiro enfrentar a morte do que voltar para encarar Sharon e ter que lhe dizer algo como: "Eles eram muitos, não havia o que pudéssemos fazer" .

Esse espírito é o que você vê hoje. Apossou-se do Exército inteiro. Esse espírito herdamos de Sharon, de mais ninguém.

FLECHA NEGRA

Em 25 de fevereiro de 1955, um grupo de fedaim árabes cruzou a fronteira e assassinou um civil israelense na cidade de Rehovot, cerca de 30 quilômetros ao norte de Gaza. No corpo de um dos infiltrados encontramos documentos ligando os terroristas a elementos do Exército do Egito.

Três dias depois, homens escolhidos do 890º Batalhão de Paraquedistas, comandados por Arik Sharon, lançaram em represália a Operação Flecha Negra – também chamada de Ataque a Gaza.

O tenente Uzi Eilam comandou um pelotão na Operação Flecha Negra em 1955. Ele foi ferido ao liderar um assalto a um acampamento egípcio e recebeu a Itur HaOz, a segunda mais alta condecoração por bravura de Israel. Como major, em 1967, Eilam comandará o 71º Batalhão de Paraquedistas durante a libertação da Cidade Velha de Jerusalém.

Uma série de fatores precisam ser esclarecidos para compreender a importância dessa ação.

Em primeiro lugar, até que documentos oficiais fossem encontrados em posse de um árabe invasor morto ao cometer um assassinato, o governo egípcio negou qualquer responsabilidade pelo terrorismo cometido além das fronteiras, apesar do fato de mais de 900 desses atos terem sido registrados entre 1954 e 1955.

Os documentos provaram que tudo era mentira. A inteligência do Exército egípcio não apenas tinha ciência desses ataques terroristas, como também financiava, armava e treinava os terroristas.

Em segundo, as ordens para operações de represália partiam dos níveis mais altos do governo israelense, de David Ben-Gurion, o primeiro-ministro e ministro da Defesa, e de Moshe Dayan, comandante do Exército.

Em terceiro, a rapidez da resposta era calculada para não deixar dúvidas de que o ataque estava relacionado à provocação cometida. A represália era feita no prazo de 72 horas. A mensagem era: "Ataque causa contra-ataque".

Em quarto, a resposta ao ataque egípcio não era dirigida a cidadãos ou civis escolhidos a esmo, como era o caso das incursões árabes. Não era terror pelo terror. Em vez disso, a resposta era dirigida à entidade governamental que patrocinava o ataque. Como o ataque terrorista tinha as digitais do Exército do Egito, a réplica de Israel podia e devia ser dirigida exclusivamente a ele. Era preciso deixar claro que nossa resposta era uma retaliação direta ao assassinato ocorrido três noites antes, dirigida unicamente àqueles responsáveis pelo crime.

O último elemento que precisa ser compreendido é a própria tática de retaliação.

Retaliação, como Dayan e Ben-Gurion a concebiam, não era uma vingança pela morte de alguém. Não era a prática bíblica do "olho por olho". Retaliação era uma tática política dentro de uma estratégia maior, cujo objetivo era a sobrevivência da nação. Como Dayan explicou em 1955, falando a oficiais das FDI:

> Não conseguimos impedir que adutoras fossem explodidas e árvores arrancadas pelas raízes. Não conseguimos impedir todos os assassinatos de trabalhadores nos pomares e das famílias em suas camas. Mas estava dentro de nossas possibilidades colocar um preço alto pelo nosso sangue, um preço alto demais para a comunidade árabe, o Exército árabe ou os governos árabes cogitarem pagar... Estava, sim, no nosso poder forçar os governos árabes a renunciar à "política de uso da força" em relação a Israel ao transformá-la numa demonstração de fraqueza.

Nenhum oficial era mais apto, seja pelo temperamento, seja pelo treinamento, a implementar uma política de represálias do que Arik Sharon. Ele estava sempre à procura de pretextos para agir. Certa noite, em 1954, perto de Jerusalém, uma patrulha do 890º Batalhão engajou-se num tiroteio não planejado, matando um soldado jordaniano, e recuperou o seu corpo. Qualquer outro comandante ficaria furioso por trazerem para casa um cadáver inimigo, ou mesmo por devolverem o corpo com a devida cerimônia, como forma de demonstrar certa boa vontade com o adversário. Mas não Sharon. Durante semanas, a fronteira esteve tranquila; mas ele sabia que agora os jordanianos estavam ansiosos por vingança. Ele instruiu nossa companhia e mais duas outras, incluindo a Companhia D, sob o comando de Motta Gur, para preparar emboscadas ao longo da fronteira. Seu objetivo era sempre produzir escaramuças. A cada uma, a cada tiroteio, havia um pretexto para uma nova ação, evidenciando uma hostilidade do inimigo que Sharon podia levar ao comando para obter autorização para mais operações de represália.

Vim parar no 890º Batalhão da mesma maneira que Katcha Cahaner e Meir Har-Zion chegaram na 101ª Unidade. Um amigo me trouxe. Outros camaradas endossaram minhas habilidades. "Perguntei a eles", Sharon me contou. "Disseram que você era adequado."

Foi assim. Eu estava dentro. Fui designado líder de esquadrão na Companhia A sob o comando de Sa'adia Alkayam, a quem chamávamos de Supapo, já uma lenda entre os paraquedistas. Tanto a 101ª Unidade como o 890º Batalhão portavam armas diferentes das do Exército convencional. Cada soldado tinha uma submetralhadora Thompson, de fabricação norte-americana, e uma faca. As Tommys usavam munição de alto calibre, 11,43 milímetros (.45, como nos filmes de gângsteres de Hollywood), contrastando com os cartuchos de 9 milímetros que usávamos nas Uzis. As Tommys eram pesadas, 5 quilos contra os 3,5 das Uzis.

Os comandantes da Companhia do 890º Batalhão eram Meir Har-Zion (Supapo assumiu o comando quando foi suspenso temporariamente por ter assassinado por vingança uma gangue de árabes que estuprou e matou sua irmã e assassinou sua noiva), Danny Matt, Motta Gur e Rafael "Raful" Eitan. Cada um desses oficiais passou para o comando de brigadas ou divisões. O imediato de Sharon, Aharon Davidi, me deu uma lição que mudou para sempre minha concepção de comando e minha visão do papel de um oficial.

O ataque noturno estava em curso. Nossa força tinha varado a fronteira. O objetivo era a base central do Exército egípcio em Gaza, um acampamento fortificado cujo perímetro era guardado por defesas que incluíam arame farpado, cercas de segurança e valas antiveículos. Ao se aproximar desse acampamento, minha unidade, a Companhia Asob sob comando de

Supapo, perdeu a orientação no escuro. O inimigo nos avistou e abriu fogo. Supapo foi morto. Os alarmes soaram no acampamento egípcio; os holofotes foram acesos. O elemento surpresa inteiro tinha sido perdido. Eu era o adjunto, então tive que assumir o comando. Metade de nossos homens tinha sido ferida; o restante corria comigo, sob fogo, em busca de abrigo. Amontoamo-nos numa vala; havia projéteis voando por todos os lados. Tive a impressão de que seríamos todos mortos em questão de segundos.

De repente, olhei para o alto. Lá estava Davidi, acima de mim, em meio ao zunido das balas. "O que aconteceu?", ele perguntou. Contei que Supapo tinha sido morto e que nossa companhia estava sob ataque.

"Bem", Davidi disse, com toda a calma, como se nós dois estivéssemos degustando um *espresso* num café na rua Dizengoff. "O que você pretende fazer?"

"Vou continuar o ataque", eu disse.

E comecei a dar as ordens.

Quando olhei em volta, Davidi tinha sumido. Desde então, sempre me pergunto se ele passou por lá de verdade.

O ataque da Flecha Negra matou 38 soldados egípcios e feriu 52, um número enorme para uma operação de represália levada ao cabo por uma força de apenas 17 homens. Humilhou Nasser aos olhos de seus compatriotas e dos Estados árabes para quem o presidente egípcio presumia ser um líder digno de inspiração. O grosso das baixas inimigas foi infligido pelas mãos da Companhia D, de Danny Matt, a força de bloqueio, que emboscou um comboio de reforços que vinha a toda velocidade em socorro de seus camaradas.

A operação Flecha Negra foi uma obra-prima de planejamento. Ela continha uma série de elementos de distração e ardil característica de como Sharon agia, incluindo grupos à paisana embarcados em caminhões acompanhados por várias recrutas mulheres, cantando em alto e bom som, como se estivessem saindo para uma noitada (as mulheres foram deixadas no meio do caminho), e o uso de emboscadas a cargo da força de Danny Matt como elemento letal primário.

Servi como oficial da inteligência do 890º Batalhão e, em seguida, quando a estrutura foi sendo aumentada para se transformar numa brigada, continuei no mesmo posto. Em meu livro de memórias, *Eilam's Arc* (A arca de Eilam), de 2011, escrevi o seguinte:

LIVRO DOIS • EN BRERA

> Nunca imaginei o nível de aprendizagem que me aguardava, não apenas na inteligência, na qual Sharon era um mestre, mas nas táticas e no planejamento criativo e meticuloso das operações militares [...]. Independentemente de serem levadas a termo ou canceladas no último instante, a longa lista de operações que Sharon planejou constitui uma fonte incomparável de material de estudo para as táticas militares. Cada plano feito por Sharon era uma obra de arte artesanal, baseada na leitura que fazia do terreno, em seu conhecimento preciso das forças inimigas e numa avaliação acurada das forças e fraquezas de suas defesas. Mas, além da típica avaliação da situação militar [...], cada plano feito por Sharon tinha um quê que o tornava especial. Em alguns casos, era a maneira peculiar pela qual as forças eram organizadas; em outros, era a rota singular que tomávamos rumo ao alvo ou o modo com que nos dispersávamos para isolar a área a fim de evitar a intervenção de forças externas inimigas. Sharon era obcecado quando se tratava de conciliar variedade e inovação ao planejamento das suas operações, e isso lhe permitia continuar surpreendendo o inimigo com novas táticas a cada vez.

Eu trabalhava próximo a Sharon todos os dias e passei a apreciar não apenas sua genialidade como tático militar, mas também seu dom para a política, que já era evidente naquela época, décadas antes de ser eleito primeiro-ministro. Sharon manipulava dois fatores eleitorais para manter suas operações acontecendo. O primeiro era o inimigo. O segundo era o Estado-Maior de Israel.

Os quartéis-generais tinham que aprovar todas as operações propostas por Sharon. Não raro, os ministros careciam do zelo que ele demonstrava pela provocação e pelo confronto. Para contrabalançar, Sharon mantinha um esquema de inteligência oficioso direcionado a nossos superiores políticos, abrangente e sofisticado ao nível do detalhe, embora contido inteiramente na sua cabeça, assim como as ações que ele empregava contra os invasores vindos do Egito, da Síria e da Jordânia.

O objetivo das operações de retaliação, na mente de Sharon, era dividido em dois. Primeiro, tal audácia oferecia um modelo de iniciativa e ação para o restante do Exército. Era preciso muita coragem para cruzar a fronteira e levar o combate até a porta do inimigo. Significava "aventurar-se além da própria cerca", uma conduta que se espelhava na valorosa tradição do Haganá, dos Esquadrões Especiais Noturnos de Orde Wingate

Arik Sharon
(à esquerda)
e Aharon Davidi
(ao centro),
durante a Operação
Flecha Negra.

e dos Esquadrões Aéreos de Yitzhak Sadeh. Era a tocha que acendia a chama de bravura e criatividade das FDI.

Todo soldado corajoso desejava servir sob as ordens de Sharon e usar a boina vermelha dos paraquedistas.

Segundo, a política de represálias mantinha o inimigo na defensiva e obtinha mais tempo para a nascente nação israelense fincar raízes. Sharon chamava isso de "sionismo na prática". Ele queria dizer que, dentro do perímetro de segurança garantido por nossos soldados, nossos compatriotas poderiam criar "fatos concretos": fazendas, cidades, escolas, trilhos, portos e rodovias, que em tempo seriam percebidos não apenas pelos árabes, mas pelo mundo inteiro, como empresas permanentes e impossíveis de erradicar.

Sharon era um realista. Assim como Ben-Gurion e Dayan, ele reconhecia que a reivindicação dos árabes sobre a terra era tão legítima quanto a deles próprios e que tinham orgulho, coragem e raiva, contra os quais não há réplica possível que não seja pela espada. Ele costumava citar o combatente e pioneiro sionista Ze'ev Jabotinsky:

LIVRO DOIS • EN BRERA

O 890º Batalhão de Paraquedistas e convidados, em novembro de 1955. Da esquerda para a direita: em pé, tenente Meir Har-Zion, major Arik Sharon, general de divisão Moshe Dayan, capitão Danny Matt, tenente Moshe Efron e general Asaf Simchoni; sentados, capitão Aharon Davidi, tenente Ya'akov Ya'akov e capitão Raful Eitan.

Enquanto os árabes preservarem um vislumbre de esperança de que podem ter sucesso em nos erradicar, nada no mundo poderá fazer com que abandonem essa esperança, exatamente porque eles não são uma multidão enfurecida, mas um povo vivo. E um povo vivo só estará pronto para ceder ante a questões tão fatídicas quando tiver perdido toda a esperança de se livrar dos colonizadores estrangeiros. Somente então os grupos extremistas e seus slogans deixarão de ter a influência que têm, e somente então sua influência será transferida para outros grupos, mais moderados. E somente aí os moderados vão oferecer sugestões para criar um compromisso. E, então, eles barganharão conosco em termos práticos [...] quando isso acontecer, estou convencido de que nós, judeus, estaremos em condições de lhes oferecer garantias satisfatórias para que ambos os povos possam viver juntos em paz, como bons vizinhos.

OS ESQUADRÕES ESPECIAIS NOTURNOS

Hoje, 30 de maio de 1967, encontro-me na cidade portuária de Eilat, inspecionando instalações militares. Ninguém quer me deixar pagar pela refeição. "Apenas fique bem", diz o proprietário do restaurante durante o almoço, "e nos traga a vitória". Devo dizer a ele que não consigo sequer que me ponham no comando da cabine de um caminhão?

Moshe Dayan, ainda sem autoridade oficial, continua visitando acampamentos militares avançados, revisando planos com comandantes e avaliando o estado de espírito das tropas.

O primeiro-ministro Eshkol continua a ser pressionado para ceder sua pasta de ministro da Defesa. Pelas minhas fontes, soube que Menachem Begin e vários colegas de seu partido de extrema direita, o Gahal, estiveram com Ben-Gurion na noite passada, no apartamento do ex-primeiro-ministro, em Tel Aviv. Eu preferiria ver uma matilha de hienas ceando ao lado de um leão. No entanto, isso mostra o nível desesperador que a situação assumiu.

Aparentemente, Begin apelou para que o velho se juntasse a ele numa tentativa de tirar Eshkol do cargo, substituindo-o por um governo de união nacional encabeçado por Ben-Gurion. Disseram-me que Ben-Gurion até concordou. Mas Eshkol não queria nada disso.

Ao retornar pelo ar de Eilat, as notícias dão conta de que o rei Hussein havia firmado uma aliança defensiva com Nasser. Agora a Jordânia entrou. Nada pode evitar a guerra. Quando ela chegar, temo que teremos que lutar em dois *fronts* – talvez em três, se a Síria entrar na briga. Pior, o pacto de Hussein com Nasser significa que as brigadas do Iraque terão permissão para atravessar o território jordaniano, e até mesmo tomar posições na nos-

LIVRO DOIS • EN BRERA

sa fronteira. Qualquer criança pode ver, agora, que Eshkol precisa abdicar da pasta da Defesa em favor de alguém que entenda de guerra. Ele vai fazê-lo? Estou pensando em Ben-Gurion. A aeronave sobrevoa veloz as ranhuras do solo e as tamareiras do deserto do Neguev que ele tanto ama.

Nenhum judeu desde Moisés teve tanta fama quanto esse polonês atarracado e assanhado nem foi capaz de trazer à vida, pela força ou por modo próprio, tantos prodígios. Sobre a mesa do meu escritório estão anotados cinco recados dele. Não retornei nenhum. Não posso.

Quatro dias atrás, encontrei-me pessoalmente com Ben-Gurion no Desert Inn, em Beer-sheva. A posição que ele acordou comigo é que Israel não pode derrotar os árabes sem o apoio militar de pelo menos uma das superpotências. Eu não o contestei. Com que propósito eu o faria?

O que é mais frustrante e irritante para mim com relação ao governo de Eshkol (e eu incluo Ben-Gurion nessa menção, embora ele seja um adversário fervoroso de Eshkol) é essa falta de determinação de lançar um ataque imediato, fato que está levando nossa nação à calamidade e impingindo uma provação de fogo aos nossos bravos soldados. Cada hora que passa sem que esse governo tome a inevitável decisão é uma hora a mais para que nossos inimigos se fortaleçam, cavem mais fundo suas trincheiras e movimentem mais tropas e tanques para posições de onde só possam ser desalojados à custa do sangue de nossos jovens.

As armas de combate de Israel são páreo, no terreno que escolhermos, para o Egito e seus aliados somados. Mas nossos líderes não creem nisso. Eshkol não acredita. Nem Ben-Gurion. O próprio Begin está simplesmente desesperado.

Dez dias atrás, estive com Arik Sharon e sua divisão, em Nitzana, na fronteira egípcia. Os olhos de Sharon brilharam quando me mostrou os mapas. "Vamos poder tomar banho no canal dentro de cem horas."

Estou feliz por minha filha, Yael, ter sido alocada no quartel-general desse comandante. Ela terá a oportunidade de ver coisas no deserto nunca vistas desde Napoleão.

Além da minha família, dois homens influenciaram minha vida e meus pensamentos acima de quaisquer outros. O primeiro é Ben-Gurion. Ele acreditou em mim quando seus contemporâneos me consideravam jovem demais ou ousado demais e quando eu mesmo não conseguia enxergar muito além da própria sombra à minha frente.

99

Fui seu soldado. Servi a ele, discuti e aprendi com ele. Mil vezes me rendi às posições que ele tomou, que eu sabia serem equivocadas ou fruto de má informação e cuja implementação me afetaria mais do que a qualquer outro homem, pela única razão de que eu o adorava e sabia que ele devia ser seguido, estivesse certo ou errado. Ele fundou Israel. Ele *era* Israel. Ele deu à luz a nação com sua vontade e seu espírito, assim como Moisés e seu cajado fizeram brotar água da pedra.

Assim era Ben-Gurion, para quem nenhuma honraria é demasiada e nenhuma expressão de amor é o bastante.

O outro homem é Orde Charles Wingate.

Quando a guerra chegar, o que certamente acontecerá, amanhã ou no dia seguinte, mil capitães e tenentes das FDI serão mais espertos e mais inteligentes para suplantar o inimigo, empregando (embora poucos se deem conta disso) os princípios e a doutrina que foram costurados no tecido do nosso Exército por esse oficial britânico nascido na Índia que se apaixonou por nós, e nós por ele, durante o Mandato Britânico, três décadas atrás.

Costumam com frequência me dar o crédito por ter fundado o *ethos* de combate das FDI. Esse espírito começou com Wingate.

Conheci Wingate no verão de 1938. Eu tinha 22 anos; ele tinha 35, era capitão, primeiro da artilharia, mas já estava na inteligência, conduzindo uma pesquisa sobre bandos árabes e de sabotadores. Ele veio a Tel Shimron, próximo à minha casa, em Nahalal, viajando num calhambeque caindo aos pedaços, na companhia apenas de sua ordenança, cujos serviços engraxando botas ou preparando chá Wingate evitava em favor das habilidades do homem como mecânico.

Wingate era o tipo de homem que só a Inglaterra produz. Aspirando a um posto no Sudão, ele atravessou a Europa pedalando sua bicicleta e seguiu a pé desde o sul do Cairo. Aprendeu suas técnicas de combate enfrentando bandidos no sul do Sudão.

De 1936 a 1939, a Palestina foi palco de uma temporada chamada pelos judeus de Motins Sangrentos, e pelos ingleses, de Revolta Árabe. Pela primeira vez, os britânicos nos viam como úteis.

Naquele tempo, o principal alvo dos bandos árabes eram os oleodutos da Iraq Petroleum. Eles atacavam à noite, em bandos de cinco ou seis, escavando para expor os dutos, enterrados cerca de um metro no solo. Uma salva de tiros rompia o duto, encharcando a terra de petróleo. Os assaltantes ateavam fogo nos oleodutos com coquetéis molotov ou usando trapos em chamas enrolados em pedras. O fogo ardeu durante dias. O duto não podia ser protegido em toda a sua extensão, e patrulhas eram inúteis contra essa tática de ataque e fuga.

Wingate propôs a criação de uma força, os Esquadrões Especiais Noturnos, que empregariam oficiais britânicos e soldados e guias judeus para combater o inimigo. Ele vendeu a ideia para o oficial comandante geral, Archibald Wavell, o mesmo general que mais tarde daria sua bênção a alguém que lhe sugeriu uma guerra não convencional, o major Ralf Bagnold, cujo Grupo de Longo Alcance do Deserto esteve atrás das linhas, ao lado das SAS (Special Air Services – Forças Especiais Britânicas) de David Stirling, enfrentando Rommel e o Afrika Korps na Segunda Guerra Mundial.

Wingate não se parecia com nenhum britânico que eu conhecesse. Ele comia cebolas como se fossem frutas. Sempre levava três ou quaro consigo, enroladas em jornais. Caminhando ou sentado junto à fogueira, enfiava as mãos na mochila, tirava de lá uma cebola fresca e cravava os dentes nela como quem abocanha uma maçã. Era um corredor vitorioso, capaz de saltar uma cerca mais alta que sua cabeça. Acreditava que os árabes temiam a noite e baseava sua filosofia de combate no ataque às escuras. Ao investir contra as gangues que predavam os dutos, Wingate punha as lanternas dos seus veículos na dianteira, para que o inimigo não pudesse saber em que direção ele estava se movendo. Ao explorar os campos árabes, fazia-nos calçar sandálias compradas nos mercados locais para que nossos rastros fossem indistinguíveis daqueles dos pastores nativos. Ele achava as patrulhas inúteis, e as emboscadas, essenciais. Enquanto a doutrina daqueles dias era baseada em muralhas e torres de guarda, ele nos ensinou a cruzar cercas, desposar a noite, mover-se rapidamente e atacar da maneira, no horário e na direção que o inimigo menos esperava.

Servi como acompanhante do Exército britânico e como comandante na Guarda Móvel da Polícia do assentamento judaico. Passei a desprezar a ideia de uma ordem marchando unida. Wingate sentia a mesma coisa. "Mantenha seu fuzil limpo e mate o homem à sua frente antes que ele mate você." Era tudo que ele queria de disciplina.

Certa vez, na invasão a um acampamento de sabotadores árabes, fiz nossos homens se vestirem como soldados britânicos. Fiz com que fumassem cigarros ingleses e comessem bife de gado britânico, para que até o cheiro deles parecesse igual. Wingate aprovou a ideia. E, se você acha essas precauções extravagantes, creia-me, o beduíno sabe diferenciar pelo cheiro um inglês de um judeu a mais de cem metros de distância.

Os familiares de Wingate eram membros de uma seita chamada Plymouth Brethren, cristãos do Velho Testamento. Ele conhecia os Livros de Moisés melhor que qualquer estudante do Talmude e neles acreditava com paixão ainda maior. Wingate amava não apenas Israel, mas a *ideia* de Israel. O fato de que judeus contemporâneos podiam e queriam recriar o Israel da Bíblia transformou-se na sua paixão. Nossos jovens o chamavam de *HaYedid*, "o amigo".

Sempre que vinha a Nahalal, Wingate se hospedava conosco. Passávamos a noite conversando. Wingate tinha feito planos para um Exército judaico que concebera como uma formação sob comando britânico apenas até o estabelecimento do Estado judaico.

"Vocês vão precisar desse Exército", ele disse, "para combater os árabes."

Wingate identificava a si mesmo com Gedeão, do Livro dos Juízes. Ele amava o *kibutz* Ein Harod porque Gedeão havia lutado naquele local nos tempos bíblicos. Na manhã em que chegou ao campo Shimron, cercado por nossos jovens, pude ver em seus olhos que sua visão dessa terra era idêntica à nossa, e ele era capaz de dar seu coração para nos fazer existir. Os princípios que Wingate defendia – lutar à noite, o emprego do elemento furtivo e da surpresa, levar a batalha ao inimigo, o uso de táticas não convencionais, o *timing* e o armamento – tornaram-se os preceitos do núcleo duro do Haganá e, depois, das FDI.

Como comandante das forças em 1954, emiti uma diretiva que rezava que todo oficial israelense em formação devia ser submetido ao treinamento de paraquedista, servisse ele ou não numa unidade de paraquedistas. Incluí a mim mesmo nessa ordem. Saltei cinco vezes. Na última, quebrei minha perna. Arik Sharon, comandante da brigada de paraquedistas, espetou as asas do meu salto na minha lapela na cerimônia de graduação, enquanto eu tentava me equilibrar com a perna engessada.

Por que ordenei que todos os oficiais das FDI passassem pelo treinamento de paraquedista? Porque, para saltar, é preciso superar o medo. É o que existe de mais próximo de um combate real. Saltar molda o espírito. Saltar com seus colegas torna todos irmãos. Em qualquer Exército, os paraquedistas são combatentes de elite.

Duas noites atrás, um repórter me perguntou o que Israel precisa fazer agora, às vésperas da guerra. Eu disse a ele que precisamos saltar do avião. Nossos ministros não podem se confinar em salas, como estudiosos do Talmude, pesando soluções políticas e diplomáticas. O comandante em combate aprende que muitas vezes precisa tomar uma decisão, qualquer decisão, quando está sob fogo, porque mesmo uma decisão errada é menos perigosa do que decisão nenhuma.

Orde Wingate foi morto combatendo os japoneses na Birmânia durante a Segunda Guerra Mundial. Ele era comandante da lendária Força Chindit, a 77ª Brigada de Infantaria da Índia. Morreu em 24 de março de 1944, quando o bombardeiro Mitchell no qual retornava da Birmânia caiu na floresta a nordeste da Índia.

O que Israel não daria para ter nosso velho amigo, e seu espírito de combate, nessa hora?

O POSSÍVEL E O IMPOSSÍVEL

Na tarde de 1º de junho de 1967, ocorreu um protesto de mulheres diante da sede do Partido Trabalhista no número 110 da rua Yarkon, em Tel Aviv. Viúvas e mães, muitas das quais eram fiéis apoiadoras do partido, exigiam a formação de um governo de unidade nacional e a renúncia do primeiro-ministro Eshkol como ministro da Defesa.

"Queremos Dayan! Queremos Dayan!"

Eshkol assistiu ao protesto da janela do escritório do partido. Ele se referiu às manifestantes, com o senso de humor que não lhe faltava nem nessas horas, como "as alegres comadres de Windsor".

Shlomo Gazit prestou o juramento do Haganá aos 16 anos, em 1942. Ele serviria durante as décadas de 1970 e 1980, primeiro como chefe da inteligência e, depois, como ministro encarregado dos territórios ocupados.

Esse protesto, entretanto, não era de brincadeira. As pessoas queriam Dayan. Para compreender o porquê, é preciso voltar a 1956, para o que era chamado em Israel de Operação Kadesh, mas que ficou conhecido no mundo inteiro como Campanha do Sinai.

Em quatro dias – cem horas – sob a liderança de Dayan como comandante, as FDI destroçaram o Exército egípcio e varreram a península do Sinai de Sharm el-Sheikh ao canal de Suez. Essa vitória acachapante humilhou o recém-eleito presidente egípcio, Gamal Abdel Nasser, que havia equipado seu país com os mais recentes armamentos soviéticos e deliberada e agressivamente confrontado as potências ocidentais Grã-Bretanha e França, além de ameaçar guerrear com Israel. Agindo assim, despontava como campeão não apenas para seu povo, mas também para todo o mundo árabe.

LIVRO DOIS • EN BRERA

Para os israelenses, o nome de Moshe Dayan tornou-se sinônimo de vitória.

Encontrei Dayan pela primeira vez em 1950, quando eu era um jovem editor do *Maarachot*, o periódico militar mensal. O jornal tinha encomendado perfis de vários comandantes da Guerra da Independência, e Dayan enviara um artigo sobre sua conquista das cidades árabes de Lod e Ramla. Rejeitei um termo no artigo que considerava mau hebraico. Para descrever o blindado que suas forças tinham capturado, o famoso "Terrible Tiger", Dayan empregou a gíria *hanamer hanora'l*. Em hebraico, o correto seria *hanamer hanorah*.

Certa tarde, do nada, ouvimos um homem bradando na rua onde ficavam nossos escritórios. "Onde está Shlomo Gazit?"

Dayan irrompeu porta adentro, xingando e exigindo que *hanamer hanora'l* permanecesse. Sua lógica era, com razão, que os homens que tinham dado o próprio sangue e morrido chamavam o veículo assim. Se esse termo estava bom para eles, era bom o bastante para o *Maarachot*. Dayan venceu, claro.

Dois anos depois, ele foi promovido a chefe de operações, o segundo cargo mais alto do Exército, uma progressão meteórica, mesmo dentro dos padrões israelenses, para um oficial de apenas 37 anos. Naquela época, eu era chefe de gabinete do chefe de operações externas, general Mordechai Maklef, que estava sendo conduzido ao cargo de comandante-geral. Maklef me chamou num canto. "Dayan é um comandante de campo, não sabe nada do Estado-Maior. Você pode grudar nele por uns meses, Shlomo, e ajudá-lo a encontrar o caminho das pedras?"

Concordei. Dayan, no entanto, não via minha presença pela mesma ótica favorável de Maklef. Para ele, eu era um espião, deixado pelo novo comandante para ficar de olho nele. Toda sugestão que eu dava Dayan rejeitava. Toda causa que eu defendia ele rechaçava. Ao fim de duas semanas, eu estava prestes a dizer a ele: "Ou vai você para o inferno ou vou eu, mas não posso continuar nessas condições".

Então, certo dia estávamos numa reunião, e Dayan presidia a mesa. Ele me passou um bilhete. Não me lembro sobre o que era a reunião nem que pergunta ele me fez, mas, por alguma razão, escrevi a resposta na forma de uma quintilha.

Dayan pegou o bilhete. Pude vê-lo examinando-o com seu olho são. O olho foi ficando vermelho de ódio. Por um instante, achei que

Dayan fosse subir na cadeira de tanto ódio. Então, de repente, seu olho brilhou de alegria.

Naquele momento, Shlomo Gazit foi transportado do impossível para o possível.

Dayan dividia as pessoas em duas categorias: as "impossíveis", com quem não conseguia trabalhar e cuja presença ele não suportava, e aquelas que considerava "possíveis". Para colegas e subordinados dessa última categoria, ele dava total liberdade, como nenhum outro comandante fazia.

Era assim que Dayan conduzia sua equipe e dirigia o Exército. "Não quero fazer nada que alguém mais possa fazer." Por que desperdiçar tempo? Se Gazit pode fazer, deixe que faça. Esse problema pode ser resolvido por Morele Bar-On? Deixe Morele resolver então.

Dayan via sua função como algo que só ele podia desempenhar.

Na escola, meus colegas e eu éramos ensinados que um homem de 1,80m de altura podia enxergar em torno de si, numa planície sem obstáculos, de 3,5 a 5 quilômetros. Se esse homem fosse 60 cm mais alto, poderia ter uma vista de, talvez, uns 8 quilômetros. Dayan era esse outro homem. Sua visão excedia a dos outros.

Em 1956, Nasser nacionalizou o canal de Suez. Esse movimento pegou o mundo de surpresa. Enfureceu os britânicos e os franceses, a cujos acionistas pertencia a Suez Canal Company. Imediatamente, essas potências europeias determinaram a retomada do canal pela força e a remoção de Nasser do poder.

Negociações secretas começaram a ser feitas entre Grã-Bretanha, França e Israel. Foi concebido um esquema pelo qual paraquedistas de Israel capturariam uma posição tão próxima ao canal que correriam o risco de iniciar uma guerra com o Egito. Britânicos e franceses, jogando para a torcida, iriam intervir nesse ultraje e exigir que Israel e Egito, como duas crianças birrentas, deixassem de implicância e voltassem cada um para o seu lugar. O Egito, claro, iria recusar. *Voilà!* O pretexto para uma intervenção armada estaria estabelecido.

Tropas britânicas e francesas se apossariam do Canal e o *status quo ante* seria restaurado.

Ah, mas primeiro: será que esses judeus tinham condições de fazer o trabalho que os britânicos e franceses requeriam? Seu Exército estaria à

106

altura? Eles pelo menos tinham um Exército? Lembre-se, em 1956, o Estado de Israel tinha apenas 8 anos. Somente 11 tinham se passado desde os horrores extremos do Holocausto.

O general Maurice Challe (que, em 1961, lideraria o fracassado golpe argelino contra o presidente Charles de Gaulle) representou a França nas discussões preliminares. Dayan, que já tinha sido promovido a comandante-geral, liderou a delegação israelense. Eu fui o intérprete. Dayan trouxe seus comandantes consigo. "De quanto tempo suas forças precisam para capturar toda a península do Sinai?", quis saber o general Challe. Estava claro que ele esperava ouvir uma resposta em termos de meses.

"Sete ou oito dias", disse Dayan.

Os franceses franziram o cenho, desconfiados. "Esses judeus não podem estar falando sério. Estão debochando de nós." A avaliação de Dayan soava ridiculamente autoconfiante, para não dizer arrogante. E, mesmo assim, os comandantes das FDI pareciam ter tanta confiança neles mesmos e em suas tropas – além de apresentaram planos de batalha extremamente detalhados e críveis – que Challe, apesar do seu ceticismo, continuou as conversas. Na última manhã, ele propôs a seguinte questão para o comandante israelense:

"General Dayan, se suas forças realmente conseguirem chegar ao canal de Suez, por quanto tempo poderão controlá-lo?"

Qual era a resposta que o general Challe esperava ouvir? Quarenta e oito horas? Uma semana? Claro, ele esperava ouvir que Israel apelaria imediatamente por reforços britânicos e franceses.

Dayan respondeu em hebraico. Na mesma hora a delegação israelense caiu na risada, e Challe ficou furioso.

E então eu traduzi: "Trezentos e cinquenta anos".

Vi nos olhos do general Challe a mesma expressão de ódio que notei em Dayan quando lhe entreguei a quintilha. Então, o rosto do francês amoleceu. Ele começou a rir.

Naquele instante, Dayan – e as Forças Armadas de Israel – tornou-se "possível". Em questão de dias, começaria a Campanha do Sinai.

ABATIDO NO SINAI

Em turco existe a palavra *fergal*, que significa "homem que possui terras". Esse era meu avô, Eliezer. Meu nome é uma homenagem a ele. Meu avô tinha vinhas e pomares de maçã, dava emprego a umas 150 pessoas. Era um líder judaico na Turquia.

O major Eliezer "Chita" Cohen nasceu em Jerusalém, em 1934. Na época da Campanha do Sinai, em 1956, ele era piloto de caça e tinha 22 anos. Pilotava um Mustang P-51, de fabricação norte-americana.

Meu avô estava indo bem vendendo frutas frescas; mas era impossível expandir o negócio, porque naquela época não havia refrigeração e as estradas e os meios de transporte eram primitivos demais para levar a produção para além dos mercados locais. Então, meu avô teve a ideia de construir uma fábrica para secar as frutas. Começou vendendo uvas-passas e abricós e maçãs secos. Logo ficou rico. Isso foi por volta de 1910, quando o Império Otomano ainda detinha o poder. Então veio a Primeira Guerra Mundial, e os turcos perderam. Tudo mudou. Fazer negócio na Turquia ficou muito complicado. Enquanto isso, os britânicos, que tinham vencido a guerra, tomaram a Palestina e a governavam por meio de um mandato outorgado pela Liga das Nações.

Certo dia, meu avô reuniu a família e anunciou: "Estou fazendo as malas e indo para Jerusalém! Não para visitar, mas para viver! Sempre foi o sonho da minha vida e agora chegou a hora. Quem quer vir comigo?".

Meu avô ergueu uma casa de três andares, a maior em toda Jerusalém, fora das muralhas. Naquele tempo, Jerusalém era apenas a Cidade Velha, um quadrado de um quilômetro. Somente poucas famílias tinham começado a construir do lado de fora das muralhas. Meu avô chegou à Palestina em 1918, trazendo a família inteira (meu pai tinha 5 anos na época) e muitos, muitos amigos num enorme comboio.

Nossa casa ficava em Sanhedria. Era então um bairro pobre, assim como é hoje. Um bairro ortodoxo. Meu avô mesmo não era ortodoxo. Ele apenas frequentava a sinagoga no *Shabbat*. Mas queria viver entre os ortodoxos. O bairro se chamava Batei Pagi.

Eu nasci em 1934. Nas décadas anteriores, um fenômeno novo tinha começado a se espalhar entre o povo judeu na Palestina. A língua hebraica. Um editor de jornal chamado Eliezer Ben-Yehuda tinha posto em marcha um movimento para revitalizar a língua falada por Moisés e pelo rei Davi. Somos judeus! Nossa história é em hebraico e em hebraico devemos contá-la! Naqueles dias, muitos da geração dos nossos pais falavam os idiomas da Diáspora. Meu pai falava turco. Minha mãe era da Babilônia, então falava babilônico. Eu até sei um pouco.

Aos 6 anos, no primeiro ano da escola, só se falava hebraico. Nós, crianças, chegávamos em casa de volta da escola e brigávamos com nossos pais e avós: "Chega de falar nas línguas dos países velhos! Agora só vamos falar hebraico!".

Lembro quando ouvi falar pela primeira vez dos campos nazistas. Tinha 9 ou 10 anos. Não conseguia entender como um crime tão monstruoso podia acontecer. Fui até meu tio. "Isso é verdade? Por que estão matando judeus? O que os judeus fizeram de errado?"

Meu tio explicou que os judeus na Alemanha e na Europa Oriental não tinham feito nada de errado; os nazistas os matavam somente porque eram judeus.

Eu já tinha 13 anos; estava decidido a me tornar um soldado.

Vou ser um guerreiro e vou matar qualquer um que venha fazer mal ao meu povo, sem hesitar, sem pensar duas vezes; eles nos massacram e eu vou fazer o mesmo com eles. Não dou a mínima para as outras nações; vou proteger a minha. Ainda falo isso. Minha esposa quase desmaia quando me ouve falar assim.

Eu tinha 18 anos quando fiz os testes para o Exército, e eles me disseram que eu tinha sido aprovado para a escola de aviação. Melhor ainda. Poderia matar mais inimigos estando no ar.

Em 1956, eu tinha 22 anos, era tenente e pilotava Mustangs P-51. Meu irmão Nechemiah tinha 14. Ele ainda vivia na casa de nossos pais, em Jerusalém.

O Mustang era um grande avião, e os norte-americanos relutavam em vendê-lo para Israel. Conseguimos alguns que eram excedentes de guerra e outros através de contrabando e de compras ilegais. Mais tarde, adquirimos outros, legitimamente, via Suécia.

O Mustang tinha todas as virtudes dos Estados Unidos. Era espaçoso, rápido, poderoso e tinha uma incrível plataforma de armas. Você tinha a sensação de estar dirigindo um Cadillac. O Mustang levava napalm, bombas e foguetes e tinha seis metralhadoras calibre .50, três em cada asa.

Em 1956, a 202ª Brigada de Paraquedistas, sob o comando de Arik Sharon, tomou o passo de Mitla, no coração do Sinai. Os egípcios começaram a avançar colunas de blindados para atacá-la. O trabalho da Força Aérea era deter esse ataque. Ao mesmo tempo, nossas colunas de tanques estavam tentando romper as linhas egípcias em Abu Agheila e Um Katef, a leste do Sinai. Tínhamos que dar apoio a eles também.

Foi lá que fui derrubado.

Devo admitir que, em 1956, a Força Aérea de Israel ainda era imatura. A pátria tinha obtido uma vitória monumental graças, em parte, aos nossos esforços. Mas apesar dos atos de bravura e perícia dos nossos pilotos, nós poderíamos ter feito muito mais e, bem, estávamos cientes disso.

Éramos em menor número e tínhamos armas piores em todos os sentidos. A Força Aérea egípcia só tinha jatos. Nós voávamos em aviões a hélice. Os jatos que tínhamos, os velhos Gloster Meteor e os Ouragans franceses, eram restritos para operações de apoio aéreo, porque não eram páreo para os MiGs egípcios. Os únicos caças comparáveis àqueles aviões eram os do esquadrão de Mystères franceses, tão novos que nem tínhamos pilotos suficientes para pilotá-los. Esquadrões franceses e britânicos eram secretamente despachados para bases aéreas de Israel. Na verdade, toda a defesa aérea das cidades de Israel foi confiada a esquadrões franceses. Para atacar uma coluna de tanques num Mustang, você precisa voar tão baixo que o arco inferior descrito pela lâmina da hélice passa a poucos metros dos veículos inimigos. A essa altura, um sujeito com uma pistola pode derrubá-lo. É um tiroteio a cada vez que passamos. Você se aproxima tão rápido e tão baixo que os veículos inimigos se transformam de minúsculos a enormes numa fração de segundo. Você consegue ver os pilotos dos caminhões saindo das cabines e até mesmo as tripulações dos tanques escapando pelas escotilhas e correndo feito loucas para a trincheira mais próxima. E você vê os vultos dos bravos homens que se viram na sua direção e fazem a última tentativa de alvejá-lo com metralhadores e canhões antiaéreos, até mesmo com seus fuzis.

É uma coisa terrível atirar em alguém e vê-lo morrer. Um piloto inflige mortes a grandes altitudes; depois, ele reporta, na sala de *briefing*, que destruiu tantos tanques e tantos caminhões. Mas no nível do olho é outra história. Eu não estava mais tão confiante na minha determinação de abater o inimigo sem peso na consciência. Ninguém que tenha matado outra pessoa cara a cara volta a dormir do mesmo jeito.

Fui atingido pela artilharia antiaérea egípcia quando fazia uma passagem. Vi umas faíscas no bico e senti o impacto das balas de canhão atingindo o motor. O motor do P-51 é refrigerado a óleo. De repente, uma gosma escura espirrou por todo lado. Minha janela ficou preta. Manobrei para a esquerda e para cima. Podia ouvir o motor engasgando. Meus monitores de pressão caíram para zero. Virei para o leste e tentei ganhar altitude. A questão não era se eu ia cair, mas quando e onde.

Tempos depois, na década de 1960, quando comecei a pilotar helicópteros e meu irmão Nechemiah tinha se tornado líder do Sayeret Matkal, ele e eu conduzimos muitas operações secretas naquele mesmo trecho do Sinai. Ele liderava as equipes e eu as levava e trazia.

Até hoje, o conteúdo daquelas missões permanece confidencial. Não posso falar sobre elas, exceto em termos mais gerais.

Em meados da década de 1960, Nechemiah e Ehud Barak (que depois se tornaria primeiro-ministro e ministro da Defesa) tornaram-se os comandantes do futuro do Sayeret Matkal. Um ou outro liderava a maioria das incursões secretas.

Em certa missão, tanto Nechemiah como eu recebemos menções do Estado-Maior por bravura. Era a primeira vez que dois irmãos recebiam um honraria assim. O general Rabin pessoalmente espetou as medalhas em nosso uniforme, no seu gabinete. Não muito tempo depois, fizemos outra incursão noturna, que o comandante dirigiu pessoalmente, de um posto de comando avançado. Ele deu instruções especiais para que dois irmãos não voassem na mesma aeronave. Se alguma coisa nos acontecesse, não queria encarar nossa mãe.

Meus helicópteros levaram a equipe de Nechemiah pelo Sinai à noite, voando tão baixo que o trem de aterrissagem raspava nas dunas de vez em quando. Ao voltar, já amanhecendo, me conectaram no intercom na aeronave e escutei a voz do meu irmão. Fiquei muito preocupado. "O que você está fazendo nesse helicóptero, *ahuyah*? Você sabe que o comandante-geral expressamente proibiu!"

"Ele disse que não podíamos ir juntos. Ele não disse nada sobre voltarmos juntos na mesma aeronave."

Rabin em pessoa fez o *debriefing* da missão. Participaram todos os pilotos e o Sayeret Matkal; a sessão durou horas. Um princípio inviolável na Força Aérea de Israel é o de que se deve falar somente a verdade numa sessão de *debriefing*. Mesmo se, e particularmente se, ela revelar algo negativo sobre você mesmo.

Eu pedi a palavra.

"General Rabin, preciso informar que, contrariando suas instruções, meu irmão e eu voltamos do Sinai na mesma aeronave."

A sala inteira ficou muda.

"Vocês voaram para lá juntos ou só voltaram juntos?"

"Voltamos, somente."

Passou-se um momento.

"Bem, então acho que tudo bem. Eu disse apenas que vocês não podiam voar juntos na ida."

Nechemiah e eu caímos na risada. Não conseguíamos parar.

Rabin ficou furioso.

"O que é tão engraçado, Chita?"

"Desculpe, senhor. O que o senhor disse agora foi exatamente o que Nechemiah disse no helicóptero na volta."

Nossa família é sefardita. Tem a pele escura. Essa é a razão pela qual meu irmão era tão bom nas operações especiais. Ele conseguia se passar por árabe. Conhecia a maioria dos dialetos, e os que não conhecia aprendia rapidamente com os instrutores. A maioria das operações do Sayeret Matkal não eram incursões com helicópteros. As equipes cruzavam a fronteira a pé. Às vezes caminhavam por centenas de quilômetros em território inimigo, pelo Egito, pela Jordânia, pela Síria, e até mesmo pelo Iraque. Roubavam carros ou deslocavam-se de ônibus. Comiam em restaurantes árabes, oravam nas mesquitas. Eu ficava assustado só de ter que voar para buscá-los. Nem imagino como

112

aqueles caras tão jovens faziam o que faziam, no solo, sozinhos, dia após dia, sabendo que, se fossem capturados, seriam mortos ou coisa ainda pior.

Nechemiah tem oito anos a menos que eu. Quando ele ainda era criança, minha esperança era que ele não tivesse que crescer para ser um combatente. Mas claro que ele queria ser igual ao pai, aos tios e aos irmãos mais velhos. Nechemiah não é um sujeito alto. É leve e rápido. Quieto e pensativo, nunca era de se gabar de nada. Mas na Unidade, que é como o Sayeret Matkal se autodenomina (ou como a 101ª Unidade era chamada antes deles), quando faziam competições de resistência, força e velocidade, Nechemiah sempre ficava na frente dos outros.

Nechemiah Cohen ao lado do helicóptero de seu irmão, Chita, preparando-se para uma operação das Forças Especiais além das fronteiras, em 2 de dezembro de 1965.

Consegui fazer um pouso de emergência com o meu Mustang; meus olhos tentavam enxergar alguma coisa pela janela enegrecida de óleo. Mas agora, no chão, eu tinha um problema. Havia quebrado a perna semanas antes. Quando começaram os combates no Sinai, o comandante do meu esquadrão recusou-se a me deixar voar. Insisti que minha perna não seria problema. Finalmente, ele disse: "OK, Chita, pegue um Stearman e faça dois *tonneaux* lentos. Eu vou observar daqui".

Um *tonneau* lento é uma manobra mais difícil do que uma rotação completa do eixo do avião em um *tonneau barrel*.* Você precisa pisar no

---

* N. T.: *Tonneau* lento (em inglês, *slow roll*) é um giro em torno do eixo longitudinal sem alterar a orientação do nariz da aeronave. Já *tonneau barrel* (em inglês, *barrel roll*) é uma rotação completa do eixo do avião em um *looping*.

pedal do leme até o fim e manter o pé firme. Requer um bocado de força. É impossível fazer essa manobra com a perna machucada.

Eu consegui, então o comandante do meu esquadrão me deixou voar.

Agora eu estava no deserto com uma perna quebrada. Como vou sair daqui se todos os soldados egípcios que viram meu avião caindo devem estar correndo feito loucos atrás de mim para me capturar e fazer o que fazem quando põem as mãos num piloto israelense?

Saltei numa só perna durante cerca de duas horas, de olho na estrada caso avistasse tanques ou caminhões israelenses passando. Mas tudo que passava era egípcio. Avistei um oleoduto abandonado e engatinhei lá para dentro para me esconder e me proteger do sol. No final da tarde, alguns caminhões egípcios pararam bem no pé da colina. Eu ouvia os homens conversando.

"Moshe, onde está a Pepsi?" Em hebraico!

Nossos homens, pelo visto, tinham capturado aqueles caminhões dos egípcios. No meio da carga havia caixas de Pepsi-Cola, que não tínhamos em Israel naquele tempo. Os soldados, aparentemente, provaram e gostaram. Mas, quando percebi que eram meus compatriotas, eles já tinham acionado o motor dos caminhões e ido embora.

Comecei a caminhar. Pelo menos agora eu sabia que estava perto do meu povo. Por volta do pôr do sol, apareceu uma coluna de tanques das FDI. Fiquei pulando no meio da estrada, agitando os braços e gritando. O primeiro tanque parou a 50 metros e manteve a escotilha fechada. Pude ver a metralhadora coaxial parada mirando bem no meio dos meus olhos. Para o meu horror, percebi que estava usando um macacão de aviador de cor clara, idêntico ao dos pilotos egípcios. Além de tudo, minha pele é morena, como a deles.

Comecei a gritar em hebraico. Ninguém no tanque podia me ouvir por causa da distância, do barulho do motor e porque as escotilhas estavam lacradas. Subitamente, outro tanque se aproximou. O primeiro tanque deve ter chamado um oficial superior pelo rádio. O tanque número dois parou a cerca de 25 metros de distância, também com a arma apontada para mim.

De repente, a escotilha do comandante se abriu. Meu primo Yoav pôs a cabeça para fora.

"Chita! O que você está fazendo aqui?"

O PASSO DE MITLA

Todo paraquedista vive para fazer um salto de combate. Você recebe uma tira vermelha para grudar no uniforme que usou para saltar. Fica acima do bolso esquerdo do peito. Em Israel, em 1967, nenhum paraquedista tinha feito um salto de combate desde os homens do 890º Batalhão, no passo de Mitla, em 1956.

Dan Ziv é subcomandante do 71º Batalhão de Paraquedistas e tem 31 anos. Onze anos antes, em 1956, ele recebeu a Itur HaGvura, a comenda mais alta de Israel por bravura, pelo que fez no passo de Mitla, no Sinai.

Deixe-me contar um pouco sobre 1956. Você não tem como compreender 1967 se não souber de 1956.

Foi uma guerra, a Campanha do Sinai, que demorou somente cem horas, mas pôs Israel no mapa como uma potência a ser reconhecida. E, por acaso, fez de Moshe Dayan um herói mundial, o homem que tinha comandado nossas forças e era o gênio por trás de tudo aquilo. Também foi a guerra que humilhou o presidente egípcio Gamal Abdel Nasser diante do mundo árabe, ferindo o orgulho nacional e deixando-o com vontade de dar o troco. A Guerra dos Seis Dias, 11 anos mais tarde, seria inevitável.

Quando se é um tenente de 20 anos, você não sabe nada do "contexto geral". A explicação da política por trás da guerra em que você está lutando não leva mais que poucos minutos nos *briefings* dos batalhões e brigadas. Talvez você leia um pouco sobre a situação internacional nos jornais e fique remoendo com seus amigos e outros jovens tenentes. Mas em geral é uma coisa que se passa tão longe da sua cabeça que você nem perde tempo pensando. Você se preocupa com a parte que lhe cabe nesse quebra-cabeça.

Consigo liderar meus homens?

Tenho como cumprir minha missão?

Posso manter meus soldados a salvo?

Quando as pessoas pensam num deserto, um lugar como o Sinai, imaginam uma enorme caixa rasa cheia de areia em que podemos nos mover como bem entendermos. Não. O Sinai tem montanhas. Tem cinturões de areia intransponíveis. No Sinai, o combate se dá nas estradas, e só se atravessa as colinas e montanhas pelos desfiladeiros.

O passo de Mitla é um desses.

Mitla está no coração do Sinai, apenas 50 quilômetros a leste do canal de Suez. O plano elaborado por Dayan era começar a guerra não com assaltos convencionais ao longo da fronteira Israel-Egito, mas com ataques ao interior do país desde o princípio. Nosso batalhão de paraquedistas, o 890°, saltaria em Mitla e dominaria o desfiladeiro antes que o inimigo se desse conta de que o combate tinha começado.

Essa proeza em Mitla não servia a nenhum propósito militar real. Seu objetivo era político. O ponto era ter uma força israelense capturando um território muito próximo de Suez para que britânicos e franceses tivessem um pretexto para invadir o Egito e recuperar o canal. Nasser tinha nacionalizado essa hidrovia internacional alguns meses antes, em julho de 1956.

O plano dos britânicos e franceses era esperar até que os israelenses tivessem tomado Mitla e em seguida anunciar ao mundo, "Esses judeus e árabes malucos estão brigando de novo; cabe a nossas potências mantê-los afastados, então vamos invadir o Egito com tropas de paz e aproveitar para tirar Nasser do controle do Canal".

Eu era apenas um tenente de 20 anos e, claro, ninguém me contou sobre esse plano; mas, se eu soubesse, teria dito: "Uau, isso é muita loucura!".

Naquela época, Israel tinha as próprias razões para guerrear com o Egito, exatamente porque Nasser tinha adquirido enormes carregamentos de armas soviéticas, via Tchecoslováquia, em 1955. O Estado-Maior estimava que Nasser precisaria de três ou quatro anos para treinar suas forças usando os novos tanques e aviões. E, então, nos atacaria. Nenhum país nos forneceria armamento equivalente. Nem os norte-americanos, nem os britânicos, nem os franceses. Dayan achava que Israel devia antecipar-se ao inimigo. Não tínhamos outra opção a não ser destruir o armamento soviético antes que Nasser pudesse usá-lo contra nós. Ao mesmo tempo, Ben-Gurion, que era primeiro-ministro e ministro da Defesa, pensava: "É bom para Israel lutar ao lado da Inglaterra e da França. Podemos ganhar o respeito deles e, possivelmente, auxílio militar e armas no futuro".

É claro que nenhum de nós no desfiladeiro tinha a menor ideia desse raciocínio mais elaborado. Era tudo ultrassecreto. Mesmo o comandante da nossa brigada, Arik Sharon, não sabia de nada. Se ele soubesse que tudo que seus paraquedistas tinham que fazer era saltar sobre Mitla e ficar por ali, abriríamos umas cervejas geladas e aproveitaríamos nosso tempo. (Embora eu deva dizer que Sharon teria achado alguma desculpa para estender a missão ao máximo, não importava as ordens que tivesse recebido de Dayan.)

Voamos. Saltamos. Montamos posições defensivas no extremo leste do desfiladeiro, num lugar chamado Memorial Parker. Não encontramos resistência. Até onde sabíamos, a península do Sinai inteira estava deserta; os egípcios nem sabiam que estávamos por ali.

Nosso grupo de salto era, na verdade, um elemento avançado de uma incursão ainda maior. Enquanto nós do 890º Batalhão estávamos escavando o passo de Mitla, o restante da brigada se aproximava por terra a passo acelerado, vindo da fronteira de Israel em caminhões e ônibus. Saltamos exatamente às 17h, antes de o sol se pôr, em 29 de outubro. O corpo principal nos alcançou trinta horas depois.

Agora tínhamos uma brigada de paraquedistas completa, quase dois mil homens, no solo, sozinhos nos confins do deserto do Sinai egípcio. Estávamos bem longe de Israel e muito próximos do canal de Suez.

Sharon não estava gostando nada daquilo. O solo do deserto no extremo leste do desfiladeiro é pedregoso e duro; nossas ferramentas de entrincheiramento mal conseguiam raspar uma fenda. Não tínhamos cobertura para o caso de um ataque aéreo. Uma força de tanques acabaria conosco em questão de minutos.

Um monte de coisas malucas se passou entre os comandantes naquele dia sem que ninguém soubesse, só fomos saber depois que a guerra acabou, e mesmo assim as controvérsias perduraram por anos a fio.

Sharon queria avançar pelo desfiladeiro e tomá-lo por inteiro, os 32 quilômetros. Se tivéssemos controle do extremo oeste, ele argumentava, poderíamos nos defender no caso de um ataque a partir de Suez. Dayan disse não, mas não explicou por quê. O acordo com os britânicos e franceses era secreto. Sharon não tinha a menor ideia disso. Ele apenas pensou: "Meus homens estão vulneráveis; preciso tomar o desfiladeiro inteiro". Apelou então não a Dayan, mas a outro general, que era chefe de operações. O general deu a Sharon permissão para despachar uma pequena força de reconhecimento pelo desfiladeiro.

Em vez disso, Sharon enviou uma força enorme – duas companhias, sob comando de Motta Gur, em blindados leves apoiados por vários tanques.

Supúnhamos que o passo estivesse deserto e que os egípcios não soubessem que estávamos ali. Mas sabiam, e eles estavam lá. Trouxeram dois batalhões durante a noite. Essas tropas haviam tomado o terreno elevado e escavado posições em ambos os lados da estrada que serpenteava pelo desfiladeiro.

O grupo de Gur percorreu quase todo o caminho enquanto os egípcios cochilavam. De repente, o inimigo acordou e disparou com tudo o que tinha. Eles cortaram a coluna de Gur em duas. O elemento de retaguarda fez um giro de 180 graus e acelerou loucamente na direção do extremo leste do passo, ao lado do Memorial Parker. Era onde eu estava, com 20 anos, 30 dias depois de ter concluído meu curso de oficial. Nossos comandantes, Raful Eitan e Aharon Davidi, surgiram esbaforidos. Tinham sido totalmente surpreendidos por esses acontecimentos.

Eu conhecia Raful e Davidi do 890º Batalhão de Paraquedistas original, de antes de a formação ganhar a feição de brigada. Fui cabo e, em seguida, sargento durante as operações de represália de 1954 e 1955. Sharon era o comandante do nosso batalhão. Em momentos alternados, os comandantes da companhia foram Motta Gur, Danny Matt, Meir Har-Zion, Sa'adia Alkayam (Supapo) e Raful Eitan. Meu amigo Katcha Cahaner e muitos outros que se tornaram uma lenda entre os paraquedistas estavam lá. Uzi Eilam era tenente, oficial da inteligência de Sharon.

Mas vamos voltar a Mitla. Davidi, que era tenente-coronel e o segundo em comando de Sharon, recebeu ordens dele para conduzir a batalha. No entanto, Davidi, como os demais, não conhecia nada da região. Não tinha mapa algum. Não sabia onde as companhias de Motta estavam assentadas, nem onde estavam os egípcios, nem quantos homens eles tinham. Ele ordenou que a unidade de reconhecimento fosse adiante. Seus homens capturaram os picos de ambos os lados do passo. Mas o inimigo estava entrincheirado abaixo deles e os caras do reconhecimento não viram nada.

"Preciso de um voluntário", disse Davidi. O motorista dele era um paraquedista durão chamado Yehuda Ken-Dror. Davidi mandou Yehuda partir num jipe. Eu estava sentado a 20 metros dali; escutei tudo. Vi o rosto de Yehuda ficar branco. Mas ele saltou no jipe e saiu à toda subindo a colina.

Ouvimos o fogo pesado. Todo contato com Yehuda foi perdido. Ocorreu que ele foi atingido e saiu do jipe, mas conseguiu saltar numa trincheira, onde ficou até escurecer, e rastejou centenas de metros de volta para as nossas linhas. Seus colegas o levaram para o hospital, mas ele estava gravemente ferido; ainda resistiu três meses antes de morrer. Ele recebeu a Itur HaGvura, a condecoração por bravura mais alta de Israel.

Ambos os comandantes, Davidi e Raful Eitan, então se viraram para mim.

"Agora é sua vez, Dan."

Era minha vez.

OK.

"Mas não vá de jipe", Davidi disse. "Pegue um blindado leve, cinco soldados do seu pelotão e ouça atentamente qual é sua missão, porque não vou lhe dar uma, mas duas tarefas. Primeiro, percorra a estrada com seu carro e descubra onde estão as posições egípcias. Segundo, localize a força de Motta Gur, descubra o que aconteceu a ele e de que tipo de ajuda precisa e, então, ponha os feridos no blindado e traga-os de volta para cá."

Eu disse: "Só para eu entender, minha tarefa é passar pelas posições egípcias uma vez, fazer uma curva e voltar passando por eles novamente?"

"E mantenha seus olhos abertos. Reporte tudo o que vir."

O que eu faria? A mesma coisa que sempre fazia quando ia para a batalha. Ergui meus olhos ao Deus Todo-Poderoso. Disse a Ele: "Senhor, vou partir com cinco amigos. Por favor, nos proteja com sua bênção".

"Dan, está pronto?"

Lá estava meu blindado leve. Lá estavam meus rapazes. Era a nossa vez de pegar a estrada.

De alguma maneira, conseguimos atravessar. Trinta e dois quilômetros, em campo aberto, sem cobertura, com 600 ou 700 soldados inimigos atirando em nós a 20 metros de distância, 100 metros, 200 metros. Algumas coisas não se consegue explicar. Ninguém sofreu nem mesmo um arranhão.

Chegamos ao outro lado. Encontrei Motta Gur e embarquei cinco feridos no blindado. Passei um rádio para o comandante da minha companhia pedindo permissão para retornar. Ele disse: "Dan, você morreu?".

Respondi: "Estou vivo, vivendo como um rei!".

Voltamos em disparada. Reportei-me a Davidi. Estivemos sob fogo o caminho inteiro. Aviões egípcios nos atacaram. Um morteiro explodiu a 50 metros de mim, projéteis riscavam o ar, havia fumaça por todo lado. Eu me reportei a Davidi e a Raful, os dois agachados no chão, procurando abrigo. Eu permaneci em pé. Contei o que aconteceu, onde estavam os egípcios, onde estava Motta Gur, qual era o contingente inimigo, tudo o que consegui ver.

"Então, Dan, o que você sugere que façamos?"

Respondi que só havia um jeito. Precisávamos passar por cima dos egípcios pelas montanhas e desalojá-los à mão, posição atrás de posição. Enquanto isso, Raful gritava para mim: "Ziv, abaixe-se! Você quer levar um tiro? Por que está em pé?".

Ele era tenente-coronel, comandante do meu batalhão, mas meu dever era me reportar a Davidi, que estava conduzindo a batalha. Eu me impacientei. Perdi a cabeça. "Raful, cale a boca, fique quieto, não me perturbe enquanto eu estiver me reportando a Davidi!"

Aí Raful ficou em pé e se pôs ao meu lado, em pleno tiroteio. Davidi permaneceu onde estava.

"Ei, meus dois heróis, venham aqui e sentem essa bunda no chão!"

Então, voltamos para a batalha. Uma luta terrível, a noite inteira, matando o inimigo com baionetas e ferramentas de cavar, buraco após buraco. Mortes horríveis, as piores. Tantos homens lutando com tanta bravura. Não apenas nós, os egípcios também. Foram 260 mortos do lado deles; 46 do nosso. Horrível. Os inimigos de Sharon dentro do Exército queriam sua cabeça por conta disso. Mas Dayan não quis agir contra ele.

Dayan estava furioso com Sharon. Ele lamentou a perda de tantos soldados de elite, muitos dos quais conhecia pelo nome. Mas Dayan acreditava que punir um oficial por agir com iniciativa, mesmo que fosse uma iniciativa cheia de excessos, como a de Sharon, causaria um dano irreparável ao espírito agressivo do Exército de Israel. Essa foi a ocasião de sua famosa frase: "Prefiro ter que refrear o cavalo de batalha ansioso a ter que açoitar a mula relutante".

Isso foi Mitla. Aquela noite terrível. Depois disso, em quatro dias destruímos o Exército egípcio.

O primeiro *round* tinha sido a Guerra da Independência, em 1948.

A Campanha do Sinai, em 1956, foi o segundo *round*.

Agora estamos em 1967. Nasser e os árabes dizem a si mesmos: "Os judeus nos derrotaram no primeiro e no segundo *rounds*, mas vamos exterminá-los para sempre no terceiro *round*".

DEIXANDO O SINAI

Durante a Campanha do Sinai de 1956, Moshe Dayan recebeu muitas críticas por sua ausência frequente do centro de comando em Tel Aviv. As pessoas diziam que o comandante do Exército deveria estar no quartel-general conduzindo a guerra. Mas Dayan achava que não podia dirigir os eventos observando-os de longe, de um gabinete no quartel-general; ele tinha, sim, que ver e ouvir as coisas que aconteciam no *front*, cara a cara com o inimigo.

"Durante esses eventos", ele escreveu em *Diary of the Sinai Campaign* (Diário da Campanha do Sinai), "gosto de estar no comando avançado da unidade de combate; afinal, a batalha é o coração do Exército. Não sei se o comandante da unidade gosta de me ter nos seus calcanhares, mas prefiro, sempre que possível, acompanhar a ação – e, se necessário, até mesmo intervir nela –, próximo ao palco e enquanto ela se desenrola, em vez de ler sobre o ocorrido num despacho na manhã seguinte, revelando-me um sábio da retrospectiva."

Neora Matalon-Barnoach era uma tenente de 18 anos quando começou a trabalhar como secretária para o chefe de operações Moshe Dayan, em 1953. Seu livro de memórias, A Good Spot on the Side (Um bom lugar ao lado), reconta quase três décadas de trabalho e amizade com Dayan.

Dayan conduzia suas operações diferentemente de qualquer outro comandante do Exército – na verdade, ele era diferente de qualquer outro comandante. Ao entrar no seu gabinete no primeiro dia de trabalho, fiquei chocada com a informalidade do lugar. Não havia escrivaninha, somente uma mesa de campanha coberta com um lençol do Exército e um painel de vidro. As cadeiras eram de campanha. O lugar parecia um quartel-general de campanha. A única coisa que faltava era a areia no chão.

Em 6 de dezembro de 1953, quando Dayan foi promovido a comandante, transformou o gabinete maior, a sala do trono do chefe que deixava o posto, numa sala de conferências. Ele passou a ocupar o espaço onde o oficial de administração costumava ficar. Era um gabinete menor que o meu. O chefe que estava de saída era conduzido num enorme Lincoln norte-americano. Dayan tratou de se livrar dele. Ele dirigia um Plymouth.

Essa foi a ética que Dayan encalcou no Exército inteiro. Ele não dava a mínima para a pompa e circunstância militares. "Nosso trabalho é produzir guerreiros, e não soldados."

Ele admirava os fuzileiros navais dos Estados Unidos em todos os aspectos, exceto na ênfase em marchar e se exibir para a ordem unida. Numa viagem aos Estados Unidos, Moshe foi convidado a inspecionar a tropa numa parada militar formal.

> Os fuzileiros fizeram aquela apresentação impecável, arrancando aplausos entusiasmados. Eu aplaudi também, mas não pude deixar de pensar que era quase um insulto eles usarem aqueles combatentes guerreiros como se fossem marionetes, como se fossem soldadinhos de chumbo. Assim que comecei meu serviço militar, passei a encarar esse tipo de exercício, as paradas e os desfiles, com um ceticismo que beirava a hostilidade. O soldado era feito para a guerra, e a guerra não acontece em linha reta.

A coragem física de Dayan era lendária dentro do Exército. Sobre ele, Arik Sharon disse: "É corajoso ao ponto da insanidade".

Nada atraía mais o respeito de Dayan do que a bravura em combate, nem inspirava mais o seu amor do que o sacrifício por um irmão em armas. Ele perdoava qualquer coisa num combatente que tomasse a iniciativa diante do perigo. Protegeu Sharon depois de Mitla. Amava Meir Har-Zion e Katcha Cahaner. Sua paixão não se limitava aos comandantes das brigadas e divisões. Ele tinha a mesma devoção por tenentes, sargentos e soldados.

Quando Dayan delegava uma missão ao seu estafe, dava aos subordinados a mais ampla autonomia. "Não lhe daria uma missão se não tivesse absoluta certeza de que você pode realizar o trabalho melhor que eu."

Ele esperava que seus oficiais tomassem a iniciativa, resolvessem o problema sozinhos e não voltassem até que tivessem terminado o trabalho.

"Não quero ser obrigado a fazer o trabalho que pode ser feito por outra pessoa."

Dayan escrevia os próprios discursos. Permanecia em sua mesa até estar exausto demais para continuar. Ele dizia (e eu aprendi a dizer com ele): "Não sai mais leite desse bode hoje". Dayan reservava tempo para refletir, e fazia isso sozinho. Quando concebia um plano ou tinha uma ideia, a porta do seu escritório era aberta. "O que você acha disso?"

A pior coisa que alguém da equipe podia dizer era: "Moshe, concordo cem por cento". O olho de Dayan perdia o brilho. "Por quê?", ele perguntava. "Diga-me por que você concorda."

Certa vez ele pediu minha opinião, e eu hesitei. "No instante em que você pensar duas vezes antes de responder", disse, "nosso trabalho junto chegará ao fim".

Ele gostava que as pessoas o contestassem. Ele ouvia. "Somente um burro", dizia, "nunca é capaz de mudar de opinião".

Dayan não era de ler, exceto poesia (muitas das quais ele decorava e recitava em ocasiões específicas), particularmente as obras de Natan Alterman e de Rachel, do *kibutz* Kinneret, a premiada poeta não oficial de Israel.

O que lia mesmo era material militar, particularmente relatórios de combate e análises da inteligência. Ele era íntimo de todos os ataques e batalhas ocorridos em nossas guerras, assim como de todas os combates na Europa, na Rússia e no deserto do norte da África na Segunda Guerra Mundial. Ele podia discorrer em detalhes sobre as campanhas bíblicas, particularmente as de Josué, com quem se identificava. Tinha analisado as batalhas antigas palmo a palmo. Sabia explicar como os amoritas utilizavam as formações da infantaria ou o rastreamento, passo a passo, a rota que Jônatas empregou para atacar os filisteus e abrir passagem entre os penhascos de Bozez e Seneh.

No entanto, os princípios que deram forma à doutrina tática de Dayan eram modernos – primariamente russos, britânicos e norte-americanos, e, ironicamente como ele reconhecia, alemães.

Todos esses fatores emergiram na Campanha do Sinai de 1956, assim como dois outros elementos: a influência da opinião mundial e o interesse próprio das superpotências. Outra passagem de *Diary of the Sinai Campaign*:

> Enfatizei que a velocidade era o fator-chave. Precisamos terminar a campanha no menor tempo possível. Quanto mais ela durar, maiores serão as complicações políticas – pressões dos Estados Unidos, envio de "voluntários" [do bloco russo ou comunista] para socorrer o Egito, e assim por diante. A campanha não deve durar mais que duas semanas, no máximo, e dentro desse período devemos completar a conquista de toda a península do Sinai.

Quando a campanha terminou com a vitória-relâmpago de Israel, Moshe Dayan tornou-se um ícone. O tapa-olho preto, que ele odiava, tornou-se o símbolo de um outro tipo de judeu. Em Israel, ele se tornou Josué. Tinha parado o curso do Sol.

Mas nem ele, nem o primeiro-ministro Ben-Gurion puderam resistir, no final, à opinião mundial e à pressão política exercida pela União Soviética e pelos Estados Unidos.

O Sinai deveria ser devolvido ao Egito.

O deserto seria desmilitarizado, prometiam os soviéticos e os norte-americanos. Tropas de paz da ONU substituiriam os soldados israelenses. Tanques, aviões e armamento pesado não poderiam transitar entre o canal de Suez e a linha de armistício oriental entre Israel e Egito. O estreito de Tiran deveria permanecer aberto à navegação.

O último homem a deixar o Sinai foi Moshe Dayan. Observando a bandeira de Israel ser recolhida do mastro do prédio municipal de El Arish, Dayan foi questionado por um repórter sobre o porquê de sua insistência em viajar até ali para testemunhar um evento tão doloroso.

"Os comandantes das FDI precisam provar todos os pratos", Dayan respondeu. "Os amargos e os doces."

Quando nos encontramos novamente no gabinete, ele não fez gracejo nenhum. "O que eu mais temia aconteceu. Uma vitória militar tornou-se uma derrota política."

A memória desse revés amargo entranhou-se em Moshe Dayan e afetou profundamente as decisões que ele tomou durante a Guerra dos Seis Dias.

LIVRO TRÊS
A ESPERA, PARTE DOIS

UM PLANO PARA A GUERRA TOTAL

Eu era um capitão de 27 anos, o comandante-adjunto de operações da Força Aérea no final de 1962, quando meu superior entrou na minha sala e disse: "Rafi, o chefe quer que façamos um plano para a guerra total".

Rafi Sivron planejou a Operação Moked – que significa "Foco" –, o ataque preventivo que destruiria a Força Aérea do Egito em três horas, em 5 de junho de 1967.

Entre 1956 e 1967, todo oficial das FDI sabia que outra guerra com o Egito estava a caminho. Era só uma questão de tempo.

Os soviéticos, com Krushev e, depois, com Kosygin, estavam modernizando efetivamente a Força Aérea de Nasser com MiGs-17, MiGs-19 e o mais moderno e mais letal caça do mundo, o MiG-21, que atingia a velocidade correspondente a Mach 2, ou duas vezes a velocidade do som.

Os egípcios tinham bombardeiros Tupolevs e Ilyushins, que podiam alcançar qualquer cidade israelense em menos de uma hora. Suas divisões blindadas estavam sendo modernizadas com os novos tanques T-54 e T-55. Os engenheiros soviéticos tinham redesenhado totalmente os radares da Força Aérea egípcia, assim como seus sistemas de alerta precoce.

A Rússia e os Estados Unidos tinham nos obrigado a devolver o Sinai para o Egito em 1957. A promessa era de que a península continuaria desmilitarizada. Capacetes azuis da ONU patrulhariam as fronteiras, garantindo uma zona tampão de 200 quilômetros entre Egito e Israel. Mesmo assim, um esquadrão de bombardeiros Tupolev podia decolar do solo egípcio e atacar Tel Aviv em 35 minutos. Israel estava vulnerável, e qualquer um nas FDI sabia disso.

Em 1962, Ezer Weizman comandava a Força Aérea. Seu chefe de operações era Yak Nevo, o lendário piloto de caça. Ezer era general-brigadeiro;

Yak era coronel. Eu era adjunto de Yak. Meu gabinete era porta a porta com o dele; almoçávamos juntos diariamente. Eu tinha uma grande admiração por Yak, que agora estava em pé na minha sala.

"Ezer quer um plano para uma guerra total, quer dizer, contra Egito, Síria e Jordânia. O objetivo é obter completa superioridade aérea. Ele quer o plano de duas maneiras. Uma para o caso de sermos atacados. Outra para se nós atacarmos."

Comecei dizendo a Yak que estava ocupado demais. Ainda pilotava em missões operacionais. Na verdade, tinha uma missão programada para sobrevoar o Sinai naquela mesma noite.

"Rafi, você é o homem do planejamento."

E me atirou aquela batata quente nas mãos.

Foi assim que a Operação Moked nasceu.

"A única coisa que você tem é tempo", disse Yak. "Não tem pressa, porque ninguém sabe o que ele vai fazer com isso. Continue voando nas suas missões e trabalhe nisso quando puder."

Começamos a trabalhar, Yak e eu. Encontrávamo-nos durante uma ou duas horas por semana, sentávamos lá fora para almoçar ou para tomar um café e fumar uns cigarros. Não tínhamos assistentes, secretárias, colegas. Ninguém tomava notas, preparava memorandos, não submetíamos nada à aprovação de ninguém. Isso vai mesmo resultar em alguma coisa? A probabilidade era de cem para um.

O conceito geral era ridiculamente simples: um ataque preventivo para liquidar as Forças Aéreas inimigas. Assim como o plano de ataque de Lou Lenart à base aérea egípcia de El Arish em 1948 (com Ezer como seu número três), a ideia era golpear o inimigo de surpresa e liquidá-lo ainda no chão. O Egito primeiro, porque sua Força Aérea era a maior; e, em seguida, a Jordânia e a Síria, se ainda tivéssemos recursos.

A pergunta seguinte era "Como?". Havia uma linha de raciocínio muito poderosa segundo a qual um contra-ataque seria mais efetivo. Deixar os egípcios atacarem, interceptá-los e derrubá-los. Outra ideia era matar os pilotos no solo, enviando equipes de soldados de elite para simplesmente assassiná-los. Um terceiro conceito era decapitar o comando e o controle inimigos. Destruir radares e comunicações.

Decidimos, Yak e eu, eliminar as pistas inimigas.

LIVRO TRÊS • A ESPERA, PARTE DOIS

Sem pistas, os aviões não podem voar.

As pistas passaram a ser o foco. O plano não tinha nome ainda. Começamos a trabalhar nas bombas e na doutrina de bombardeio para deixar uma pista inoperante. Não é tão fácil como parece. Era bem possível atingir diretamente as pistas com bombas pesadas e mesmo assim infligir danos mínimos, ou danos que poderiam ser reparados rapidamente. Fizemos uma rodada interminável de planejamento e testes para descobrir exatamente de que ângulo o ataque deveria ser lançado. As bombas poderiam falhar. Poderiam detonar meio segundo mais cedo ou um décimo de segundo mais tarde.

Em que ângulo as bombas deveriam atingir a superfície da pista? De que altura teriam que ser lançadas? A que altitude os aviões deveriam mergulhar? Lembre-se, a Força Aérea de Israel não possuía bombardeiros pesados, nem mesmo médios. Teríamos que usar os caças. Um caça pode carregar duas bombas no máximo. Alguns tipos podem carregar apenas uma. Cada bomba era importante. Nenhuma poderia ser desperdiçada.

Que tipo de bomba produziria mais destruição, que durasse mais tempo? A bomba precisava penetrar a pista? Em que profundidade? Quantas bombas por pista? Dirigidas a quais alvos?

Passei a conversar com nossos homens da inteligência. Logo surgiu um conflito. O modo como a inteligência trabalhava, me disseram, era com seus agentes e seus informantes trazendo dados brutos do campo de batalha; esses dados eram então analisados e apresentados ao comando. Depois disso, os planos eram feitos.

"Não", eu disse, "preciso que isso aconteça da maneira oposta. Vou dizer o que precisamos saber, e aí vocês vão lá e descobrem".

"Oh, não. Não conseguimos fazer desse jeito."

"Por que não? "

"Porque não é assim que se faz."

Após várias reuniões, consegui ganhar a confiança dos oficiais da inteligência. "Preciso saber", eu disse, "não apenas a localização geográfica de cada aeródromo militar no Egito, na Síria e na Jordânia, mas também o layout físico do campo de batalha e conhecer cada base auxiliar em potencial".

Onde ficam os hangares, os depósitos de abastecimento, as torres de controle, os quartéis, as salas de reunião? Quais são as defesas que cada base possui? Artilharia antiaérea? Onde? Qual esquadrão está localizado em qual base? De que tipo de aeronave são compostos esses esquadrões? Quantos são? Onde estão estacionados? Estão protegidos em *bunkers* ou estão camuflados? Podemos chegar neles atirando? Será necessário bombardear? Onde os pilotos dormem? A que horas chegam à base pela manhã? Quando tomam café da manhã? Que treinamento recebem e qual é o cronograma de patrulha? Dados meteorológicos. As nuvens vão ser um problema? Haverá nevoeiro no solo? A que horas do dia? Em que época do ano? A que horas os pilotos egípcios começam o treinamento diário? E a que horas terminam? Como se chamam? Qual é o nome de suas esposas? Que tipo de carro dirigem? Que caminho fazem de casa até as bases?

Eu precisava saber tudo sobre o comando e o controle da Força Aérea egípcia.

Ele têm mesmo algo assim? Quais são os canais de comando que usam? Como as ordens chegam a cada esquadrão? Podemos penetrar essas redes, espioná-las, destruí-las?

Eram perguntas tão básicas que, depois percebi, nunca tinham sido levadas a sério. Qual é a maneira ideal de atacar um aeródromo? Com esquadrões completos? Com formações de quatro aeronaves? Quantas por ataque? Vamos atacar em ondas? Todos os aviões irão atacar ou alguns vão permanecer em altitude, fornecendo cobertura? Que armas vamos utilizar para destruir os aviões inimigos no solo?

Na época da aquisição dos 72 caças Mirages IIIC, um debate apaixonado estava em curso, comparando mísseis a canhões. Mísseis eram a novidade, mas os pilotos os odiavam. Mísseis não eram confiáveis, erravam o alvo, falhavam.

No fim, os canhões levaram a melhor.

Cada Mirage tinha canhões geminados de 30 milímetros.

Peça por peça, uma doutrina começou a tomar forma.

O ataque começaria com uma rodada inicial de bombardeios, cujo objetivo era inutilizar as pistas. Os aviões, então, iriam realizar três passagens atirando, atacando os aviões inimigos estacionados no solo. Quando a terceira passagem fosse completada, a onda seguinte de aviões de combate israelenses já estaria na posição de começar novos bombardeios. A primeira onda retornaria a fim de se rearmar e reabastecer para a saída seguinte.

LIVRO TRÊS • A ESPERA, PARTE DOIS

O engenhoso desse conceito era que o mesmo padrão de ataque podia ser usado contra qualquer base inimiga.

Praticamos para descobrir qual técnica específica de bombardeio era ideal. As rodadas de bombardeio começariam a cerca de 2 quilômetros de altitude. O ângulo de mergulho deveria ser precisamente de 35 graus. Esse era o ângulo, calculado a partir da altitude de lançamento e do arco descrito pela bomba na queda, que deixaria a bomba em condições de causar maior impacto na pista. Qualquer ângulo mais aberto, e a bomba poderia falhar; qualquer ângulo mais fechado, e o avião poderia não ser capaz de arremeter antes de chegar à zona de explosão e escapar dos destroços.

As bombas precisavam ser lançadas aproximadamente a 700 metros acima do nível do solo. Os pilotos começariam a subir a 300 metros de altura. Na altitude zero, fariam uma manobra de 270 graus e começariam a rodada de artilharia. Elas teriam que ser feitas pelo menos a uns 800 quilômetros por hora, de preferência a mais de 1.000, longitudinalmente ao eixo onde os aviões inimigos estavam estacionados. A uma distância de 900 metros, os pilotos deveriam abrir fogo com seus canhões de 30 milímetros. Mirando baixo. Salvas de tiros mais altas errariam o alvo completamente, mas os projéteis que atingissem o solo poderiam "caminhar" até o alvo enquanto o avião seguia atacando. Os aviões tinham que despejar uma salva de tiros para acertar o alvo ou ricochetear no chão e perfurar a barriga dos aviões estacionados.

Embora o plano especificasse três passagens de tiro, o líder de cada uma das formações de quatro aviões tinha permissão para fazer quantas passagens quisesse, desde que tivesse combustível e a artilharia inimiga permitisse, até a chegada da próxima leva de quatro aviões. A decisão cabia ao líder do esquadrão naquele momento.

Mil e oitocentos metros era a altitude em que as aeronaves começariam seus bombardeios. Mas como chegar àquela altitude sem ser detectado pelo radar inimigo?

Os aviões deveriam se aproximar "no deque", isto é, voando a uma altura de 30 metros, não mais. Isso significava que o líder de cada formação quádrupla precisaria determinar, antecipadamente, com base em mapas ou fotografias aéreas, um marco a cerca de 5 ou 6 quilômetros do alvo e outro a uma distância equivalente. A razão para isso é que os pilotos precisariam de ajuda para encontrar o alvo quando estivessem voando de

133

cabeça para baixo no auge da subida. Se o ponto de aproximação fosse, digamos, ao norte do campo inimigo, eles precisariam olhar para o sul para encontrá-lo.

Esse marco era chamado de PI, ponto inicial. No PI, cada piloto deveria puxar, ou melhor, afundar o manche na barriga e começar a subida. Os jatos subiam num ângulo de 50 graus, com os combustores à toda, durante 30 segundos. A 1.800 metros de altitude, os aviões ficavam de cabeça para baixo, os pilotos localizavam o alvo visualmente e mergulhavam sobre ele.

Qual era a dificuldade? Imagine um PI. Uma casa, um cruzamento, um posto de gasolina. Esse ponto inicial deve se destacar do seu entorno. Não pode ser confundido. Você precisa encontrar esse marco no meio de um deserto ermo, digamos, ou no meio de uma paisagem agrícola do delta, onde todos os campos de cultivo têm exatamente a mesma aparência. Além de tudo, é preciso localizar onde está esse PI voando baixo, como se estivesse dirigindo um carro, a uma velocidade um pouco inferior à do som. Encontrou? Agora puxe o manche. Lembre-se de que, ao subir, a barriga do seu avião está voltada para o alvo, então você não vai enxergar nada. Você não tem certeza se está sobre o alvo até inverter a direção no ápice do arco e espiar pelo o teto da cabine, isto é, mirando o chão. A essa altura, o elemento surpresa já se foi. Os alarmes terão sido acionados. Atiradores inimigos estarão a caminho dos canhões antiaéreos.

O imperativo primeiro do plano é que todos os aviões atinjam seus alvos ao mesmo tempo. Se um esquadrão ataca mais cedo, entrega o jogo. O inimigo vai reagir. Seus aviões vão escapar, se defender, contra-atacar.

Tivemos que elaborar um cronograma.

O primeiro problema é que nossas formações quádruplas atacariam 11 aeródromos ou mais, cada um a uma distância diferente, e, portanto, a um tempo de voo diferente das nossas fronteiras.

Além disso, as formações de ataque deveriam partir de diversas bases de Israel, cada uma localizada a uma específica distância de voo dos alvos. Como seria possível fazer com que todos chegassem ao mesmo tempo?

E havia também o fato de que as forças de ataque eram compostas de diferentes tipos de aeronave, cada uma capaz de voar a certa velocidade e com determinada capacidade de voo. Os Vautours e Ouragans, mais lentos, precisariam de mais tempo para chegar aos alvos ou seriam despachados para alvos mais próximos, para que chegassem no exato instante em que os Mystères, Super Mystères e Mirages chegassem aos seus.

Mais ainda: as ondas de ataque teriam que seguir rotas específicas para evitar serem detectadas pelos radares inimigos. Cada perna de voo deveria ser feita em zigue-zague. E, mesmo assim, todas as aeronaves precisariam estar sobre o alvo simultaneamente.

Tudo isso seria feito com os rádios em total silêncio. Mesmo contactar a torre de controle era proibido. A caminho do alvo, não era possível dar um pio. Se um piloto enfrentasse uma emergência e tivesse que cair no mar, não poderia pedir socorro nem alertar seus companheiros de formação.

E não poderíamos supor que um só ataque fosse o bastante para nocautear o inimigo. Precisávamos planejar várias saídas. Atacar, retornar à base, rearmar e reabastecer, atacar novamente. Os 72 Mirages se transformariam em 144, se fôssemos rápidos o bastante. Isso implicava muito treino e muita motivação das equipes para alcançar níveis de convicção e habilidade sem precedentes.

Quantos aviões deveriam tomar parte? Os Mirages eram 72 aviões de uma frota de combate de 202. Alguns precisariam ser retidos para cumprir o papel de interceptar aeronaves inimigas. Quantos? Estacionados onde? Para proteger quais centros populacionais?

Cada avião retido seria um avião a menos para atacar o inimigo. Até que ponto deveríamos abusar da sorte? Deveríamos atacar com *todos os nossos aviões*?

A dúvida seguinte era o momento do ataque. A que horas deveríamos atacar? Essa questão foi a causa do confronto mais duro entre mim e Ezer Weizman, o comandante da Força Aérea. Ezer não abria mão de que o ataque começasse ao amanhecer. Por quê? Porque era assim que acontecia no cinema. Todos os grandes ataques da história tinham ocorrido ao alvorecer!

Por duas vezes ameacei me demitir, numa delas até entreguei minha carta de renúncia.

"Primeiro", afirmei, "o amanhecer é a hora mais provável de haver um nevoeiro no nível do solo no delta do Nilo. Às oito, a névoa já terá se dispersado". Mas o mais importante era contar com o elemento surpresa. Naquele ponto, nossos agentes tinham obtido conhecimento quase total da rotina diária do inimigo. O dia da Força Aérea egípcia começava ao amanhecer, com uma patrulha aérea de combate. Quando os comandantes da formação estavam convencidos que nenhum ataque inimigo era iminente, aterrissavam para tomar o café da manhã. Isso ocorria entre 7h e 7h30. A essa hora, a maioria dos comandantes seniores já tinha saído de casa e estava a caminho de sua base aérea. O período de treinamento começava com vários *briefings* por volta das 8h.

Argumentei com todas as forças que o ataque deveria ser feito às 7h45. Ezer não queria nem ouvir falar disso. Nada do que eu ou Yak dizíamos o fazia ceder. A RAF atacava ao amanhecer, e a FAI também faria o mesmo.

Devo confessar que foi preciso implementar um estratagema. Incluí no plano de ataque a determinação de que a hora H fosse escolhida pelo chefe de operações, *no curso do evento*, baseado na mais recente Inteligência.

Quando o meu plano foi utilizado, Ezer não era mais comandante da Força Aérea; Motti Hod tinha assumido o cargo. Foi assim que o plano deixou de ser abatido por aquela bala.

Em abril de 1965, começamos a expor o plano para oficiais seniores e chefes de departamento da Força Aérea. Em todos os lugares, a resposta foi entusiasmada. Tão positiva que comecei a me preocupar. Se esse tanto de gente está feliz, só posso ter cometido um erro terrível.

Danny Shapira é o piloto de testes chefe da Força Aérea de Israel. Ao longo de cinco décadas, terá servido em seis guerras. Em junho de 1967, pilotou Mirages no 101º Esquadrão de Caças.

A Operação Moked não teria sido bem-sucedida sem o Mirage IIIC, o soberbo caça-interceptador de asa em delta fabricado pela Dassault Aviation na França. Ezer Weizman, chefe da FAI, havia adquirido 72 deles, tendo os dois primeiros chegado em abril de 1962 e a última leva tocado nosso solo em julho de 1964.

Esses Mirages salvaram Israel.

Eu era o piloto de testes chefe em 1959. Foi o ano em que me formei na Armée de l'Air, a escola de pilotos francesa, e em que pilotei um Mirage pela primeira vez. Naquela época, França era a melhor amiga da FAI. A Dassault Aviation tinha nos equipado com Ouragans, Mystères e Super Mystères, enquanto outros países, incluindo a Grã-Bretanha e os Estados Unidos, não queriam nos vender nem munição.

LIVRO TRÊS • A ESPERA, PARTE DOIS

Mas o Mirage era a *pièce de résistance*. Supersecreto. A França não queria permitir que eu, ou qualquer outro estrangeiro, se aproximasse dele, muito menos que o pilotasse.

Ezer disse a eles: "Ou Danny pilota ou não tem negócio!" .

Lembro do piloto de testes chefe da Dassault chegando na embaixada em Paris para comunicar que eu pilotaria o Mirage na manhã seguinte. O protótipo que eu iria pilotar era tão novo que o número pintado na cauda era "01". Perguntei ao piloto francês: "Você não vai me detalhar a capacidade e as características da aeronave?". Ele me respondeu com aquela encolhida de ombros típica dos gauleses. "Você é piloto de testes. Pode testar."

Bastaram trinta segundos dentro do Mirage para eu me apaixonar por ele. Que avião! Ágil, rápido, incrivelmente fácil de manobrar, uma aeronave que você pilota com a ponta dos dedos. No segundo teste que fiz, voei a mais de Mach 1,5, submetido a uma força gravitacional de 7G. No terceiro, bati o Mach 2,1.

Ezer estava me esperando quando pousei. "E aí?"

"Adorei. Foi feito para nós, mas não do jeito que os franceses o projetaram."

O problema era o seguinte: os franceses conceberam o Mirage como um interceptador de grande altitude. Assim como outras potências ocidentais durante a Guerra Fria, eles queriam um avião que pudesse subir muito rápido a 18, 20 quilômetros de altitude e alvejar os bombardeiros soviéticos do alto. O Mirage tinha um foguete propulsor extra que podia levá-lo até a franja do espaço.

No entanto, as guerras no Oriente Médio não são travadas em altitudes extremas. A FAI precisava de uma aeronave multipropósito que pudesse bombardear, alvejar, combater outras aeronaves e, até mesmo, fazer reconhecimento fotográfico. Israel não é uma superpotência com condições de ter uma força de bombardeiros, uma de caças, e assim por diante. Para nós, uma única aeronave precisa ser capaz de dar conta de todo o serviço.

O Mirage era essa aeronave, eu tinha certeza. Mas mudanças críticas precisavam ser feitas.

Primeiro, o avião precisava de um canhão.

O Mirage só vinha com mísseis. Mísseis eram a grande novidade naquela época. Os norte-americanos tinham o Sidewinder, os russos tinham o Atoll e os franceses, o Matra. Mísseis eram o futuro, os engenheiros diziam. Aperte um botão e o avião inimigo explodirá a 8 quilômetros de distância. Canhões à moda antiga? Eram *passé*.

Mas eu não confiava em mísseis, assim como nossos pilotos da FAI. Mísseis eram traiçoeiros. Podiam ser derrotados por contramedidas. Pior, mísseis são principalmente armas do tipo ar-ar. Não se comparam a canhões para atacar alvos terrestres. Se a guerra com o Egito viesse, a missão mais urgente da FAI seria nocautear a Força Aérea inimiga atacando suas bases e destruindo seus aviões em solo.

São necessários canhões para atingir alvos em solo. Então, fiz os franceses equiparem os Mirages com eles. Tiramos o foguete da barriga dos Mirages e o substituímos por canhões DEFA de 30 milímetros, de fabricação francesa, resistentes e confiáveis, conforme ficou provado nas operações ar-solo na Campanha do Sinai de 1956. DEFA quer dizer *Diréction des Études et Fabrications d'Armement*. Um canhão de 20 milímetros – como nós, pilotos, aprendemos na época – não era capaz de varar a blindagem de um tanque egípcio. Mas um de 30 era capaz de perfurá-lo inteiro.

No fim, os engenheiros da Dassault concordaram com todas as nossas sugestões de modificação. Os *designers* franceses presenciaram (e aprenderam) como nós transformamos seu glamoroso interceptador numa bela e mortífera máquina de combate ar-ar e ar-solo.

Rafi Sivron, planejador da Operação Moked:

Os esquadrões começaram a treinar. Quando me reúno com os comandantes de esquadrões, deixo claro que o plano principal é escrito na pedra, mas no âmbito de cada comandante, todas as decisões são sua responsabilidade. Vou traçar a rota até o alvo para evitar o radar inimigo; não existirão atalhos. Vou dizer que armamentos transportar e onde lançá-los precisamente. Porém, quando estiverem a cinco quilômetros do alvo, é com vocês. Como irão atacar, vocês é que decidem. Vocês que devem julgar como irão lidar com o fogo antiaéreo, com o ângulo do Sol, e assim por diante. Você, o líder, é que vai dizer.

Em julho de 1965, o plano mestre ficou pronto. Foi impresso, revisado e enviado para os comandantes dos esquadrões, que ainda não estavam autorizados a mostrá-lo a ninguém. Então, lentamente, os adjuntos, os segundos em comando, foram incluídos; depois, sob forte segurança, os pilotos seniores.

LIVRO TRÊS • A ESPERA, PARTE DOIS

No fim de 1965, os esquadrões já tinham recebido pastas com ordens individuais para cada alvo. Cada esquadrão tinha seus alvos principal e secundário, que os pilotos deveriam conhecer em detalhes. Os aviadores e seus comandantes não precisavam conhecer o papel que caberia a outro esquadrão. Deviam apenas conhecer o próprio papel.

Giora Romm, piloto de Mirage, 22 anos.

Como você treina para atacar bases aéreas inimigas? Atacando a própria base. Fizemos centenas de operações simuladas contra aeródromos israelenses. No Neguev, mais alvos foram construídos, com pistas e até mesmo maquetes de aviões. A vida era muito simples para nós, pilotos. Treinávamos, dormíamos, treinávamos.

Eu dividia um quartinho no quartel dos solteiros em Tel Nof com outro piloto, Avramik Salmon. Muito simples, havia somente uma pia para escovar os dentes e fazer a barba. À noite, assistíamos a filmes e jogávamos cartas. Ninguém tinha carro. Nas poucas vezes que alguém nos emprestava um transporte, íamos a Gedera, para um lugar na beira da estrada que chamávamos de Tia Leah. Você já ouviu falar no Pancho, no deserto de Mojave, que Chuck Yeager e os outros aviadores norte-americanos da base aérea de Edwards costumavam frequentar? Tia Leah era sua versão israelense. Sentávamos ao redor de mesas do lado de fora, sentindo o cheiro da fumaça do diesel dos caminhões do Exército que passavam ao largo. Mas a carne era boa e havia cerveja até a hora de fechar. A maior parte do tempo, porém, passávamos na base, treinando, estudando e jogando pôquer.

Em nosso esquadrão havia um sujeito chamado Reuven Rozen, um piloto muito sistemático. Um belo dia, esbarrei com ele do lado de fora da sala de operações. "Giora, tem cinco minutos?" Ele me levou a um escritório vazio e me deu um mapa com notas operacionais para atacar o aeródromo egípcio em Cairo Oeste. Começou a recitá-las de memória. "Decolagem exatamente às tantas horas, prosseguir em tal direção a uma altitude de 30 metros até tal marco, que deverá ser atingido precisamente no tempo tal. Em seguida, novo curso até chegar a tal marca", e continuou durante cinco minutos, sem parar.

Rozen sabia de cor tudo que precisava acontecer entre Tel Nof e Cairo Oeste – as direções, o tempo, o combustível. Tudo, quero dizer. Você tinha

139

que saber. Isso tinha que estar na sua cabeça, sem chance de erro. Para tornar o desafio ainda mais interessante, 70% do voo era sobre o Mediterrâneo – sem marcos de orientação, portanto –, a uma altitude tão baixa que qualquer distração mais leve poderia enfiar o nariz do avião na água. Isso sem falar do rádio mudo. Computadores, orientação por satélite, GPS, nada disso tinha sido inventado. Um relógio de pulso, uma direção e a memória. E isso apenas para aquela base específica que ia ser atacada. Na sua cabeça, você precisava guardar todo aquele conhecimento enciclopédico sobre todas as bases listadas como alvo, além de ter que saber como chegar lá e como voltar para casa, de qualquer lugar no espaço aéreo israelense ou egípcio.

Rafi Sivron, planejador da Operação Moked.

No fim, os adversários mais perigosos do nosso plano não eram os aviadores que deveriam executá-lo, mas os indivíduos que chefiavam setores de burocracia da Força Aérea, que viam nele uma ameaça à autoridade que exerciam ou ao feudo do qual eram donos.

Naquele tempo, a Força Aérea de Israel possuía um único computador, extremamente rudimentar. Esse instrumento era o orgulho do Departamento de Planejamento e Sistemas de Armamento. O chefe do departamento, um oficial chamado Yoash "Chatto" Tsiddon, pôs o plano para rodar naquela maravilha tecnológica.

O computador disse que o plano iria fracassar.

O chefe do departamento convocou uma reunião. Tomei o meu assento. Motti Hod liderou nossa equipe. Ele era o chefe de operações da Força Aérea, o número dois de Ezer. Chatto Tsiddon tinha comandado o 119º Esquadrão nos seus primeiros dias, bem como o esquadrão de testes. Depois, tornou-se membro do Knesset. Era um sujeito a ser levado a sério. Chatto expôs suas descobertas, apoiadas pela IBM e pela ciência do cálculo binário. Das 12 bases inimigas a serem atacadas, o computador declarou, somente duas seriam nocauteadas. Todas as outras permaneceriam parcialmente, ou até completamente, operacionais.

Meu coração afundou no peito. Defendi o plano com todos os argumentos que pude amealhar. O computador estava errado! O plano iria funcionar! Os ataques nocauteariam todas as bases inimigas!

140

Chatto sentou-se, inabalável. A tecnologia tinha anunciado seu veredito. Ele iria submeter sua avaliação aos superiores. O plano estava morto.

Motti ficou mudo durante o que pareceu ser um minuto. Então, inclinou-se para a frente, dirigindo-se ao chefe do departamento.

"Chatto", ele disse, "você tem um plano melhor? Por favor, fique à vontade para traçar um esquema operacional melhor do que esse. Eu gostaria muito de ver. Ezer também, assim como todo comandante de esquadrão da Força Aérea. Mas até você me apresentar outro plano, vale este. Este é o plano. Ninguém vai mudar uma única palavra nele."

Confrontei Motti Hod em várias ocasiões. Ele me impediu de progredir, tentou evitar que eu continuasse minha carreira acadêmica. Nunca gostei dele, e ele nunca gostou de mim. Mas Motti salvou o plano naquele dia e lutou por ele como um campeão em outras dezenas de ocasiões. Ele vendeu a Operação Moked aos comandantes dos esquadrões e zelou por ela, para que a inveja e a competição imensas que existiam no alto-comando em relação à Força Aérea não o abatessem.

Foi ideia de Motti apresentar o plano ao Estado-Maior numa única folha de papel e pressionar por sua inclusão no plano geral de guerra com o mínimo de detalhes possível. Nas deliberações pré-guerra, não creio que nem o gabinete tenha se detido nos detalhes. E, mais importante de tudo, quando o plano foi posto em ação, Motti o regeu como um virtuoso.

Como a operação passou a se chamar Moked? (Ordens dadas em missões têm números, mas operações têm nomes.)

Meu filho Tomer tinha acabado de nascer. Eu queria dar ao plano o mesmo nome dele. Operação Tomer. Mas aconteceu de eu almoçar com meu amigo Benjamin Yossifon, piloto de helicóptero encarregado de operações do dia a dia da Aeronáutica.

"Você não pode fazer isso!", Benjamin foi logo dizendo. "Isso é um plano de guerra. Não pode ter o mesmo nome de uma criança inocente."

"Bem, então como devemos chamá-lo?"

Ele sugeriu "Foco".

Moked.

JOVEM ROMMEL

Meu irmão Shmulik é comandante da 7ª Brigada Blindada. Ele é coronel e tem 37 anos. Deram-lhe o apelido de Jovem Rommel, e ele gostou disso. Meu amigo Yannush Ben-Gal era o chefe de operações da brigada, mas eles acabaram brigando e meu irmão o demitiu.

Eu assumi o lugar de Yannush. Não porque eu sou um oficial de operações experiente. Eu sou o único que sabe lidar com meu irmão.

Yoel Gorodish é oficial de operações sênior da 7ª Brigada Blindada.

Quando os egípcios começaram a mover suas divisões de tanques para o Sinai, em maio de 1967, nossa 7ª Brigada Blindada estava dispersa por Israel, envolta em treinamentos e tarefas operacionais. Imediatamente, recebemos ordens para nos reunir em Revivim, no Neguev. Num país grande como os Estados Unidos, movimentar uma brigada levaria meses de planejamento, custaria milhões de dólares e iria requerer transporte aéreo, marítimo e ferroviário. Em Israel, a brigada inteira chegou ao local em oito horas, e Shmulik ainda deu um pito nos seus oficiais por demorarem tanto.

Meu irmão e eu tivemos nossa primeira briga logo depois.

Tinham chegado instruções do quartel-general informando que a brigada usaria máscaras antigás. Nasser havia empregado gás venenoso na guerra do Iêmen; nossas forças tinham que estar preparadas caso o inimigo tentasse usá-lo contra nós. Meu irmão ordenou que todos os homens raspassem a barba. As máscaras poderiam não selar o rosto de um homem barbado.

Um dos nossos batalhões de tanques não obedeceu à ordem. Acharam que era bobagem e deixaram para lá. Meu irmão e eu estávamos numa reunião quando soubemos desse ato de insubordinação. O comandante-adjunto do batalhão desobediente estava sentado bem à frente de Shmulik. Meu irmão não lhe disse uma palavra. Em vez disso, esbravejou comigo. "Por que o 82º Batalhão não raspou a barba? Você recebeu ordens para isso e não cumpriu!" Quando a reunião terminou, fui ao *trailer* do meu irmão e avisei que estava me demitindo. Ele disse: "Yoel, sei que não foi culpa sua, mas essa guerra vai começar em questão de dias, e eu tinha que dar essa mensagem sem gritar com o adjunto na frente dos outros oficiais".

"Não quero nem saber, Shmulik. Você me humilhou. Não consigo servir nessas condições."

Voltei para minha barraca e fiz as malas. Às quatro da manhã, um oficial me abordou. Seu irmão quer falar com você. Recusei-me a ir. Então, Shmulik veio até mim, num jipe. Ordenou que eu entrasse e me levou de volta ao *trailer*. Lá dentro, disse: "Quero que você me dê seu pedido de demissão por escrito".

"Isso é cá entre nós, como irmãos. Estou dizendo que chega! Eu me demito!", retruquei.

"OK", ele disse, "mas e se recorrêssemos a um mediador?"

Foi aí que eu cometi um erro. Eu devia ter sido firme. Ao considerar uma mediação, mostrei a ele que não era uma decisão final.

"Quem você sugere como mediador?", perguntei.

"A mamãe."

Nós dois desatamos a rir. Nossa mãe é uma mãe à moda antiga, muito ortodoxa. Ela iria preferir morrer do que ver dois dos filhos brigando.

Então, meu irmão me fez ficar.

Era assim que ele fazia a brigada funcionar: o limite de velocidade da divisão era de 60 quilômetros por hora. Shmulik deu a seguinte ordem: "A 7ª Brigada não vai ultrapassar os 59". Então, se você fosse pego a 61, estava duplamente numa fria. Primeiro com a divisão, por ultrapassar os 60, e depois com meu irmão, por ultrapassar os 59.

No entanto, os acidentes na brigada foram reduzidos a zero.

Não importa a hora que uma reunião estivesse marcada, Shmulik chegava cinco minutos antes. Pobre de você se não seguisse os horários de Shmulik.

Meu irmão era o melhor canhoneiro de tanques da divisão. Nos exercícios, ele chutava os canhoneiros para fora dos assentos e assumia o controle, e acertava os alvos rodada após rodada de tiros. Fazia os homens chorar. Depois, ficava até tarde trabalhando pessoalmente com eles, alinhando as miras e calibrando o alcance das armas. Já o vi atirando capacetes de aço e telefones nos próprios oficiais; mas, contra o inimigo no campo de batalha, ele se colocava tão na vanguarda que esses mesmos oficiais imploravam para que tomasse mais cuidado com a própria vida.

Na 7ª Brigada, lapsos de manutenção eram imperdoáveis. Uniformes tinham que estar perfeitos. Até mesmo os laços das nossas botas tinham que ser amarrados de um jeito específico, com as pontas enfiadas no cano da bota. Por quê? Para que os cadarços dos tripulantes não ficassem presos num canto qualquer quando eles embarcassem no tanque. Os cintos dados pelo Exército podiam ser usados com a fivela de qualquer lado, mas não na brigada do meu irmão. Os cintos só podiam ser usados da esquerda para a direita, para quando um homem fosse ferido e você precisasse tirar o cinto para fazer um curativo, não perdesse tempo pensando de que lado abri-lo. Todo soldado no Exército era obrigado a levar uma atadura do tipo torniquete. Em outras unidades, o sujeito podia levar essa atadura onde quisesse. Na nossa brigada, a atadura ficava sempre no bolso esquerdo da frente. Os soldados eram treinados para encontrar e aplicar essa atadura por instinto.

Sob o comando de Shmulik, o interior de todos os tanques tinha que ser idêntico. As bandeiras de sinalização precisavam ficar na mesma estante, na mesma ordem. Os tanques levam diferentes tipos de obuses para diferentes tipos de missão. Eles precisavam ser armazenados no mesmo local, na mesma ordem, dentro de cada tanque. Por quê? Porque tanques quebram ou são neutralizados pela ação inimiga. Quando um comandante se muda para um novo tanque, precisa saber onde está cada um dos itens de que irá precisar, às cegas. Ordens para atirar e comandos internos também eram padronizados, para que cada canhoneiro, carregador e motorista pudesse ser substituído se fosse ferido ou morto e para que as ordens de qualquer comandante fossem compreendidas e obedecidas sem hesitação.

Sob Shmulik, os exercícios da brigadas eram mais rigorosos do que o combate. "Os homens vão querer que a guerra chegue", meu irmão afirmava, "porque vai ser mais fácil que o treinamento".

O coronel Shmuel Gorodish, comandante da 7ª Brigada Blindada.

Vamos operar à noite, sob qualquer tempo. Cometeremos todos os erros possíveis até pararmos de cometer erros. Quando nossas tripulações entrarem com seus tanques por *wadis* e não conseguirem sair, quando se perderem na escuridão e ficarem sem combustível, quando colidirem uns com os outros e não completarem suas missões e terminarem pedindo ajuda à luz do dia como ovelhas desgarradas, vão aprender a importância de trocar os filtros dentro do cronograma, apertar as esteiras, aprender a ler os mapas direito, agir como equipe e ter consciência de que "Eu não sei" não é resposta que se dê a nada.

Certo dia, em fins de maio, Moshe Dayan veio inspecionar a brigada. Dayan não tinha *status* oficial naquele tempo. Não tinha posto nem tinha comando. Poucos anos depois, Shmulik e ele tiveram um desentendimento tão terrível que meu irmão literalmente conspirou para assassinar Dayan. Mas nesse dia e nessa guerra, ele se amavam. Meu irmão era o tipo de soldado de Dayan.

No mapa, Shmulik mostrou a Dayan como a brigada avançaria por Khan Younis, tomaria o entroncamento da estrada em Rafiah e marcharia rapidamente pelo passo Jiradi para capturar o quartel-general egípcio em El Arish.

"Onde você acha que a resistência vai ser mais pesada?", Dayan perguntou.

"Não dou a mínima", respondeu Shmulik. "Quando a Hativa Sheva (7ª Brigada) acabar com esses egípcios, a única maneira de reconhecê-los será pelas marcas das esteiras dos nossos tanques nas costas deles."

Dayan não tinha planejado passar a noite, mas foi o que fez. Na manhã seguinte, chegou uma mensagem para ele de Tel Aviv. Assim que leu, entrou com Shmulik no *trailer* e trancou a porta. Os dois passaram vários minutos lá dentro. Quando Dayan finalmente saiu, ele e o motorista subiram no jipe e foram embora.

Meu oficial de operações júnior era o tenente Yosi Ben-Hanan. Seis anos mais tarde, como comandante de um batalhão de tanques na Guerra do Yom Kippur, ele receberia a Itur HaOz, a medalha por bravura, pelo seu heroísmo combatendo os sírios nas colinas de Golã.

Yosi, agora, observava o jipe de Dayan ir embora acelerando.

"Então é isso?", ele me perguntou. "O gabinete deu o comando supremo a Dayan?"

"PORQUE EU NÃO ESTAVA EM NEBI YUSHA"

Eu cresci em Jerusalém, vizinho de porta da casa de um jovem que tinha sido herói da Guerra da Independência, em 1948. Seu nome era Yizhar Armoni. Ele lutou numa das primeiras operações cruciais, uma tentativa de capturar o forte da Polícia britânica de Nebi Yusha, na Alta Galileia. Esse forte tinha sido dado aos árabes pelos britânicos. Ele dominava qualquer acesso por terra aos *kibutzim* cercados ao longo da fronteira libanesa.

O tenente Yosi Ben-Hanan tem 22 anos e é oficial de operações da 7ª Brigada Blindada.

Os árabes que defendiam o forte resistiam furiosamente. Muitos dos combatentes do Palmach que os atacavam foram mortos. A retirada dos sobreviventes era feita sob fogo cerrado; Yizhar Armoni foi ferido nas duas pernas, mas recusou-se a ser evacuado. Ficou para trás sozinho, durante horas, apenas com uma metralhadora Bren, cobrindo o recuo dos seus companheiros. Os árabes o mataram.

Eu era uma criança então. Embora o combate em Nebi Yusha tenha sido uma derrota amarga para as forças israelenses, Yizhar Armoni foi declarado um dos 12 Heróis de Israel, a mais alta comenda por bravura durante a Guerra da Independência.

Se você me perguntar por que me tornei um soldado, vou lhe dizer: "Porque eu não estava em Nebi Yusha".

Tive mais um herói na minha infância. Era Joseph Trumpeldor, que foi morto pelas forças árabes em Tel Chai, em 1920, no 11º dia do mês hebraico de *Adar*. Foi Trumpeldor, mortalmente ferido, que declarou: "É um belo dia para morrer pela pátria". Isso quase três décadas antes de os judeus terem uma pátria.

Nasci no 11º dia de *Adar*, em 1945. Meus pais me deram o nome de Yosef em homenagem a Yosef Trumpeldor.

Pergunte por que escolhi dedicar minha vida à defesa de Israel. "Porque eu não estava em Tel Chai."

A mãe de Yizhar Armoni ficou sem arrimo depois da morte do filho; então, minha mãe deixava que ela tomasse conta de mim durante as tardes. Eu tinha 4 ou 5 anos naquela época. Ajudava muito a senhora Armoni ter um garotinho para cuidar, com quem ela podia conversar.

Ela costumava me levar para passear pelos degraus da alameda de pedras que tinha recebido o nome do seu filho, ladeira Yizhar Armoni. E dizia para mim: "Você está vendo aquele bulevar enorme no topo da colina, Yosi? Ele recebeu o nome de um sionista pioneiro, rua Ussishkin. Essa ruela foi tudo o que deram para o meu filho". Ela segurava minha mão enquanto caminhávamos. "Quando você crescer, Yosi, vai ser um soldado como o meu filho."

Meu superior imediato agora, em junho de 1967, chama-se Yoel Gorodish. Ele é major, oficial de operações sênior da 7ª Brigada Blindada. O irmão de Yoel, coronel Shmuel Gorodish, comanda a brigada.

É uma peculiaridade da organização de comando que o oficial de operações júnior, isto é, eu, acompanhe o comandante na vanguarda da brigada. As responsabilidades do oficial de operações sênior são muito mais pesadas – entre outras tarefas, coordenar a logística e o reabastecimento de suprimentos para a brigada inteira –, então, por princípio, ele fica na retaguarda.

Como resultado, terei que desempenhar um papel crucial e ocupar um assento na dianteira, não apenas nos confrontos da brigada durante a guerra, mas também no drama que são as decisões que o comando irá tomar. Pelo meu fone de ouvido vou repassar a maioria, se não todas, das ordens que Gorodish der aos comandantes do seu batalhão e as respostas que derem a ele. Também vou escutar todas as instruções que o alto-comando dará a Gorodish.

O general Israel Tal comanda a nossa divisão. A 7ª Brigada Blindada é uma das três que ele comanda. As outras duas são a 35ª Brigada de Paraquedistas, sob as ordens do coronel Raful Eitan, e a 60ª Brigada Blindada,

148

comandada pelo coronel Menachem "Men" Aviram, uma formação de reservistas recém-convocados.

Como minha posição de oficial de operações me dá acesso à mais recente inteligência da brigada, e como sou um tenente a quem todos, independentemente da hierarquia, podem se dirigir, perguntam-me a todo momento: "Yosi, quando vai começar a guerra? A hora H será amanhã?".

"Eu não sei."

"O governo vai trazer Moshe Dayan de volta?"

"Eu não sei."

"Vão dar o comando supremo a Dayan? Ele vai ser primeiro-ministro?"

"Eu não sei."

Yoel Gorodish não sabe. Shmulik Gorodish não sabe. Nem mesmo o general Tal sabe. Penso não em Dayan, mas em Yizhar Armoni e Joseph Trumpeldor. Se a guerra vier, vou seguir o exemplo deles? Vou servir com a bravura com que serviram e dar ao meu país tudo o que tenho?

MINISTRO DA DEFESA

O coronel Dov Sion faz, como eu disse, a ligação do general Sharon com o quartel-general. Não nos conhecemos há muito tempo, mas uma forte e silenciosa comunhão está crescendo entre nós. Dov se certifica de que eu tenha tudo de que preciso, incluindo uma pistola – uma .45 norte-americana – e manda embora, fuzilando com o olhar, os soldados e correspondentes de guerra em busca de "informação interna" sobre o estado das coisas entre meu pai e o primeiro-ministro Levi Eshkol.

Yael Dayan permanece na divisão de Arik Sharon em Nitzana, na fronteira egípcia.

O jantar é servido mais tarde na caravana na noite de 1º de junho. O noticiário das 11 horas informa que o governo de Eshkol havia oferecido um cargo de "assessor" ao meu pai, uma "posição de consultoria" no Exército.

Dayan recusou. Não aceitará um cargo cerimonial. Prefere dirigir um blindado leve, diz a rádio, usando uma frase de Dayan, a ter que servir como peça decorativa.

Eu caio no sono e perco a transmissão das 12 horas. Quando acordo, a notícia está na boca de todo mundo: o general Dayan foi nomeado ministro da Defesa.

"Foi preciso que trouxessem 80 mil soldados ao Sinai", ele declara aos jornais, "para me chamarem de volta ao governo".

Tento manter a objetividade diante da reação dos soldados à nomeação do meu pai. Não consigo. Da noite para o dia, o humor das tropas havia passado por uma transformação radical. Não paro de receber cumprimentos. Às 6h30 da manhã, telefono para a casa do meu pai. "Tenho um emprego novo", ele diz, "com carro e secretária".

LIVRO TRÊS • A ESPERA, PARTE DOIS

Moshe Dayan responde às perguntas dos jornalistas.

No *trailer* de Sharon, oficiais brindam com copos de conhaque antes do café da manhã. O que havia mudado desde a noite passada? Nem os planos da guerra, nem os comandantes. O Exército estava preparado antes de Dayan; continua preparado agora. Sharon põe o sentimento em palavras: "Agora teremos uma guerra".

Um alívio e uma satisfação profundos deixam a todos animados.

"Veja se você consegue ir para casa hoje", Arik me diz. Ele me dá algumas coisas para entregar à sua esposa, Lily. A casa deles fica a poucas quadras da nossa, em Zahala. Assim é a guerra num país tão pequeno como Israel, você abandona o *front* às seis e chega em casa antes das oito.

Minha mãe se assusta com a minha aparência depois de tantos dias no deserto. "Seu cabelo!" Meu pai está em casa esperando o horário de uma reunião. Nós nos abraçamos. Ele quer saber como os soldados estão. Como está Arik? Como está o moral?

"Vá tomar um banho", ele diz. "Você vai se sentir humana novamente."

Meu irmão Assi está em casa, de farda, durante as três horas em que sua unidade está de passagem. Minha mãe prepara a refeição da sexta-feira. A casa está repleta de flores e chocolates, cestas de queijos e frutas. "Leve algumas", diz meu pai.

"Você precisa voltar já?", minha mãe pergunta.

Para meu pai, a política de acertos de última hora deve ter sido insuportável, com tantas conspirações e traições. Dayan não toma parte nesse tipo de coisa, nem mesmo em pensamento. "Eles sabem o que eu quero e onde posso ser encontrado. Eles têm o meu telefone."

Dov é tímido com minha mãe e demonstra uma camaradagem em armas com Assi. Eu vou para a banheira, deixando ele e meu pai à vontade. Depois, pego pacotes de nozes e chocolate e os enfio na mochila com meias limpas e calcinhas, creme hidratante e um blusão. Meu pai dá a Dov uma garrafa de uísque. Ele fala pouco, sua cabeça está ocupada com milhares de urgências, ele está ansioso para voltar aos encontros que vão avançar pela noite adentro. Está feliz. A reação à sua nomeação foi como ele esperava.

Pela primeira vez, meu pai tem amplos poderes militares, ao contrário de em 1956, quando Ben-Gurion era tanto primeiro-ministro como ministro da Defesa e meu pai era comandante-geral. Desta vez não há ninguém acima dele. A responsabilidade recai unicamente sobre seus ombros.

Moshe Dayan era o homem talhado para o trabalho, e agora pode exercê-lo. Como uma mola comprimida, o Exército o aguarda. Tudo o que quer é uma mão que o liberte.

O 11º MANDAMENTO

É noite de 1º de junho. A primeira reunião do gabinete ampliado está para acontecer. Estou pensando em David Ben-Gurion.

Moshe Dayan agora é ministro da Defesa.

"Deus deixou um mandamento fora da Bíblia", Ben-Gurion costumava dizer. "Talvez o Todo-Poderoso tenha entregue esse mandamento a Moisés, que esqueceu de trazê-lo da montanha. É o 11º mandamento: Seja forte." Quantas noites passei reunido a sós com Ben-Gurion quando ele era primeiro-ministro e ministro da Defesa e eu era comandante do seu Estado-Maior? Imagine Ben-Gurion prestes a autorizar uma operação militar, um ataque além das fronteiras, digamos, para retaliar o assassinato de mais um jovem fazendeiro ou de mais uma família judia por árabes infiltrados; nós dois debatíamos, examinando os mapas e os planos operacionais. Com um ar solene, Ben-Gurion perguntava: "Quantas baixas nossas forças sofrerão, Moshe? Essa operação vai terminar bem? Você pode me garantir que nossos jovens voltarão sãos e salvos pela manhã?".

Militar nenhum pode oferecer tais garantias. Mas eu podia. Por causa dele, para facilitar sua decisão. Ele entendia isso. Para além de todo o debate e de todas as discussões, há a necessidade de agir e a certeza de que tais atos serão acompanhados por consequências graves. Ben-Gurion odiava isso. Cada gota de sangue derramada parecia pingar das suas próprias veias.

Várias vezes, exasperei-me com ele pelo que via como uma preocupação excessiva com as repercussões políticas das nossas ações. "Como a ONU irá reagir? E os norte-americanos? E os russos?"

Agora eu sou ministro da Defesa. Preciso pensar como Ben-Gurion pensava então. O fardo será terrível. Já começo a senti-lo.

David Ben-Gurion, primeiro primeiro-ministro de Israel.

A primeira reunião do gabinete expandido é convocada, como eu disse, na noite da minha nomeação, quinta-feira, 1º de junho. Como o país agora tem um governo de união nacional, os partidos políticos de oposição previamente excluídos durante a crise – Gahal e Rafi, o meu partido – agora estão representados. Menachem Begin, do Gahal, pela primeira vez ocupa uma cadeira como ministro do governo. Gahal é um acrônimo de *Gush Herut-Liberalim*. Representa a fusão, feita em 1965, dos dois partidos israelenses mais à direita: o Herut (Partido da Liberdade) e o Partido Liberal.

LIVRO TRÊS • A ESPERA, PARTE DOIS

Na época do grupo paramilitar dissidente, o Irgun Zvai Leumi, quando os patriotas judeus mais radicais recorriam ao terror para apressar a retirada britânica da Palestina sob o Mandato, Begin figurava entre os mais radicais. Sob seu comando, o IZL bombardeou o Hotel King David em 22 de julho de 1946, matando 91 pessoas. Begin é bronco, intratável, desprovido de senso de humor. Mas desconhece o que é medo. Foi prisioneiro político dos soviéticos. Esse sofrimento o tornou mais forte do que nunca e aumentou sua dedicação apaixonada à nacionalidade judaica e à autonomia política do povo judeu. Ele é um bom homem, talvez um grande homem. A nação precisa de homens como ele, assim como de visionários com Ben-Gurion e de poetas como Natan Alterman.

"Rumo às margens do Jordão" é a marca registrada do partido de Begin. Sua concepção de Israel é a mesma da Bíblia. Ele fala apaixonadamente dessa reunião do gabinete, citando várias passagens bíblicas, às quais Eshkol emenda, com humor: "Amém, amém".

Begin, mais que qualquer outro, foi o motor da minha nomeação como ministro da Defesa. Não por afeição ou consideração pessoal por mim – eu lutei contra ele, judeu contra judeu, por conta do contrabando de armas, em 1948. Mas para trazer a guerra. Dias antes, Begin tinha tentado mexer os pauzinhos com Ben-Gurion, de quem tinha sido um adversário amargo durante anos, na esperança de que Ben-Gurion fosse indicado a primeiro-ministro ou ministro da Defesa pela mesma razão: produzir uma guerra.

Meu nome era o próximo.

Na manhã de sexta-feira, 2 de junho, vem a reunião crítica. Ocorre às 11h30, imediatamente após uma sessão conjunta do Estado-Maior e do Comitê Ministerial de Defesa. Os participantes somos apenas eu, o primeiro-ministro, Levi Eshkol, o ministro das Relações Exteriores, Abba Eban, o comandante do Exército Yitzhak Rabin e Yigal Allon, antigo comandante do Palmach e atual ministro do Trabalho, meu principal rival na indicação para a pasta da Defesa. Eshkol preside a reunião. Ele se vira para mim e me pergunta o que acho que governo deveria fazer.

"Atacar imediatamente. Hoje é sexta-feira. Se o gabinete assim autorizar, na reunião de domingo, as ordens podem ser dadas imediatamente aos comandantes em campo. A guerra começará na manhã de segunda-feira."

155

A PORTA DOS LEÕES

O objetivo das nossas forças, eu declaro, deve ser a destruição das divisões de Nasser no Sinai. Não devemos aspirar a uma expansão territorial nem devemos empreender nenhuma operação militar cuja intenção seja conquistar a Faixa de Gaza ou nos apossar do canal de Suez. Estimo que a campanha dure entre três e cinco dias.

Contra nós, no Sinai, estão agora 130.000 soldados, 900 tanques e 1.100 canhões. O Egito tem o equivalente a 7 divisões em campo. Nós temos três.

O comandante de Nasser, o tenente-general Abdel Moneim Riad, estabeleceu o quartel-general do comando em Amã. As Forças Armadas da Jordânia, 11 brigadas totalizando 56.000 homens, com 176 modernos Tanques Pattons e Centurion, estão sob seu comando. Uma brigada mecanizada iraquiana, a 8ª, está se preparando para adentrar a Jordânia neste instante; poderá chegar à nossa fronteira em questão de horas. Dois batalhões de elite egípcios, o 33º e o 53º, estão de prontidão em solo jordaniano. O papel deles não é outro a não ser golpear o coração de Israel, talvez antecipadamente, atacando bases aéreas, usinas de força e centros de comunicação para espalhar o caos e a desordem. Além disso, Hussein e Riad avançaram para Jerusalém a brigada Imã Ali, para reforçar a brigada Rei Talal, que já se encontra na cidade. Ambas são formações de elite, treinadas pelos britânicos da Legião Árabe.

Se o general Riad atacar da Jordânia, Israel encarará uma guerra em dois *fronts*. Se a Síria entrar com suas 16 brigadas, 70.000 homens, 550 tanques e 120 aviões, teremos que lutar em três. Nossas forças não são suficientes para tanto. Israel mal tem homens o bastante para lidar com o Egito sozinho.

Esses números de combatentes inimigos não incluem o apoio que Nasser possui no mundo árabe expandido. Nossa inteligência relata uma brigada blindada kuwaitiana a caminho do Sinai. Forças expedicionárias de tamanho desconhecido foram prometidas ao Egito por Líbia, Arábia Saudita, Tunísia e Sudão. O premiê iraquiano Tahir Yahya firmou um pacto de defesa mútua com o Cairo. Os soviéticos estão despachando carregamentos de armas para o Egito e para a Síria, enquanto nossos aliados, Grã-Bretanha e Estados Unidos, atrasam a entrega de armamentos pelos quais já pagamos. De Gaulle nos abandonou completamente. Atrás de Nasser,

156

agora estão Síria, Iraque, Kuwait, Jordânia, Líbano, Líbia, Sudão, Argélia e Iêmen. O rei Hassan II, do Marrocos, despachou um enviado especial com promessas de apoio; o presidente Habib Bourguiba afirmou que o Exército argelino poderá atravessar a Tunísia para combater os sionistas. Até o pior inimigo de Nasser, o rei Faisal, da Arábia Saudita, declarou: "Todo árabe que não tomar parte neste conflito vai selar o seu destino. Não será digno de ser chamado de árabe".

Ao mesmo tempo, o presidente Abdul Rahman Arif falou assim à BBC: "Nosso objetivo é claro: varrer Israel do mapa. Vamos, com a graça de Deus, nos encontrar em Tel Aviv e em Haifa".

E mesmo assim o governo pondera e marca passo. O encontro de 2 de junho é suspenso sem uma decisão. Eu passo o dia 3 de junho em reuniões desde o amanhecer até a meia-noite. O primeiro-ministro e o ministro das Relações Exteriores continuam a negar fogo, esperando o sinal verde dos norte-americanos.

Como essa permissão nos será comunicada? Um piscar de olhos, talvez, ou um aceno de cabeça? Nossos ministros examinam detalhadamente pronunciamentos do secretário de Estado, Dean Rusk, do conselheiro de Segurança Nacional, Walt Rostow, e do seu irmão, Eugene Rostow, subsecretário de Estado para Assuntos Políticos, assim como comentários e anotações do embaixador da ONU Arthur Goldberg e do juiz da Suprema Corte Abe Fortas. A análise alcança tal ponto que nossos companheiros chegam a comparar palavra a palavra de uma coluna de Joseph Alsop na *Newsweek*.

Em 4 de junho, domingo, o gabinete reúne-se no intervalo de duas reuniões do Comitê Ministerial de Defesa. O primeiro-ministro Levi Eshkol finalmente põe duas moções em votação.

A primeira, minha, pede a guerra. Requer autorização do governo para que o primeiro-ministro e o ministro da Defesa tenham autoridade para escolher a data e a hora do começo das hostilidades. A segunda moção, apresentada pelo representante do Partido Trabalhista, pede mais tempo.

Nos momentos que antecedem à votação, Menachem Begin cruza comigo. Ele me diz que sondou os membros do gabinete. Está confiante. O impasse será quebrado.

"Da próxima vez que eu apertar sua mão", ele diz, "será ao lado do Muro das Lamentações".

Begin é um tipo de judeu. Ehskol é outro. Eu não sou como nenhum dos dois.

Minhas raízes não estão na Rússia nem na Europa. Eu sou um sabra. Nasci aqui em Israel. Não sei nada do Talmude nem quero saber. Não tenho por que falar iídiche. A chamada experiência judaica, que moldou meus pais e outros judeus da Diáspora, os debates de rabinos e eruditos, as interpretações da lei para mim não passam de anjos dançando na cabeça de um alfinete. Tampouco transformo em religião o sionismo, o socialismo ou o movimento trabalhista, apesar de todas as valorosas conquistas que obtiveram.

Minha Bíblia consiste dos livros dos patriarcas e dos juízes. Suas páginas narram as histórias de Josué, Gedeão, Saul, Davi e Jônatas. Pronuncie esses nomes: Galileia, monte Carmel, Beer-sheva, vale de Sharon. Para mim, esses locais não são teóricos. Não são um sonho ansiado de longe. Fazem parte das colinas e planícies que arei para cultivar, por onde caminhei e me deitei para descansar. Um pedaço de terra em Ramat Yohanan absorveu a última gota do sangue do meu irmão Zorik. Eu deixei meu próprio olho na terra na fronteira do Líbano. Quantos milhares de outros deram o mesmo de si, ou até mais?

Na plataforma do alto de uma colina que não tem nome e ninguém conhece, emerge a ponta de uma flecha que tem três mil anos. Cave mais. Os raios de sol banham um fragmento de pedra da época de Josué, a alça de uma ânfora na qual um soldado de Israel um dia bebeu. Quem era esse homem? Eu mesmo.

Eu sou esse homem.

Esse companheiro de 30 séculos passados tremeu montando guarda, marchou durante à noite; defendeu suas lavouras e seus rebanhos. Quando eu era um garoto de 14 anos, protegia nossos grãos em Nahalal com uma arma que eu mesmo tinha fabricado, uma ponta de ferro sobre uma vara de carvalho, uma lança. Quando meu sobrinho Uzi passou em primeiro lugar no curso de oficial, dei de presente a ele, para homenageá-lo pelo feito, três pontas de lança do tempo de Josué. Para ele ou para mim, elas não são relíquias. São armas com as quais judeus de verdade lutaram e morreram, fazendo o que ele e tantos outros terão que fazer agora. Nenhuma família de Israel carece de perdas como as nossas. A mim foi dado o mesmo nome do primeiro colono do *kibutz* Degânia Alef a ser morto pelos nossos inimigos. Meus pais precisaram me contar por que escolheram esse nome? Não foi preciso. Eu sempre soube, assim como todos nós.

Ao mesmo tempo, não odeio os árabes. Cresci junto de pastores e fazendeiros beduínos. Aramos a lavoura juntos, plantamos e nos sentamos lado a lado nas valas para comer nosso almoço.

Quem é o árabe? Ninguém é melhor amigo do que ele. Ninguém defenderá seu solo com maior coragem. Para o árabe, a honra é tudo. Ele dará seu sangue pelo seu clã ou por sua tribo, mas também o fará pelo estranho que deixou passar por sua porta. Ninguém ri ou ama seus filhos com tamanha ternura como um árabe, nem dança ou adora a Deus com tanta devoção, e ninguém é mais compassivo com os pobres e desvalidos.

O mundo moderno, no qual os filhos de Ismael ficaram para trás e se tornaram um povo atrasado, é um vergonhoso pesadelo do qual o bravo árabe não consegue despertar. Ele é a fonte desse ódio violento e inextinguível.

Temo Nasser não pelas armas dos soviéticos ou pelo seu brilhantismo como provocador e pelos riscos que corre, mas porque ele semeou a marca da sua ambição nesse solo de ira e de vergonha. Meu povo irá dar seu sangue por isso, mas o dele irá sangrar ainda mais.

No Sinai, em 1956, quando os nossos romperam a blindagem das formações egípcias, seus oficiais fugiram. Os capitães e coronéis de Nasser requisitaram os veículos mais rápidos e precipitaram-se para a segurança do canal. Seus homens, desprovidos de liderança, eram incapazes de agir por si mesmos. Eles tiraram as botas e se puseram em fuga.

Ninguém sabe mais dessa humilhação do que os próprios árabes, e, entre eles, o próprio Nasser. Patriotismo nenhum pode reverter isso, assim como nenhuma poesia. Somente a espada servirá. Quem falará pelo felá ou pelo fedaí? O intelectual árabe é o homem mais solitário do mundo, pois está preso num vácuo entre a religião e a fé.

O gabinete vota. Minha resolução vence; 14 a 2.

Telefono para o comandante-geral e informo a ele que o governo aprovou o plano operacional do Exército.

A guerra começará às 7h45 de amanhã.

LIVRO QUATRO
MOKED

O ESQUADRÃO MORCEGO

O major Ran Ronen comanda o 119º Esquadrão de Caças.

Sou o último comandante de esquadrão a entrar no gabinete do comandante da base, Shmuel Shefer. É noite. Lá fora, acontece a troca de turnos, as equipes técnicas estão indo para casa depois do dia de trabalho. O coronel Shefer fica em pé e pega um pedaço de giz dentro da gaveta da sua escrivaninha. Sem dizer nada, vira-se para o quadro negro e escreve com traços bem fortes:

7h45

Shefer volta-se para a sala. Não é preciso dizer nada. Os comandantes dos esquadrões nem trocam olhares. Ninguém diz nada.

A data é domingo, 4 de junho. O domingo em Israel é o primeiro dia útil da semana, seguindo-se ao *Shabbat*, ou sábado.

O *briefing* de Shefer é o mais curto possível. Nada que tenha importância operacional precisa ser dito. Os esquadrões não podem estar mais preparados. Shefer enfatiza dois elementos apenas: surpresa e segredo.

Restam 12 horas para a hora H. Não se deve dar nenhuma dica aos pilotos. Eles devem ir para casa e dormir um pouco. Para nós, comandantes, nada deve alterar nossa atitude. Os *briefings* noturnos serão iguais a todos os outros. Esposas? Não podem saber de nada. Melhores amigos? Nada.

Durante as últimas três semanas, meu esquadrão, o Esquadrão Morcego, ficou isolado dentro da base, treinando para o ataque que se avizinhava. Sete outros esquadrões estão baseados aqui em Tel Nof, em Hatzor e em Ramat David. Cada um tem seus próprios alvos. Cada um treinou com esses objetivos.

Na noite após o treinamento, eu reúno os pilotos do meu esquadrão na sala de *briefing* para repassar os exercícios diários e planejar o dia seguinte. Olho para o rosto dos meus jovens pilotos – Menahem "Hemi" Shmul, que atingirá a marca de 5,5 aviões abatidos na sua carreira; Eitan Karmi, 8; Shlomo Egozi, 8, Reuven Rozi, 4, Asher Snir e Avramik Salmon, 13,5 cada; e Giora Romm, que derrubará cinco MiGs em três dias. Eu terminarei com 8. Ao redor da sala estão outros, muitos outros, com quem eu voaria para enfrentar os melhores pilotos do mundo.

Mas ninguém do governo sabe disso. Tudo ficará para o futuro. Neste momento, ainda somos inexperientes e não temos sangue nas mãos. Para os comandantes seniores do Estado-Maior, a maioria dos quais fez carreira no Exército começando no Haganá e no Palmach, a Força Aérea é o ramo mais recente do *establishment* da Defesa. Sua eficácia é vista com ceticismo. E quem são esses pilotos, afinal? Eles têm do bom e do melhor; as exigências que fazem consomem o orçamento da Defesa inteiro. Podemos contar com eles? O que eles fazem além de usar Ray-Bans, comer carne e voltar para casa no fim do dia para dormir em lençóis limpos?

Sei que a Operação Moked é vista pelo gabinete e pelo primeiro-ministro como o devaneio de um louco. Um ataque preventivo para destruir toda a Força Aérea do Egito? Quatrocentos aviões em três horas?

Dayan, nós sabemos, aprovou a Moked, mas baseado numa descrição feita numa única folha de papel. Ele acredita mesmo que o plano vai funcionar ou simplesmente não vê alternativa?

Dois dias atrás, chegou uma mensagem do comandante Shefer para mim. Acabaram de ligar do gabinete do general Rabin; o comandante está a caminho de Tel Nof. Shefer quer que eu apresente o esquadrão a Rabin.

Fico furioso.

No meu escritório, minha secretária me pergunta onde devemos reunir os homens. "Não vamos reunir ninguém", digo a ela. "Quando a comitiva de Rabin chegar, vou levá-los ao acampamento de prontidão".

Em toda base aérea de Israel, quatro caças ficam de prontidão em alerta de interceptação. Os pilotos escolhidos para essa missão estão esperando num prédio precário adjacente à linha de prontidão. Os homens o chamam de "Mansão". Lá dentro, há uma cafeteira e uma geladeira e um projetor de 16 milímetros, que exibe repetidamente *Ao mestre com carinho*, além de beliches, tabuleiros de gamão e xadrez e um par de sofás puídos.

A data é 2 de junho, três dias antes da guerra. Tenho seis pilotos de prontidão na interceptação – um major, dois capitães e três tenentes.

Vou levar Rabin até lá. Sem avisar aos pilotos de antemão. Vou deixar o comandante pegá-los desprevenidos. Ele veio testar a capacidade da Força Aérea de executar a Operação Moked. Pois que teste.

O avião de Rabin pousa na pista 33 e é conduzido pela torre de controle para o local onde ficam os caças de prontidão. Cumprimento-o em frente à Mansão.

"Bem-vindo, senhor."

"Major."

Conduzo Rabin diretamente ao barracão. Quando os pilotos veem o comandante entrar, põem-se rapidamente em posição de sentido. O comandante Shefer e o chefe da Força Aérea Motti Hod aparecem em seguida.

Rabin percebe que eu não havia preparado nada. Os pilotos foram totalmente surpreendidos.

"Senhores", eu digo, "o comandante tem algumas perguntas que gostaria de fazer a vocês."

Rabin começa a falar com a sua marcante voz de barítono. Ele atormenta os pilotos inquirindo-os sobre a Operação Moked. Fico ao lado dele sem dizer nada.

"Qual aeródromo é seu alvo primário?", Rabin pergunta ao major.

"Beni Suef, senhor".

"Onde fica Beni Suef?"

"Cento e dez quilômetros ao sul do Cairo, cento e trinta a oeste do golfo de Suez."

"Qual é seu alvo secundário?"

"Base aérea de Inshas."

"Qual é a configuração de Inshas?"

O major detalha a localização das pistas, dos hangares e dos depósitos de combustível; ele diz a Rabin os tipos e a quantidade de aviões que os egípcios mantêm no local, onde cada avião estará estacionado e como irá atacá-los.

Rabin sabatina os pilotos líderes. Interroga os jovens aviadores. "Qual é a distância até Cairo Oeste? E até Dumeir, próximo a Damasco? Em que formação vão atacar? A que velocidade?"

Os pilotos respondem tudo. Impecáveis.

"Que armamentos vocês vão carregar?"

"Duas bombas de 500 quilos e dois pentes de 250 tiros de 30 milímetros nos canhões."

A cada resposta, Rabin vai ficando mais confiante. Ele se empertiga. Sua voz fica mais grave. Ele constata que esses jovens pilotos sabem o que estão fazendo. Não são de se gabar; seu tom de voz não é arrogante. Estão bem preparados e são profissionais.

"Você pode conduzir essa missão, capitão?"

"Sim, senhor."

"Tem alguma dúvida?"

"Nenhuma, senhor."

"E você, tenente?"

"Nenhuma, senhor."

Rabin encara um piloto depois do outro. "Obrigado, senhores."

Eu acompanho o comandante até seu Cessna. Sei que agora ele vai retornar para se reportar ao gabinete. O que vai dizer a eles nessa hora crítica?

Será que veio a Tel Nof na expectativa, talvez até na esperança, de descobrir um piloto hesitante, mal preparado, sem a necessária autoconfiança? Ele estará de caso pensado e informará ao governo que a Moked não vai funcionar?

Se sim, deixou transparecer o contrário. A confiança de Rabin não parou de aumentar. Inicialmente em dúvida, ele foi se transformando no Rabin que todos conhecemos, herói da Guerra da Independência, o capitão mais jovem das FDI, o mais jovem general, mais jovem comandante-geral.

Ao lado do avião, Rabin para e vira-se para mim. "Obrigado, Ran. Boa sorte!" Aperta minha mão e a segura por algum tempo. Vejo nos seus olhos que ele está decidido. Acredita que Israel está pronto. Acredita que agora podemos ir para a guerra e vencer.

Quando entro na sala de *briefing*, os pilotos estão fazendo as brincadeiras de sempre. Não altero nada no meu tom de voz nem na minha postura. Revisamos o cronograma de treinamento do dia seguinte. Surgem questões sobre os caças que foram despachados de Tel Nof para Ramat David, a base mais ao norte de Israel. "A guerra vai começar amanhã? Ran, o que está acontecendo?"

"Quando começar, avisarei a vocês. Não se preocupem, não vai acontecer sem a gente."

O quadro da missão na sala de operações exibe os nomes dos pilotos e as tarefas de cada um. Passei horas fazendo ajustes finos nessa lista. Meu primeiro imediato é Motti Yeshurun. Durante a espera, dei-lhe instruções para me abordar duas vezes por dia e dizer aleatoriamente o nome de um piloto na lista; eu teria que dizer a Motti exatamente onde coloquei aquele piloto e qual era seu *slot* de voo.

Na hora H, amanhã de manhã, quatro pilotos do nosso esquadrão permanecerão em Tel Nof em alerta de interceptação. Eles não vão voar no ataque. Nomeei meu outro adjunto, Eitan Karmi, líder da primeira dupla; Giora Romm será seu número dois. A segunda dupla será Avramik Salmon e Menahem Shmul. Por que esses quatro? Porque são meus melhores combatentes.

Essas duas duplas do nosso esquadrão ficarão aqui para proteger Tel Aviv. Oito pilotos dos outros dois esquadrões de Mirages também foram designados para missões de interceptação. Doze aviões para defender o país inteiro.

A Operação Moked é uma aposta no tudo ou nada.

Mando os pilotos para casa. Cai a noite. A base fica em silêncio. Ao sair do prédio do esquadrão, vejo as equipes de manutenção passando para trabalhar nos hangares às escuras e escuto, vindo do meio das pistas, os ganidos dos chacais misturados ao barulho do tráfego ao longe.

Essa é a minha hora preferida do dia. A coisa mais próxima da guerra, nos períodos de paz, são as missões aéreas de fotorreconhecimento. Seu avião atravessa a fronteira e penetra fundo no território inimigo. Você está sozinho. Não pode pedir socorro. Se for detectado, o inimigo irá embaralhar todas as frequências num raio de quilômetros. E você nem poderá responder ao fogo, porque as armas foram substituídas por um tanque suplementar carregando 300 litros de combustível.

Ao me preparar para essas missões, busco refúgio no *bunker* de operações e repasso cada detalhe do voo a seguir. Não é como estudar para uma prova. Você vê a missão como um filme passando dentro da sua cabeça, antecipando-se a toda emergência que pode ocorrer e, depois, planejando e ensaiando mentalmente como vai reagir.

Um piloto de caça acelerando pela pista numa missão operacional deve ter em mente acima de tudo o seguinte: em algum momento, até que os pneus voltem a tocar o chão, alguma coisa vai dar errado. Será uma falha de motor? Um inimigo surgindo do nada? Outro avião da sua formação passando por algum tipo de emergência? Ponha uma coisa na cabeça: algo inesperado vai acontecer. E, quando acontecer, será seguido quase sempre por outra emergência e, depois, por uma terceira, numa sucessão de eventos, cada um produzindo uma crise mais grave que o anterior. Numa situação como essa, o corpo do piloto vai reagir exibindo todas as manifestações de medo. Seu ritmo cardíaco vai disparar, seu macacão de voo ficará encharcado de suor. No entanto, sua mente precisa manter o foco. Seus pensamentos precisam permanecer límpidos e calmos.

Por que treinamos tanto? Sim, para aperfeiçoar nossas habilidades. Mas, bem mais importante do que isso: treinamos para aumentar nosso limiar de distanciamento emocional, para inculcar esse estado de prontidão e de equilíbrio que permite a um piloto operar efetivamente em condições de perigo, urgência e confusão.

Às 21h, mandei para casa os pilotos escalados para amanhã de manhã sem dizer nada a eles. Sozinho agora, exceto pela companhia dos dois pilotos de prontidão e do monitor de operações, recolho-me à minha sala, acendo as luzes e ligo o rádio no último volume. A um curto lance de escadas abaixo fica o *bunker* de operações. Desço em silêncio.

O arquivo da Moked está no cofre. Giro a combinação e abro a porta. Retiro a pasta e a coloco debaixo do braço. Desço um lance de escadas e chego à sala de *briefings*. Entro, fecho a porta e passo a chave. Pelo que deve ser a centésima vez, abro a pasta. Preparo o *briefing* para amanhã de manhã.

Em frente à sala de *briefings*, encontram-se vários quadros-negros pendendo do teto, que podem ser postos de lado, de modo que um cubra o outro. Usando um giz, escrevo os detalhes técnicos das operações de amanhã. No último quadro, a escalação final das quatro formações da primeira onda de ataques; no anterior, os diagramas dos métodos de ataque; e, então, as frequências de comunicação, as restrições de voo, os regulamentos de segurança, e assim por diante. Deixo o primeiro quadro em branco, escondendo os outros atrás.

168

Não passa pela minha cabeça que possamos falhar nem que os pilotos possam ser mortos.

Às 23h, saio e tranco a porta da sala de *briefings* e enfio as chaves no meu bolso. Vou para casa guiando meu Deux Cheveaux com o teto de lona aberto para aproveitar um pouco da brisa noturna. São apenas uns poucos minutos dirigindo até nosso bangalô, onde moro com a minha esposa, Heruta, na parte superior da base. Quando os esquadrões partirem para a guerra, as esposas e famílias serão evacuadas. Heruta está acordada. Faz tempo que está com as malas prontas. Não digo nada sobre amanhã nem ela pergunta.

Nossos filhos, Orit, de 8 anos, e Zohar, de 4, estão dormindo no quarto. Pé ante pé, entro com cuidado para não deixar que a luz do corredor os acorde e dou um beijo suave em cada um. Tomo banho, faço um lanche e me enfio sob as cobertas. Se tenho problemas para dormir? Capoto como uma criança.

Às 3h, acordo antes do despertador. Faço a barba e me visto. Ligo para meus comandantes adjuntos. Eles chegam ao esquadrão pouco depois de mim. Todas as casas e salas dos pilotos estão conectadas por um telefone de operações. "Acordem todos eles", eu peço.

Em questão de minutos a sala de *briefings* lá de baixo está lotada. Não é brincadeira. Todos os olhares estão fixos no quadro-negro. Eu o arrasto de lado e passo o *briefing*. É a mesma coisa de sempre e dura pouco mais de uma hora.

Todos os pilotos estão presentes, exceto Karmi e Romm, Salmon e Shmul. Eles já partiram para suas estações de alerta e interceptação.

Minha última fala não é nada sentimental. "Vocês estão prontos. A sobrevivência da nação depende de vocês. É preciso ter sucesso a qualquer custo. *En brera*. Não temos alternativa."

Giora Romm, piloto de Mirage, 22 anos.

Nós, os pilotos mais jovens, ainda não conseguimos ter uma conexão visceral com a guerra. Como vai ser?

Dentro de dois anos e três meses, meu Mirage será abatido sobre o Egito. Tento acionar a alça de ejeção, sem saber que meu braço e meu punho esquerdos estão quebrados e que minha perna foi partida em 12 lugares, e segundos depois me dou conta de que estou pendurado pelas cordas do meu paraquedas olhando para fazendeiros e camponeses egípcios aglomerados lá embaixo, ansiosos para me despedaçar com suas foices e enxadas. Nesse dia vou saber o que é ter medo.

Mas e agora? A ideia de que homens morrerão, esposas se transformarão em viúvas e crianças ficarão órfãs está além da minha compreensão. Para não mencionar o inferno que nós vamos infligir aos inimigos que estão se preparando para nos destruir.

Eis-me aqui na minha ignorância. Na tarde de 4 de junho, um dia antes da guerra, estou no *cockpit* em *standby* com outro Mirage, na cabeceira da pista 33. De repente, vejo um bombardeiro Vautour aterrissando, depois outro e mais outro. Eles têm na cauda o emblema de um esquadrão que fica baseado em Ramat David. Então, vejo os Mystères da mesma base pousando. Pergunto a mim mesmo: "Por que aviões de Ramat David estão sendo trazidos para cá, para Tel Nof?".

Mais tarde, no refeitório, abordo vários pilotos de Ramat David na fila dos omeletes e saladas. Um deles, Elisha Friedman, é um colega da escola de pilotos. "Elisha, o que você está fazendo aqui?"

Ele diz, "Giora, vamos atacar Bir Gafgafa amanhã. Fomos deslocados mais para o sul de Ramat David para ficarmos dentro do alcance. Você não sabia? Amanhã haverá guerra."

O tenente Menahem Shmul tem 21 anos e é piloto de caça do 119º Esquadrão. Ele voará em quatro guerras, terminará sua carreira com cinco aviões e meio abatidos e, ao lado de Danny Shapira, se tornará o maior piloto de testes de Israel.

Meu pai foi morto pelos árabes dez dias antes de eu nascer. Isso foi em 1945, na Palestina sob o Mandato Britânico, quando ele servia no Shai, acrônimo de *Sherut Yediot*, serviço de inteligência, que mais tarde se transformará no Mossad. Meu nome é Menahem, igual ao dele.

Meu pai nasceu em Safed, a cidade da Cabala, no norte da Galileia, em 1915. Ele falava árabe fluente e cresceu no meio de vários amigos árabes. Após os motins de 1929, juntou-se às forças de defesa locais. Ele tinha 14 anos. Quando o Shai foi fundado, por volta de 1940, meu pai foi recrutado para trabalhar secretamente. Seu posto oficial era policial da cavalaria. Nessa condição, ele se envolveu numa série de confrontos com nossos vizinhos árabes, incluindo alguns que resultaram em derramamento de sangue.

Dez dias antes de eu nascer, a bolsa da minha mãe se rompeu. Meu pai a levou montada em sua égua, Galilah, a mesma que usava para trabalhar como policial, ao hospital em Rehovot. Ao voltar para casa naquela noite, parou num vilarejo árabe chamado Na'ane. O *mukhtar*, ou prefeito, recebeu meu pai. Esse mesmo homem enviou em segredo comparsas para emboscá-lo na saída da aldeia. Eles o esfaquearam e o jogaram ainda vivo num poço artesiano seco. Passou-se essa noite e mais um dia até que meu pai fosse encontrado por seus camaradas da Polícia Montada. Nesse ínterim, ele sangrou até morrer.

A data era 3 de julho de 1945.

O assassinato do meu pai não é uma coisa que eu fique remoendo. Para mim é como se tivesse acontecido numa outra vida. Mas, nessa noite, a noite de 5 de junho de 1967, eu não consegui dormir.

A família do meu pai veio para Israel em 1845. Ninguém sabe direito de onde eles vieram, somente que vieram de algum lugar da Europa Oriental.

Menahem Shmul (pai) em sua égua, Galilah. Mar da Galileia, 1943.

Reza a lenda que a matriarca da família, que já era viúva e tinha três filhos, levou três anos para cruzar a fronteira entre a Turquia e a Síria, em um burrico.

Em Tiberíades, dizem, existem judeus que não deixaram a Palestina romana depois que as legiões destruíram o templo, em 70 d.C., e expulsaram os últimos hebreus, 72 anos depois. A família da minha mãe segue a linhagem desses judeus. Então, quando um árabe me diz "Sou palestino", retruco "Eu também, e já era palestino seiscentos anos antes do nascimento de Maomé!".

Ran Ronen, o comandante do nosso esquadrão, tem uma doutrina que costuma enfiar na cabeça dos nossos jovens pilotos. Ele a chama de "finalidade operacional". Resumindo, quer dizer: mantenha-se no alvo. Ignore todo perigo. Continue o ataque. A qualquer custo, faça o que você foi enviado para fazer.

Um piloto de caça não pode se dar ao luxo de pensar na própria segurança. A segurança pessoal não está entre as minhas cinco prioridades, a não ser quando afetar minha capacidade de sair em missões e continuar a infligir dano sobre o inimigo.

Dvekut baMesima. Ater-se à missão.

Tudo com que você tem que se preocupar é com as coisas miúdas, os erros simples que são tão fáceis de cometer e tão difíceis de consertar.

Os *debriefings* da Força Aérea depois da Operação Moked revelaram que nem toda formação atingiu seu alvo na primeira tentativa. Há uma história bem conhecida de um líder de esquadrão que subiu, alcançou os 1.800 metros de altura, inverteu o avião de barriga para cima e... não viu nada.

O que ele fez? Refez seus passos. Liderou sua formação ao marco final e retomou de onde tinha parado. O líder fez tudo de novo, e dessa vez funcionou. Ele atingiu o alvo em cheio.

Em circunstâncias tão extremas, piloto nenhum faz com que seu companheiro erre por uma falha de navegação. Pode acontecer. Mas eu pago uma rodada de drinques para qualquer líder de formação que tenha colhões e presença de espírito para reagrupar sua equipe e executar a tarefa direito.

Major Ran Ronen, comandante do 119º Esquadrão.

6h15. O sol já nasceu, mas ainda é cedo para embarcar nos aviões. Dirijo o carro até os hangares para fazer uma última verificação com as equipes técnicas. Adoro o pessoal de solo, e faço meus pilotos os tratarem com respeito e cuidado. Eles estão mais nervosos do que nós. Voam conosco, num sentido que ninguém que não seja um piloto pode entender, e morrem conosco também. Assim que entro no hangar onde meu avião me espera, vejo um sargento sozinho, banhado por uma réstia de sol, com os olhos fechados, voltado na direção de Jerusalém fazendo sua prece matinal, com seu *tallit*, o xale que cobre os ombros da sua farda.

Meu avião nessa manhã é o Mirage número 58. Debaixo da fuselagem estão presas duas bombas de 500 quilos cada uma. Temos dois mísseis Shafirs, feitos em Israel, mas no combate aéreo vamos usar primeiro nossos canhões geminados de 30 milímetros. Os pentes têm 250 tiros, 125 para cada canhão. O oficial técnico e sua equipe de solo passaram a noite trabalhando na aeronave e nos sistemas de bordo. Repasso os detalhes com a equipe de solo. Verifico os equipamentos de voo e de salvamento, os sistemas de comunicação e minha pistola, incluindo um pente extra.

6h45.

Você entra no *cockpit* de um Mirage pela escada de sete degraus que fica à esquerda. No alto da escada, apoia a palma da mão esquerda no borda de aço do para-brisa e sua palma direita no encosto da cabeça, localizado atrás do assento ejetável. Apoiando-se nesses dois pontos, você joga as pernas para dentro, uma de cada lado do manche e desliza pelo assento. Os cintos de segurança têm uma alça que passa sobre os dois ombros e o mantém preso ao assento ejetável. Você está vestindo os macacões de voo, o cinto de resgate e a roupa antigravidade. O acelerador fica à esquerda, uma manivela em cima de uma alavanca que desliza de trás para a frente. Você a empurra e aumenta a potência. Para acionar o pós-combustor, gira a manivela ao empurrá-la para a frente. Quando um piloto disser "Empurre para a frente", quer dizer "Vá mais rápido".

Um Mirage possui dois rádios. O vermelho é o canal do esquadrão, e o verde, o dos controladores. Você fala com os pilotos em um e com o pessoal de solo no outro. Os dois agora estão ligados, mas não podemos tocá-los. Um completo silêncio de rádio será mantido até chegarmos aos alvos. Não poderemos nem falar com a torre.

Bem na frente da janela está o alvo com a mira. Um interruptor alterna a configuração entre ar-ar e ar-solo. No painel de armamentos, os controles armam as bombas e os canhões. Todos estão apontados para baixo agora: *off*. No topo do manche de controle fica um botão chamado de picle, porque parece uma rodela de pepino em conserva, para largar as bombas e disparar os mísseis. Você aciona o mecanismo com o polegar. Se apertar o gatilho com o indicador irá disparar os canhões.

Estamos abaixo do nível do solo agora, num hangar protegido. Uma rampa nos leva para fora, onde enormes portas corrediças nos deixam de frente para as pistas. Eu aperto bem os cintos nos meus ombros, ajudado pelo chefe da equipe, que me entrega meu capacete. Antes disso, no escritório do esquadrão, o oficial de operações de combate me entregou uma nota com a hora de decolagem atualizada. Por causa dos rádios mudos, quaisquer mudanças de última hora só podem ser comunicadas pessoalmente ou por meio de bilhetes.

Pronto.

Fecho a janela e aperto o botão de ignição; o giro dos motores aumenta, as luzes vermelhas vão acendendo, uma atrás da outra. Um membro da equipe de solo desconecta a alimentação externa e sinaliza: "Pronto para decolar". Toco de leve o acelerador, mas o avião nem se mexe. As bombas e o combustível o deixaram muito pesado. Aplico mais força. Aqui vamos nós, lentamente subindo a rampa e indo em direção ao Sol.

Rafi Sivron, planejador da Operação Moked.

O quartel-general da Força Aérea está localizado no *campus* militar de Kirya, em Tel Aviv. O *bunker* operacional subterrâneo é conhecido como "Poço". Desci esses degraus umas mil vezes, mas nunca numa manhã com esta.

Lá está Moshe Dayan sentado numa cadeira que normalmente é a minha. Ao seu lado, está sentado o comandante-geral Yitzhak Rabin. O chefe de operações Ezer Weizman está na cadeira vizinha, ao lado de Yak Nevo, e, mais adiante, sozinho na mesa central de mapas, senta-se Motti Hod, comandante da Força Aérea.

Meu relógio marca 7h07. Sei dizer de memória quais esquadrões ainda estão em solo aguardando a hora de decolar e quais já estão no ar, de qual base israelense partem, para quais bases inimigas no Egito e no Sinai se dirigem e aonde chegarão precisamente às 7h45. Mas, aqui no Poço, não temos como confirmar nada. A única coisa que vem dos alto-falantes dos rádios é estática. Uma artimanha para despistar a vigilância egípcia foi posta em prática. Aeronaves da escola de pilotos da FAI foram postas no ar, dentro do espaço aéreo israelense, com seus rádios utilizando frequências normalmente utilizadas por esquadrões operacionais. Agora podemos ouvir os pilotos em treinamento, fazendo a melhor imitação que podem de uma manhã de trabalho.

No Poço, ninguém está para brincadeiras. A mulher de farda fica parada em silêncio ao lado da mesa de situação. A cena parece um filme da Segunda Guerra Mundial. A soldado usa hastes de cabo longo para empurrar no mapa os ícones, cada um representando uma formação quádrupla, à medida que se aproximam dos seus alvos. Mas eles também estão apenas supondo. Até que os ataques comecem e o silêncio do rádio seja quebrado, não temos como saber de nada.

Se estou nervoso? Sou humano. Mas minha fé no plano é total.

O único problema é sermos detectados. No monte Ajlun, na Jordânia, há um radar de fabricação britânica. Será que conseguirão detectar nossas formações que passarão de raspão sobre o Mediterrâneo, a uma altitude de menos de 30 metros? Se conseguirem, saberão do que se trata? Transmitirão essa informação ao quartel-general da Força Aérea egípcia? Os controladores egípcios acreditarão no que ouviram? E se acreditarem?

Será que esse infortúnio vai se abater sobre nossas formações ao adentrarem o espaço aéreo egípcio? Tracei as rotas de aproximação para evitar os radares inimigos, e os aviões estão voando tão baixo que nenhum instrumento eletrônico será capaz de detectá-los. Mas e se eles forem avistados a olho nu, sobrevoando o deserto ou os pântanos do delta, talvez, por algum jovem oficial num posto de observação?

Ran Ronen, comandante do 119º Esquadrão de Mirages.

Sou o primeiro da fila no ponto de retenção para decolar. Os aviões estão taxiando numa coreografia intrincada, executada em absoluto silêncio de rádio. Dou uma olhada no relógio. O bilhete que o gerente de combate me entregou diz que estamos a sete minutos da decolagem.

Estranho.

Parece tempo demais.

Aí vêm meus números dois, três e quatro, Shlomo Egozi, Eliezer "Layzik" Prigat e Asher Snir, taxiando para tomar posição.

Espio novamente o bilhete com a hora atualizada.

Seis minutos para a decolagem.

No fim da pista, reparo na formação de quatro caças-bombardeiros Vautour vindos da base aérea de Ramat David. Eles vão decolar logo depois de nós.

O primeiro Vautour começa a se mover. O que aconteceu? Por que ele está partindo sem ter recebido ordens? O primeiro Vautour avança pela pista, ganhando velocidade. Seus três companheiros o seguem.

Bando de idiotas! Estão na ordem errada. Estão decolando fora de ordem!

Não tenho como alertar a torre. O silêncio do rádio é sagrado.

Então me dou conta. Eles não são idiotas, o idiota sou eu. Examino fixamente o bilhete com a hora atualizada que o oficial de operações me entregou.

Meu relógio indica 7h24. Eu calculo em voz alta: "Tempo de voo até o alvo: 26 minutos. Precisamos estar sobre o alvo exatamente às 7h45". Volto a olhar o bilhete. Estou cinco minutos atrasado. Meu coração está quase pulando pela boca.

Assim que o último Vautour passa, encaminho-me para a pista, o combustor à toda, acelerando como um louco. Meus quatro colegas de formação vêm logo atrás de mim. Eles sabem o que aconteceu? Não importa. Eu sei.

Voamos à toda na direção de Palmachim, na costa. No nível das árvores. À minha esquerda, o ala sai da formação e se aproxima de mim.

A velocidade planejada era de cerca de 780 quilômetros por hora – quase 13 quilômetros por minuto. Acelero para cerca de 890 – quase 15 quilômetros por minuto.

"Cabeça fria e foco no plano."

Não podemos chegar atrasados ao alvo, ou o inimigo terá tempo para se reagrupar. A guerra inteira pode ser perdida.

Estamos sobre o Mediterrâneo agora. Comboios de aviões de guerra da FAI deslizam sobre a superfície da água, estendo-se como se o mar fosse uma rodovia que leva ao Egito. Como minha formação pode evitar esse engarrafamento? Passando por cima? Não podemos. O radar inimigo nos pegaria.

LIVRO QUATRO • MOKED

Passando por baixo. Não existe outra possibilidade.

Em momentos como esse, você está cagando de medo, mas sua cabeça precisa ficar fria e concentrada. Conferir os monitores? Não é possível. Cada gota de concentração é necessária para que você não tire os olhos do horizonte e voe em paralelo à superfície do mar. É como tirar uma foto. Uma fração de segundo. Você verifica a direção. Clique. Olha o relógio. Clique. Passamos sob uma formação de quatro Mystères. O Mirage não possui sistema de navegação. O único computador disponível fica entre meus dois ouvidos, e ele não para de mastigar números. A rota sobre a água é feita em três pernas, que navegamos utilizando apenas tempo, direção e velocidade. Cada cinco minutos a aproximadamente 890 quilômetros por hora nos dá um minuto a mais em relação à velocidade planejada, de 780. Estamos queimando combustível como loucos, mas não temos alternativa. Em 25 minutos recuperaremos o tempo perdido.

Voamos em formação de combate, o líder em primeiro, o ala na direita, os números dois e três à esquerda, ligeiramente na retaguarda. Asher Snir é o meu número quatro. Mais tarde, ele me dirá que sobrevoamos tão rente à superfície do Mediterrâneo que deixamos marolas atrás de nós.

Os aviões mais lentos estão se aproximando dos alvos. O alvo da minha formação, a base aérea de Inshas, fica mais distante, próximo à capital, Cairo.

Agora, estamos passando por baixo da formação de Ouragans.

Passamos sob mais uma, de Super Mystères.

Onze minutos para o combate. Recuperamos três minutos e meio. Nossa direção estará correta? Deveremos passar sobre a margem do lago Bardawil.

Ali está ele.

Já voei em umas 50 missões de reconhecimento sobre o delta. Isso vem bem a calhar agora.

A costa. Estamos sobrevoando a terra agora. Acelerando para 1.000 quilômetros por hora. Já tiramos quase todo o atraso. Canais e linhas de transmissão serpenteiam abaixo de nós. Vemos fazendeiros a caminho das lavouras. Eles acenam, achando que somos egípcios.

O delta do Nilo é cheio de pequenas cidades, todas iguais. Procuro por Fakos. Voar a 1.000 quilômetros por hora equivale a voar a mais de 270 metros por segundo. Estamos pilotando um foguete na altura de um varal de roupa. Você tem que escolher marcos que são inconfundíveis. Um posto de

177

gasolina, um entroncamento de canais. Campos agrícolas irão confundi-lo. Baixios se cobrirão de água, lagoas secam. Abaixo de nós, havia fileiras de palmeiras. Foram essas árvores que Ive escolheu como PI? Tetos de casas de adobe rapidamente surgem e desaparecem sob o nariz do avião.

Fakos!

7h44.

Chegamos na hora.

Interruptores armados. Miras em ar-solo.

Dez segundos para o "puxão".

Agora: enfie o manche na barriga, acelere o pós-combustor, subindo de 50 graus, o avião bastante carregado vai hesitar por um instante; então, a aceleração gruda você no assento, o altímetro gira no sentido horário loucamente. Seus músculos se retesam dentro da roupa antigravidade; os medidores saltam do dois para o três e para o quatro, mas você não tem tempo de olhar. Aproximando-se dos 1.800 metros de altitude, você gentilmente começa a virar de cabeça para baixo.

Vejo o Cairo à minha frente. Inshas é um dos aeródromos que defendem a capital. Ali está!

A primeira tarefa é destruir a pista principal. Duas bombas, cada uma com 500 quilos. A primeira dupla de Mirages vai mirar num ponto a dois terços da cabeceira da pista; a segunda dupla, a um terço. As nuvens cobrem o aeródromo, mas ainda conseguimos enxergar. Virando agora. Alinhando com a pista. Não gire demais. Quando uma formação quádrupla mergulha sobre um alvo, os aviões seguem a ordem: um, dois, três, quatro. O silêncio de rádio não é mais necessário. "Um, dentro", diz o líder. "Dois, dentro", "Três, dentro", "Quatro, dentro", cada piloto repete.

Meu nariz aponta para baixo, estou mergulhando a exatos 35 graus, pondo o ponto verde no alvo e mantendo ele lá. Manejo o manche suavemente, a todo instante conferindo a altitude. Oitocentos metros, espere um pouco, sinta o picle na extremidade do manche; espere um pouco mais, é um despejo de mais de uma tonelada, o avião vai ficar muito leve quando você liberar. Agora. Arremeta a 300 metros, olhos bem abertos, preste atenção no triplo A. Você está saindo de um mergulho violento, sob uma força gravitacional imensa, com fogo antiaéreo pesado ziguezagueando ao seu redor.

178

"Um, fora."

A 30 metros, embique o avião e faça uma manobra radical, com toda a força que puder. O ronco de um Mirage nesse momento é uma coisa linda. Você está voando a mais de 1.000 quilômetros por hora, mais baixo que os telhados dos hangares, desviando de linhas de transmissão e procurando pelo seu número dois para fazer a segunda passagem. Onde estão estacionados os MiGs? Tire uma foto com os olhos. Você não para de se comunicar com seus companheiros de formação pelo rádio: "Cuidado com os fios", "Eu vou pegar os quatro últimos, você pega os outros quatro". Lá atrás, você vê e sente as bombas detonando.

Qual é o meu estado de espírito? Estou calmo? Claro que não. Estou concentrado numa tal intensidade que só um leão sente ao atacar, ou uma águia mergulhando sobre a presa.

"Dois, fora."

"Três, fora."

"Quatro, fora."

Alterne para os canhões.

Bombas fora, canhões ligados.

Estamos fazendo uma curva aberta a 1.000 quilômetros por hora; um Mirage atrás do outro, girando 270 graus a 300 metros de altura.

O método da defesa antiaérea egípcia não é atirar em cada avião que passa sobre sua posição (nós estamos passando rápido demais para que eles consigam acompanhar), mas erguer uma "cortina" de fogo no meio da nossa trajetória. Subindo agora para começar a primeira salva de tiros, podemos ver essa cortina. Nossos quatro aviões precisam atravessá-la no mergulho.

Atrás do fogo antiaéreo está nosso alvo: MiGs egípcios parados no chão. Como a base aérea de Insha protege o Cairo, tem a melhor e maior parte da frota. Quarenta MiGs-21. Um tesouro acima de qualquer cobiça. Ao mergulhar, vemos os pilotos inimigos se movimentando. Os homens estão correndo na direção dos seus aviões e entrando nos *cockpits*.

"Ali estão eles. Nós os pegamos. Vamos fazer valer cada tiro."

Os MiGs estão estacionados ao lado da pista, em conjuntos de quatro. Alinhe todos eles na mira. Ponha o centro da mira bem abaixo do primeiro. A 900 metros, aperte o gatilho. O canhão de 30 milímetros dispara

20 tiros por segundo. Você sente os projéteis sendo cuspidos. A salva de tiros rasga os aviões estacionados. Eu vejo clarões, bolas de fogo de uma intensidade ofuscante, enquanto faço uma volta de 270 graus bem acima e retorno para atacar novamente de um novo ângulo.

Duas passadas.

Três.

O fogo antiaéreo é mais intenso do que eu esperava. Mas lá vamos nós. Vejo MiGs-21 ainda intactos no asfalto. Essa chance pode nunca se repetir; não apenas de pegar os aviões, mas também os pilotos dentro dos *cockpits*.

Faço nossas aeronaves passarem mais uma vez. E mais outra. Cinco passadas de tiro. O plano pedia três, mas eu decidi atacar até ouvir a próxima onda de aviões israelenses recomeçar.

Toda a artilharia antiaérea da base está sobre nós. A velocidade é nossa única proteção. Cada piloto faz as manobras mais rápidas e ousadas que a aeronave permite. Sobe a 300 metros, acha a linha que o deixa no eixo dos MiGs estacionados, depois mira e rasga todos eles.

Pela frequência do esquadrão, ouço a próxima formação acima de nós, subindo para mergulhar.

8h02. Meus quatro estão sãos e salvos.

Subimos e nos dirigimos para a base. Quando ganhamos altitude, enxergamos além do delta espessas colunas de fumaça negra erguendo-se dos aeródromos atingidos pelos esquadrões da primeira onda de ataque. Embora eu tenha colocado meu coração e minha alma na Moked, essa visão está além de qualquer expectativa. O plano funciona! Estamos conseguindo!

Mantenha-se alerta. Não se empolgue tanto. Outros MiGs podem ainda estar ilesos; agora é a hora mais perigosa. Não consigo pensar na minha família, nem nos meus filhos, nem na Força Aérea, nem no povo judeu. Somente na missão. Concentre-se. Execute o plano. E faça bem-feito. Não deixe a euforia lhe tirar do foco.

Subimos. Fogos podem ser avistados por todo o delta. Cairo Oeste. Abu Suweir. Fayid, Kabrit, Beni Suef. Todos os alvos dos esquadrões.

Viramos para leste e seguimos para casa. Em algum lugar abaixo de nós, na fronteira egípcia, três divisões israelense em solo aguardam a ordem de atacar. Não posso pensar neles. Minha preocupação é apenas pousar, reabastecer, rearmar e atacar novamente.

Yael Dayan permanece no grupo de comando da divisão de Arik Sharon na fronteira Israel-Egito.

7h. Os tanques de Sharon começam a se mover em direção à fronteira. "Quero estar no último centímetro de terra que ainda é Israel", diz Arik.

A luta que virá logo mais, Sharon diz, será a mais complexa operação em solo executada por uma força israelense. Mas seus olhos estão brilhando. "Vamos ganhar uma guerra."

Por volta das 8h, a divisão inteira foi realocada junto à fronteira. Na noite passada, Dov me mandou fazer as malas com o que precisasse levar para o Sinai. Peguei uma garrafa de uísque, chocolate, papel de escrita, uma muda de uniforme e uma Bíblia. "Não se esqueça do papel higiênico."

Sharon está no telefone com sua mulher, Lily. "Fique calma, dê um beijo nas crianças por mim. Não se preocupe, *shalom, shalom, shalom.*" O motorista do Studebaker Lark está à espera.

Às 8h vem o código de ataque.

Sadin Adom.

Página vermelha.

Todas as frequências de comunicação da divisão são abertas. Arik pega o microfone. "*Nua, nua!*", ordena. "Movam-se, movam-se!"

Rumo ao sul, nossos tanques descem pelas colinas da fronteira. Arik observa pelos binóculos. "Aqui vamos nós. Disparem!"

O capitão Ori Orr comanda a Companhia de Reconhecimento da 7ª Brigada Blindada.

Passo rapidamente pelos jipes e blindados leves. A rede de camuflagem está sendo removida. Todos os motores são acionados.

"É isso. Já ensaiamos, agora estamos prontos. Faça o que você sabe fazer." Nosso trabalho é liderar. Os tanques das brigadas virão atrás. E o grupo de comando do general Tal virá em seguida. Mas nós, do Reconhecimento, vamos cruzar a fronteira antes de qualquer um.

Seremos os primeiros.

Miriam Lamm, noiva do piloto Giora Romm, é sargento do grupo de comando do general Tal.

Estou no QG móvel do general Tal, embarcando no blindado leve da equipe de codificação/decodificação. Em volta, os veículos arrotam fumaça de gasolina e diesel. Estou diante do meu painel, no qual constam apenas uma máquina de escrever, um teletipo, um banco, papel-carbono e folhas mimeografadas. Estamos nos movendo.

Faço uma breve prece pelo meu Giora. Onde ele estará agora? No Mirage sobrevoando o espaço aéreo inimigo? Meu nobre Giora. Voe em segurança! Faça o que for preciso!

Giora Romm, piloto de Mirage do 119º Esquadrão.

8h05. Ainda estou no solo em Tel Nof. Designado para ficar de prontidão na interceptação. Eitan Karmi é meu número um; somos a primeira dupla. Salmon e Shmul são a segunda.

Estamos em nossos *cockpits* desde antes de o amanhecer. Dias atrás, o comandante do nosso esquadrão, Ran Ronen, tirou nossos nomes das formações de ataques e os colocou no quadro da missão como defesa aérea. Isso é muito frustrante de certa forma, pois não faremos parte do ataque. Por outro lado, é o maior dos elogios. Significa que, na cabeça de Ran, somos seus melhores pilotos de combate aéreo. Qualquer piloto daria um rim para entrar nesse grupo.

Sentimos o peso da nossa responsabilidade. Não é uma coisa sobre a qual costumamos falar. Todos ouvimos as ameaças que Nasser fez. Sabemos o que os egípcios farão ao nosso país e às nossas famílias se não conseguirmos detê-los.

Estamos posicionados em nossos assentos, de capacete, com o *cockpit* aberto. Não se pode nem mijar ou coçar a bunda. Observamos os esquadrões decolarem. Os queimadores acendem e impulsionam os aviões, carregados de bombas e combustível. As equipes de quatro entram em formação e partem em voo baixo em direção ao oeste, tendo o Sol na retaguarda. No solo, tudo o que ouvimos é a rádio da torre, com seu blá-blá-blá postiço para enganar a vigilância egípcia. Não falamos. O silêncio do rádio é sagrado.

Tento não pensar em Miriam. Um piloto tem que viver o presente, particularmente quando pode receber a qualquer momento ordens para decolar. Mas sou humano. Onde ela está? Na divisão de Tal, eu sei, mas não faço ideia de onde. Nas FDI, a segurança é levada tão a sério que não faço ideia do paradeiro da minha noiva, nem ela do meu. "Que ela esteja em segurança", é só o que peço em minhas orações.

Penso nisso enquanto observo o táxi dos quatro caças-bombardeiros Vautours. O avião principal está com seus freios aerodinâmicos esticados. O que está acontecendo? Esses painéis na fuselagem servem para retardar a aeronave durante o pouso. O piloto sabe? Recolha os freios, homem! Seu avião nunca vai conseguir decolar assim! Vai se chocar no final da pista carregado de munição e combustível!

Essa calamidade em curso vai se desenhando em câmera lenta diante dos pilotos e controladores. Em nossos *cockpits*, na torre, todos arregalam os olhos. Não podemos avisar o piloto. Não podemos violar o silêncio de rádio. Não temos escolha. Teremos que assistir à morte de um sujeito sem poder clicar num botão de microfone.

No último instante, o piloto percebe o erro. Os freios se retraem. Ele decola.

Obrigado, irmão! Você quase me mata do coração!

7h20.

7h35.

Às 7h45, os aviões em formação de ataque estarão sob seus alvos. Aqui na pista de Tel Nof, equipes de solo nos chegam vindas do prédio dos esquadrão, entregando-nos, dentro dos *cockpits*, bilhetes escritos à mão. Beni Suef está queimando, 20 foram os MiGs atingidos em solo. Kabrit foi carbonizado. Em Bir Gafgafa, ambas as pistas estão destruídas.

A Força Aérea egípcia não virá atacar Israel. Nós, interceptadores, não seremos mais necessários. Meus ombros se encolhem sob os cintos de segurança. Justo na hora mais importante da história do meu país, para a qual eu passei tanto tempo da minha vida treinando, estou com os pés na terra, sem poder ajudar em nada.

Rafi Sivron está no bunker *da Força Aérea, o Poço, em Tel Aviv.*

As pessoas depois disseram que essa não foi a Guerra dos Seis Dias, mas a Guerra das Três Horas, querendo dizer que o confronto mais crítico tinha chegado ao fim assim que a Moked destruiu a Força Aérea egípcia no solo. Outros a chamaram de Guerra dos Sete Minutos, já que o primeiro ataque surpresa causou a maior parte do estrago.

Para mim, ela é a Guerra de Menos de Um Minuto.

Eu só tinha medo de ser detectado. Se a primeira onda pudesse alcançar seus pontos de ataque sem ser descoberta pelo radar inimigo, então nada poderia evitar a destruição total da Força Aérea egípcia.

Desde antes do amanhecer, trabalho nas Operações Conjuntas, um andar acima do Poço. Ainda há muito trabalho a fazer. Às 7h45, entro de mansinho no centro de comando, a tempo de escutar os esquadrões se comunicando pelo rádio para concluir o ataque.

Dayan fica em pé e abraça Rabin. Ezer dá um tapinha nas costas do comandante. Todos se cumprimentam apertando as mãos. Fico parado ao lado de outro oficial. Digo a ele: "A guerra acabou".

Claro que não acabou. Pergunte aos paraquedistas. Pergunte à tripulação dos tanques. Nesse exato momento, eles estão recebendo ordens para avançar. Sete divisões egípcias estão ilesas esperando no Sinai, contra três nossas. Outras oito nações árabes estão deixando suas tropas de prontidão.

Na grande mesa de mapas no Poço, meu chefe, Motti Hod, deve estar novamente sentindo seu coração acelerar, depois de passar uma noite inteira paralisado. Os créditos são dele. Ele fez a Moked acontecer. Ele que a presidiu, protegeu, defendeu e ficou no controle como um maestro regendo uma sinfonia.

Ezer Weizman também merece créditos. Diante da enorme resistência política, da dúvida, do desprezo e da descrença, ele insistiu na aquisição dos 72 Mirages IIIC da Dassault France, sem os quais a FAI não poderia nem sonhar com esse momento. Foi Ezer quem pediu a Yak Nevo e a mim que desenvolvêssemos esse plano para a guerra total.

Observo Motti junto da mesa de mapas. Ninguém lhe dá tapinhas nas costas nem lhe oferece uma garrafa de bebida. Motti está trabalhando. Fazendo o que, exatamente? Em inglês, sua função seria definida em duas palavras: *command* e *control*. Em hebraico, seriam três, e essa diferença é extremamente significativa. "Comando" em hebraico é *"pikud"*. "Controle" é *"bakara"*. O terceiro termo, que não existe em inglês, é *"shlita"*.

O que quer dizer comando? O comandante de esquadrão no ar comanda sua formação, como Ran Roney comandou o ataque a Inshas, por exemplo. Ele dirige a ação da sua formação de quatro aviões *in loco*.

Então temos o controle. A estação de um controlador é no solo. Ele fica no quartel-general, digamos, ou operando um painel de radar no campo de batalha. Observando as telas, pode saber quantos aviões estão no ar e dizer: "Escute, você não está indo na direção certa" ou "Cuidado, MiGs aproximando-se a leste".

Nenhuma dessas qualidades é suficiente. O líder do esquadrão no ar (ou mesmo pelo rádio no solo) não pode tomar decisões de base, isso é mais do que ele é capaz de enxergar ou ter em mente. Ele não tem uma visão em perspectiva de, por exemplo, quais outras unidades estão na área, quais outras operações estão em curso, como a operação atual está evoluindo. Da mesma forma, o controlador no solo só enxerga parte do cenário. Ele pode ajudar o líder da formação no ar, pode transmitir uma informação crítica, mas não pode dar as cartas. Ele não tem nem a perspectiva, nem a autoridade.

É necessário um terceiro *locus*. É o que chamamos de *shlita*.

O oficial com *shlita* detém tanto a imagem em perspectiva quanto a autoridade para dirigir a ação global.

Um comandante de um esquadrão de helicópteros, por exemplo, pode enviar a seguinte mensagem de emergência: "Fogo inimigo pesado na área de aterrissagem. Aterrissamos ou não?" Se um controlador possui *shlita*, é capaz de tomar essa decisão. "Espere", pode dizer. "Vou mandar aeronaves de ataque." E ele não está sugerindo, está dando uma ordem. Os helicópteros irão esperar. As aeronaves de ataque virão em socorro com urgência. Isso é *shlita*. Utilizar esse poder vai além de "comandar" e de "controlar".

É isso que Motti Hod está fazendo agora.

A Moked é uma sinfonia. Motti empunha a batuta.

Uma crise adicional surgirá nas próximas duas horas, uma que irá suplantar até a *shlita* de Motti.

A Força Aérea da Jordânia atacará Israel. Os caças do rei Hussein atacarão Netanya e virão atrás da nossa base aérea em Ramat David. A ques-

185

tão então será se atacaremos de volta e, em caso afirmativo, como, onde e com que intensidade? Quais serão as consequências de tal decisão?

Motti não será capaz de determinar dessa vez. Está além da sua alçada. Ele vai recorrer a Moshe Dayan.

Dayan, como ministro da Defesa, terá que avaliar as consequências de retaliar a Jordânia. Ele deve responder à pergunta: o rei Hussein está atacando a sério ou apenas fazendo um jogo de cena para satisfazer Nasser e seus aliados árabes?

No caso da primeira alternativa, quais são as implicações estratégicas? Hussein tem 176 Tanques Pattons novos em duas brigada, a 40ª e a 60ª. Contra essa força, Israel possui apenas os velhos Shermans e uns poucos AMX ligeiros, operados por reservistas. A Legião Árabe da Jordânia é a força inimiga mais bem treinada do Oriente Médio. Além disso, Hussein conta com dois batalhões de tropas especiais egípcias de prontidão na nossa fronteira, com formações iraquianas adicionais de blindados e de aviões.

Se atacarmos a Jordânia em retaliação pelo ataque que sofremos, como as outras nações árabes reagirão? O ato arrastará a Síria para o conflito e abrirá um *terceiro front*? Como os russos, que patrocinam as forças da Síria, vão responder? E os norte-americanos? E a ONU?

Atacar ou não? A decisão precisa ser tomada, mas Motti não pode tomá-la. Está além do seu nível de autoridade. O primeiro-ministro Eshkol tem essa autoridade, mas não é um militar. Faltam a ele o conhecimento e a experiência.

Somente Dayan pode decidir.

Giora Romm.

Aguardando na pista, nossos aviões não carregam bombas. Estamos configurados para interceptar. De repente, chegam ordens da torre: "Decolem!".

Nossa dupla – meu líder, Eitan Karmi, e eu – é despachada para Abu Suweir, um campo de pouso perto de Ismailiya no extremo norte do canal de Suez.

Fechamos a janela e acionamos os motores. A torre informa que MiGs egípcios estão atacando uma formação israelense. Temos que voar em socorro aos nossos camaradas. Isso é ridículo. Serão 20 minutos até Abu Suweir. Combate aéreo nenhum dura 20 minutos. Mas ordens são ordens.

Estamos dentro do avião, temos nossa missão, vamos lá!

Nunca estive além do espaço aéreo israelense. Sou geograficamente virgem. Então fico empolgado só de me aproximar da fronteira. Karmi e eu ultrapassamos a marca dos 4.500 metros de altitude. Não precisamos mais voar "no deque" para evitar o radar inimigo. Os egípcios sabem que estamos a caminho.

Assim que nossa formação binária cruza a fronteira sobre Gaza, meu líder testa os canhões com uma rápida salva de tiros. Os projéteis têm um mecanismo de explosão, então não vão cair em solo. Mas Karmi esquece de me dizer isso. De repente, a 6.000 metros de altura, vejo nuvens de fumaça preta à minha frente. Pergunto a mim mesmo "Que diabo é isso? Mal cruzamos a fronteira e os egípcios já estão atirando na gente!".

Sinai. "Uau, nunca sobrevoei esse deserto antes." Sinto-me como Fernão de Magalhães, como Marco Polo. Para mim, esse é um território desconhecido. Já vi a península do Sinai no mapa mais de mil vezes. Mais de dez mil já voei sobre ele na minha cabeça. Mas nunca olhei para baixo no *cockpit* de um Mirage para contemplar sua incrível vastidão.

Dentro de poucos minutos, Suez. O canal de Suez, para o qual Verdi compôs *Aída*. Eu, Giora Romm, 22 anos, estou sobrevoando o canal a quase 8.000 metros de altura. Ali estão os lagos Amargos; ali está Ismailiya...

Mas não vim para cá como turista. Vim numa missão.

O CIS, controle de interceptação em solo, nos leva até Abu Suweir. Descendo a 3.000 metros, podemos ver o caos em que a primeira onda de aviões israelense transformou o lugar. Colunas de fumaça preta brotam de todo o delta. Por todo lado, há aviões e prédios em chamas. Digo a mim mesmo: "Rapaz, nossos garotos conseguiram mesmo".

Abu Suweir tem uma característica única. Os aviões são estacionados "em oito", o que significa que estão em pistas circulares, uma ao lado da outra, formando o que parece um número 8. Começamos a descer, Karmi e eu, e de repente vemos um MiG-21 taxiando. Nunca tinha visto isso antes. Vou atrás dele como uma criança vai atrás de um brinquedo. Estou na cauda dele, quando Karmi, meu líder, aproximando-se a 90 graus, me diz: "Não toque nele". "O quê? OK." Sigo a ordem.

Karmi atira no MiG. Acerta o alvo.

Meu alvo.

Tenho pouco tempo para sentir aquele frio na barriga quando surge uma formação de Mirages vindo de Ramat David. Eles estão atacando Abu Suweir, e, logo atrás, vêm dois MiGs-21.

Aciono os pós-combustores na máxima potência e, em segundos, estou atrás do primeiro MiG. Ataco-o com uma rajada de tiros, e nada. É a primeira vez que isso acontece comigo. Não entro em pânico. Digo a mim mesmo: "Chegue mais perto". Cento e sessenta metros. Na mira do canhão existe um círculo que chamamos de diamante. Quando a envergadura de um MiG está dentro desse círculo, o alcance é de exatamente 160 metros. Atiro uma rajada breve, um terço de segundo, e o MiG explode de imediato. Freio rapidamente, olho para trás, o avião é uma bola de fogo. Agora vejo um segundo MiG. Ponho-o no centro da mira e disparo uma rajada. Ele explode também.

De repente, tudo se torna bem mais simples. Digo a mim mesmo: "Meu papel é esse. Foi isso que vim fazer aqui". Não estou preocupado com o que vai ser da guerra. Acabo de derrubar dois MiGs! Moshe Dayan que se preocupe com o destino de Israel. Meu trabalho é derrubar MiGs, e é o que estou fazendo.

Só mais uma coisa. A teoria funciona. A rajada mortal funciona. O que imaginávamos, praticávamos e treinávamos... funciona. Ponha sua mira num MiG-21 a 200 metros de distância, aperte o gatilho e o MiG explode. A teoria funciona.

Quando sobrevoo o segundo MiG, avisto um terceiro, afastando-se a oeste. Penso: "Será que devo derrubar esse também?" *Hello*! Você é Giora Romm, tem 22 anos, até pouco tempo atrás era um escoteiro. Não seja um piloto tão ganancioso!

Vou atrás dele com um míssil ar-ar. O piloto deve escutar pelos fones de ouvido o bipe avisando que o míssil está travado no alvo. Mas aperto o gatilho cedo demais. Erro o alvo.

OK.

Esse pode ir.

A essa altura, meu líder já se foi. Voltou para a base, estava com o tanque baixo. Retorno para Tel Nof sozinho (Karmi precisou fazer uma aterrissagem de emergência, quase sem combustível, em Hatzerim, 50 quilômetros antes), com um restinho de combustível, o suficiente para fazer uma acrobacia sobre a base, rodopiando em torno do eixo. Digo a mim mesmo: "Seu líder é um piloto muito mais experiente do que você. Esta é sua primeira missão operacional; vocês começaram com 3.500 litros de combustível cada um, mas ele teve que aterrissar em outra base, enquanto você retornou com 500 litros no tanque, o que é uma tremenda diferença, considerando que ambos voaram a mesma distância". Além disso, esse combustível extra poderia significar a diferença entre vida e morte, entre completar ou não a missão, se outros MiGs tivessem nos acossado ou se tivéssemos que nos evadir de um perigo. Mais que isso, Giora, na batalha de Abu Suweir, você combateu com mais concentração e frieza e foi mais econômico que seu líder.

Isso me dá uma confiança tremenda.

Pouso. A equipe de solo tira meu capacete e me carrega nos ombros. Não estou suando nem cansado. Sinto-me meio *blasé*, como se fosse um dia qualquer no trabalho. Um motorista me leva de volta ao esquadrão. Sim, derrubei dois MiGs, aqui está a filmagem do meu canhão, qual é a próxima missão?

Giora Romm, em 1983, com seus filhos, Assaf e Yuval.

A sala de operação é o coração do esquadrão. É onde fica a mesa da missão, com os nomes dos pilotos e suas próximas tarefas. É também o lugar da fofoca. A fofoca da guerra. A única coisa que me interessa é ser reabastecido, rearmado e voltar para o ar o mais rápido possível. Eu quero é voar. A guerra é divertida. A guerra é divertida! Você decola, derruba um ou dois MiGs e, depois, volta e faz tudo de novo.

Ran Ronen, comandante do 119º Esquadrão.

Agora as missões vêm aos montes e são mais rápidas. Voo para Inshas às 7h45, para Abu Suweir às 10h30, Gardaka às 12h30 e, depois, para o Aeroporto Internacional do Cairo às 16h30. As equipes em solo trabalham como na Fórmula 1. Observando-as, penso: meu Deus, sinto pena de verdade desses egípcios.

Arnon Levushin é o piloto mais jovem do 119º Esquadrão.

Estamos atacando Cairo Oeste. Sou o número quatro da formação. Sou tão novo que só obtive meu certificado operacional há duas semanas.

Mergulho, a oitocentos metros acima do nível do mar. Vejo a pista crescendo, crescendo, crescendo. Solto a bomba, mas não aperto o gatilho o suficiente. Só cai uma única bomba.

Cresci no *kibutz* Kfar Menachem. É um *kibutz* muito espartano. A ética era de desperdício zero, trabalho duro para todos, todos participando. Ao meio-dia, meu trabalho era pastorear as ovelhas. Eram 250 animais que eu tinha que levar de pasto a pasto, por uma trilha que atravessava uma ferrovia. Certo dia, quando metade do meu rebanho havia cruzado os trilhos, ouvi o apito do trem. Leva uns três ou quatro minutos para tantos animais atravessarem de um lado para o outro de uma ferrovia. Eu via o trem se aproximando rapidamente. O pai de um amigo meu, que por acaso estava dirigindo um trator ali perto, saltou do veículo e veio correndo na direção dos trilhos, agitando a camisa vermelha na esperança de chamar a atenção do maquinista. Ouvi os freios do trem rangendo, mas era evidente que ele não conseguiria parar a tempo.

LIVRO QUATRO • MOKED

Penso que agi com muita frieza. Mesmo com o trem chegando perto, continuei a raciocinar calma e claramente. Fiquei ao lado do trilho. Conduzi metade do rebanho para a frente, a salvo da linha do trem, e a outra para trás, onde não havia risco. Salvei as ovelhas.

Pode parecer coisa pouca, mas não foi. Uma tarefa de muita responsabilidade tinha sido confiada a mim numa idade precoce, e dei conta dela. O *kibutz* reconheceu isso.

Nos testes psicotécnicos para entrar na escola de pilotos, existe um exercício em que você pega um lápis e vai traçando uma linha pelo papel, ziguezagueando por uma sucessão de labirintos. Mas o lápis não fica na sua mão. Em vez disso, fica numa máquina de desenho que você maneja usando dois controles, um horizontal e outro vertical. Realizei o teste com facilidade.

Em outro, mostram-me a página de um livro por alguns segundos, um esquema complexo, com desenhos, gráficos e texto. Quando o administrador do teste fecha o livro, você tem que dizer de que consegue se lembrar. Eu me lembrava de tudo.

Na escola de pilotos, esforçava-me para ser o primeiro, porque era pequeno e não era de falar muito. Por duas vezes, quase fui dispensado; mas o sociólogo-chefe intercedeu por mim. "O garoto gabaritou nos testes. Precisamos ter paciência até ele se encontrar."

Num Mirage, quando suas bombas caem, você percebe, porque o avião fica leve de repente. Mas é difícil dizer se foi uma ou se foram as duas bombas que caíram, especialmente se você é um piloto novato e está lançando essas bombas pela primeira vez em combate.

Espio o painel. Ainda tenho uma bomba. Isso é pior que pastorear as ovelhas pela ferrovia. Com uma bomba ainda pendurada, meus canhões não vão disparar. Faz parte do sistema de segurança do Mirage. As bombas são carregadas sob a fuselagem; cada uma possui o detonador sobressaindo no bico. Os canhões de 30 milímetros ficam um pouco adiante. Quando você atira, os cartuchos detonados escapam raspando pelas bombas a uma velocidade de 700, 800 quilômetros por hora. O sistema de segurança é projetado para que, se por alguma razão as bombas ainda estiveram sob a fuselagem, os canhões não disparem. Então, não posso atirar.

Enquanto isso, os outros três Mirages da minha formação entram no modo de tiro. Estão mandando pelos ares os Tupolevs-16 estacionados no

191

solo. O que posso fazer? Ganho altura, espero a segunda leva de tiros acabar e meus colegas de formação saírem do caminho. Então, solto minha segunda bomba. O fogo antiaéreo está vindo de todos os lugares e vem todo em cima de mim, porque estou desgarrado, voando alto e fico exposto; os canhoneiros sabem o que estou tentando fazer e para onde estou indo. Não entro em pânico. Minha mente está limpa. Estou é envergonhado. Não gosto de falar no rádio, mas agora fico completamente mudo.

Finalmente, consigo entrar no padrão de tiro. Mas estou atrasado e a fumaça que vem dos bombardeiros egípcios pegando fogo ao lado da pista é tão densa que não consigo ver nada. Não consigo mirar. É um pesadelo sem fim.

Eu penso: "OK, qual é o plano B? Quais outros danos posso infligir?". Vejo um prédio. O mais alto da base. "Ah, garoto". Voo direto para ele, a 30 metros de altura, e mando tudo para o inferno.

De volta a Tel Nof, o *debriefing* é rápido. As equipes de solo já estão trazendo os aviões rearmados e reabastecidos. Estamos recebendo o *briefing* da nossa segunda missão. Só tenho tempo de mijar, contar algumas histórias e sair correndo para o avião. Mas primeiro tenho que ver que prédio do Cairo Oeste explodi. Espero que seja algo bom. Vai compensar a bobagem que fiz. Dou uma olhada no leiaute da base na sala de operações. O que foi que atingi? Inteligência, depósito de combustível, o QG da base?

O estacionamento! É como destruir os mictórios. Sinto-me ainda mais humilhado.

Segunda missão: Gardaka. Ran Ronen é o líder.

Já passa de meio-dia e estamos sobre a base. Acabou-se a surpresa. Os egípcio estão esperando por nós.

Eu achava que o fogo antiaéreo em Cairo Oeste tinha sido pesado, mas não era nada comparado ao que estávamos vendo agora. Isso é o verdadeiro triplo A. Parece que cobriram as pistas com uma tampa, uma tampa de fogo vermelho e bravo. Vejo os traçados de balas do que parecem ser 50 canhões diferentes. Pior, Gardaka fica em terreno aberto, uma planície desértica sem árvores, prédios altos, nada que possa perturbar a linha de visão dos canhoneiros.

"Um, dentro." É Ran, mergulhando naquele fogo cruzado assassino. "Dois, dentro." Sou eu. Vejo o triplo A escalando na minha frente. A próxima explosão vai me pegar, tenho certeza.

"Três, dentro."

"Quatro, dentro."

De alguma maneira, sobrevivemos. Colocamos nossas bombas bem no alvo. Gardaka é uma das bases para onde escaparam os aviões egípcios dos outros aeródromos. Reuven Rozen é o nosso número três; Buki Kenan é o número quatro. Buki normalmente fala bem alto. De repente, escutamos ele falar ainda mais alto:

"*Migim! Migim!*" "MiGs, MiGs!"

Nunca tinha visto um MiG de verdade no ar, mas reajo como qualquer outro piloto de combate. Primeiro, meu líder faz um 180 para localizar qualquer avião que esteja na minha cauda; em seguida, fico morto de vontade para derrubar aqueles filhos da puta.

"Quantos?"

"Quatro."

É como se o céu estivesse explodindo. Aviões se aproximam em todas as direções. Esqueço as passagens de tiro. Antes que eu possa pensar, vejo outra explosão. Ran derrubou um MiG-19.

Buki está na cola de outro.

Pego um para mim. Ele está na minha mira. De repente, desacelera de uma vez e foge. Seu pós-combustor acende. Um MiG pode alcançar 1.100 quilômetros por hora, mas um Mirage pode bater os 1.300. Acendo meu foguete. Pelo rádio, ouço a voz de Ran: "Dois, apresse-se! MiG na sua cauda!".

Ran está na minha retaguarda, indo ao encalço de um MiG que vem atrás de mim. Não penso em mais nada a não ser no avião que estou perseguindo. Esqueço Gardaka, a missão, a guerra inteira. Quero meu MiG. O MiG é rápido, mas meu avião é mais veloz. O MiG-19 tem uma fuselagem muito peculiar, em formato de charuto. Estou me aproximando, minha mira está quase fechada na cauda dele. Pelo rádio, escuro Ran derrubar o MiG lá atrás. De repente, meu MiG desacelera! Os MiGs-19 fazem curvas muito, muito acentuadas. Ele vai acabar ficando muito para trás! Nada disso!

Embico o avião para cima e faço uma espécie de ioiô. Meu MiG está desacelerando rápido demais, muito rápido para eu conseguir acompanhar. O piloto deve estar sob um tremendo empuxo gravitacional. Mas estou desacelerando ainda mais rápido subindo na vertical. Isso é bom. Viro por cima dele. Consigo ver a cabeça do piloto virando de um lado para outro, tentando me achar. Desço sobre ele como um falcão e aperto o gatilho. Nada de fogo. Nada de explosões. O que está acontecendo? Sei que meus canhões dispararam.

Então eu avisto o paraquedas. Estou redimido.

O comandante de esquadrão Ran Ronan retorna de Gardaka.

O rádio vermelho do Mirage é o canal usado pelo esquadrão; o verde é do controle de solo. Dez minutos depois de atacar Gardaka, voltando para casa, o verde recebe uma transmissão de emergência: "Todas as formações no ar com munição adequada e combustível para chegar a Amã, notificar imediatamente!".

Amã? Jordânia! O rei Hussein entrou na guerra?

Posso falar abertamente com os líderes da minha formação; conhecemos as vozes uns dos outros como se fôssemos irmãos. "Quem está no ar com bombas?"

Avramik Salmon responde que está a caminho de Gardaka.

Pergunto: "Onde você está?".

"Sul de Eilat."

Aviso a ele que minha formação destruiu Gardaka. Eliminamos as pistas, derrubamos três MiGs e vimos um quarto mergulhar dentro de uma cratera aberta por uma bomba na pista.

"Alterne para o canal do CIS, diga a eles que você pode atacar Amã."

Menahem Shmul está na formação de Salmon, aproximando-se de Gardaka.

Estamos a 7.600 metros de altitude, descendo para atacar Gardaka. A guerra já dura quatro horas; não há mais necessidade de voar abaixo do radar para se aproximar de um alvo. Minha formação é Salmon, número um, Omri Hoffman, dois, e Jacob Agassi, três. Sou o número quatro.

De repente, Ran fala no rádio. Avisa que a formação dele atingiu e destruiu a base. Esqueça Gardaka. Chame o CIS.

"Você vai para Amã."

Amã? Isso é novidade. Significa que a Jordânia entrou na guerra. No entanto, não temos mapas de Amã. Tínhamos estudado aquela base.

Sabíamos como ela era de cor; mas Amã não estava na lista de alvos da Moked. Os únicos aeródromos de que tínhamos mapas eram os egípcios. Não temos nada sobre a Jordânia.

"Dois, você tem um mapa? Três? Quatro?"

Nada. Estamos às cegas.

Espere! Nossos mapas de sobrevivência.

Tiro os meus do *kit* de sobrevivência debaixo do assento ejetável. O livreto está enrolado numa embalagem à prova de água. A capa tem uma ilustração que inclui Eilat e Amã. Estamos sobre Eilat agora.

"Um, aqui é o quatro. Estou com ela."

"Ela quem?"

"Tenho Amã no mapa de sobrevivência."

Ran Ronen.

É por isso que você, como comandante de esquadrão, deve sempre pensar na composição de uma formação quádrupla. Não é apenas a química. Cada integrante deve complementar os outros. Preencher as lacunas.

Shmul é o número quatro na formação de Salmon. Ser o quatro soa como ser o menos importante, o último vagão do trem, mas ele tem um papel especial. Tudo acontece na frente dele, e ele tem visão da formação inteira. Isso dá ao número quatro uma perspectiva única. Ele é o nosso apoio.

Então, enquanto os números um, dois e três dizem que não têm o mapa de Amã, é Shmul, lá na retaguarda, que se lembra do mapa de sobrevivência.

Menahem Shmul.

O genial da Moked é que ela é modular. Atacamos como lobos, o que significa que conhecemos o padrão, conhecemos a sequência. O lobo alfa precisa apenas abaixar a cauda, e todos os animais da matilha saberão o que fazer.

O padrão básico é bomba, tiro, tiro, tiro. Aproximação em voo baixo, subir para 1.800, lançar as bombas na pista e depois ir atrás dos aviões estacionados, três passadas num ângulo de 270 graus, como se fosse uma folha de trevo. *Sha'yish* significa esquerda-direita-esquerda; *yishai*, direita-esquerda-direita.

Salmon comanda *yishai*, e lá vamos nós atacar Amã. Os aviões de elite da Força Aérea da Jordânia são Hawker Hunters, britânicos, rápidos, muito fáceis de manobrar. Acabaram de voltar dos ataques contra Israel, estão estacionados como patos enfileirados, sendo reabastecidos e rearmados.

O tenente-coronel Jacob Agassi, à esquerda, e o tenente Menahem Shmul, em 8 de junho de 1967.

Quando você ataca, aproxima-se rápido, usando o pós-combustor se for preciso. É o que mantém você a salvo dos triplos A. Comece a atirar a 900 metros. A distância diminui rápido, a mais de 1.000 por hora. Mire tão baixo que você possa ver as balas ricocheteando, cobrindo os aviões estacionados. Na primeira passada, repare nos seus alvos naquele segundo.

O canhão de 30 milímetros não tem uma taxa de disparo alta, mas as balas são grandes. Elas dão conta do trabalho. Cada lobo fica com sua parte.

Não que eu esteja literalmente pensando em meu pai. Neste momento não há tempo para isso. Mas a cada passada, tenho consciência de que estou atacando as pessoas que o assassinaram dez dias antes de eu nascer. Esperei minha vida inteira por isso.

Dentro de três dias, o rei Hussein da Jordânia vai aparecer na TV em uma entrevista coletiva, contendo as lágrimas e falando dos seus amados Hawker Hunters que foram massacrados ainda em solo. Vou pensar assim: "Queria que você tivesse mais Hawker Hunters, Hussein, para que pudéssemos os massacrar também".

Estou aqui para matar todo mundo.

Aterrissando de volta em Tel Nof, não quero perder nenhum minuto do *debriefing*. "Qual é a próxima missão? Vamos lá! Está escurecendo!"

Giora Romm.

Cada vez que aterrissávamos para reabastecer e rearmar, os *briefings* eram mais curtos. Informavam-nos o aeródromo alvo e pronto. Além disso, as missões continuavam mudando. A essa altura, todos os pilotos sabiam do sucesso dos primeiros ataques. Tínhamos destruído 198 aviões egípcios na primeira onda e outros 101 na segunda. Oito esquadrões israelenses haviam atingido 17 bases egípcias. Incrível. Mas, quanto mais atacávamos, mais queríamos atacar.

A Jordânia entrou na guerra. Nossos aviões destruíram seus dois aeródromos principais, Amã e Mafraq. Em Amã, destruímos todos os aviões. Um dos nossos Mystères fez duas passagens pelo escritório do rei Hussein, a primeira com foguetes, a segunda com tiros de canhão. Felizmente para Hussein, ele não estava lá. Em Mafraq, o único prédio que ficou em pé foi o refeitório. Eu estava patrulhando a fronteira do Sinai durante esses ataques; uma total perda de tempo, que me deixou tão furioso e frustrado que eu tremia.

Finalmente, à tarde, uma missão de bombardeio. Na Síria. Agora a Síria também estava na guerra. Ran deveria liderar nossa formação, mas foi retirado do *cockpit* no último momento pelo chefe da Força Aérea, Motti Hod. Não saberíamos por que até bem depois. Parece que um certo número de MiGs sobreviveu aos ataques às bases militares egípcias; escaparam para o Aeroporto Internacional do Cairo, um aeroporto civil, e estavam escondidos sob as asas de aviões comerciais. Somente Ran tinha a cabeça fria o suficiente, então confiaram a ele a missão de abater os MiGs sem tocar nos jatos civis. (A qual, por sinal, ele cumpre.)

No entanto, nossa formação havia perdido seu líder. O adjunto de Ran, Eitan Karmi, meu líder na segunda saída daquela manhã, assumiu o posto. Nossa formação era Karmi, número um, Asher Snir, dois, Layzik Prigat, três, e eu, quatro. Nosso alvo era um aeródromo chamado T-4, na Síria.

O T-4 era a quarta estação ao longo do oleoduto chamado Tapline, próximo à cidade de Tadmour. Precisamos atravessar a Jordânia inteira para chegar lá.

A ideia de que de repente você pode sobrevoar o Oriente Médio é fantástica. Não me canso disso.

Menahem Shmul.

O *briefing* da terceira missão é Cairo Oeste, mas, enquanto estamos a caminho dos aviões, a torre muda o alvo para uma base chamada Saikal, na Síria. Conhecemos o local. Não é muito longe da fronteira, então não teremos problemas de combustível. Oded Sagee é o número um, Reuven Rozen, o dois, e Udi Shelach, o três. Sempre sou o número quatro, porque sou o mais novo.

Entre Gedera e o mar da Galileia, o controle entra no ar com uma nova mudança de alvo – somos redirecionados para o T-4.

Essa base é um mistério para nós. Não fomos informados sobre ela. Não temos mapas. Não sabemos onde fica, exceto que fica longe. Além disso estamos voando bem no deque para evitar a detecção pelos radares sírios, então não podemos navegar por marcos. Precisamos de orientação. Enquanto isso, nosso número dois, Reuven Rozen, tem que desistir porque seu pós-combustor para de funcionar. Agora somos apenas três.

Para onde diabos estamos indo? Isso é sério.

De repente, lembro-me de que outra formação quádrupla do nosso esquadrão recebeu ordens para atacar o T-4. Ouvi isso por acaso quando mencionaram, a caminho dos aviões. Ran deveria liderar essa formação, mas foi convocado para uma missão mais sensível. Karmi assumiu, com Asher, Giora e Prigat.

Eles estão à nossa frente. Podem nos ensinar o caminho.

Informo ao meu líder, que não sabia disso. Elevo meu avião para a altitude de mais de 3 mil metros, sozinho, para ficar fora do alcance do rádio. Penso: "O T-4, rapaz! Síria, Jordânia, todo mundo está entrando nessa guerra!".

Contato Karmi, comandante da outra formação quádrupla, que me diz para ir para Beit Shean e, depois, pegar a direção tal e tal para Sheikh Maskin; ele me dá mais duas orientações e diz os minutos de cada uma. Anoto tudo rapidamente e volto para minha formação.

Já estamos sobre a Síria, a quase 800 por hora, no que os livros chamam de altitude zero, que na verdade é de 30 metros. Você vê os camelos, as gazelas, os acampamentos de beduínos. O relevo é um antigo platô vulcânico. Austero, cru, magnífico. É bonito vê-lo daqui de cima.

Fumaça adiante. Nosso alvo: o T-4. Pelo rádio, escutamos a formação de Karmi atacando a base. Karmi, Giora, Prigat e Snir. Conheço três deles, se não os quatro. São verdadeiros demônios num combate aéreo. Executam os padrões e passam a falar de MiGs. Os MiGs estão caçando eles, e eles caçando os MiGs.

Giora Romm.

Escuto Shmul chamando. Shmul é esperto, muito inteligente, um animal em qualquer tipo de combate. Tenho que dar esse crédito a ele: quando sua formação recebeu novas ordens para atacar o T-4, foi preciso uma tremenda presença de espírito para ele se lembrar de que outra formação quádrupla do 119º Esquadrão rumava para aquele mesmo alvo e para nos passar um rádio para pedir orientação.

Foi assim que soubemos que quatro Mirages do nosso esquadrão vinham atrás de nós. Isso foi bom e ruim. Bom porque sabíamos que juntos poderíamos deixar o T-4 em frangalhos. Ruim porque haveria mais concorrência para abater os MiGs.

Desde que Karmi me roubou aquele MiG-21, hoje de manhã, em Abu Suweir, decidi nunca mais permitir esse tipo de afronta. Não vou deixar ele roubar meu doce. Agora, sobre o T-4, vemos três ou quatro MiGs vadiando numa postura nada agressiva, então os ignoramos e partimos para o ataque. Ponho na cabeça que vou fazer as três passagens de tiro não importa o que aconteça. Asher Snir mal pode esperar. Assim que a passagem de bombardeio é concluída, ele voa da gaiola e começa a combater um MiG. Prigat e eu saímos da terceira passagem de tiro com um MiG na nossa cauda. Agora tenho dois problemas. O primeiro é abater o MiG; o segundo, certificar-me de que ninguém vai pegá-lo antes de mim. Digo a Prigat: "Tem um MiG na sua cola. Freie!". Derrubo meus tanques de combustível e viro na direção do MiG.

De repente, Shmul aparece com sua formação. São apenas três, e não quatro. Shmul é um aviador incrivelmente destemido, que, futuramente, se tornará um piloto de testes famoso. Ele vê o MiG, inclina o nariz para longe da pista, põe o MiG na mira de um jeito bem estranho e dispara uma rajada. Nesse instante, os motores dele falham!

Seu compressor falha.

Digo para mim mesmo: "Shmul é um prisioneiro de guerra. Ele perdeu toda a potência e agora é o MiG que está na sua cola. Ele vai servir Shmul numa bandeja". O MiG trava em Shmul e atira de maneira muito pouco profissional. Penso: "Que bando de babacas!".

Shmul avisa aos gritos que seu compressor travou. O MiG está atirando nele; volto-me para o MiG e vou pegá-lo na primeira rajada. Mas ele não explode. Talvez eu não tenha atingido o tanque de combustível. O MiG despeja fumaça no ar, cai vertiginosamente e começa a girar. Acompanho a queda, porque em todos os livros sobre a Batalha da Inglaterra que li quando criança, você não leva o crédito pela derrubada a não ser que veja o avião se espatifar no chão. Enquanto isso, Shmul consegue reiniciar o motor. Meu MiG afunda na terra a leste da pista. Shmul vai agora retomar sua passagem de bombardeio. Ele avisa que está bem. Está de volta ao jogo.

Menahem Shmul.

Estamos atacando, muito baixo, começando a subir quando surge um MiG-21 bem acima. Ele não nos vê. Decido ir atrás dele. Meu pós-combustor está ligado; alinho o MiG na mira e puxo o gatilho, mas minha mira ainda está em ar-solo para a passagem de tiro. O MiG continua a voar, mas eu não. Meu motor engasga e desliga.

O motor do Mirage é famoso pela propensão a engasgar sob determinadas condições; e pus o meu avião exatamente nessa condição, sem mencionar o erro de não alterar a mira de ar-solo para ar-ar. Foi o primeiro MiG que eu vi na minha mira, e fiquei tão eufórico que fodi com tudo. (Para meu alívio, depois que aterrisso, descobrem que os controles de combustível do motor estavam com defeito.)

Debaixo da minha fuselagem, estão duas bombas de 500 quilos e dois tanques de combustível. Estou a 450 quilômetros de casa, sobre o deserto da Síria, e não tenho motor. Em momentos de emergência, você sempre volta ao básico. Pelo rádio, informo: "Número quatro perdeu o motor". Silêncio por um momento. Então, Karmi diz: "Religue".

Estou tentando! Ejeto meus tanques, metendo o dedo no botão feito um louco. Estou mergulhando, 90 graus em relação ao chão, quando o motor reacende e meu coração começa a bater de novo. Preciso descer muito para ganhar velocidade, e agora estou a norte do meu alvo, sozinho. Sagee e Shelach estão atacando. Giora pega o MiG atrás de mim (são dois deles) e Asher Snir, um pouco depois, derruba o outro. Foram os primeiros MiGs que vi na minha vida.

Quanta adrenalina foi despejada no meu sangue? Estou tão abalado pelo MiG que perdi, pelo motor soltando chamas e por acabar de sair de um mergulho de 90 graus que mal posso respirar. Meu indicador diz que ainda tenho as bombas. OK, vamos usá-las. Subo acima da cabeceira da pista e entro. De acordo com nosso treinamento, devemos apertar o picle a cerca de 800 metros acima do solo, para largar as bombas e começar a arremeter do mergulho àquela mesma altitude. Se esperar mais, as bombas vão explodir em cima de você, e, além disso, você vai espatifar o nariz do avião no chão.

Lá vamos nós. O altímetro passa de 1.000 metros, o que ainda é bem alto, mas a pista vai crescendo e crescendo na minha janela e vou ficando com a terrível sensação de que há algo errado. De repente, eu me dou conta de que as leitoras estão baseadas no nível do mar, onde ficam os aeródromos do Egito. Mas estamos no T-4, no platô do Sinai. A altitude ali pode chegar aos 800 metros. Tudo isso passa na minha cabeça numa fração de segundo.

A PORTA DOS LEÕES

Despejo minha munição a 250 metros do solo, perto demais, baixo demais. O solo está se aproximando muito rapidamente. Estabilizo sob uma força gravitacional sobre-humana e só sou salvo porque minhas bombas têm retardadores e não explodem no exato instante em que passo bem em cima do ponto de impacto. A câmara do meu canhão fica ligada, ou então ninguém acreditaria como eu estou voando baixo. Um MiG-21 está taxiando. Estou praticamente à mesma altura que ele. Ajusto o leme, aprumo o nariz e aperto o gatilho. Ele explode. Eu arremeto e saio dali.

Estou sozinho e fora da sequência. Faço um giro para voltar. Três MiGs estacionados pela pista, verdadeiros patinhos num estande de tiro ao alvo. Os outros aviões da minha formação vêm metralhando da direita para a esquerda. Estou voltando na direção oposta. Novamente, sinto que há algo errado. Começo a fazer a curva a mais de 900 por hora e vejo outro Mirage tão próximo que consigo visualizar os parafusos na fuselagem de alumínio. É nosso número três, Udi Shelach. Ele, corretamente, vai para a esquerda, seguindo o que chamava de padrão *yishai*. Estou na contramão! Nossos aviões vão colidir. Eu faço uma curva maluca, quase o atingindo, num ângulo de 90 graus à altitude zero. Ele nem percebe que estou próximo. Recupero-me e quase acerto em cheio um hangar sírio. Que diabos. Arremeto, dou o fora dali e continuo meu ataque.

Enquanto isso, Giora e Asher acertam seus MiGs. Karmi, Prigat, Snir e meus colegas de formação estão voltando para a base. Giora, que sempre tem combustível de reserva, está vasculhando o local, tentando arrumar confusão com outro MiG. Completo minhas três passagens de tiro e sigo com ele para a base, alguns minutos atrás.

Que *balagan*! Mas, por mais que tenha faltado profissionalismo, encontramos o aeródromo e o destruímos. Eliminei um hangar e dois MiGs em solo. Estou vivo e meu avião está inteiro.

Meu grande pecado foi perder de vista a "perspectiva da batalha". É um erro grave, uma falha que deve ser considerada com a maior seriedade. Durante o ataque, mantive a consciência de onde estava em relação à base, o alvo no solo, mas perdi a noção de onde estavam os outros Mirages. Um piloto nunca pode fazer isso. Ele precisa ter sempre na cabeça a imagem da batalha, até mesmo quando está numa posição inversa ou fora de padrão. Ele precisa saber onde estão seus companheiros de formação e o que estão

202

fazendo. Se estão num padrão de tiro, precisa saber se é *sha'yish* ou *yishai* e a posição de cada um dentro do padrão.

Perdi completamente essa capacidade.

Ran Ronen, comandante de esquadrão.

Terminou o dia de combate. São 11h da noite. Estou sozinho no *bunker*, revisando o filme das câmeras dos canhões. Vou assistir às filmagens de todos os aviões do esquadrão e de cada saída que fizeram. Detalhes contam. Algum dos meus pilotos quebrou a formação e ficou por conta própria devido a excesso de emoção, raiva ou confusão? Preciso ver como cada formação quádrupla voou, assim como cada piloto individualmente. Hoje tivemos dois momentos em que foi preciso intervir.

Entre a segunda e terceira missão, saí da minha sala para a varanda e topei com Asher Snir, sozinho, de cara para a parede. Ele estava chorando.

"Asher, o que foi?"

Ele disse que havia acabado de saber que seu amigo Yoram Harpaz foi morto, abatido por um míssil Hawk israelense, quando seu avião se desgarrou e invadiu o espaço aéreo restrito sobre o reator nuclear de Dimona.

"Venha comigo." Levei-o ele para a minha sala e fechei a porta. Asher tinha 23 anos e era bonito como Montgomery Clift. Ele terminará sua carreira com 13,5 aviões derrubados, empatado com Avramik Salmon no segundo lugar do *ranking* dos maiores ases israelenses de todos os tempos. Poderia ter se tornado chefe da Força Aérea de Israel, se o câncer não o levasse aos 44 anos, já como brigadeiro-general.

"Asher, isso é guerra."

Ele tentou se recompor.

"Amigos vão morrer. Não podemos pensar nisso agora."

"Sim, Ran."

"Vamos guardar o luto para depois. Para a próxima semana. O próximo mês. Mas agora não. Está entendendo?"

Asher endireitou-se.

"Sim, Ran."

Levantei-me. Ele também.

"Você e eu podemos morrer hoje, esta tarde. Sabemos disso. Aceitamos isso."

Coloquei minha mão em seu ombro.

"Sinto muito, Ran. Não vai acontecer de novo."

Nesse mesmo intervalo, eu estava na sala de operações, configurando a formação para a missão em Gardaka. Pus meu nome no quadro como líder. Um dos meus adjuntos, Eitan Karmin, reagiu.

"Você está ficando só com o filé, Ran." Ele disse isso na frente dos demais pilotos.

Ordenei que ele fosse comigo até minha sala.

Karmi era meu amigo, um piloto excepcional. Ele vai abater 8 aviões inimigos em combates aéreos durante sua carreira, o que o torna um dos 20 ases da FAI. E ele era líder. Mas o que tinha acabado de fazer era inaceitável.

"Tire seu macacão de voo", mandei. "Você não vai mais voar com esse esquadrão. Troque de roupa e vá para casa."

Faço o *briefing* da missão em Gardaka. Quando saio para a varanda, Karmi está me esperando. "O que você está fazendo aqui?", pergunto. "Eu lhe disse para ir embora do esquadrão. Vá para casa."

Quando estou taxiando, vejo seu Volkswagen saindo do estacionamento.

De volta de Gardaka, duas horas depois, consegui abater dois MiGs, Levushin derrubou outro, um quarto caiu e nós destruímos a base. A caminho do esquadrão eu vejo Karmi.

"Ran, posso falar com você?"

"Claro. Somos amigos."

Na minha sala, Karmi pede desculpas. Ele reconhece que estava errado. Nunca deveria ter falado comigo daquele jeito, muito menos na frente dos outros. "Por favor", ele pede, "me deixe voar".

Seguro a mão dele. "Muito bem, pode voltar. Por enquanto, esqueça o que passou. Vamos discutir isso quando a guerra acabar." Dou-lhe a missão de atacar o T-4, na Síria.

Penso nisso agora, assistindo ao filme da formação de Oded Sagee, que chegou ao T-4 logo depois de Karmi. Na tela vejo uma fileira de MiGs sendo alvejada e, ao fundo, um enorme hangar. De repente, no canto direito do fotograma um Mirage surge do nada, rápido como uma bala, totalmente fora de padrão. Ele passa como um raio na frente do hangar, à altitude zero, quase colidindo com outro Mirage.

204

Agora Shmul está na minha sala. Era o avião dele. Eu o tirei da cama. Passa da meia-noite. Mostro o filme e pergunto se ele está carregando a pistola de serviço.

"Sim."

"Então pegue essa pistola e se mate. Preciso desse avião. Se você vai se matar, faça de um jeito que não custe seu avião nem qualquer outro em que você vá se esborrachar."

Comunico que ele ficará de castigo em solo.

Menahem Shmul.

Ran me comunica que não vou mais voar. A guerra terminou para mim. Sei que ele está certo. O que fiz é imperdoável. Mas sei também que não vou permitir que ele me deixe em solo, de jeito nenhum. Isso não vai acontecer. Não vou deixar.

Espio a porta. Está fechada. "Posso falar?"

"Claro."

Conto a ele sobre meu pai. "Isso não é desculpa, eu sei. Fodi tudo; mas somente porque queria muito destruir o inimigo. Vou me controlar amanhã, Ran. Você nunca mais vai ter problemas comigo."

Ran Ronen.

Ele está sentado bem na minha frente; esse calouro, ruivo, bravo como um leão, o tipo de aviador que qualquer comandante sonha em ter no seu esquadrão.

"Merda, você acha que eu posso deixar você voar desse jeito? Você quase se matou e ia levando Shelach junto!"

"Fodi com tudo", ele diz. "Fodi mesmo."

"Saia já daqui", digo a ele. "Deixe-me pensar nisso."

Shmul me ensinou uma lição muito importante. Você tem que conhecer seus pilotos. Eu achava que um comandante de esquadrão só precisava conhecer seus homens como aviadores. Agora Shmul me conta do seu pai, que nunca viu, nunca conheceu, assassinado por árabes dez dias antes de ele nascer. Ele cresceu com isso.

Você precisa saber o que move seu pessoal.

Ran Ronen, em 1976, como general-brigadeiro.

Menahem Shmul.

Ran sai de sua sala depois dos cinco minutos mais longos da minha vida. "Você pode continuar voando", ele diz. "Vai ficar ao meu lado em todas as formações amanhã. Se você fizer merda, eu vou saber."

Agradeço e juro mais uma vez que vou me controlar. Vou voar por ele como ninguém nunca voou.

"E esqueça essa coisa da pistola", Ran diz. "Você não precisa se matar."

LIVRO CINCO
SINAI

SADIN ADOM

Meu jipe acelera por uma pista de areia ladeada por campos estéreis. Sem gente, sem casas. Cruzamos a fronteira. A guerra começou.

Yosi Ben-Hanan é oficial de operações da 7ª Brigada Blindada. Ele tem 22 anos e é tenente.

Há menos de uma hora, vimos aviões de combate israelenses passando sobre nossas cabeças para atacar o inimigo. Todos os homens da brigada estão em pé. Todos os tanques e blindados leves estão ligados, motores acionados, frequências de rádio abertas. Finalmente, às 8h15 chega o código para avançar: *Sadin Adom*.

"Página Vermelha."

Avançamos. À frente vai o 1º Pelotão da Companhia de Reconhecimento da brigada, liderado pelo tenente Yossi Elgamis. Seis jipes lideram o 79º Batalhão, composto de tanques Pattons M48A de fabricação norte-americana. Sigo no quartel-general da brigada logo atrás.

Alguém pode até achar que cruzar uma fronteira no Oriente Médio, passando por fortificações maciças, armas e campos minados, é um grande feito, mas aqui não tem nada. A fronteira consiste apenas de uma placa de "pare" e um sulco raso feito com uma escavadora.

Até agora não houve combate nem resistência. Adiante, como sabemos, nos esperam duas divisões inimigas: a 20ª, conhecida como "Palestina", porque é integrada em sua maioria por milicianos refugiados da Faixa de Gaza, e a 7ª, uma formação regular do Exército egípcio. O que podemos esperar delas? Os da Divisão Palestina podem estar escondidos em qualquer lugar; podem estar uniformizados ou à paisana. Vão disparar

Kalashnikovs, metralhadoras, morteiros e lançadores de foguetes de dentro das casas e de trás das sebes. Os tanques, a artilharia e os canhoneiros antitanques da 7ª Divisão estarão ocupando posições ao longo da estrada principal que vai da Faixa de Gaza para El Arish. Lá fica o quartel-general da 7ª Divisão egípcia.

Nosso objetivo imediato é o entroncamento viário de Rafiah. De lá, a brigada vai se encaminhar para oeste, na direção de El Arish. Aí vai começar a guerra de verdade. Pelo menos é o que todos estão esperando. O grupo de comando da nossa brigada consiste de dois tanques, o blindado leve de comando, o jipe de ligação com a Força Aérea e vários outros de apoio.

Estou ocupando meu próprio jipe com meu motorista, Joshua Gaist. Não é comum um tenente ter um jipe com motorista; mas, como tenho acomodações de capitão, foi aberta uma exceção.

De repente, o rádio anuncia: "Chave de fenda, aqui é o Vinte. Onde vocês estão?".

Chave de fenda é o sinal para chamar a atenção de todos os oficiais de operações. Vinte é o comandante da brigada, Shmuel Gorodish.

"Chego em um minuto!"

Digo a Joshua para ficar atrás do blindado leve do comandante da brigada e tomar cuidado. Todas as minhas coisas e também as dele estão lá atrás. Carne enlatada, cigarros, roupas de baixo, equipamento de dormir. Não quero perder isso: nunca sabemos quando iremos precisar.

O tenente Eli Rikovitz tem 20 anos e comanda o 3º Pelotão da Companhia de Reconhecimento da 7ª Brigada Blindada.

Estamos nos movendo a 20 quilômetros por hora numa estrada de duas vias que está fora dos nossos mapas. Os planos mudam com tanta frequência que os mapas não conseguem acompanhar.

Dois dias atrás, nossa companhia estava programada para cruzar a fronteira próxima a Kerem Shalom, liderando os tanques da brigada rumo ao norte, na direção do entroncamento de Rafiah, uma rota que nos levaria direto para os tanques Stalin tripulados pela 11ª Brigada egípcia. Os Stalins são monstrengos da Segunda Guerra Mundial com canhões de 122 milímetros.

A Companhia de Reconhecimento
da 7ª Brigada Blindada cruzando a fronteira.

Ontem à noite, essas ordens foram alteradas. Mudamos a posição para um lugar irrelevante no meio do deserto chamado entroncamento Gvulot, onde as estradas 232 e 222 se juntam, a cerca de 7 quilômetros da fronteira. Em vez de rumar para o norte, vamos fazer um "gancho" bem aberto para a direita, a leste, evitando os tanques Stalin.

O alívio não é pequeno.

O conceito israelense de guerra de blindados é a *Blitzkrieg*. Por que nos atirar sobre o inimigo fortificado? O certo é dar a volta. Atacá-lo por onde ele não espera ou evitá-lo completamente.

Nossa rota agora atravessa alguns vilarejos e, depois, penetra a cidade de Khan Younis. De lá, vamos atacar o entroncamento de Rafiah a partir do norte, por trás. Colo um pedaço de esparadrapo branco no painel do meu jipe.

Abasan el-Kabir
Khan Younis
Entroncamento Rafiah

Sheikh Zouaid
Passo Jiradi
El Arish
É isso. É esse nosso roteiro.

Zvika Kornblit, 20 anos, dirige o jipe no pelotão de Eli Rikovitz.

Há mais de três semanas que treinamos aqui, próximo ao ponto de onde partiremos para a guerra, mas agora que estamos em movimento, minhas pernas estão tremendo. Cruzar a fronteira é coisa séria. Parece que nossos joelhos entendem.

Não estamos mais em Israel. Estamos no Egito.

Itzhak Kissilov é um soldado de 19 anos e está no 1º Pelotão do tenente Yossi Elgamis.

O 79º Batalhão vem atrás de nós. Tanques Pattons. Abrimos o caminho para eles com nossos jipes e blindados leves. Um blindado leve não tem capota, é como um caminhão de fazenda. Vou na frente com nosso tenente, Yossi Elgamis. Os caras lá atrás viajam em pé ou sentados. Faz barulho. Meu amigo Pinhas Yaakov grita para Yossi: "Já é a guerra?":
"O quê?"
"Quando vai começar a guerra?"
Yaakov quer saber quando pode começar a atirar. Tudo ao redor não passa de matagais ermos, e, mais adiante, está a empobrecida aldeia de Abasan el-Kabir.
Yossi grita de volta: "Quando alguém atirar em você, Yaakov, vou lhe dar permissão para atirar de volta".

Menachem Shoval é um soldado de 19 anos e está no pelotão do tenente Eli Rikovitz.

Naquela época, no centro de recrutamento central, certos soldados de elite tinham permissão para montar as próprias mesas de recrutamento, e os sargentos veteranos atrás deles escolhiam os "peixes bons". Na mesa do Reconhecimento, estava um sargento chamado Moti Shoval – seu sobrenome era igual ao meu. Ele perguntou meu nome. Respondi: "Shoval". Ele disse, "Você já está dentro".

Rimos, mas aí eu entrei mesmo.

No meu jipe, agora estão o tenente Shaul Groag, um extraordinário navegador e combatente, que comanda os quatro jipes do nosso pelotão; David Cameron, norte-americano, dirigindo; e eu, no banco de trás, operando o rádio.

Quando você é um simples soldado, como eu, não sabe de nada. Só temos um mapa, que está com Shaul, e a escala é de 1 : 100.000. Terrível. E, mesmo assim, você tem que conduzir os tanques. Precisamos saber exatamente em que ponto estamos, a todo momento.

Já passamos por dois povoados árabes. Os civis se trancaram dentro de casa, longe das armas.

Nossos oficiais não cansam de repetir que, no avanço para uma batalha, o primeiro dia é o mais importante. Precisamos aproveitar essas horas como se a sobrevivência da nossa pátria dependesse disso.

Devemos quebrar a espinha do inimigo a todo o custo.

Yosi Ben-Hanan, oficial de operações da 7ª Brigada Blindada.

O general Israel Tal comanda nossa divisão. Vou contar uma história para mostrar que tipo de homem ele é.

Alguns anos atrás, depois da guerra, saí do Exército e fui para Nova York tentar uma carreira na revista *Life*. Meu sonho era trabalhar como fotojornalista. Tinha uma carta de apresentação de Bernice Schutzer, viúva do lendário fotógrafo da *Life* Paul Schutzer, que foi morto em Gaza no primeiro dia da Guerra dos Seis Dias.

Claro que a *Life* me ofereceu o emprego. Mas, assim que saí da sala do editor e pus os pés na calçada, tive um mau pressentimento. Coloquei uma moedinha no orelhão e liguei para Israel. Liguei para Talik, é esse o apelido do general Tal, a cobrar. Ele atendeu.

"Yosi, o que você está fazendo num lugar como Nova York? Revista *Life*? Está maluco? Sair por aí fotografando os outros? Eles que deveriam tirar fotos de você!"

Talik me disse para voltar para o Exército. Meu lugar era lá. Ele arrumaria um lugar onde eu pudesse fazer o que sabia fazer de melhor.

"Yosi, vou lhe dar o endereço da Missão de Defesa Israelense em Manhattan. Fica a umas 30 quadras de onde você está. Trate já de ir andando. Quando chegar à missão, um envelope com mil dólares vai estar à sua espera. Use esse dinheiro para comprar uma passagem para casa. Pague-me quando puder. E só mais uma coisa: passe uns dias em Londres ou em Paris no caminho. Divirta-se o quanto puder, Yosi, porque vou arrancar seu couro quando você voltar."

Esse é Talik.

Ontem ele fez um discurso para os oficiais da divisão. Não era o general Patton num palco enorme. Talik é um sujeito baixinho, mas, quando está diante de um tanque, você tem certeza de que ele sabe montá-lo e desmontá-lo, peça por peça. Tal comanda a corporação de blindados desde 1964.

Talik discursa. O que ele diz será repetido milhares de vezes nos anos seguintes. Seu discurso será citado e trechos dele serão publicados por jornais e revistas militares em todo o mundo.

Tal afirma que nossos planos de batalha são excelentes e que tem certeza de que nós os conhecemos nos mínimos detalhes. Mas amanhã, quando começar a guerra, esses belos planos vão voar pela janela. Ele diz que nada acontecerá de acordo com esses planos. As linhas de assalto mudarão. A direção em que os inimigos se movem será outra. Tudo vai mudar. É assim que são as coisas na guerra. Mas Talik diz:

Uma coisa precisa estar exatamente de acordo com os planos: o princípio segundo o qual esses planos foram feitos. Todos os homens vão atacar. Cada unidade vai avançar o mais rápido que puder. Não prestem atenção nos flancos. Não percam tempo pensando no reabastecimento. Se vocês perderem nove de dez tanques, continuem avançando com o décimo. Não parem para nada.

O general Israel Tal.

Ele nos lembra de que outros países podem se dar ao luxo de perder a primeira batalha e, depois, se recuperar e ganhar o dia. Israel não pode. Se fracassarmos no combate inicial, nossa pátria será invadida. O destino da guerra em solo repousa no que nossa divisão fará amanhã. A sobrevivência do nosso país depende de nós.

>Agora eu vou dizer a vocês algo muito sério: *en brera*. Não temos alternativa. A batalha de amanhã será de vida ou morte. Cada homem terá que atacar até o fim, sem se importar com as baixas. Não vai haver recuos. Nem paradas, nem hesitações. Somente o ataque à frente.

Talik aponta no mapa para El Arish, a base principal da 7ª Divisão egípcia. "Amanhã", ele diz, "se algo sair errado, lembrem-se somente disto: El Arish".

O tenente Yossi Elgamis.

"Continuem avançando na direção de El Arish. Cheguem lá a qualquer custo. Estarei ali para encontrá-los e apertar a mão de vocês."

Dov "Dubi" Tevet é um soldado de 19 anos do pelotão do Reconhecimento de Eli Rikovitz.

Nos dias em que nos preparamos para a guerra, Eli e eu conduzimos muitas pesquisas de reconhecimento ao longo da fronteira, escolhendo pontos de passagem para os tanques. Aqueles veículos precisavam de nós para os planos iniciais, porque os pontos de penetração estavam em estradas secundárias e trilhas de terra. Eles se perderiam sem nossos jipes para guiá-los.

No entanto, agora que a guerra começou mesmo, os tanques estão avançando pelas estradas principais. Não precisam de nós para isso.

Mas nossos jipes de Reconhecimento continuam na vanguarda. É uma loucura. Um jipe é um alvo fácil, seus tripulantes estão expostos ao fogo vindo de todos os lados.

Boaz Amitai é um segundo-tenente de 20 anos, o segundo em comando do 1º Pelotão da Companhia de Reconhecimento sob o tenente Yossi Elgamis. Ele comanda os quatro jipes do pelotão.

A primeira aldeia em que chegamos depois de cruzar a fronteira é Abasan el-Kabir. Meu jipe está na frente, e os outros três o seguem. Não tomamos chumbo ainda. Na verdade, as crianças árabes pelo caminho até acenam para nós.

Meu motorista, Uri Zand, tem um rádio transistor. Ouvimos Dayan anunciar o início das hostilidades. Agora estamos escutando música. Talvez a guerra não seja tão ruim.

Mais adiante, uma vala de irrigação bloqueia a estrada, ela é bem grande, funda e larga demais para os jipes passarem.

"Boaz!" Yossi Elgamis, comandante do nosso pelotão, encosta ao lado do jipe em seu blindado leve. "Ache um caminho por onde os jipes possam passar. Eu assumo a liderança."

Yossi toma a dianteira. Equipado com uma esteira, um blindado leve avança sem problemas sobre um obstáculo como aquele.

216

De todos os grandes caras que a nossa companhia tem, Yossi é o melhor. Quando estávamos treinando no Campo Nathan antes da guerra, ele, Eli Rikovitz e eu costumávamos ir para Beer-sheva depois dos exercícios diários, para um lugar chamado Morris's, comer carne e tomar umas cervejas Nesher em garrafas grandes, de um litro. Yossi nos mandava arrancar as insígnias de tenente para não estragarmos a festa dos sargentos e soldados.

O capitão Ori Orr tem 28 anos e comanda a Companhia de Reconhecimento. Tem sob ele três pelotões: o de Yossi Elgamis, o de Eli Rikovitz e o de Amos Ayalon.

Sua mente começa a fervilhar quando chega a ordem para partir. "Você é o comandante." Você sente que todo mundo está com os olhos postos na sua nuca.

Meu veículo é o que chamam de blindado leve de comando. O veículo de comando é o que leva vários rádios. Temos três deles. Um operador opera esses rádios, mas eu também posso ouvir todas as frequências. Tenho um microfone e fones de ouvido, que não uso porque também quero escutar o que está se passando ao redor. Um rádio nos conecta ao batalhão de tanques que estamos conduzindo; outro nos conecta ao comandante da brigada, Shmuel Gorodish, através do seu oficial de operações, Yosi Gen-Hanan; o terceiro, um GRC norte-americano, de reserva, permite a comunicação com meus homens nos jipes e blindados leves.

A missão da Companhia de Reconhecimento é localizar o inimigo e orientar os tanques. Somos os olhos e os ouvidos deles. Mas, num avanço rápido, se encontrarmos resistência, o Reconhecimento pode acabar em apuros.

Estamos bem na frente. Se encontrarmos fogo inimigo, atrasaremos o avanço solicitando o envio de forças mais pesadas? Às vezes não se pode fazer isso. É preciso atacar. Porém, nossos veículos de reconhecimento não possuem blindagem nem armamento pesado. Não somos uma tropa de choque.

Estou pensando nisso quando escuto uma mensagem de rádio da companhia: "Comandante abatido! Comandante abatido!".

217

Boaz Amitai, segundo em comando do 1º Pelotão.

Yossi Elgamis foi atingido na cabeça – uma rajada de metralhadora – assim que seu blindado leve entrou na aldeia de Abasan el-Kabir.

Estou no meu jipe. As balas atingem a areia ao meu redor. Parece um filme. A sensação de irrealidade é hipnótica. Os tiros de fuzis e metralhadoras são ensurdecedores, mas nada parece real. Não consigo assimilar a ideia.

Lembro, com um atraso letárgico, que sou o segundo em comando do pelotão. Nosso líder foi baleado. Preciso agir.

De repente, desperto.

O motorista de Yossi recuou para fora da zona de perigo. O blindado leve está protegido atrás de um prédio. Meu jipe acelera. O fogo continua, próximo e intenso. Aproximo-me por trás do blindado leve. Yossi está deitado na maca do veículo com Itzhak Kissilov e Shmuel Beilis, também da equipe de comando, que lhe prestam os primeiros-socorros.

Basta olhar para saber que Yossi foi ferido com gravidade. Estou pensando na vala na entrada da aldeia. Por causa daquela vala, Yossi tomou a dianteira. Se não fosse por isso, eu estaria no caminho daquela bala.

Pergunto a Kissilov: "De onde vem o fogo?".

"O quê?"

Quando Yossi foi baleado, caiu por cima de Kissilov. Seu uniforme está empapado com o sangue de Yossi.

"O atirador que pegou Yossi! Onde está?"

Kissilov aponta para a frente. Uma mesquita. A torre do minarete.

Temos três tanques conosco. Não devemos atirar em prédios civis. Passo um rádio para o comandante do tanque.

"Está vendo aquela torre?"

Ele diz que sim.

"Pois derrube."

Ele obedece.

De repente, a guerra se torna real.

Yosi Ben-Hanan, oficial de operações da 7ª Brigada.

Pelo rádio, ficamos sabendo que Yossi Elgamis tinha sido morto. Ele é meu amigo e um elemento-chave do assalto, adjunto de Ori Orr, segundo em comando da Companhia de Reconhecimento inteira.

Uma coisa horrível. Uns poucos quilômetros além da fronteira, nossa coluna de tanques e caminhões está sob fogo de morteiros. Os veículos começam a frear. Joshua, motorista do meu jipe, foi atropelado pelo tanque que vinha atrás dele. Ele morreu.

Estou na vanguarda da coluna com Shmuel Gorodish, o comandante da brigada, quando isso acontece. Meu posto é à esquerda de Gorodish, no blindado leve do comando. Escutamos os gritos frenéticos pelo rádio. Um jipe pegou fogo. Olhando para trás, vejo a fumaça. Percebo que é meu jipe. É Joshua.

É assim, percebo com uma súbita e devastadora dor como as coisas são na guerra. Amigos queridos são mortos não apenas pelo fogo inimigo, como aconteceu com Yossi Elgamis, mas por contratempos, acidentes, coisas malucas que não têm nada a ver com atirar no inimigo ou ser atingido por ele.

O que vou dizer à mãe de Joshua?

Não tenho tempo para sentir e nem para pensar. Milhares de outras urgências estão sobre meus ombros. "Onde está Kahalani?", Gorodish pergunta. "O 79º Batalhão chegou a Khan Younis?"

É minha função como oficial de operações saber onde cada unidade está, informar Gorodish com base nos relatórios que me mandam e repassar as ordens que ele dá.

O tenente Avigdor Kahalani é comandante de uma companhia de tanques no 79º Batalhão da 7ª Brigada Blindada.

Estou no tanque líder numa estrada secundária aproximando-me de Khan Younis; sigo a equipe de reconhecimento de Yossi Elgamis. O fogo de uma metralhadora inimiga está tirando lascas da pintura da minha lataria e da minha torreta. De repente, a estrada se estreita, afunilando nossa coluna no meio de uma grossa cerca de arame farpado. Ordeno ao meu motorista que saia dali. Assim que ele faz isso, ouço um barulho ensurdecedor, e a barriga do tanque afunda. Estamos parados. Uma esteira escapou dos eixos. Deixamos uma esteira cair no chão.

Uma dúzia de tanques fica engarrafada atrás de mim. Que *balagan*! Fico morto de vergonha. Abandono meu tanque e embarco no de trás. Dois quilômetros depois, nos arredores de Khan Younis, acontece a mesma coisa. A corrente do segundo tanque também arrebenta! Fico fora de mim. Pego um terceiro tanque, o do meu adjunto, Daniel Tzefonis.

Estou tão furioso que poderia mastigar aquela esteira de aço. Quero ser o primeiro a chegar a Khan Younis. Minha companhia tem que romper a linha antes de todos as outras! Começo a xingar em árabe – o hebraico é notório pela escassez de palavrões –, usando termos que nem sabia que sabia.

O tenente Eli Rikovitz comanda o 3º Pelotão da Companhia de Reconhecimento.

A ideia de atacar Khan Younis não é para capturar o lugar. Só queremos um ponto onde possamos fazer o retorno e rumar novamente para o sul, para atacar o entroncamento de Rafiah por trás. De Rafiah, a estrada principal leva a El Arish.

El Arish é o nosso alvo.

Khan Younis é só um paradinha no caminho.

Tenente Avigdor Kahalani, comandante da companhia de tanques.

Entramos em Khan Younis. Fogo antitanque e rajadas de metralhadoras estão por toda parte.

Os tanques não deveriam entrar num combate urbano sem uma infantaria blindada para localizar o inimigo e mantê-lo inibido. Para nos proteger, disparamos rajadas de metralhadoras pelos nossos flancos.

De repente, no centro da cidade, um tanque israelense se materializa à minha direita, com outros tanques da nossa Companhia C logo atrás. O comandante do pelotão me avisa que o comandante da sua companhia, Benzi Carmeli, foi atingido. Benzi está dentro do tanque agora, gravemente ferido.

Preciso assumir a liderança com a minha Companhia B.

Eli Rikovitz, comandante de pelotão do Reconhecimento.

Dos subúrbios, posso ver os tanques Pattons do 79º Batalhão adentrando Khan Younis e desaparecendo atrás das nuvens de fumaça e poeira. Não sei por que estão entrando ali. Essa cidade não significa nada.

Viro à esquerda, evitando Khan Younis. Meu pelotão está liderando os tanques do 82º Batalhão – Centurions de fabricação britânica. O comandante do 82º Batalhão é Gabi Amir. Junto dele, está o comandante-adjunto da brigada, o tenente-coronel Baruch Harel, apelidado de Pinko. Pinko vem na dianteira, logo atrás de mim. Pelo rádio, digo para ele seguir a poeira do meu pelotão.

Olho para trás, e a visão é a do inferno, tenho que dizer.

Atrás de mim, na brisa fresca da manhã, vejo uma fila de pelo menos trinta Centurions. A coluna se estende por meio quilômetro. É uma nuvem gigante de alcaloides. Cada vez que a poeira baixa, surgem mais dois tanques. Entre eles, estão vários carros de comando, jipes e blindados leves, e veículos de inteligência e ligação com a Força Aérea, todos balançando antenas no ar. Na vanguarda, meu pelotão tem quatro jipes, dois blindados leves e três tanques. À medida que nos afastamos de Khan Younis, uma meia dúzia de Pattons do 79º Batalhão surgem na paisagem e se precipitam em direção à cidade.

Boa parte da guerra consiste do espetáculo. O que aqueles egípcios pensarão ao verem esses blindados despejando fumaça indo exatamente na direção deles? Até eu fico impressionado.

Gabi Gazit, 20 anos, é soldado de pelotão do Reconhecimento do tenente Amos Ayalon.

Meu blindado leve segue ao lado do jipe CJ-5 dirigido por meu amigo Benzi Nissenbaum. Estamos 2 mil metros além da fronteira agora e começamos a ouvir o fogo dos morteiros e das armas leves. O jipe de Benzi me parece muito mais seguro do que este blindado leve enorme e barulhento.

"Benzi, quer trocar de lugar?"

Ele sorri e me mostra o dedo do meio. Somos 11 a bordo do blindado leve. A primeira coisa que os soldados fazem ao embarcar num veículo como esse é amarrar suas mochilas, roupas de cama e redes nos trilhos que correm em ambos os lados. Fazem isso para adicionar uma camada de proteção contra o fogo inimigo. Tem uma piada sobre a proteção de um blindado leve. A blindagem não impede que as balas entrem, apenas as deixa chocalharem um pouco lá dentro. Os homens têm a esperança de que seus pertences e equipamentos sirvam de escudo pelo menos para as chamas e os estilhaços. Qualquer ajuda é bem-vinda.

Nossos blindados leves são os M-3 que o Exército dos EUA usou na Segunda Guerra Mundial. Veículos bons, resistentes e confiáveis. Um blindado leve tem pneus na frente e uma esteira leve na traseira. Pode andar sobre areia e cascalho e, se o motorista for habilidoso, pode atravessar *wadis*, leitos de rio secos no deserto, como se fossem estradas pavimentadas. No asfalto, um blindado leve faz uns 50 quilômetros por hora; no deserto, é uma velocidade supersônica. Soldados a pé no deserto são soldados mortos. Não podem fazer nada a não ser esperar a morte chegar.

Blindados leves infelizmente são alvos. É por isso que quero trocar de lugar com Benzi.

Aquele jipinho veloz parece ótimo para mim.

Avigdor Kahalani, comandante de companhia de tanques.

No centro de Khan Younis, a estrada se bifurca. Onde está a via que vai para Rafiah? Estou navegando por instinto. Não tenho nenhum mapa. Esqueci todos no primeiro tanque.

Então, lembro-me da estrada de ferro, dos velhos trilhos do Império Otomano que ligavam Alexandria a Damasco. A ferrovia passa por El Arish. Se conseguirmos encontrar os trilhos, conseguiremos ir embora dessa cidade dos infernos.

A torreta do tanque fica bem no alto. É possível vê-la. Avisto tamareiras e uma linha de dunas indicando a costa do Mediterrâneo. Postes de telégrafo! Trilhos de trem!

Dou a ordem para meu motorista seguir em frente.

Ainda estamos no jogo.

Eli Rikovitz, comandante de pelotão do Reconhecimento.

Nosso objetivo agora é o entroncamento de Rafiah. Fizemos uma curva à direita via Khan Younis, evitando os tanques Stalin egípcios ao sul. Vamos chegar a Rafiah pelo norte. Meus fones chiam:

"Cinco, aqui é o Vinte. Onde está você?"

Vinte é Shmuel Gorodish, o comandante da brigada. Cinco se refere ao comandante da nossa Companhia de Reconhecimento. É Ori.

Uma coluna de blindados leves no deserto.

Gorodish me dá o código do mapa para o acampamento da ONU ao norte do entroncamento de Rafiah. Ele está quase chegando lá, ele informa. Ori responde que está indo bem rápido.

Ori Orr, comandante da Companhia de Reconhecimento.

O entroncamento de Rafiah é uma encruzilhada construída num local que os manuais chamam de acampamento fortificado. Que tipo de fortificação, não sabemos. Tem uma elevação que domina a estrada principal, que segue para o oeste, para El Arish. Se eu fosse os egípcios, defenderia esse lugar com todas as forças disponíveis.

Sabemos que a 7ª Divisão egípcia está por lá; mas a inteligência não pode confirmar onde, porque o inimigo muda de posição a cada noite assim que escurece. Sabemos que o adversário tem duas brigadas de infantaria. Possui tanques, artilharia e armas antitanques.

Os canhões antitanques são mais perigosos para nós do Reconhecimento do que para os tanques, porque não vão poupar munição para os alvos mais pesados. Eles adorariam pegar nossos jipes e blindados leves. Os canhões antitanques estão entrincheirados bem baixos, a uns 30, 60 centímetros do chão, atrás de arbustos de mamona ou de cactos espinhosos. Fomos treinados para identificá-los, mas isso é impossível. Nem mesmo a pontinha dos canos fica visível.

Boaz Amitai agora lidera o 1º Pelotão da Companhia de Reconhecimento.

Posso ouvir Ori e Eli conversando pela frequência da companhia. Eles já chegaram ao acampamento da ONU a caminho do entroncamento de Rafiah. Gorodish, o comandante da brigada, está no local. É por isso que o apelido dele é Jovem Rommel. Se estivéssemos mais ao norte, a uma hora dessas ele estaria apertando a mão dos egípcios.

O acampamento ficava onde antes estava localizado um destacamento de soldados da ONU, até que Nasser os enxotou, no dia 17 de maio. Esse local está imediatamente ao norte do entroncamento de Rafiah. Gorodish vai aproveitar esse ponto para ter uma panorâmica do lugar antes de avançar pelo terreno aberto.

Ori Orr, comandante da Companhia de Reconhecimento.

Observamos o entroncamento de Rafiah com binóculos, Gorodish, Ben-Hanan, eu e outros. Estou falando com Eli na frequência da companhia. Ele não está longe, está saindo de Khan Younis, trazendo Pinko e os tanques do 82º Batalhão.

Os veículos de Gorodish estão ao lado do torre de abastecimento de água do acampamento da ONU abandonado. Pelo rádio, Eli confirma a informação de que Yossi Elgamis foi atingido na cabeça ao entrar em Abasan el-Kabir. Eli recebe a notícia de Boaz Amitai, que assumiu o pelotão de Yossi. Ele não sabe se Yossi foi morto ou ferido.

Não tenho tempo para pensar nisso.

A situação é a seguinte: nossos tanques estão atrás de nós; alguns próximos, outros a quilômetros dali. Vou precisar de meia hora para colocá-los na formação correta, dar ordens, assaltar o entroncamento.

A maior parte da Companhia de Reconhecimento está aqui. Já estamos prontos.

Vamos esperar as armas de gente grande ou seguir em frente com nossos estilingues?

Conheço bem Gorodish. Servi sob seu comando em uma companhia de tanques antes de assumir a Companhia de Reconhecimento. Gorodish tem 37 anos, é impaciente, agressivo, não tem medo. Vem de uma família religiosa. Transformou todo aquele zelo em pura ambição. Ele atacaria até o próprio inferno se recebesse ordens para isso.

"O que você acha, Ori?"

Pelo binóculo, consigo identificar os arbustos de mamona e as dunas cobertas por uma vegetação rasteira. As linhas escuras podem ser trincheiras, mas estamos longe demais para termos certeza. Consigo avistar o cume que domina a estrada principal para El Arish. Uma divisão pode estar escondida ali, ou logo atrás. Ao lado de Gorodish, Yosi Ben-Hanan está falando no rádio com o 79º Batalhão. O líder da companhia é Avigdor Kahalani. Também o conheço bem. É jovem e mais agressivo que Gorodish. No entanto, seus tanques ainda estão a certa distância dali.

Com outro comandante de brigada, você talvez possa dizer: "Espere". Com Gorodish, não. O *timing* é tudo. Precisamos invadir.

"Vamos."

Avigdor Kahalani, comandante de companhia de tanques.

Meu tanque é o primeiro do 79º Batalhão a chegar ao acampamento da ONU abandonado, no entroncamento de Rafiah. Alguns tanques do 82º Batalhão já estão lá. Posso ouvir os canhões antitanques e o morteiros adiante, em plena batalha. Vejo o comandante Gorodish e seu oficial de operações, meu amigo Yosi Ben-Hanan, com os veículos de comando embaixo da caixa-d'água.

Grito da escotilha aberta da minha torreta: "Onde estão os egípcios?".

Gorodish acena com os dois braços. Ele me avisa que as trincheiras inimigas vão na direção norte-sul, na crista do entroncamento, à sudoeste.

Respondo gesticulando da mesma maneira. Entendi.

Dou sinal aos meus tanques – agora são 20 ou mais – para me acompanharem no ataque.

Sei que os soldados do Reconhecimento de Ori Orr estão mais adiante, avançando para o sul na direção do entroncamento de Rafiah.

O tenente Avigdor Kahalani gesticula para Shmuel Gorodish, aproximando-se do entroncamento de Rafiah. Na torre inferior, está o tenente Daniel Tzefoni, amigo de Kahalani e comandante-adjunto. Ele será morto horas depois, a caminho do passo de Jiradi.

"SIGAM-ME!"

Eli Rikovitz, comandante de pelotão do Reconhecimento.

Estou no blindado leve do comando, avançando a oeste da construção da ONU, por uma área de dunas. Atrás de mim, estão os tanques do 82º Batalhão. Em 30 segundos, vamos virar para o sul e avançar para atacar o entroncamento de Rafiah. O pelotão de Ori Orr e Amos Ayalon atacará paralelo a nós, mas pela estrada asfaltada que parte do prédio da ONU.

Estou no rádio com o blindado leve do comando falando com Pinko. "Estamos virando para o sul", digo a ele. "Venham atrás de nós."

Mas ele não faz a curva.

Os tanques continuam rumo a oeste, na direção do mar, afastando-se do entroncamento. Que merda está acontecendo? Não tenho tempo para esbravejar. Seguimos sem eles.

Gabi Gazit é soldado do Reconhecimento no pelotão do tenente Amos Ayalon.

Estou na traseira do blindados leves que vai na frente pela estrada asfaltada. Somos 11 homens, balançando de um lado para o outro. Salvas de morteiros estão vindo em nossa direção. Há um bloqueio no meio da estrada. O entroncamento de Rafiah está bem na nossa frente, mas ainda não podemos vê-lo.

Meu amigo Eliyahu Goshen está à minha direita, na traseira do blindado leve. Um cara enorme, do tamanho de uma porta. As salvas de morteiros começam a chegar mais perto. Detesto admitir, mas busco abrigo sob ele.

Ori Orr, comandante da Companhia de Reconhecimento.

Amos Ayalon lidera nosso 2º Pelotão do seu blindado leve de comando. Eu comando a Companhia A do meu blindado leve, logo ali atrás. Estamos seguindo pela estrada asfaltada que leva ao entroncamento. O pelotão de Eli está a cerca de um quilômetro à direita, nas dunas. O pelotão dele e o nosso vão atacar em paralelo. Mas atacar o quê?

Menachem Shoval, soldado de Reconhecimento no pelotão de Eli Rikovitz.

Nossos quatro jipes estão atolados nas dunas. David Cameron pode ter conseguido tirar sua carteira nos Estados Unidos, mas como dirige mal. Shaul Groag, nosso tenente, me diz para chamar Eli no rádio e informar a ele para onde estamos indo em disparada.

Eli Rikovitz, comandante de pelotão do Reconhecimento.

Três blindados leves e três tanques estão comigo. Estamos nas dunas, a mais de um quilômetro ao norte do entroncamento de Rafiah. Os tanques do 82º Batalhão sumiram completamente.

Shaul Groag, comanda os quatro jipes do nosso pelotão. Ele me passa um rádio para informar que os quatro estão atolados nas dunas.

"Shaul, traga os jipes de volta para a estrada asfaltada. Sigam Ori. Vou encontrar vocês no entroncamento."

Moki Yishby é um soldado de 19 anos do pelotão do Reconhecimento de Amos Ayalon.

Estou dirigindo um jipe. Yaakov Yarkoni é meu tenente, um grande cara e um bom amigo, e está ao meu lado, no assento do comandante. Ele comanda os quatro jipes do nosso pelotão. Escutamos tiros adiante.

Dou uma olhada em Yarkoni. Estamos na estada atrás de Ori Orr. À direita dunas, à esquerda mato rasteiro.

Yarkoni aponta para a frente. "Vá!"

Eli Rikovitz, comandante de pelotão do Reconhecimento.

Estamos sob fogo vindo das trincheiras egípcias à direita. Respondo com a metralhadora calibre .50, quando o pneu dianteiro direito do nosso blindado leve detona uma mina. O mundo fica amarelo brilhante. Não escuto mais nada. O chão me levanta como se fosse um trampolim. O blindado leve fica em pé e, um momento depois, desaba sobre os quatro pneus.

Nós sete somos arremessados na areia. Milagrosamente, ninguém é ferido.

Fogo de metralhadoras e fuzis vem da frente e da direita.

Grito para meus homens: "Achem outro veículo e prossigam!".

Bato em retirada, sob fogo, correndo na direção de um de nossos tanques. Um tanque tem rádios. Preciso de rádios para comandar o pelotão e ficar em contato com Ori.

Dubi Tevet, soldado do Reconhecimento no pelotão de Eli Rikovitz.

Estou nas dunas, num dos quatro jipes de Shaul Groag. Estamos tentando voltar para a estrada asfaltada para nos juntarmos ao ataque atrás do pelotão de Ori e Amos. O inimigo nos avistou e está atirando com tudo que tem.

Consigo avistar os tanques israelenses à direita. Um foi atingido e está em chamas. Enquanto observo, outro tanque é atingido. As chamas saem do compartimento do motor, as escotilhas são abertas e a tripulação abandona o tanque.

Shaul acena para os quatro jipes. Precisamos ajudar os homens nos tanques.

Moki Yishby, comandante de jipe no pelotão de Amos Ayalon.

Estamos atacando mesmo? Se estamos, o *balagan* está sério. Dirijo o jipe de Yarkoni Chovm com obuses ao nosso redor. Continuamos pela estrada asfaltada, seguindo Ori e Amos.

Ainda não conseguimos enxergar o inimigo.

"Em frente, Moki!" Yarkoni, ao meu lado, aponta para a frente. "Ali!"

Ori Orr, comandante da Companhia de Reconhecimento.

O blindado leve de Eli atingiu uma mina. E outro blindado leve também. Não tomei conhecimento disso ainda. O pelotão de Eli está atacando em paralelo ao nosso, à direita, nas dunas. Estou na estrada asfaltada, aproximando-me rapidamente do entroncamento.

A artilharia egípcia à direita vai ficando cada vez mais pesada. Seus tanques entrincheirados estão cuspindo fogo em cima de nós, assim como os morteiros e as metralhadoras e os mais letais de todos, os canhões antitanques. Se continuamos por essa estrada, vamos todos morrer. Tudo que nos resta é atacar as trincheiras.

Dou a ordem: "Virar à direita e atacar!".

Meu blindado leve lidera. Avançamos 20 metros pelas dunas e atingimos uma mina também! O blindado leve não explode, apenas inclina-se e tomba na areia, cuspindo os sete homens para fora, sãos e salvos, por incrível que pareça. Monto no blindado leve de Amos e continuo a liderar o ataque. Não podemos desacelerar!

Gabi Gazit, soldado do Reconhecimento.

Estou no terceiro blindado leve, bem atrás de Ori e Amos. Obuses de morteiros estão caindo.

Meu amigo Benzi Nissenbaum está dirigindo seu jipe poucos metros atrás de nós quando um obus explode ao seu lado. Benzi urra: "Ai!". Da minha posição, no topo do blindado leve, vejo uma mancha vermelha na perna da calça dele. Paramos o blindado leve.

"Benzi, troque de lugar comigo! O médico está aqui no blindado leve, ele vai cuidar do seu ferimento."

Somos 11 no blindado leve, incluindo nosso tenente, Shlomo Kenigsbuch, e meu amigo grandalhão, Eliyahu Goshen.

Benzi não quer abandonar o jipe. Ele se sente mais seguro lá do que no blindado leve, que é um alvo mais fácil. Nós negociamos, Benzi e eu, pelo vão entre os dois veículos.

"Traga o médico aqui", Benzi insiste.

"Prometo que vou lhe devolver o jipe."

"Jure, Gabi. Não vou entrar nesse blindado leve para você levar meu jipe embora."

"Benzi, eu juro. Venha para cá fazer os curativos."

Benzi concorda. Ele vem para o blindado leve lotado com 10 dos nossos. Eu, mudo, vou para o jipe que era de Benzi e me afasto apenas alguns metros.

Nesse instante, um obus egípcio atinge o blindado leve.

Ori Orr, comandante da Companhia de Reconhecimento.

Pelo rádio, escuto que um dos nossos blindados leves foi atingido. Esses veículos são a gasolina. Os homens ficam sobre os tanques de combustível.

Não podemos parar agora sob fogo pesado.

Não há alternativa a não ser atacar e continuar atacando.

Moki Yishby, comandante de jipe do Reconhecimento.

Ouço Ori pelo rádio: "Virar à direita e atacar". Obedecemos. No assento do comandante, Yarkoni aponta para a frente e grita: "Vá!". Vejo uma trincheira. Vultos espiam de dentro dela.

Começamos a subir uma duna. Parece que o mundo inteiro está atirando em nós.

Yarkoni salta do jipe e dispara nas trincheiras. Estamos tão perto agora que podemos ver o rosto dos egípcios. A Uzi de Yarkoni está disparando, mas o barulho é tanto que você não consegue ouvir.

De repente, Yarkoni cai no chão.

Ori Orr, comandante da Companhia de Reconhecimento.

Como comandante, você pode gritar: "Sigam-me!". E atacar o inimigo. Mas como saber se seus homens irão obedecer?

A resposta é: você nem perde tempo pesando nisso. Você sabe que irão. Eles são ligados a você por um laço mais forte do que se fossem irmãos, mais forte que o sangue.

Eli Rikovitz, comandante de pelotão do Reconhecimento.

Dizer que somos corajosos por atacar sob fogo inimigo é bobagem. Se ficarmos onde estamos, seremos todos mortos. Precisamos chegar ao inimigo. Não temos outra escolha.

Moki Yishby, comandante de jipe do Reconhecimento.

Yarkoni é o primeiro a chegar nas trincheiras. Ele é atingido por um egípcio ferido que estava deitado de bruços e se levantou de repente.

No outro extremo, Eli e seu pelotão estão avançando rápido a pé. Não há maneira possível de descrever essa visão. Nossos homens estão correndo e invadindo a trincheira inimiga, atirando.

O comandante do meu pelotão, Amos Ayalon, havia saltado do seu blindado leve. Ele corre até Yarkoni. "Me ajude, Moki!" Juntos, colocamos Yarkoni sobre a maca e a embarcamos no jipe. As balas perfuram o painel.

Disparo com o jipe pelas dunas, com uma mão no volante e a outra segurando a maca com Yarkoni atrás. Um obus cai do nosso lado; a maca vai pelos ares. Eu paro e primeiro ponho ela de volta no jipe, em seguida Yarkoni. Metade da maca fica sobre o capô. A outra metade está sobre meu colo, projetando-se sobre o assento.

De alguma maneira, chegamos à estrada de asfalto. Yarkoni está implorando por água. Vejo um cantil no chão e salto do assento para pegá-lo. Tiros o arrancam da minha mão.

Volto apressado para o jipe. "Yarkoni, você está bem?"

Seus olhos ainda estão abertos. Ele emite sons: "Ai, ai".

Anos depois, quando o primeiro-ministro Rabin foi baleado por um assassino, seu motorista disse na TV que ele emitia aquele mesmo som desesperado. Quando escutei isso, lembrei-me de Yarkoni.

Zvika Kornblit, comandante de jipe do Reconhecimento.

Estou num dos primeiros veículos a chegar ao blindado leve do tenente Kenigsbuch. Deus do céu, que visão horrível! Uma pilha de corpos, era isso que restava dos nossos amigos. Eles estão carbonizados, em chamas, soltando fumaça.

O tenente Yaakov Yarkoni.

Meu amigo Avraham Galenti, motorista do blindado leve, está tentando ajudar Kenigsbuch a sair do veículo. Ele ainda está vivo e implora a Galenti: "Mate-me! Não posso continuar vivendo desse jeito!". A pele dos seus braços está pendurada como se fossem duas cortinas negras.

Galenti grita: "Ninguém vai matar ninguém! Vou tirar você daqui!".

Eli Rikovitz, comandante de pelotão do Reconhecimento.

Estamos nas trincheiras egípcias, correndo e atirando, quando escutamos disparos das Brownings .50 e dos canhões de 105 milímetros atrás de nós.

São os tanques Centurion do 82º Batalhão.

Finalmente, eles decidiram participar da festa.

Ori Orr, comandante da Companhia de Reconhecimento.

Os egípcios estão em debandada. Jogam os fuzis para o ar, saltam para fora das trincheiras e dão no pé o mais rápido que podem.

Podemos ouvir o barulho dos motores e dos canhões dos Centurions. Os canhões de 105 milímetros soam bem diferente dos canhões de 90 milímetros dos Tanques Pattons.

Moki Yishby, comandante de jipe do Reconhecimento.

Chego ao nosso blindado leve detonado. A cena é mais horrível do que eu poderia imaginar.

Há corpos espalhados em volta do veículo enegrecido. Meu bom amigo Eliyahu Goshen está estirado de costas na estrada. Um cara enorme, forte como um cavalo. Encolheu até ficar com um metro. O fogo o devorou. Ele ficou do tamanho de uma criança. Meu grande amigo está deitado ali, nu, negro como um pedaço de carvão, totalmente queimado.

Blindados leves são a gasolina. O veículo foi pelos ares como uma bomba e incinerou nossos colegas que estavam a bordo.

Dubi Tevet, soldado do Reconhecimento.

Você pode carregar somente um homem seriamente queimado num jipe, ou dois, se eles estiverem OK. O hospital de campanha fica lá atrás, não tão longe. Vejo Moki passando como um raio no seu jipe, levando Yarkoni e outros dois.

Moki Yishby, comandante de jipe do Reconhecimento.

Colocamos o tenente Kenigsbuch no meu jipe. Está sem camisa. Sua pele se desprende dos braços como uma folha. Ele grita de um jeito... Nunca imaginei que um ser humano podia gritar com tanta agonia. É a alma dele que está queimando.

Carrego o jipe com mais dois amigos feridos.

No hospital de campanha, vejo outro soldado do blindado leve, Shmuel Hacham, que chamamos de "Borvil". Cada centímetro do seu corpo está queimado, mas ele ainda está vivo. Consigo reconhecê-lo. É um dos meus melhores amigos.

Sento ao lado da maca onde está Borvil. Ele diz: "Devo estar tão feio agora, Moki, que nem os abutres vão querer olhar para mim."

Ori Orr, comandante da Companhia de Reconhecimento.

Que ninguém diga que aqueles egípcios eram covardes. Quem sabe o que seus oficiais disseram para eles? Eles acreditavam que estavam em posições inexpugnáveis protegidos por campos minados. Aí, de repente, surgem esses judeus enlouquecidos, correndo atrás deles a pé, atirando e saltando dos blindados para dentro das trincheiras.

Moki Yishby.

Eli Rikovitz, comandante de pelotão do Reconhecimento.

Os tanques egípcios estão entrincheirados atrás das valas onde se abrigava a infantaria. As tripulações estão abandonando-os. Estacionamos e ficamos olhando, atônitos, os soldados inimigos fugindo a pé, rumo a oeste, na direção de Sheikh Zouaid, a aldeia vizinha.

Quando os números do combate do entroncamento de Rafiah finalmente forem conhecidos, os egípcios terão perdido 40 tanques e 2 mil de seus homens terão sido mortos ou feridos.

O tenente Boaz Amitai agora comanda o 1º Pelotão da Companhia de Reconhecimento.

Nosso pelotão, o de Yossi Elgamis, chega ao entroncamento de Rafiah não muito depois do combate. Meu amigo Shaul Groag, que é o primeiro-tenente de Eli, está reunindo o pessoal. Usa um chapéu australiano que encontrou não sei onde. As pessoas estão dispersas por todo lado, alguns socorrendo os feridos, outros apenas fora de si de tanta dor e sofrimento.

Vejo Gabi Gazit sendo evacuado; seu rosto foi esmagado, e o sangue encharca uma das pernas de sua calça. "O jipe dele atingiu uma mina", alguém diz.

Shaul grita para que eu me encontre com ele no entroncamento.

Dois amigos, Shlomo Oren e Haim Fenikel, salvaram Gabi. O sargento Fenikel será morto poucos minutos depois.

Fenikel tinha sido atingido durante o ataque e estava sendo evacuado num veículo de apoio. De repente, a tripulação percebe que está no meio de um campo minado. Fenikel desce, ferido como está, e desarma um caminho até a estrada. Assim que ele volta para o veículo, é atingido em cheio por um obus.

Por isso, meu amigo recebeu postumamente a Itur HaOz, a segunda mais alta condecoração por bravura de Israel.

Haim Fenikel.

Quarenta e cinco anos depois, lembro-me do rosto dele tão nitidamente como se fosse hoje.

236

Menachem Shoval, soldado do Reconhecimento.

Meu jipe é um dos dois ainda inteiros depois do combate. A primeira coisa que vejo é o blindado leve de Ori, identificável pela bandeira de comando, tombado de lado, com as esteiras queimadas. Ori e Eli estão reorganizando a companhia no entroncamento. Os tanques do 82º passam ao largo, velozmente, rumo a oeste pela estrada para Sheikh Zouaid e El Arish. Passamos por outro blindado leve, o que levava Kenigsbuch e o restante de nossos amigos. Não perguntamos quem está ferido e quem está morto. Não queremos saber. Ao ver uma coisa daquelas, você não pode se dar ao luxo de ficar pensando naquilo. Tem que seguir em frente. Você tem uma missão; precisa continuar.

Tenente Boaz Amitai, comandante de pelotão do Reconhecimento.

Quando passamos pelo blindado leve de Kenigsbuch, nem percebi que era um dos nossos. O metal tinha sido devorado pelo fogo. Ninguém que estivesse naquele inferno poderia sobreviver.

Menachem Shoval.

Ori Orr, comandante da Companhia de Reconhecimento.

Perdemos muitos homens e veículos. Não fiz a conta, e não tenho tempo para pensar nisso. Nossa missão é seguir em frente. Precisamos continuar nos movendo.

Rearranjo os três pelotões em dois. Um processo que duraria dez minutos no treinamento agora não leva mais que alguns segundos. "Você, aqui, você lá."

Os tanques Centurion do 82º Batalhão passam acelerando por nós em direção à próxima aldeia, Sheikh Zouaid. Precisamos ultrapassá-los.

Nossa missão é liderar.

Eli Rikovitz, comandante de pelotão do Reconhecimento.

Num momento assim, a parte de você que sofre precisa ser desligada. Você só pensa na missão. Os tanques do 82º Batalhão tinham nos ultrapassado. Nós que devemos conduzi-los. Temos que passar na frente deles e fazer nosso trabalho. Os tanques precisam de nós, a missão precisa de nós.

É assim com todos os soldados em todas as guerras. Tem que ser, ou então eles não conseguem continuar.

A VASTIDÃO DO ZIN

Chita Cohen comanda o 124º Esquadrão, 24 helicópteros Sikorsky S-58.

Estou em Ashkelon, na costa sul de Tel Aviv, quando chega um chamado de emergência: "Baixas em massa próximo à Cidade de Gaza". Pergunto pelo rádio qual dos meus pilotos está mais próximo do ponto de evacuação. Reuven Levy responde: "Líder Citrus, aqui é o Líder Limão. Posso ir".

Meu irmão mais novo, Nechemiah, está em algum lugar nas proximidades da Faixa de Gaza. Ele é capitão na 35ª Brigada de Paraquedistas, mas não me ocorre que esse chamado de evacuação pudesse ser para ele. Ele é um soldado bom demais. Esperto demais. Nada pode fazer mal a Nechemiah. Nada.

O que aconteceu, embora eu não vá saber disso pelos próximos seis dias, foi que o blindado leve do meu irmão foi atingido por um obus de 122 milímetros de um tanque Stalin. Ele estava bem na frente do veículo que liderava uma força de 40 blindados leves. Os Stalins estavam escondidos no meio de laranjais. Trinta e seis paraquedistas foram mortos e sessenta foram feridos nessa única ação, a pior emergência desse tipo na história das FDI.

Meu irmão morreu na hora. Meu piloto, Reuven Levy, ao chegar para evacuar os feridos, recebeu ordens de um oficial no local para não me dizer nada sobre a morte de Nechemiah.

Sou o comandante do principal esquadrão de helicópteros de Israel. Precisam de mim.

Danny Matt comanda a 80ª Brigada de Paraquedistas, integrante da divisão do general Sharon.

Nossa divisão está 100 quilômetros ao sul da divisão do general Tal. As forças de Tal estão em ação desde a manhã. As nossas estão se preparando com urgência para atacar hoje à noite. Iremos contra a 2ª Divisão de Infantaria egípcia: 80 canhões, 90 tanques, 16 mil homens.

Onde estão meus helicópteros? O esquadrão de Sikorskys S-58 de Chita Cohen está programado para levar meus paraquedistas para o combate hoje à noite.

Onde eles estão?

Meus paraquedistas estão sendo levados para o ponto de encontro em ônibus civis. Suas botas ainda nem tinham tocado o solo e já estávamos no meio de uma crise.

A área de pouso que tínhamos planejado usar teve que ser descartada. Má sorte: uma formação de tanques egípcios mudou de posição e agora ocupam um setor adjacente àquela área.

Não vou esperar que o general Sharon me forneça um plano alternativo. Eu mesmo vou elaborá-lo.

Sharon e eu nos conhecemos em 1953, ou até mesmo antes disso. Conhecemos um ao outro tão bem que conversamos numa espécie de código. Em minha opinião, ele é o maior comandante de campo que as FDI já produziram ou vão produzir. O que ele fará em Um Katef e Abu Agheila hoje à noite será considerado uma "obra-prima da arte da guerra".

Minha família é da Polônia. Na Primeira Guerra Mundial, meu pai serviu no Exército do Império Austro-Húngaro. Ele saiu da Palestina na década de 1930. Perdeu o pai e os irmãos, 70 parentes ao todo, nos campos de concentração.

Antes da Guerra dos Seis Dias, um jornalista me perguntou se Israel ganharia. Eu disse que sim. O repórter perguntou por quê. "Porque, se perdermos, o que nossos inimigos farão conosco vai fazer Auschwitz parecer um *resort* de férias."

Na minha época, se você tivesse terminado o ensino fundamental 1, era considerado uma pessoa instruída. Chegar à metade do ensino médio significava que era altamente instruído. E se tivesse terminado, então, era um intelectual.

Em nossa geração, começava-se a trabalhar para ganhar a vida aos 14 anos. Entrava para o Haganá, o Palmach ou o Lehi. Levava mensagens ou contrabandeava pistolas e explosivos. O Haganá me enviou para servir no Exército britânico, na Brigada Judaica, na Segunda Guerra Mundial.

LIVRO CINCO • SINAI

Combati em todas as guerras de Israel, de 1946 a 1982. Meu corpo tem mais de um metro de pontos por ferimentos sofridos em combate.

Nesta noite, 5 de junho de 1967, meus homens e eu vamos realizar uma operação que nenhuma força, incluindo a norte-americana no Vietnã, tentou antes: a inserção de uma brigada de paraquedistas por helicóptero, no escuro, atrás das linhas inimigas.

Yael Dayan também está com a divisão do general Sharon na fronteira egípcia.

Quando fala aos paraquedistas, o tom de voz de Sharon muda. Aqueles ali são os seus meninos. Ele conhece quase todos pelo nome. O próprio Sharon ainda usa as botas vermelhas das unidades aerotransportadas, embora agora comande uma divisão blindada.

O avanço para a fronteira espera enquanto ônibus trazem a infantaria e os paraquedistas. A coluna se estende por quilômetros. Ofereço um cigarro a um sargento que me pergunta se há algum tipo de rivalidade entre Sharon e meu pai. O que posso dizer a ele? São os dois comandantes que, mais que quaisquer outros, deram forma à doutrina e ao espírito de combate das FDI. No entanto, não é possível compará-los. Arik e meu pai estão separados por quase uma geração de distância. Quando Sharon era major, Dayan era comandante-geral. O que eles compartilham como profissionais militares e homens (e o que os une, assim como une praticamente todos os oficiais do Exército) é a ideia do território.

Durante milhares de anos, apartado dessa terra, o povo judeu ansiava por ela. Suas preces a invocavam. A terra habitava neles, em sonhos, canções e numa ânsia tão profunda que não existem palavras para descrevê-la. Rabinos e eruditos preparavam as pessoas, moral e emocionalmente, para retornar a essa terra; mas, quando a nação conseguiu sua repatriação de fato, encarar a realidade foi demais para muita gente. Eles não a aceitavam; preferiam o sonho. Mesmo nosso hino nacional – "*Hatikva*", "A esperança" – não canta a realidade conquistada, mas as visões de esperança no futuro.

Não é essa a postura do meu pai. Nem a de Sharon. E eles não são os únicos nesse particular. Para as gerações deles, assim como para a minha, a terra está aqui e agora. Ela é e sempre foi nossa. Ao lado da estrada de Tel Aviv para Jerusalém, existe uma lavoura de melões na qual Sharon

241

sangrou quase até a morte em 1948, atingido no quadril por um atirador jordaniano. Dessas colinas, é possível ver o vale de Ayalon.

> Sol, detenha-se sobre o Gibeão,
> Lua, detenha-se sobre o Vale do Ayalon

onde Josué derrotou os amoritas 3.500 anos atrás. Na cabeça de Sharon, essa vitória ocorreu ontem. Ele está lutando essa mesma batalha hoje. Não é um intervalo de séculos que separa os tanques dos egípcios, que querem reduzir nossa nação a pó, das bigas dos faraós de quem os filhos de Israel escaparam, fugindo por essa mesma vastidão por onde nossas colunas de blindados agora avançam, do leste para o oeste, e não ao contrário.

Meu pai possui pontas de lanças e fragmentos de cerâmicas da época de Josué, desenterrados nesses mesmos campos de batalha. Ontem fui num jipe da Companhia de Reconhecimento até o ponto onde ficava Kadesh Barnea. No alto dessas colinas, tribos hebraicas acampavam em suas travessias pela vastidão do Zin. Daqui Moisés despachou espiões para a terra de Canaã. Aqui o rei edomita recusou o pedido de Moisés para passar. Aqui o deus dos hebreus consagrou a franja ao sul das terras que prometera aos filhos de Abraão. E, aqui, Ele disse que não permitiria a Moisés adentrar a Terra Prometida.

> Porquanto não me crestes a mim, para me santificardes diante dos filhos de Israel, por isso não introduzireis esta congregação na terra que lhes dei.

Não sou uma pessoa religiosa. Nem Sharon. Meu pai não celebrou sequer o *bar mitzva*. Porém, ele e Sharon provêm diretamente da época das escrituras dos patriarcas, assim como Gavish, Tal, Yoffe e milhares de outros neste Exército.

Eles são fazendeiros e guerreiros. Não são filhos do livro, mas do arado e da espada. A guerra os tirou de sua família e da terra, mas para a terra eles retornarão com alegria. Quando meu pai morrer, não vamos enterrá-lo debaixo de algum monumento ou mausoléu nacional, mas em casa, na colina de Nahalal, que continua a ser a pequena aldeia onde ele cresceu e aprendeu a ler, cavalgar e atirar.

242

BAIXAS DE GUERRA

Os primeiros relatórios de baixas chegam da Faixa de Gaza. Devo lê-los? Que comandante não os lê? Da lista de 20 nomes, conheço 10.

Moshe Dayan, ministro da Defesa, dá as diretrizes da guerra.

Um nome específico me dói no peito.

Nechemiah Cohen, morto na primeira hora do ataque aos tanques Stalins entrincheirados em algum lugar entre Kerem Shalom e o entroncamento de Rafiah.

Ele é o soldado com mais condecorações do Exército israelense. Com apenas 24 anos, tinha sido transferido temporariamente da elite do Sayeret Matkal para comandar uma companhia na 35ª Brigada de Paraquedistas, de Raful Eitan, a fim de que se preparasse para liderar formações maiores quando a 101ª Unidade fosse expandida para um batalhão ou mesmo para uma brigada. Uri, irmão de Nechemiah, é um oficial que tem várias condecorações. Mais velho da família, Chita é o melhor comandante de helicóptero de Israel.

Chega um segundo relatório, mais animador, que informa o total de aviões inimigos destruídos nas primeiras duas ondas de ataques aéreos.

Foram atingidas 11 bases egípcias no primeiro ataque. Esquadrões da FAI destruíram 198 aeronaves inimigas; 9 em combate aéreo, as demais no solo. Colocamos 6 aeródromos fora de operação e destruímos 16 estações de radar. Nossas perdas: 8 aviões, 5 pilotos mortos, 2 capturados e 3 feridos.

Nossa segunda onda destruiu mais 107 aviões egípcios em 14 aeródromos. Antes do meio-dia, aviões de Israel terão massacrado 286 dos 420 aviões de combate egípcios e deixado inoperantes 13 aeródromos e 23 estações de radar e antiaéreas. No fim do dia, o número de aeronaves inimigas destruídas, incluindo aviões da Jordânia, da Síria e do Iraque, chegará a 402.

O peso de uma enorme pedra, mas apenas uma, deixou de esmagar meu coração.

Agora me entregam o relatório de baixas do combate da 7ª Brigada Blindada no entroncamento de Rafiah. Preciso ler duas vezes a folha de papel para ter certeza de que não entendi errado, tão devastadores são os números.

Um provérbio diz que os únicos homens verdadeiramente felizes são os feridos. Isso é um disparate. Os feridos são os mais desgraçados dos homens.

Fui atingido por um tiro no rosto, na noite de 8 de junho de 1941, no Líbano, ao norte do rio Litani. Nosso grupo de 10 homens era o elemento de vanguarda de uma divisão australiana que avançava contra os franceses de Vichy. O corpo principal estava retido e não podia chegar até nós para trazer ajuda. Precisamos resistir a noite inteira sozinhos.

Lembro-me dos meus camaradas me carregando para uma área segura. Puseram-me no chão, tentando me dar algum conforto. Em que um homem ferido pensa? Pensei na minha jovem esposa, a quem amava mais que a própria vida, e na minha filha bebê. Eu tinha perdido um olho. Metade do meu rosto parecia ter sido arrancada. Será que eu sobreviveria? Ficaria aleijado? Como iria cuidar da minha mulher e da minha criança? Como continuaria a servir ao meu país?

Um soldado ferido consegue entender uma coisinha que os outros não conseguem. Ele entende a terra. Torna-se mais íntimo dela do que de qualquer outro elemento em sua vida. "É assim que se morre", ele compreende. A terra aceita o seu sangue. Um pedaço de terra não muito mais largo que seus quadris vai abrigá-lo.

Meu irmão Zorik morreu em combate em Ramat Yohanan, em 14 de abril de 1948, sete anos após eu ser atingido no Líbano. Seu sangue escorreu por uma vala. Por três dias, não pudemos recuperar seu corpo, tão incessante era o combate.

As identidades dos jovens que sucumbiram em Rafiah serão conhecidas em poucas horas. Vamos prestar homenagens a eles como prestamos a Zorik e aos milhares de outros que tombaram defendendo a nação judaica neste século? Não. Para mim, os nomes desses soldados ficam melhores junto dos daqueles que lutaram ao lado de Josué e Gedeão, com Saul, Jônatas e Davi.

LIVRO CINCO • SINAI

Choraremos por eles amanhã.

Agora, urgem outras questões.

Entregam-me transcrições dos programas transmitidos pela Rádio Cairo esta manhã. A primeira transcrição gaba-se da destruição de 40 aviões israelenses. Uma hora depois, em outra transcrição, o número é inflacionado para 42. Depois, 61. E, então, 77.

Instruo nossos oficiais de relações públicas para não divulgar os números verdadeiros, que não passam de um décimo do que se vangloria Nasser.

Deixo que a vaidade e o orgulho árabes sirvam aos nossos propósitos.

Poucos minutos após a conflagração da guerra, a inteligência intercepta uma chamada telefônica do assessor-chefe do rei Hussein, coronel Mashour Haditha al-Jazy, na qual informa ao monarca que o Exército israelense havia cruzado a fronteira do Egito. Uma hora depois, chegam ordens em código do alto-comandante militar egípcio, marechal de campo Abdel Hakim Amer, instruindo o general Abdel Moneim Riad, assistente-chefe do Comando Unido Árabe e comandante em solo na Jordânia, a "abrir um novo *front*, de acordo com o plano".

Uma chamada subsequente de Nasser vai exortar o rei Hussein a atacar Israel com toda força que possui. "Capturem todo o território que pudere antes que os russos e os norte-americanos imponham um cessar-fogo."

Contra nós, no Sinai, estão seis divisões egípcias e duas forças-tarefa quase do tamanho de uma divisão: a 20ª e a 7ª no norte, entre Rafiah e El Arish; e a 2ª em Abu Agheila e Um Katef, apoiada pela 3ª entre Jebel Libni e Bir Hamma, com a 4ª Blindada, a divisão de elite, na retaguarda em Bir Gafgafa. A 6ª Divisão Mecanizada, apoiada pela 1ª Brigada Blindada, com uma centena de tanques T-34 e T-54, está em El Thamad, defronte a Kuntilla. Juntando-se a ela, a leste de Bir Hassna, está a Força Shazli, com seus 9 mil homens e 200 tanques. Essa formação foi retirada de Rafiah e transferida para o sul em resposta ao movimento de uma "divisão fantasma" israelense, a 29ª, composta de maquetes de tanques e jipes. Ao todo, o inimigo tem no Sinai 18 brigadas de infantaria, 1 de paraquedistas, 6 blindadas e 2 mecanizadas, além 4 batalhões das Forças Especiais.

Vamos precisar de cada tanque e de cada arma que temos para dar conta deles.

Se a Jordânia entrar na guerra, Israel será forçado a lutar em dois *fronts*. Teremos que tirar forças do Sinai e enviá-las para defender a Jerusalém judaica e a fronteira oriental. As forças da Jordânia, como já reparei, incluem 176 novos tanques Pattons M48 em duas brigadas blindadas, a 40ª e a 60ª, esta última comandada pelo primo do rei Hussein, Sherif Zeid Chaker, e localizada no extremo sul do vale do Jordão, podendo chegar a Jerusalém imediatamente. Contras elas, as FDI possuem apenas duas brigadas de reserva, equipadas com antigos Shermans e AMX ligeiros. No mais, Hussein dispõe das brigadas de infantaria Imã Ali e Rei Talal, as formações de elite da Legião Árabe, que estão muito próximas a Jerusalém.

Além disso, o Egito despachou para a Jordânia dois batalhões de elite, o 33º e o 53º, para não mencionar uma brigada mecanizada que está atravessando o Iraque neste momento com as forças aéreas e terrestres prometidas pela Síria e pela Arábia Saudita.

O que Israel tem no tabuleiro para usar contra elas? Só vejo uma peça, uma brigada de paraquedistas recém-formada, a 55ª. No entanto, essa formação está mobilizada para saltar hoje à noite sobre El Arish, para apoiar o avanço de Tal e Gorodish. Não podemos mudá-la de lugar. El Arish é crucial.

Não dispomos de mais nada.

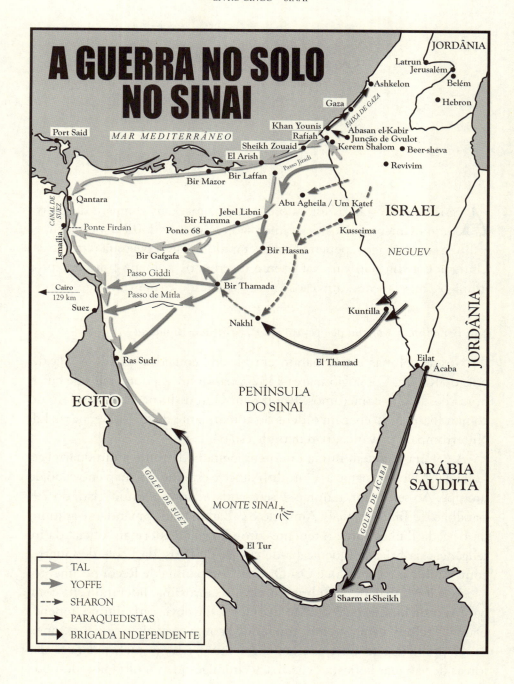

O PASSO JIRADI

A guerra que estamos lutando é o que os manuais chamam de guerra de movimento. Seus princípios são os mesmo da *Blitzkrieg*: romper as linhas do inimigo e penetrar o mais rápido possível pela sua retaguarda. Um golpe assim não vai exatamente destruir os homens e armamentos inimigos, mas lançará num caos em seu comando e suas comunicações.

Yosi Ben-Hanan é oficial de operações da 7ª Brigada Blindada.

Nossas colunas estacionaram em Skeikh Zouaid, a próxima vila depois de Rafiah. O relógio marca 13h20, passaram-se pouco mais de cinco horas desde que começamos. Estou com Gorodish, no blindado leve do comando, quando chegam ordens do comandante da divisão, general Tal: "Interrompam o avanço, parem onde estão".

A coluna se detém numa praça empoeirada defronte a um quartel-general da 7ª Divisão egípcia. Gorodish desce e estende um mapa no capô de um jipe. Ao seu redor, reúnem-se seus comandantes – Ehud Elad, do 79º Batalhão de Tanques; Gabi Amir, do 82º Batalhão; o comandante-adjunto da Brigada Pinko Harel; o tenente-coronel Zvika Lederman, oficial da inteligência da brigada (que acaba de chegar de Paris, da École de Guerre, convocado para a guerra); e Ori Orr, da Companhia de Reconhecimento.

Avigdor Kahalani, meu bravo amigo, se aproxima, liderando sua companhia num tanque cujo canhão nega fogo. Ele envia seu adjunto, tenente Daniel Tzefoni, para procurar um tanque com um canhão que funcione.

O problema de avanços-relâmpago, como este, é que os flancos das forças de vanguarda ficam expostos. O inimigo que foi ultrapassado pode contra-atacar. Pode cortar as linhas de suprimento. Os pontos de resistência do inimigo deixados para trás podem se transformar em bolsões que precisarão ser eliminados.

Foi isso que aconteceu atrás do nosso avanço. A 35ª Brigada de Paraquedistas, uma formação regular da elite do Exército, encontrou uma resistência inesperadamente forte na Faixa de Gaza. Além disso, forças da 20ª Divisão egípcia começaram a lançar obuses contra os *kibutzim* israelenses próximos à fronteira. O general Tal ordenou que nossa brigada respondesse ao fogo.

Gorodish decide enviar todos os tanques do 79º Batalhão. Ele quer que Ori Orr pegue um pelotão do Reconhecimento e o lidere.

"Ori, você sabe para onde está indo?"

"Sempre sei para onde estou indo."

Gorodish tem consciência dos danos que a Companhia de Reconhecimento sofreu no entroncamento de Rafiah.

"Tome cuidado."

O comandante da 7ª Brigada Blindada, coronel Shmuel Gorodish, sem capacete, com Gabi Amir, à direita, comandante do 82º Batalhão de Tanques, em Sheikh Zouaid.

Menachem Shoval, soldado do Reconhecimento.

Onde estamos, não sabemos nada de Ori e dos tanques do 79º Batalhão, que estão retornando.

Tudo o que sabemos é que precisamos avançar. Nosso pelotão, o de Eli, recebeu ordens para liderar o 82º Batalhão rumo a oeste, atravessando o passo Jiradi, fortificado, para chegar a El Arish.

Na aldeia de Sheikh Zouaid, meu tenente, Shaul Groag, assume outro jipe, o terceiro até agora. Os outros foram mandados pelos ares.

Temos novos homens conosco também. Tripulantes de vários veículos alvejados e membros de equipes de apoio se apresentaram, recusando qualquer outra posição que não seja a de combate. Nosso sargento de operações, Benzi Zur, assume como motorista de Shaul, com Yoram Abolnik no banco de trás encarregando-se do meu rádio. Nosso sargento-major, Haim Lavi, a quem chamamos de "Etzioni", deixa seu posto de apoio e se aboleta no jipe para onde me transferiram. Agora somos ele, David Cameron e eu.

Nosso jipe segue Eli em direção ao passo Jiradi.

Eli Rikovitz, comandante de pelotão do Reconhecimento.

Alcançamos agora os tanques que passaram por nós no entroncamento de Rafiah. Tomamos a dianteira novamente. São quase 14h. Estamos liderando os tanques do 82ª Batalhão rumo a El Arish o mais rápido que conseguimos.

Não gosto da formação que nossos veículos assumiram. Estão demasiado expostos. Estou liderando no meu próprio jipe, com nosso pelotão inteiro, três jipes e um blindado leve, logo atrás.

É uma loucura que esses veículos do Reconhecimento indefesos sigam à frente dos tanques. Sabemos que o passo do qual nos aproximamos está fortemente protegido. Tem 10 quilômetros de extensão e pode se transformar num imenso caldeirão fervente.

Desacelero e encosto ao lado do jipe de Shaul. Digo a ele e aos homens nos outros veículos que deixem os tanques passar e colem na traseira deles. Vou liderar sozinho, à frente dos tanques, com meu jipe e o de Zvika Kornblit.

O tenente Eli Rikovitz.

Movendo Shaul e os demais para trás, estou tentando protegê-los. Vou deixar os tanques irem na frente. Shaul e seus homens estarão mais seguros lá atrás.

Dubi Tevet, soldado do Reconhecimento.

Coisas malucas acontecem numa guerra, e a mais maluca de todas acaba de acontecer.

Estou na dianteira, no volante do segundo jipe de Eli, à frente dos tanques, quando entramos no Jiradi. O passo é uma emboscada de 10 quilômetros de extensão. Os egípcios têm tanques entrincheirados nas encostas das dunas que flanqueiam a estrada. Há canhões antitanques camuflados ao longo da pista. As próprias encostas estão apinhadas de posições de tiro com metralhadoras e bazucas. As trincheiras são de concreto armado e estão cheias de soldados. Baterias de artilharia estão alinhadas nas colinas.

É nesse cenário que metemos nossos jipes indefesos.

Posições defensivas egípcias próximo a Sheikh Zouaid.
Note o tanque entrincheirado sob a rede de camuflagem.

Ninguém atira em nós.

Na verdade, vemos soldados acenando para a gente.

Acham que estamos do lado deles. Nossos dois jipes CJ-5, o de Eli e o de Zvika, lideram 30 tanques, e ninguém dá um único tiro em nós.

Passamos como reis desfilando sobre um tapete vermelho.

Eli Rikovitz, comandante de pelotão do Reconhecimento.

A estrada está cheia de veículos egípcios em chamas, destruídos por ataques aéreos minutos antes. Logo, o inimigo sabe que estamos vindo.

LIVRO CINCO • SINAI

Chegamos aqui tão rápido que os egípcios não conseguem acreditar que não somos suas próprias tropas.

Menachem Shoval, soldado do Reconhecimento.

Nosso grupo segue atrás agora. Perdemos de vista os jipes de Eli e de Zvika. Eles estão lá na frente, liderando os tanques, pelo menos um quilômetro adiante de nós.

Empoleirado na traseira do jipe de Ezioni, tento obter uma perspectiva da situação. Posso ser jovem, mas não sou burro. Sei ler um mapa. Compreendo qual é a missão. Estou tentando, como qualquer soldado, ligar os pontos entre aquilo que sei que estamos tentando fazer e o que está de fato acontecendo.

Entre os jipes de Eli e os nossos, estão duas companhias de tanques, cerca de 20 a 30 ao todo. Os jipes de Eli estão bem no coração do passo Jiradi. Nosso grupo na traseira ainda nem entrou no passo.

O relevo da paisagem está mudando. Seguimos por uma estrada estreita, entre dunas. O Mediterrâneo está longe, à nossa direita; não podemos vê-lo. Dá para sentir o deserto se aproximando. O país começa a adquirir aquela aparência que você acha que o Sinai deve ter.

Aquilo lá na frente é o Jiradi? Talvez Shaul saiba. Ele é nosso tenente, tem os rádios e os mapas.

A estrada vai subindo e depois desce à esquerda por uma colina extensa e se estabiliza num trecho de curvas. Shaul para nossos veículos no topo. Nossos carros se aproximam e param. Shaul usa os binóculos para espiar o caminho. Mais adiante, podem-se ver a olho nu muitos soldados egípcios entrincheirados nas colinas ou protegidos por casamatas de concreto. Pelos binóculos é possível enxergar os tanques, dezenas deles, com as torres abaixadas, acompanhando a borda esquerda cerca de dois quilômetros adiante. O que devemos fazer?

É como aquele momento em que a montanha-russa faz uma parada lá no alto. Por um lado, a estrada à nossa frente parece absolutamente pacífica. Pelo rádio, os informes dão conta de que Eli, Zvika e os tanques do 82º Batalhão estão se aproximando à toda, ilesos. Talvez possamos fazer o mesmo. Por outro, vemos o inimigo abrigado em *bunkers* e trincheiras, tão ameaçador quanto o Dia D na Normandia da Segunda Guerra Mundial.

253

A PORTA DOS LEÕES

Aqui no alto, ainda estamos protegidos; mas assim que começarmos a descer a colina, nossos veículos sem blindagem estarão em campo aberto, espremidos no meio de campos minados. Não teremos como nos esconder.

Shaul decide avançar. Ele segue no primeiro jipe, com Benzi Zur dirigindo e Yoram Abolnik no banco de trás. Eles começam a descer a colina. O jipe não percorre mais que uns poucos metros e é atingido por um obus.

A explosão é enorme, ensurdecedora. O projétil, proveniente da artilharia, ou talvez de um tanque, acertou em cheio o jipe de Shaul. A fumaça cobre tudo. O lugar em que o veículo estava agora é só fumaça. Estou logo atrás. Eu tinha começado o dia com Shaul. Estive com ele no jipe. Fico olhando fixamente para a fumaça escura sendo levada pelo vento. Uma parte de mim se recusa a acreditar no que está acontecendo. Então, a fumaça começa a sumir.

Olho para o jipe vazio. Não há ninguém lá dentro. O jipe está ali, intacto, mas não tem ninguém dentro dele. Penso: Ei, meus amigos devem ter saltado! Saíram a tempo! Então a fumaça se dissipa um pouco mais.

Percebo três corpos pela metade no jipe. O obus passou na altura do motorista, serrando os três ao meio. Isso tudo bem diante dos meus olhos. Meus amigos, meu comandante.

Carrego essa imagem comigo. Dos meus amigos que estavam ali e, de repente, não estavam mais. É horrível.

Outro obus explode, bem em cima de nós. A explosão rasga um pedaço do nosso jipe e despedaça o braço esquerdo de Etzioni. Ele está a meio metro de distância de mim, no banco da frente. Por incrível que pareça, não se desespera. Sai do jipe, com o braço quase arrancado, pedindo socorro médico e começa e andar em direção aos veículos que vêm atrás, tentando avisar os outros para recuar.

Uma barragem de fogo começa a ser erguida. A artilharia egípcia está disparando explosivos no ar, bombas que explodem cinco ou dez metros acima de você, espalhando estilhaços por todo lado. No Exército, você é treinado para nunca largar uma arma, para nunca abandonar um veículo operacional. Manobro o jipe para longe dali. Sou tão jovem que nem tenho carteira de motorista.

Encontramos abrigo do outro lado da colina, atrás da crista da estrada. Uma multidão de veículos está amontoada ali. Todo mundo trata de mergulhar dentro de valas.

254

O corpo dilacerado de Shaul e os corpos de Benzi Zur e Yoram Abolnik continuam nos bancos do jipe, a 50 metros dali.

Eli Rikovitz, comandante de pelotão do Reconhecimento.

Nossa brigada agora está dividida. Foi partida ao meio. No entanto, lá na frente, não sabemos de nada disso. Estamos sozinhos em dois jipes, à frente de todos, liderando os tanques do 82º Batalhão.

Os egípcios às margens da estada acordaram.

Nossos jipes, o meu e o de Zvika, percorreram nove décimos da estrada do passo de Jiradi. Adentramos os palmeirais que sinalizam que El Arish

O tenente Shaul Groag.

está próximo. Os egípcios estão atirando em nós de ambos os lados da estrada. Uri Zand é meu motorista. Vejo-o afundar o pé no acelerador. Nosso jipe parece se arrastar.

Soldados egípcios atiram de posições preparadas atrás de sacas de areia empilhadas na base das palmeiras. Estão tão próximos que podemos ver seus bigodes e seus olhos escuros arregalados. Em determinado ponto, três soldados egípcios, operando uma pesada metralhadora Goryunov, me põem bem na mira. Vejo o atirador puxar o gatilho. Meu corpo inteiro fica retesado, esperando o impacto das balas.

A metralhadora nega fogo.

Viro a Browning .30 do meu jipe e puxo o gatilho.

Ela também nega fogo.

Grito para Zvika, no jipe de trás: "Atire neles!".

Ele atira.

Atrás de nós, nossos tanques lacraram suas escotilhas. Seguindo na frente, estamos em jipes totalmente expostos. Uma salva de tiros despedaça meu painel. No volante, Uri grita e tomba para a frente. Ele foi atingido no lado esquerdo. Não podemos parar ou seremos mortos. Uri jura que ainda consegue dirigir. Chego por trás dele e enfio meu punho na ferida aberta para tentar estancar o sangramento.

Meto meu pé esquerdo em cima do pé direito de Uri e piso no acelerador, fazendo o que posso para nos tirar da zona de ataque.

Yosi Ben-Hanan, oficial de operações da 7ª Brigada Blindada.

No grupo de comando, não fazemos ideia de que o passo Jiradi foi bloqueado de repente.

Estou com Gorodish num jipe, indo a toda velocidade da aldeia de Sheikh Zouaid para o ponto onde o passo começa. Os informes mais recentes dizem que os tanques do 82º Batalhão conseguiram atravessar incólumes.

De repente, enquanto seguimos, nosso grupo avista um sargento do Reconhecimento sinalizando com uma bandeira. Ele caminha para o meio da pista com as duas mãos erguidas. Eu o conheço. Seu nome é Moti Shoval.

Se você quiser saber o que diferencia as FDI, a resposta é esta: o sargento detém um comandante de brigada liderando os tanques de um batalhão blindado e não vê problema nisso.

Tanques Pattons do 79º Batalhão próximos ao passo Jiradi.

Kahalani está aqui com seus tanques. E também Ehud Elad, comandante do 79º Batalhão de Tanques. Gorodish pega os binóculos e segue adiante para avaliar a situação. É isso que significa "liderar da frente". Em outros Exércitos, o comandante da brigada pode ficar até 15 quilômetros recuado, tentando tomar decisões baseando-se em mapas, relatórios da inteligência e informes conflitantes que seus oficiais enviam via rádio.

Gorodish está bem aqui. Ele pode ver com os próprios olhos as posições egípcias nas dunas acima da pista. Ele pode ver os campos minados e as trincheiras e sentir o impacto das explosões acima de sua cabeça.

Mais tanques da companhia de Kahalani chegam. Ehud Elad está em pé na torre do próprio tanque. Seu oficial de operações, Amram Mitzna, estaciona um blindado leve ao lado.

Não há dúvida de que Gorodish dará ordens para o 79º Batalhão atacar. Resta saber de que forma, contra quais posições e em que momento.

Avigdor Kahalani, comandante de companhia de tanques.

Estou espiando pelos binóculos, olhando direto para o Sol poente. Adiante fica um vale largo e raso: o passo Jiradi. Tento avistar os tanques egípcios entrincheirados, mas não consigo enxergar nada com o Sol me ofuscando. Meu artilheiro se chama Rafi Berterer. "Você consegue ver alguma coisa daí, Rafi?"

Rafi diz que consegue avistar as trincheiras, mas nada de tanques. Assim que desço da torreta para olhar pela mira de Rafi, sinto o impacto no tanque, como se tivéssemos tomado uma martelada gigantesca.

Despenco da torreta para o chão. O interior do tanque se enche de fumaça e chamas. Por um segundo, fico paralisado. Sinto dores, como se tivesse levado uma pancada de uma barra de ferro no meio dos ombros.

"Fomos atingidos!" Dou a ordem: "Abandonem o tanque".

Meu único pensamento é: "Não grite". O comandante, antes de mais nada, precisa liderar seus homens. Seus soldados não devem saber que você está ferido ou com medo. Eles não têm que ouvir você cacarejando como uma galinha.

O interior do tanque é só labaredas. Tento segurar nas alças acima de mim para subir na torreta. Meus braços se recusam a me içar, e caio novamente. Sinto que meus pulmões estão queimando. Faço uma nova tentativa e torno a cair. Percebo que minhas pernas estão presas.

É verdade aquilo que dizem sobre você ver sua vida passar diante dos seus olhos. Vejo a minha passando agora. Ainda assim, tento mais uma vez.

Agora sim. Estou no alto da torreta. Não consigo mais controlar minha voz. Grito pela minha mãe e salto para fora do tanque em chamas.

Moti Shoval, sargento do Reconhecimento.

Estou ali em pé quando o tanque de Kahalani é atingindo em cheio.

Seis anos depois, na Guerra do Yom Kippur, Kahalani, com um punhado de tanques, vai deter mais de uma centena de tanques sírios no vale das Lágrimas, nas colinas de Golã. Ele receberá o Itur HaGvura, a mais alta comenda de Israel por bravura, e se tornará uma lenda na corporação.

Agora ele está envolto em chamas.

Vemos Kahalani saltar da torreta e mergulhar na areia. Exceto pelo cinto e pelas botas, está completamente nu. Todo o resto foi incinerado. Seu rosto e suas pernas estão pretos. Sua pele se desprende de ambos os braços.

Três dos nossos, do Reconhecimento – Nadav Ilan, Tani Geva e Amitai Heiman – disparam colina abaixo para socorrer Kahalani e seu tanque.

Avigdor Kahalani, comandante de companhia de tanques.

Rolo na areia, tentando apagar o fogo. Meu amigo Daniel Tzefoni e a tripulação ainda estão dentro do tanque. Ouço meus gritos, mas minha voz parece ser a de outra pessoa. Quero sair do meu corpo. Meu corpo está em chamas.

Começo a correr. Os soldados me olham chocados. Um tanque quase me atropela.

Vejo Ehud Elad, comandante do meu batalhão, no alto do seu tanque. "Kahalani, o que aconteceu?" Ele me olha atordoado.

Passo por ele em disparada.

Boaz Amitai, comandante de pelotão do Reconhecimento.

De repente, o tanque de Ehud Elad é atingido. Ele está exposto, de pé na torre, e é engolido pela explosão.

Outro disparo atinge o blindado leve de Mitzna. Os homens correm para retirá-lo de lá. Em questão de minutos, perdemos um comandante de batalhão, seu oficial de operações e um jovem e corajoso comandante de companhia. Todos os nossos líderes estão tombando!

Ori Orr, comandante da Companhia de Reconhecimento.

O manual não diz em nenhum lugar que é responsabilidade do Reconhecimento evacuar os feridos. Nosso trabalho é liderar os tanques. Mas temos jipes. Possuímos os veículos ágeis, estáveis, que podem rapidamente levar os queimados e mutilados.

Nossos rapazes se apressam em socorrer os feridos.

O tenente-coronel Ehud Elad, comandante do 79º Batalhão de Tanques, meia hora antes de ser morto por um obus egípcio na entrada do passo Jiradi. O relógio em primeiro plano marcando 14h55 está no punho do tenente-coronel Baruch "Pinko" Harel, comandante-adjunto da 7ª Brigada Blindada.

Tani Geva, soldado do Reconhecimento.

Para resgatar a tripulação de um tanque em chamas é preciso meter as caras lá dentro. Você enfia os braços ali e tenta alcançar as pessoas. Os tripulantes estão urrando de dor e fora de si, em pânico. O interior do tanque arde como uma fornalha. A munição altamente explosiva fica cozinhando a meio metro de distância.

Quando você vê isso acontecer bem diante dos seus olhos, custa a acreditar.

Durante uma guerra, os soldados são capazes de atos de bravura que nunca acreditavam poder realizar.

A OBRA-PRIMA DA GUERRA

Chita Cohen comanda o 124º Esquadrão de Helicópteros.

Acabo de aterrissar em Nitzana, 16h, primeiro dia da guerra. A divisão de Sharon vai atacar Um Katef logo mais, à noite. Meus helicópteros levarão os paraquedistas de Danny Matt para o combate.

Uma hora atrás, estava na base avançada do nosso esquadrão em Ashkelon, na costa. Meus helicópteros estavam espalhados pelo Sinai, por Gaza e pela Cisjordânia, resgatando pilotos abatidos e evacuando soldados feridos.

De repente, Rafi Har-Lev, do Centro de Operações da Força Aérea, me chama. "Chita, vou lhe dar as ordens. Primeiro: leve seus helicópteros para Arik Sharon. Segundo: não vou lhe dar mais ordens. Faça o que Arik mandar."

Em tempos de paz, mover um esquadrão de helicópteros levaria um dia inteiro. Agora, fazemos isso em três minutos. Ligo o rádio e abro a frequência do esquadrão. "Quem estiver me ouvindo repasse as ordens para quem não estiver."

Agora, cá estamos sobre a divisão de Sharon. Estou a quase 1.000 metros de altura, observando 10 mil homens e centenas de ônibus, caminhões, tanques, blindados leves e peças de artilharia alastrando-se pelo chão. As forças de Sharon estão espalhadas ao longo de 30 quilômetros. Onde está Danny Matt? Comunico-me com ele pelo rádio, mas não consigo identificá-lo naquele mar de gente.

"Danny, aperte o botão do seu transmissor."

A agulha da bússola no meu aparelho indica a direção de onde vem a chamada. Sigo pelo acampamento na direção para onde a agulha aponta.

Lá está o Danny!

Consigo pousar o helicóptero junto a uma fila de ônibus civis que foram mobilizados.

"Chita, por onde você andava?" Como se tivesse que chegar ali um mês atrás.

"Estou aqui, Danny. A festa vai começar!"

O coronel Danny Matt comanda a 80ª Brigada de Paraquedistas, integrante da Ugda Sharon.

Eu amo o Chita. Ele e seus irmãos, Uri e Nechemiah, fazem parte de uma das principais famílias de militares de Israel. Ele é um piloto destemido, capaz de levar seus helicópteros a qualquer lugar, em qualquer tempo, contra qualquer um.

Porém, agora temos um problema e tanto.

A zona de pouso designada nos meus planos deveria se localizar no flanco esquerdo, o sul, das defesas egípcias em Um Katef. Com meus adjuntos, trabalhei minuciosamente no plano para essa zona de aterrissagem. Agora, na última hora, o inimigo movimentou uma força de tanques para a mesma área.

Onde mais poderemos aterrissar? Ninguém sabe. O relógio marca 16h. Preciso pôr uma brigada de paraquedistas no solo no meio das defesas egípcias dentro de quatro horas.

Os helicópteros de Chita estão pousando. Precisamos de 24 deles. Conto 7.

"Chita, onde está o restante dos seus helicópteros?"

"Não se preocupe, Danny. Eles vão estar aqui."

Chita Cohen.

Danny e eu nos conhecemos há uma eternidade. Eu pilotava os Mustangs P-51 que davam apoio aos seus paraquedistas no passo de Mitla em 1956. Ele conhece meu irmão Uri na corporação de blindados e intercedeu pelo meu irmão caçula, Nechemiah, no Sayeret Matkal. No comando das FDI, você ouvirá sempre os mesmos nomes dos oficiais aclamados, todos os quais treinaram sob o comando de Arik Sharon: Meir Har-Zion, Katcha Cahaner, Aharon Davidi, Raful Eitan, Uzi Eilam, Motta Gur. E Danny.

Danny Matt.

Consegui encontrar uma nova zona de pouso. O local é identificado como Ponto 181 no mapa codificado. Fica à direita da artilharia egípcia, e não mais à esquerda. A inteligência relata que uma força dos nossos tanques acaba de conquistar um terreno vizinho.

Rascunho o novo plano com giz no capô de um jipe e explico a mudança para meus adjuntos e para os comandantes dos batalhões.

Chita me observa enquanto rabisco. Ele acha que se meteu num verdadeiro caos, um *balagan* nunca antes visto. Mas meu plano é meticuloso. Cada equipe de dez paraquedistas sabe em qual helicóptero terá que embarcar na sequência de decolagens, e cada homem sabe seu lugar dentro da equipe. Ele sabe o que precisa fazer no instante em que seu helicóptero tocar o chão e sabe seu exato papel no plano de ataque. Elaborei a estrutura do ataque até o mínimo detalhe.

Não vamos ter que improvisar loucamente no último minuto. Você não fica fazendo planos do nada. O improviso é a recompensa de uma preparação minuciosa e de muito exercício.

Não se preocupe, Chita. O que você está presenciando aqui não é nenhum *balagan*. Estou simplesmente transpondo nosso plano da antiga zona de pouso para a nova.

Chita Cohen.

Sim, sim, mas que nova zona? O Ponto 181 é só um pingo no mapa. Localizá-lo é como sobrevoar o oceano dizendo: "Vá para a Onda 181".

Lá vamos nós. Preciso encontrar o local antes do ataque de hoje à noite e marcá-lo com holofotes. Do contrário, nunca encontraremos o local no escuro, quando retornarmos, carregando os paraquedistas de Danny.

São 16h45. Passo raspando numa ravina entre dunas, tão baixo que o empuxo do rotor levanta nuvens de areia. Voamos bem na direção do Sol. Penso: "Em 1956, meu Mustang P-51 foi abatido não muito longe daqui".

Escolhemos um local. Os batedores me querem o mais próximo possível do alvo, para que os paraquedistas de Danny não precisem caminhar por horas na areia fofa.

Para marcar uma zona de pouso, é utilizado um holofote chamado "trapézio". É um quadrado com três lados iluminados e uma ponta solta. Os batedores o fixam na areia. As luzes são alimentadas por baterias e, em volta delas, existem abas que impedem que sejam avistadas dos lados. As lâmpadas apontam diretamente para cima. Só podem ser vistas do ar. A extremidade solta do trapézio se move com o vento. Os helicópteros entram por esse lado, para poderem pousar contra o vento.

Os batedores instalam três trapézios. Meus helicópteros voarão em formações triplas, despejando dez paraquedistas de cada aeronave – trinta paraquedistas por vez.

Danny Matt.

Sob Arik Sharon, um comandante tem ampla independência para agir num combate. Sharon lhe diz o que fazer, mas não como fazer.

Vou pedir a meu adjunto para informar-lhe das mudanças que fizemos nos planos. Mas, enquanto essas alterações não interferirem em outros elementos da operação concebida por Sharon, não precisarei recorrer a ele pessoalmente.

Sei como Sharon pensa: "Se Danny não me disser nada, significa que está tudo OK. Se houver um problema, Danny entrará em contato".

Chita Cohen.

Danny vai lhe dizer que ele e eu nunca falamos pessoalmente com Sharon, mas lembro-me muito bem desse momento.

Entramos no *trailer* de Sharon. Onde quer que ele esteja, sempre há alguém cozinhando ao seu lado.

"Entre, Danny! Entre, Chita! Querem comer alguma coisa? Café? Chita, seus helicópteros podem levar os meninos do Danny para trás da artilharia egípcia? Danny, da zona de pouso, você e seus paraquedistas vão cruzar as dunas e destruir as baterias egípcias por trás. Entendeu, Chita? OK, Danny? Boa sorte!"

É isso. Simples assim. Não conseguimos nem tomar o café.

O major Eliezer "Chita" Cohen, comandante do 124º Esquadrão de Helicópteros.

Danny Matt.

A Campanha do Sinai é uma guerra nas estradas. As colunas armadas não podem negociar as montanhas e os cinturões de areia. Para ganhar na península do Sinai, você tem que controlar as artérias viárias.

A estrada que vamos capturar hoje é a que liga Abu Agheila ao canal de Suez. As principais fortificações que protegem essa localidade se concentram num elevado chamado Um Katef. As defesas egípcias em Um Katef se baseiam num *design* britânico, sobreposto a um soviético.

A PORTA DOS LEÕES

Os ingleses apostavam em "caixas". Uma caixa é uma área retangular no deserto, por vezes com vários quilômetros de extensão, construída artificialmente em volta de um obstáculo. Uma caixa contém campos minados e barreiras extensas de arame farpado. A passagem de veículos é bloqueada por bermas, valas antitanques, cercas, "porcos-espinhos", "dentes de dragão" e outros obstáculos. Infantaria, forças antitanque e artilharia antitanque motorizada fortalecem essas caixas, enquanto, atrás delas, 10, 20, talvez 30 quilômetros, uma reserva móvel de tanques, canhões antitanques e artilharia motorizada aguarda.

Cada caixa é localizada para dar apoio a todas as outras, estrategicamente localizadas nos arredores. As pistas que interligam as caixas estão tomadas pela artilharia e são facilmente alcançadas pelos tanques na reserva. Esse é o sistema britânico, desenvolvido pelos generais Wavell, Auchinleck, Alexander e Montgomery no norte deserto norte-africano durante a Segunda Guerra Mundial. Esses e outros oficiais repassaram esse conhecimento para seus clientes, os egípcios.

Em cima dele, engenheiros soviéticos sobrepuseram o sistema russo. A doutrina russa é linear. Seu princípio é a defesa em profundidade. Você consegue identificar uma posição soviética a partir do ar pelas múltiplas linhas de trincheiras, uma atrás da outra. Na retaguarda das primeiras três linhas, fica a artilharia.

Os russos adoram artilharia. A doutrina soviética evoluiu a partir da defesa do país contra os nazistas. O conceito é o do atrito.

Em Um Katef, engenheiros soviéticos construíram três linhas sucessivas de trincheiras feitas de concreto armado estendendo-se de um lado a outro no meio de um mar de dunas inexpugnáveis. Cada linha de trincheiras fica a 300 metros da outra.

Quatro quilômetros atrás dessas primeiras três trincheiras, os soviéticos construíram uma quarta linha, apoiada por um regimento composto de 66 tanques T-34 e um batalhão com 22 canhões SU-100 autopropulsionados. Entre essa trincheira mais recuada e as três primeiras, estão localizadas as baterias principais da artilharia egípcia.

Essas baterias são nosso objetivo.

Hoje à noite, nossos paraquedistas vão atacar esses canhões.

A posição egípcia é constituída de algo entre 5 e 7 batalhões, aproximadamente 80 peças de artilharia, dispostas em linha, apontadas para a fren-

266

te. Campos minados e trincheiras antitanque a protegem contra qualquer aproximação pela frente, assim como as linhas de trincheiras de infantaria, armadas com canhões antitanque, fuzis, bazucas e metralhadoras.

Como Sharon vai atacá-las?

Estive ao seu lado em grupos de planejamento tempo bastante para saber como a cabeça dele funciona.

Primeiro, ele vai considerar um golpe de sorte o fato de a doutrina inimiga ter concentrado tantos soldados e tanto poder de fogo numa só posição. "É mais fácil matá-los assim mais juntinhos em um só lugar."

Segundo, ele vai se perguntar: "Como posso atacar esse lugar de um jeito que seus defensores não esperem e ao qual eles serão menos capazes de reagir na confusão do momento?".

Um dos princípios do planejamento de Sharon é: "Complexidade no topo, simplicidade na base". Isso significa que ele guarda para si mesmo a sinfonia enorme e complexa. Ele a entende, e mais ninguém precisa entendê-la. Chita, eu e todos os outros comandantes subordinados só temos que tocar nossos violinos. Claro, o restante do plano, existente na cabeça de Sharon e num emaranhado de mapas codificados rabiscados com giz de cera, é mais complicado que a Nona de Beethoven. Sharon, já nesta tarde, despachou para o norte um batalhão de tanques Centurions sob o comando do tenente-coronel Natan "Natke" Nir (reforçado por infantaria, morteiros e engenheiros de combate) para um movimento de flanqueamento. Para isso, eles terão que vencer dunas que o inimigo acredita serem intransponíveis para blindados pesados. Foi preciso duas tentativas, mas agora eles estão em posição de deter reforços egípcios que venham do norte – e de atacar Um Katef pelo flanco e pela retaguarda. Ao mesmo tempo, o 213º Regimento de Artilharia, de Yaakov Aknin, está só esperando escurecer para despejar o fogo mais pesado que qualquer força de artilharia de Israel já disparou. Os três batalhões da 99ª Brigada de Infantaria, de Kuti Adam, tomarão de assalto o primeiro escalão das linhas de trincheira pelo flanco, depois de terem percorrido a pé e no escuro um trecho de 10 quilômetros para alcançar a posição. Engenheiros de combate vão liberar as pistas que passam pelos campos minados egípcios. Logo em seguida, os tanques da 14ª Brigada Blindada de Motke Zippori, menos os Centurions de Natke Nir, atacarão o inimigo.

O conceito vigente é o mesmo que vem caracterizando o planejamento de Sharon desde o tempo que ele comandava a 101ª Unidade. É o conceito do *tachboulah*.

Um *tachboulah* é um ardil, um estratagema. Sharon adora contar isso aos seus jovens oficiais. "Está tudo lá, em Provérbios, 24,6: 'Por meio de um *tachboulah* tu deverás fazer a guerra'."

Estudei as campanhas de César e de Alexandre, de Aníbal e de Napoleão. Acredite, quando Sharon se unir a eles, seu lugar na mesa de areia* estará reservado. E eles todos vão escutar o que Sharon tem a dizer.

Um *tachboulah*, entretanto, é muito mais que dar um simples drible ou despiste. É mais que simplesmente usar o elemento surpresa. O propósito de um *tachboulah* é forçar o inimigo a responder prontamente, em pleno caos, a um ataque para o qual *ele não esteja preparado*.

Sharon adora contar esta história: "Capturamos uns egípcios quando nossos rapazes tomaram a posição altamente fortificada que ocupavam em questão de minutos. Depois, em outro combate, fizemos um monte de prisioneiros sírios. Pusemos os sírios junto aos egípcios. Indignados, eles queriam massacrar os egípcios. 'Como vocês deixam um bando de israelenses passar por cima de vocês desse jeito?' 'Esses judeus não atacam obedecendo o manual', disseram os egípcios".

Isso, Sharon diria, é *tachboulah*.

"O soldado egípcio é forte e valente quando sabe o que esperam dele, mas ponha-o para improvisar no calor do momento e ele se perde."

No plano de hoje à noite, há vários *tachboulot*. Se tudo correr bem, Sharon vai lançá-los em sequência. Cada elemento de combate – artilharia, infantaria, engenheiros, blindados, helicópteros, paraquedistas – chegará coordenado aos demais, para que um *tachboulah* se siga ao outro.

Chita Cohen.

Meus helicópteros chegaram, 17 dos 24. Os outros 7 estão evacuando feridos de Gaza, Rafiah e do Jiradi.

---

* N.T.: Caixa de areia utilizada para fins de planejamento militar.

O general Ariel "Arik" Sharon em 1969, quando era chefe do Comando Sul.

Vamos levar os paraquedistas de Danny para a zona de pouso, 30 de cada vez. Três helicópteros com dez homens em cada um. Como num comboio. Os vagões do Chita. Três Sikorskys S-58, seguidos no intervalo de um minuto por outros três, com mais três em seguida. Na zona de pouso, os três trapézios estão no lugar. Cada aeronave vai pousar dentro de um trapézio específico. Pouso e decolagem em 60 segundos.

Danny Matt.

No último minuto, o rabino da brigada aparece carregando cartões de oração debaixo do braço e sai distribuindo-os um por um ao pessoal. Você ficaria surpreso ao ver a quantidade de paraquedistas casca-grossa fazendo fila para pegar um.

Meu oficial da inteligência é Yigal Talmi, filho de Emma Talmi, sionista pioneira e notória ateísta. Ele passa por mim, enfiando um cartão de oração no bolso da camisa. "Yigal, o que sua mãe diria se visse você agora?"

"Danny, agora não é hora de atazanar o Homem."

Yael Dayan.

22h30. Sharon está de pé ao lado de Yaakov Aknin, seu comandante da artilharia. "Vamos fazer a terra tremer", diz Arik.

Nossos canhões abrem fogo. Disparam seis mil obuses em 20 minutos, a maior salva de tiros da história das FDI. Nunca tinha ficado tão perto das baterias de Howitzers de 105 e 155 milímetros. O atirador puxa o cordão, e o canhão inteiro salta no ar. Homens com protetores auditivos apertam a palma das mãos sobre os ouvidos e se agacham, como se achassem que a explosão fosse derrubá-los. É quase isso. Eles trabalham feito demônios no inferno. Nossa força tem ao todo 6 batalhões, incluindo canhões de campo, morteiros pesados de 160 milímetros e canhões médios.

"Vai tremer mesmo", diz Aknin.

O problema, como Dov me explica, é que nossos canhões são ninharia se comparados ao poderoso armamento soviético empregado pelos egípcios. Embora nossos canhões tenham avançado até onde era possível, tirando partido da escuridão, seu alcance é muito reduzido para que possa atingir a artilharia inimiga. As baterias de Nasser estão seguras, além do nosso alcance. Conseguimos alvejar apenas os campos minados e a infantaria entocada nas três trincheiras da frente.

A resposta de Arik às baterias inimigas ao longe é o ataque com os paraquedistas de Danny Matt, transportados para trás das linhas pelos helicópteros de Chita Cohen.

Isso nunca havia sido tentado antes. Nem pelos norte-americanos, nem pelos russos, nem por nós.

Quando pergunto a Dov se vai funcionar, ele responde com uma frase à qual estou ficando acostumado: "Vai ter que funcionar".

Chita Cohen.

Os egípcios estão disparando seus imensos canhões. Até nós, em pleno ar, sentimos. A linha das baterias tem uns 4 ou 5 quilômetros de extensão. Os obuses sobem iluminando o céu. Com o clarão dos disparos, consigo até ler os indicadores no painel do helicóptero. É como se fosse dia.

"Meu Deus, Chita!", diz pelo intercom meu copiloto, Moshe Carmeli. "Você já viu algo assim?"

"Ninguém jamais viu algo assim!"

Passamos raspando a areia a 80 quilômetros por hora.

A batalha se estende por 5 quilômetros à nossa esquerda. Não sou religioso, mas fico rezando como um louco: "Senhor, me mostre onde estão aqueles trapézios!".

Danny Matt.

Pouso na segunda leva de três helicópteros. Meu adjunto, o tenente-coronel Shmulik Pressburger, já está seguindo para o sul pelo meio das dunas, com 30 paraquedistas.

Você pode perguntar: "Como um oficial sabe em que direção marchar? Usa um mapa? Uma bússola?"

Hoje à noite, nada disso é necessário. As baterias egípcias pintam o céu com uma faixa de fogo. Até um cego acharia o caminho. Mesmo no meio das dunas, podemos sentir o impacto e ouvir o zunido dos obuses subindo para o céu.

O que vai dar errado? Alguma coisa sempre dá errado. A primeira é a direção das dunas, que se movem em determinado sentido, dependendo de como os ventos predominantes empilham a areia. Bastam dois passos e percebemos que as dunas estão avançando contra nós. É como nadar contra a correnteza: dois passos para frente, um para trás. Ao encerrar minha carreira, terei servido durante 50 anos, em 6 guerras, 3 delas no Sinai. Nunca dei tanto duro como nesta noite.

Para muitos dos nossos jovens soldados, é a primeira experiência num combate. O tenente me conta que instruiu seus homens para que trouxessem o dobro da munição de que achavam que iriam precisar, e também o dobro de água. A areia fofa faz do peso um inferno.

Das 20h às 24h, percorremos os 4 quilômetros que nos separam das baterias egípcias.

Chita Cohen.

O comboio de helicópteros retorna por uma rota ligeiramente diferente da de ida. Sobrevoamos o campo de batalha descrevendo um enorme círculo, se é que se pode chamar aquilo de voar. Os helicópteros passam tão baixo que os compartimentos de carga ficam cheios de areia e a ponta das hélices chega a raspar nas paredes das ravinas. As regras da Força Aérea proíbem isso. As minhas regras proíbem isso.

Esta noite, estamos descumprindo todas essas regras.

Pousamos ao lado das lâmpadas dos trapézios. Os paraquedistas desembarcam pelo lado direito do helicóptero, em fila indiana, no escuro, debaixo de uma tempestade de areia levantada pelo rotor, ao lado de dois outros helicópteros que pousam no mesmo instante, todos com as luzes apagadas. Os rotores de cauda ligados são invisíveis para os paraquedistas naquele breu e vão moer suas cabeças se eles não se afastarem dali do jeito certo.

A invasão prossegue por uma hora e meia, e Danny a interrompe quando os obuses da artilharia egípcia começam a cair perigosamente próximo da zona de pouso.

Danny Matt.

Alcançamos as posições egípcias. O inimigo tem entre 5 e 7 batalhões, cada um constituído por 3 baterias de 4 canhões e todo o poder de fogo adicional que conseguiram mobilizar. A linha se estende a perder de vista, ao longo de 3 a 5 quilômetros. A vista daqueles canhões enormes é espetacular. De tanto atirar, os canos dos canhões estão cor de laranja, brilhando.

LIVRO CINCO • SINAI

Atacamos primeiro as baterias mais próximas. Artilheiros não são treinados para defender o posto que ocupam sozinhos. Essa é uma missão atribuída a esquadrões especiais da infantaria. O papel dos canhoneiros é apenas disparar os canhões. Na cabeça deles, o inimigo está a quilômetros de distância. Quando, de repente, veem meus paraquedistas avançando para atacá-los pela retaguarda, naquela escuridão, atirando granadas e disparando armas automáticas, ficam sem saber o que fazer.

Tenho em meu poder a foto de um soldado da infantaria egípcia morto nessa ocasião. Os soldados não tiverem tempo nem de correr para suas posições defensivas. Nós os pegamos completamente de surpresa.

Meus paraquedistas levam explosivos para destruir os canhões. Mas depois de atacarmos umas poucas baterias iniciais, o inimigo cessa fogo. Os canhoneiros do restante da linha fogem correndo.

Os três batalhões da infantaria de Kuti Adam atacam as três primeiras trincheiras pelo flanco, apoiados pela brigada de Shermans M50 e M51 de Motke Zipppori. Defendendo os egípcios, estão os três de batalhões da 12ª Brigada de Infantaria, da 2ª Divisão de Infantaria.

Os egípcios têm cerca de 90 tanques, dispostos de acordo com a posição defensiva russa. A brigada blindada de Zippori começa um combate feroz com eles. Os tanques das FDI estão equipados com holofotes extremamente potentes, que são usados para localizar e expor o inimigo. Meus homens acabam ficando no meio do conflito. Somos alvejados por nossos próprios soldados. A certa altura, a coisa fica tão insana que algum comandante – pode até ter sido eu, não lembro – simplesmente ordena que todos os tanques de Israel cessem fogo. Quando obedecem, posso finalmente saber quais são os nossos tanques e quais pertencem ao inimigo.

Os Centurions de Natke Nir também começam a atacar.

Nosso trabalho está feito. Meus paraquedistas recuam para o flanco, numa formação que se assemelha à letra hebraica *het*, um quadrado com três faces, carregando os feridos no centro. Começamos a voltar pelas dunas.

Soldados egípcios fogem na mesma direção. Eles se movimentam bem mais rápido que nós.

Chita Cohen.

Estou de volta ao acampamento de Sharon. Passa da meia-noite. Uma distância de meio quilômetro separa a zona de pouso dos helicópteros dos soldados e veículos mais próximos. Desse local, minhas equipes e eu temos uma visão sem obstáculos do oeste, na direção das posições inimigas.

O que conseguimos ver é o seguinte: o céu, que antes parecia estar iluminado pela luz dia devido às rajadas da artilharia egípcia, volta a se apagar, um trecho de cada vez.

Estou num local elevado com pilotos, copilotos e equipes de voo. Observamos primeiro o lado direito da linha escurecer; em seguida, o meio; depois, a linha inteira. É como um blecaute se alastrando, igualzinho ao que acontece numa cidade quando um bairro vai apagando depois do outro. As únicas luzes remanescentes no campo de batalha são os holofotes dos tanques das FDI, movendo-se de um lado para o outro como se fosse a estreia de um filme de Hollywood.

Arik me dá um beijo. "Chita, eu te amo!"

Ele não precisa dos relatórios de seus comandantes para saber como a batalha está indo.

NOITE TRISTE EM EL ARISH

Eli Rikovitz, comandante de pelotão do Reconhecimento.

Quando chegamos a El Arish, a noite já havia caído. Os tanques do 82º Batalhão haviam capturado os cruzamentos a leste da cidade e criado um perímetro, com os canhões voltados para fora. Estavam atirando há horas.

Meu motorista, Uri, estava gravemente ferido. Pior ainda aconteceu a Zvika. Ele tinha sido atropelado por um tanque.

Dubi Tevet, motorista de jipe do Reconhecimento.

Um tiro varou o quadril de Uri. Abriu um buraco do tamanho do meu punho. O estado de Zvika era dez vezes pior. Quando tomamos os cruzamentos, Zvika parou o jipe atrás de um dos nossos tanques para se proteger do fogo egípcio. De repente, o tanque deu ré. O motorista não viu o jipe de Zvika logo atrás.

Zvika Kornblit, comandante de jipe do Reconhecimento.

Fiquei dobrado no interior do jipe. A última coisa que vi foi o tanque passando sobre a minha cabeça. Tive certeza de que iria morrer.

Moshe Perry, motorista de jipe do Reconhecimento.

Dubi e eu tiramos Zvika de lá. Tivemos que arrancá-lo do meio do aço retorcido. Ele não passava de uma massa de carne desmembrada.

Zvika Kornblit, comandante de jipe do Reconhecimento.

Tento sentir meu rosto, para saber se ainda tenho um, se ele ainda existe. Meu quadril está quebrado, tenho cinco fraturas na coluna, nenhuma costela está intacta, meu braço direito está em pedaços.

Dubi Tevet, motorista de jipe do Reconhecimento.

Nós do Reconhecimento temos treinamento em primeiros-socorros, mas não somos médicos. A coluna de Zvika foi esmagada? E quanto aos órgãos internos? Como podemos ajudá-lo?

Ori Orr, comandante da Companhia de Reconhecimento.

Eli me informou pelo rádio o que aconteceu a Uri e a Zvika. A única notícia boa é no plano geral. A brigada agora tem a maior parte de um batalhão de tanques em El Arish.

Isso é muito mais do que o Exército havia sonhado. Nem em nossas projeções mais otimistas imaginávamos chegar ao nosso objetivo antes do dia de amanhã. Antecipamos uma batalha sem trégua para capturar o aeródromo em El Arish e a grande base egípcia. Uma brigada de paraquedistas inteira, a 55ª, está escalada para saltar hoje para nos ajudar.

Ao contrário de nós, os egípcios recuam.

Os tanques da companhia de Kahalani e outros atacaram as posições inimigas na extremidade leste do passo Jiradi. A outra brigada de tanques da nossa divisão, a 60ª, conseguiu alcançar o adversário pela retaguarda, ao sul. Enquanto os egípcios se retiram, eu mesmo desfilo pelo passo, com Amos, Boaz e outros do pelotão de Amos. Nossos veículos o atravessam pouco antes da meia-noite.

Aqui estamos.

Encontramos Eli.

Dubi Tevet, motorista de jipe do Reconhecimento.

Esta noite é a mais longa da minha vida. Acredito que ela nunca vai acabar. O corpo principal do 82º Batalhão capturou o entroncamento viário na entrada a leste de El Arish. Estou aqui, no meio do perímetro dos nossos tanques, tratando os ferimentos de Uri Zand e Zvika Kornblit, meus amigos.

Atrás de nós, o passo permanece bloqueado. Estamos sozinhos. Ori avançou com nossos rápidos jipes do Reconhecimento, mas o restante da brigada está presa no extremo leste.

Esperamos aqui em El Arish com nossos companheiros feridos. Não temos médicos nem paramédicos. Acabou o estoque de morfina.

Boaz Amitai, comandante de pelotão do Reconhecimento.

É 1h da manhã. Gorodish e metade da brigada ainda estão lá atrás, na entrada do Jiradi. Pelo rádio da brigada, ouvimos ele dar ordens ao 9º Batalhão de Infantaria para limpar as trincheiras egípcias que flanqueiam o passo. Essas posições precisam ser tomadas para que nossos caminhões de combustível, água e munição possam avançar para nos reabastecer, para que Gorodish e o restante da brigada possam chegar.

O irmão de Ori está no 9º Batalhão. Ele é um bom soldado; eles vão dar conta do trabalho.

Ori Orr, comandante da Companhia de Reconhecimento.

Na guerra, você não raciocina como em tempos de paz. Sua mente precisa ficar concentrada na missão. Isso nem sempre acontece depois que você perde tantos amigos.

Nossa companhia está liderando a brigada há 18 horas, sem descanso. Enfrentamos com sucesso duas brigadas inimigas de infantaria e uma de tanques. A exaustão está estampada em nosso rosto. Não preciso nem rememorar para poder ver isso. Consigo ver agora mesmo.

Olho para Eli, Amos e Boaz no meio daquela escuridão. Amos está em pé, acendendo um cigarro. Eli e Boaz estão sentados na areia, recostados nos pneus de um dos nossos jipes. Estarão pensando em Rafiah? Estarão, assim como eu, tentando contabilizar o número de amigos que perdemos?

"Já faz quanto tempo", Eli pergunta, "desde que começamos esta manhã?"

Amos diz que não se lembra.

"Uma eternidade", responde Boaz.

Eli Rikovitz.

A natureza da guerra é a estupidez, e avançar sob fogo em veículos abertos deve ser o cúmulo dessa estupidez. Um tiro de morteiro que atinja um blindado leve vai matar todos que estiverem lá dentro. Os disparos de um canhão antitanque vão queimar viva toda a tripulação. Quando um obus ou uma salva de tiros do canhão principal de um canhão acerta um veículo sem blindagem, não sobra nada além de metal fumegante e botas sem pés dentro delas.

Estou começando a aprender que, quanto mais você avança sob fogo mais coisas perde. Primeiro, seu equipamento e suas roupas de dormir. Eles caem, são alvejados ou queimados. Depois, é a munição. Você a utiliza ou a entrega para o companheiro que está precisando. Você perde seus pertences. Perde a comunicação, perde a visão, perde a audição. Perde partes do próprio corpo. Perde seus homens. Perde a conexão com a realidade, perde sua compostura, perde sua sanidade.

A única coisa que não pode perder jamais é a vontade de completar a missão.

Boaz Amitai.

Ninguém consegue dormir. Tentamos; sob cobertores, nos assentos dos nossos jipes. Penso no meu pai, Eliezer, comandante de uma brigada de reservistas da infantaria que está defendendo a Jerusalém judaica. Será que ele está bem? Será que está preocupado comigo? O pior, esta noite, é ficar em claro com Eli e Ori. Agora temos uma ideia mais precisa de quantos amigos perdemos. Você não pode pensar nisso. Não pode.

Ori tenta nos animar lembrando que nem todos estão necessariamente mortos. Alguns talvez estejam apenas feridos. Mas nós todos vimos o blindado leve de Kenigsbuch em Rafiah. Eu mesmo cobri os corpos de Shaul, Benzi e Yoram, cortados ao meio dentro do jipe no início do Jiradi.

Ninguém teve coragem de retirá-los lá de dentro.

Ori Orr.

Passei o dia sendo forte. Estando no comando, não tenho escolha. Mas agora, sentado na escuridão fria com Eli, Amos e Boaz, a parte da minha mente que eu tinha desligado acordou. Quantos homens perdemos? Oito? Dez? Mais? Isso sem falar nos feridos. Em um dia.

Dois dias mais e não vai sobrar ninguém.

Dubi Tevet.

Boaz Amitai é um dos nossos tenentes. Ele se aproxima para dizer que recebeu ordens de Ori para levar dois jipes pelo Jiradi para conectar as brigadas com os veículos de reabastecimento. São 3h30. Quando Boaz chegar à outra extremidade do passo, vai conduzir os caminhões até nós, trazendo combustível, água, mantimentos e munição.

A brigada sabe que temos feridos aqui. Eli já os chamou pelo rádio quatro vezes. Os médicos vão tentar trazer uma ambulância, ou mesmo um helicóptero, quando o dia amanhecer.

Uri e Zvika agonizam sem reclamar. Será que o socorro nunca vai chegar? Desisti de procurar pelos faróis dos carros na escuridão.

Boaz Amitai.

O passo tem 10 quilômetros. Cada trecho parece que está sob fogo. O asfalto derreteu com os tanques queimados e os tripulantes incinerados.

Você tenta não pensar em coisas mórbidas.

Por que ainda estou sobre a terra, quando tantos amigos, homens melhores que eu, já estão debaixo dela? Por que eu? Por que não eu?

Não sou religioso. Não penso da mesma maneira que uma pessoa religiosa pensa. Mas agora, guiando por esses 10 quilômetros de inferno, sinto a presença do Anjo da Morte.

"Você", diz ele para um homem. "Vou levá-lo agora."

E para outro: "Você espera. Virei mais tarde."

É uma sensação terrível.

Eli Rikovitz.

Às 4h30, Boaz retorna, liderando os primeiros veículos do escalão de reabastecimento. No primeiro clarão do dia, um helicóptero evacua Zvika e Uri para o Hospital Soroka, em Beer-sheva.

Os tanques se enfileiram diante dos caminhões de combustível. Ao amanhecer, trocamos tiros no aeródromo com alguns egípcios em retirada, e Boaz é atingido na coxa direita. Ele está bem. O ferimento é a senha para ele ir embora.

Gorodish está aqui agora. A brigada inteira chegou a El Arish. Uma força de paraquedistas da 35ª Brigada recebe ordens para avançar para oeste, em direção à costa de Suez. Nós, com os tanques, iremos para o sul, penetrando o deserto, rumo a Bir Laffan e Jebel Libni. A 3ª Divisão egípcia está lá.

É interessante observar como a campanha evolui. O Exército não tem planos oficiais de avançar além de El Arish. Mesmo assim, os eventos o obrigam a isso. Se interrompermos nosso avanço aqui, o comando egípcio poderá se agrupar. Nesse instante, eles estão cambaleantes. Seus oficiais estão em fuga, deixando seus homens se defendendo sozinhos.

Temos que continuar atacando. Precisamos continuar nosso avanço para oeste.

Yosi Ben-Hanan, oficial de operações da 7ª Brigada Blindada.

Os mapas operacionais da 7ª Brigada Blindada terminam em El Arish. Sei disso porque fui eu quem os desenhou. Não há setas apontando para mais além.

Tenente Yosi Ben-Hanan, oficial de operações da 7ª Brigada Blindada.

Mas El Arish é apenas a soleira do Sinai. Não é nada. Está no meio de lugar nenhum. Mais da metade dos blindados de Nasser continua intocada nas profundezas do deserto – a 3ª e a 6ª Divisões, a Força Shazli e a 4ª Divisão Blindada, uma tropa de elite.

Temos planos para tomar Jebel Libni? Não. Um programa de ataque foi elaborado para Bir Gafgafa? Nunca. E para o canal de Suez? Em nossa brigada isso nem sequer foi mencionado.

No entanto, com ou sem planos, precisamos continuar atacando. A lógica dos eventos exige. Essa é minha primeira experiência de guerra, e não a mera troca de tiros em que a brigada tomou parte nas colinas de Golã nos dois últimos anos.

A realidade ultrapassa tudo que eu imaginava. Não apenas testemunhando a sucessão de "pequenos acontecimentos" ao redor – quem vive e quem morre, vítima do acaso ou porque foi preciso –, mas também a forma como o processo se desenrola no plano dos Exércitos e dos países.

Certos princípios ficaram claros. A *Blitzkrieg* funciona. A guerra de movimento funciona. Em pouco mais de 24 horas de combate, a 7ª e a 20ª Divisões egípcias deixaram de existir na prática. Milhares de veículos egípcios foram aniquilados, centenas de outros foram capturados intactos. Mil e quinhentos soldados egípcios morreram, enquanto milhares de outros estão fugindo a pé pelo deserto.

El Arish, onde estamos agora, é uma base grande e poderosa, com uma cidadela e um campo de pouso. Mesmo assim, caiu sem um só cerco, depois de um tiroteio breve e feroz.

Isso para mim é incrível.

Quando os historiadores forem escrever sobre esta guerra, traçarão em mapas as setas de assaltos e as linhas de avanço. Dirão como os comandantes planejaram isso, como os generais esquematizaram aquilo. E essa é a verdade, até certo ponto.

O elemento que falta é o ritmo dos acontecimentos.

Gorodish compreende isso. Ele conseguiu ver, lá atrás, ao entrar no Jiradi. Mesmo quando Ehud Elad, um comandante essencial do batalhão, foi morto, e Avigdor Kahalani, outro comandante igualmente brilhante, quase foi carbonizado, Gorodish conseguiu enxergar e disse em voz alta que não podíamos nos deter ali ou em El Arish. Nossa força não poderia parar de avançar. E nada poderia nos impedir ali, tão próximos do canal de Suez.

Yoel Gorodish, oficial de operações sênior da 7ª Brigada Blindada.

Gorodish é um *shochet*, um açougueiro *kosher*. Meu irmão aprendeu o ofício quando tinha 15 anos. O *shochet* tem uma posição respeitada na comunidade judaica. Em congregações menores, o rabino e o *shochet* são a mesma pessoa.

Agora esse *shochet*, Shmuel Gorodish, havia se tornado o Jovem Rommel. A carcaça que ele está despedaçando é a do Exército egípcio.

LIVRO SEIS
JERUSALÉM

UM MILÉSIMO DE UMA LIBRA

Quando eu tinha 5 anos, visitei Jerusalém pela primeira vez. Não consigo dar a exata dimensão dessa ocasião. Foi minha primeira viagem para fora do pequeno *kibutz*, o primeiro passeio num carro ou num ônibus, a primeira vez que me sentei a uma mesa de verdade numa sala de jantar.

O capitão Yoram Zamosh comanda a Companhia A na 55ª Brigada de Paraquedistas do 71º Batalhão, do major Uzi Eilam.

Minhas irmãs e eu passamos seis meses nos preparando para esse evento monumental. Um garoto sem instrução – eu mesmo – precisou aprender a engraxar direito seus sapatos, domar seu topete e segurar um garfo e uma faca. Estávamos indo para a cidade grande! Eu precisava saber me comportar como um cavalheiro.

Viajamos, meus pais, minhas duas irmãs e eu, num ônibus caindo aos pedaços para a estação central de Tel Aviv; depois, em outro, um pouco mais novo, seguimos até Ramla; e de lá partimos para Jerusalém. Fomos celebrar o Pessach na casa do meu tio, na rua Jafa. O percurso total da viagem não chegava a 100 quilômetros, mas para mim era como dar a volta ao mundo.

Fizemos um *seder* maravilhoso, e deram-me de presente uma moeda que valia dois mills. Um mill equivalia a um milésimo de uma libra palestina. Para mim, aquilo era um tesouro inimaginável.

O ano era 1946. Os britânicos haviam imposto um toque de recolher por conta das ameaças de violência do Irgun e de outros grupos judaicos dissidentes. Bem embaixo das janelas da casa do meu tio havia um posto controlado por paraquedistas britânicos, com suas boinas e seus pompons vermelhos. Eu passava horas sentado numa pequena varanda observando os soldados, fascinado.

De repente, a moedinha escorregou da minha mão. Caiu bem no meio das sacas de areia dos britânicos! Embora fosse absolutamente proibido, desci as escadas e saí correndo em direção ao posto. Um oficial escocês grandalhão, de bigode ruivo e olhos azuis, me ajudou a encontrar a moedinha. Os paraquedistas me deram chocolates e me puseram sentado atrás de uma metralhadora com uma boina na minha cabeça. Meia hora depois, fui levado de volta ao meu tio, que imediatamente pôs todos os meus documentos de identificação numa bolsa e a pendurou em meu pescoço, para que eu não voltasse a me perder.

No dia seguinte, fomos para o Kotel. O Muro das Lamentações. Passados 65 anos, não esqueci um detalhe sequer. O clima político estava nítido para mim, mesmo sendo uma criança. Como nós, judeus, éramos pobres, e como éramos pequenos e impotentes em relação aos poderosos britânicos.

Os árabes não eram os inimigos naquele tempo. Estavam sob o jugo imperial, assim como nós. Mas Jerusalém era uma cidade judaica – *a* cidade judaica. Senti profundamente que aquele muro e aquelas pedras pertenciam a nós por direito e por justiça, e ainda assim não tínhamos como nos apossar deles.

Estar naquele local na companhia dos meus pais foi uma experiência avassaladora, para eles e para mim, porque uma criança no *kibutz* não é criada junto do pai e da mãe, mas junto de outras crianças. Você vivia na Casa das Crianças. Encontrava seus pais provavelmente no *Shabbat* ou durante as férias, mas no resto do tempo vivia apartado. Então, aquela viagem foi inesquecível para mim também por essa razão.

Lembro de quando viajei sozinho para Jerusalém, vários anos depois. Tinha 16 anos, era a primeira vez que punha os pés fora do *kibutz* sozinho. Caminhei desde de manhã bem cedo; foram 70 quilômetros, levando apenas um velho mapa amassado, com escala 1: 100.000, adquirido num posto de gasolina, e alguns sanduíches. Cheguei a Ein Kerem a tempo de ver o pôr do sol tingir as pedras brancas da cidade de dourado.

Os jordanianos controlavam a Cidade Velha nessa época. O ano era 1958. Um judeu não podia mais visitar o Kotel ou se aproximar do local.

Fiz essa viagem várias vezes. Os peregrinos iam para Har Zion, o monte Sião, próximo à Cidade Velha, mas além das muralhas. Havia um lance de escadas que levava a um mirante de onde, na ponta dos pés, se podia espiar na direção do Muro das Lamentações, que ficava a algumas centenas de metros de distância. Você era advertido para não apontar seu dedo, porque os franco-atiradores jordanianos podiam pensar que se tratava de um fuzil e atirar em você. Todas as vezes que visitei o lugar, fui ao monte Sião, assim como ao teto do Hospice de Notre Dame, outro ponto privilegiado de onde era possível admirar os telhados da Cidade Velha.

Não se podia ver o Muro das Lamentações de nenhum dos dois locais. Somente era visível um bosque de álamos, que ficava um tanto mais próximo, no monte do Templo, acima do muro. Apenas a copa dessas árvores podia ser vista. Naquele tempo, eu era um religioso muito praticante, como tinha que ser num *kibutz* religioso como o meu, mas não era dos mais fiéis. Mesmo assim, ver aqueles álamos, somente um vislumbre das suas copas, valia caminhar o dia inteiro, ou a vida inteira.

Servi como paraquedista no Exército de 1960 a 1966. Primeiro como cabo; depois, tenente; e, finalmente, como comandante de uma companhia, até entrar para a reserva. O Exército estava formando uma nova brigada de paraquedistas da reserva, a 55ª. Meu amigo Moshe Stempel tinha sido nomeado segundo em comando. Ele me levou para servir como comandante de companhia nessa unidade. Foi Moshe Stempel quem formou a brigada, e não Motta Gur; embora Motta tenha ido comandá-la.

Fizemos nosso primeiro exercício como brigada em Arad, próximo ao mar Morto, em abril de 1967, a dois meses da guerra. A chuva era torrencial, dia após dia, mas éramos jovens paraquedistas. Nada conseguia nos deter. Praticamente todos os paraquedistas eram *kibutznikim*, a maior parte vinda do norte, seculares, gente que nunca havia recitado ou tido vontade de recitar uma reza. Meu *kibutz* ficava no sul, não muito longe de Arad. Levei todos os meus amigos da brigada até lá, para apresentá-los à minha mãe e mostrar a eles que nem todos que moravam num *kibutz* religioso eram loucos. Minha mãe preparou uma refeição para todo mundo. Para ela, era como se meus amigos fossem seus filhos; nada do que ela fizesse para eles seria o bastante.

O SONHO ÚMIDO
DE UM PARAQUEDISTA

Todo paraquedista sonha realizar um salto em combate. Você recebe uma faixa vermelha para pôr na sua insígnia. Mas vou dizer a verdade, pode acreditar: jamais houve um paraquedista que não tenha secretamente ficado aliviado ao saber que um salto em combate fora adiado ou cancelado, nem mesmo Arik Sharon.

O tenente Zeev Barkai tem 23 anos e é oficial de operações do 71º Batalhão de Paraquedistas.

Estamos agora em Givat Brenner, um *kibutz* próximo à base aérea de Tel Nof. É domingo de manhã, o primeiro dia da guerra. Os homens foram divididos em grupos de salto e receberam seus números e suas mochilas, nas quais estão as armas e os equipamentos. Você salta com a mochila presa entre os joelhos.

Givat Brenner é um pomar de frutas cítricas. A brigada inteira, todos os três batalhões, está acampada entre as árvores. Passamos a manhã toda ouvindo e vendo os caças israelenses decolando de Tel Nof. Eles passam zunindo sobre a copa das árvores em formações de quatro – Mirages, Vautours e outros aviões que não consigo identificar. Ninguém nos diz nada. As únicas notícias que temos vêm de nossos rádios, e não são boas notícias.

A Rádio Cairo informa que caças da FAI estão atacando bases egípcias no Sinai e ao longo do canal. Segundo os egípcios, 70 aviões de combate israelenses já foram derrubados. Isso é uma calamidade. Nossa Força Aérea possui o quê? Duzentos aviões?

Espere, um novo informe: 80 aviões israelenses foram abatidos. Não, 90. Isso é verdade? A Rádio Israel está muda. Nenhum noticiário diz nada além do clichê. Combates intensos blá-blá-blá, luta feroz blá-blá-blá.

Nossos paraquedas chegaram. Em Tel Nof, os aviões estão esquentando os motores. Os Nords e os Dakotas dos quais iremos saltar hoje à noite sobre El Arish. Um batalhão, o 66°, já partiu para a base para embarcar nas aeronaves.

Nosso batalhão é o 71°. Uzi Eilam é nosso comandante. Meu trabalho como oficial de operações é colar nele; logo, tenho acesso privilegiado às notícias mais recentes, que continuam a não existir. Nem mesmo Uzi sabe o que está se passando.

Saltamos dois dias atrás, sábado, num exercício de brigada em Ashkelon, na costa. Saltar é sempre uma confusão, mesmo sob circunstâncias ideais. Homens quebram as pernas. O vento espalha a formação. Companhias e pelotões acabam se separando. Ninguém tem boas lembranças de saltar sobre o passo de Mitla em 1956.

Hoje vamos saltar em El Arish, no Sinai. Somente os oficiais sabem disso. Uzi contará aos seus homens hoje de manhã. Ele já fez um discurso alertando-os para tratar bem os prisioneiros e evitar os saques.

Às 10h05, um sargento da Força Aérea passa pedalando uma bicicleta de Tel Nof para nosso acampamento. "Cairo Oeste está em cinzas", ele nos conta. Aparentemente, é um aeródromo egípcio. Nunca ouvimos falar dele. O sargento avisa para não acreditarmos numa palavra do que a rádio de Nasser nos conta. É tudo bobagem. Propaganda. A FAI havia destruído 11 aeródromos egípcios e estava se rearmando e reabastecendo para repetir a dose. O sargento promete voltar com mais informações assim que as tiver.

Alguém pergunta por que a Rádio Israel não informa nada. "O oficialato está retendo o noticiário", diz o sargento, "porque queremos que os egípcios continuem a mentir". Se a ONU acreditar que Nasser está ganhando, não vai intervir para forçar um cessar-fogo, e, se os russos acreditarem nisso, não vão enviar tropas para ajudar Nasser.

"Animem-se, meninos. Do jeito que as coisas estão indo, vocês podem até nem precisar saltar."

Paraquedistas têm um jeito muito louco de pensar. Dois minutos atrás, estávamos mijando nas calças pensando no salto de hoje à noite sobre El

Arish. Os egípcios têm uma ou mais divisões lá, com modernos tanques soviéticos T-54 e T-55, assim como os enormes Stalins da Segunda Guerra Mundial e os poderosos caça-tanques SU-100. Paraquedistas levam pouca bagagem. O que podemos fazer diante de tanto armamento, quando o equipamento mais pesado que levamos são uns poucos jipes aerotransportados e um punhado de bazucas e de canhões sem recuo de 106 milímetros?

Isso foi há dois minutos.

Com as notícias do êxito da Força Aérea, nossos medos mudaram. Agora tememos ficar fora da guerra de uma vez por todas. Receamos não ter que saltar. Receamos que não haja El Arish.

Os caminhões chegam para recolher nossos paraquedas. Nosso moral afunda ainda mais.

Espere! Lá vem o sargento com sua bicicleta trazendo mais notícias dos sucessos da Força Aérea.

"Vá embora!", gritam nossos homens. "Saia já daqui!"

"Qual é o problema, gente?" Os comandantes da nossa companhia se ajuntam em volta de Uzi, o comandante do batalhão, com oficiais e demais membros dos dois outros batalhões, o 28º e o 66º.

Aparentemente, o salto sobre El Arish foi realmente cancelado. Nossos homens estão avançando tão rápido sobre o Sinai que não precisam mais de nós.

"O que significa isso, Uzi? Vamos ficar de fora do show?"

Uzi tranquiliza os oficiais. "Vamos conseguir algo bom, não se preocupem." Ele tinha acabado de falar com o coronel Motta Gur, comandante da nossa brigada. Uzi jura que Motta está louco para entrar em ação. Está fazendo *lobby* com os generais nesse instante. Ele não vai nos deixar de fora. Vai nos conseguir algo bom.

"O QUE VOCÊ ESTÁ FAZENDO EM JERUSALÉM?"

Eu estava abastecendo o tanque do meu carro quando os obuses começaram a cair. Tinha uma reunião de negócios em Jerusalém marcada para o meio-dia, mas cheguei cedo, então decidi parar e abastecer o carro num posto que conhecia numa rua próxima ao Hotel King David. De repente, começaram os tiros. Meu relógio marcava 11h15. Obuses estavam explodindo nas ruas. Homens e crianças corriam para se proteger. No meio da rua, um policial foi alvejado por um franco-atirador jordaniano que disparava das muralhas da Cidade Velha.

Ruth Dayan é esposa de Moshe Dayan. Eles são casados desde 1935 e têm três filhos já adultos. Seus filhos, Assi e Udi, foram convocados e agora estão servindo em unidades de reservistas. Sua filha, Yael, está no quartel-general de Arik Sharon, no Sinai.

Eu não tinha ideia de que haveria uma guerra hoje. Como saberia? Meu marido não disse nada no café da manhã. Ele estava me enganando, assim como tinha enganado os repórteres do *New York Times* e do *Daily Mail* e ainda o jovem Winston Churchill, neto do grande Winston, e também seu pai, Randolph, que tomaram um avião de Londres para Israel como jornalistas, ansiosos para cobrir o Apocalipse. Winston perguntou a Moshe ontem, cara a cara, quando eclodiriam as hostilidades. Ele e seu pai deviam retornar à Inglaterra ou a guerra era iminente?

"Nada irá acontecer nas próximas duas semanas pelo menos, se é que irá acontecer um dia", disse meu marido.

Então Winston e Randolph Churchill foram embora.

Claro que Moshe sabia que a guerra estava para começar. Ele tinha dado as ordens! Agora, aqui estou eu, agachada debaixo da janela num posto de gasolina, enquanto as balas passam zunindo lá fora. Os telefones ainda funcionam. Tento falar com minha irmã, Reumah. Sou a única mulher no posto. Os homens estão todos deitados no chão. Não sinto medo. Consigo ver as colinas em chamas sobre o bairro de Yemin Moshe, mas o bombardeio jordaniano não parece furioso, como se precedesse um assalto iminente. O ritmo das explosões parece aleatório, como se os artilheiros do rei Hussein estivessem atirando em alvos a esmo, se é que estavam mirando em alguma coisa.

Quando consigo chegar ao escritório do meu marido, ele reage chocado e com surpresa. "O que você está fazendo em Jerusalém?"

"Eu disse hoje de manhã que tinha um compromisso de negócios."

"Muito bem", ele diz, "você não pode voltar pela estrada principal. Ela está sob artilharia". Moshe me diz que ele mesmo irá guiando o carro a Jerusalém para ser empossado como ministro da Defesa. "Bem", digo eu, "os obuses estão caindo bem perto. Vou para o Hotel King David antes que o quarteirão inteiro vá pelos ares".

Para entender Jerusalém, é preciso compreendê-la geograficamente. A cidade é alta. É preciso "subir um andar" para chegar a Jerusalém. A Cidade Velha ocupa um quilômetro quadrado. É cercada por muros robustos de pedra de Jerusalém que parecem velhos o bastante para terem sido assentados por Davi ou Salomão, mas, na verdade, foram erguidos pelo imperador otomano Suleiman, o Magnífico, por volta de 1500.

Jerusalém foi a capital do reino de Davi. Ele atacou e conquistou a cidade por volta do ano 1.000 a.C. e escolheu esse local porque era a única parte do reino que não pertencia a nenhuma tribo de Israel. Todos poderiam se reunir aqui em paz. Davi transportou para cá a Arca da Aliança. Seu filho Salomão construiu o Grande Templo, onde a arca fez morada no Santo dos Santos. O monte Sião fica pouco além das muralhas da Cidade Velha; a Torre de Davi, rente a elas.

A Cidade Velha foi identificada como o local do bíblico monte Moriá, onde Deus ordenou a Abraão que sacrificasse seu filho Isaac e onde o anjo deteve a terrível lâmina. Canaanitas e hebreus já conquistaram essa cidade, assim como assírios, persas, babilônios, romanos, asmoneus, bizantinos, mamelucos, turcos e cruzados. Os otomanos reinaram ali por séculos, antes de serem sucedidos pelos britânicos, sob o Mandato da Liga das Nações.

Sete grandes portas (alguns citam até onze) levam à Cidade Velha, sendo as mais famosas a Porta de Sião, a Porta de Jafa, a Porta de Damasco e a Porta dos Leões.

Dentro da Cidade Velha ficam os locais mais sagrados do judaísmo, o Muro das Lamentações e as ruínas do Templo de Salomão. Cristãos que apresentam o batistério podem adentrar a Cidade Velha durante certos feriados pela Porta de Mandelbaum, o solitário corredor de acesso entre a Jerusalém Oriental, árabe, e a nossa Jerusalém Ocidental. No entanto, o caminho está sempre bloqueado para os judeus.

O bairro judaico foi arrasado pelos jordanianos quando eles tomaram a Cidade Velha, em 1948. Todas as suas quase 60 sinagogas foram destruídas ou profanadas e seus habitantes foram mortos ou expulsos. Nenhum judeu pode entrar para rezar ou mesmo para vislumbrar o Muro das Lamentações.

Existem locais sagrados para cristãos e muçulmanos dentro e fora das muralhas da Cidade Velha. A rua da Porta dos Leões conduz diretamente à Via Dolorosa, em cujas pedras Jesus de Nazaré pisou, carregando a cruz onde seria crucificado. A Igreja do Santo Sepulcro fica a poucos passos de distância. Foi construída, diz a lenda, no próprio Gólgota, a colina da Caveira. Uma laje dentro da igreja é tida como aquela onde foi colocado o corpo de Jesus após a crucifixão.

Imediatamente a leste dos muros da Cidade Velha, num recôncavo do vale do Cédron, fica o jardim de Getsêmani, onde Jesus foi traído nas suas horas finais. Acima de tudo isso, na cimeira da cidade, ergue-se o monte do Templo, sobre o qual está a Cúpula da Rocha, o terceiro lugar mais sagrado do islã, e a Mesquita de Al-Aqsa. O profeta Maomé teria ascendido aos céus a partir desse local.

Ao redor desses quarteirões antigos, cresceu a cidade contemporânea.

Os canhões jordanianos disparam do alto das colinas a leste, onde desponta ao sul o monte das Oliveiras, imperando sobre a Cidade Velha e a Jerusalém judaica.

O Knesset, o Parlamento de Israel, fica aqui, na Jerusalém Ocidental. Moshe será empossado ali. Ele virá dirigindo de Kirya, em Tel Aviv, do quartel-general.

Meu marido e eu conhecemos bem a cidade. Em 1948, imediatamente após a Guerra da Independência, o primeiro-ministro Ben-Gurion nomeou Moshe comandante militar de Jerusalém. Se você olhar para esses mapas de cessar-fogo, verá as iniciais dele, "M.D.", próximo à Linha Verde. Meu marido a traçou, com seu homólogo da Legião Árabe, o tenente-coronel Abdullah al-Tell, de quem nos tornamos bons amigos. O acordo, assinado em novembro de 1948, foi denominado "absoluto e sincero cessar-fogo".

Minha família está há décadas em Jerusalém. Minha mãe foi a primeira mulher a dirigir um carro na cidade judaica, na década de 1920. Ela tinha um Morris Minor, que guiava até o Líbano para esquiar no inverno.

Minha mãe dirigiu o primeiro jardim de infância árabe-judaico em Jerusalém. Morávamos no bairro de Talbiya, próximo à Abadia da Dormição, erguida no local onde teria havido a Última Ceia. Meus pais frequentaram a London School of Economics. Falavam seis línguas e eram socialistas até a medula.

Meu marido e eu nos conhecemos e nos apaixonamos no *moshav*, a aldeia cooperativa agrícola, em Nahalal. Eu era estudante na excelente escola de agricultura da aldeia. Certa vez, fui designada para fazer a ordenha no curral de quarentena. Apenas eu, sozinha, às três da manhã, com 12 vacas doentes, que davam coices violentos cada vez que eu tentava me aproximar. Confesso que me sentei e caí no choro. De repente, Moshe apareceu. Ele tinha vindo me ajudar. Foi o que fez, com muita doçura e com muita habilidade. Por noites a fio, ele e eu lavamos os currais, calçando botas de borracha, iluminados apenas pelo facho de uma lanterna. Eu pensava: "A vida não pode ser melhor do que isso!". Certa manhã, tomei uma decisão. Disse a mim mesma: "Por que estou me levantando tão cedo para ordenhar as vacas comunitárias? Por que em vez disso não levanto cedo para ordenhar as vacas dos Dayan?".

Depois disso, Moshe e eu nunca mais ficamos longe um do outro.

É assim que se constrói uma nação. Nós, jovens, conseguíamos enxergar isso. Estávamos forjando um novo tipo de judeu e uma nova espécie de comunidade; uma casa, uma família, uma aldeia por vez.

Quando o bombardeio rareia, consigo chegar ao Hotel King David, onde estaciono meu carro. Teddy Kollek é o jovem prefeito da Jerusalém judaica. Ele me acompanha à prefeitura, muito calmo e sereno, e de lá até o outro lado da encosta, para o Knesset. Meu marido vai enviar soldados para levarem meu carro para casa.

No Knesset, Moshe está esperando, conduzindo a guerra através de vários rádios e telefones militares. A cerimônia de posse não pode começar. O primeiro-ministro Eshkol ainda não chegou.

As duas palavras que meu marido usa com mais frequência são "imbecil" e "idiota". Ele não as utiliza para se referir ao primeiro-ministro (que na minha opinião é um bom homem e um líder extremamente hábil, porém desgastado, infelizmente, pela saúde frágil e pelas pressões terríveis do posto que ocupa), mas a si mesmo, por ter concordado com essa ridícula cerimônia nessa hora grave e perigosa por que passa nossa nação.

Conto a Moshe os detalhes do bombardeio e de como me abriguei no posto de gasolina. Ele ri e põe o braço sobre meus ombros. "Alguém dê a Ruth uma medalha de combate!"

JERUSALÉM DE OURO

Quando chega a informação de que nossa brigada será enviada para Jerusalém, penso: "Droga!". É assim que eu e todos os outros reagimos, utilizando termos mais chulos.

O sargento Moshe Milo é operador de rádio do capitão Yoram Zamosh e tem vários amigos na Companhia A do 71º Batalhão de Paraquedistas.

Nós somos paraquedistas. Somos a elite. Agora, pensamos, os generais estão nos mandando para o exílio, numa missão sem sentido, para garantir a segurança e proteger a cidade que os jordanianos não serão imprudentes o suficiente para atacar. Vamos ficar chupando o dedo e deixar de participar da guerra.

Na Israel de 1967, o Exército não tem condições de adquirir caminhões para transporte de tropas próprios. Precisamos usar veículos civis, mobilizados no plano de convocação. A companhia nacional de transporte público israelense chama-se Egged. É onde nossa brigada entra, nos mesmos ônibus da Egged que levam turistas para passear, e até em ônibus urbanos e escolares, com os mesmos motoristas civis.

Cinco ônibus foram reservados para nós, da Companhia A. São necessários uns 100 ou 120 para transportar a brigada inteira. Nosso motorista é um jogador de futebol famoso chamado Yehoshua "Shia" Glazer. Ele é um sujeito mais velho, de 40 anos, que acaba virando uma espécie de pai para nós.

A cada paraquedista é reservado um assento no ônibus. Esse assento será sempre o dele enquanto durar a guerra. Rabisco as minhas iniciais na placa de metal em frente ao meu assento. Usamos os mesmos ônibus, com os mesmos motoristas, durante as três semanas do período de espera.

Agora eles estão aqui novamente, nossos conhecidos ônibus da Egged, estacionados no pomar em Givat Brenner. E lá vamos nós novamente, em fila para embarcar e sermos levados para Jerusalém em vez de saltar dos Nords e Dakotas sobre o Sinai à noite. É um vexame. Todos nos sentimos frustrados.

Não faremos nosso salto de combate. Nossas insígnias não vão ganhar uma faixa vermelha.

Capitão Yoram Zamosh, comandante da Companhia A.

Os comandantes da companhia foram convocados e enviados para Jerusalém antes dos ônibus com seus homens. O relógio marca entre 16h e 16h30. A ideia é chegar na cidade enquanto ainda há luz, para que os comandantes possam avaliar a situação em solo e elaborar um plano de ação.

Estamos em jipes, num comboio de uns 20. Estou com Dan Ziv, sub-comandante do batalhão, e Uzi Eilat, comandante da Companhia B. Não há uma cerimônia de partida. Jogamos nossas coisas na traseira do jipe e vamos embora.

Dan Ziv é um palmo mais baixo que eu e cerca de 10 anos mais velho. Ele é um herói de Israel, detém a Itur HaGvura, a mais alta condecoração de bravura do país, pelo que fez no passo de Mitla em 1956. Uzi Eilat é tão durão quanto. Fazendeiro de Beit Hashita, um *kibutz* ao norte do monte Gilboa.

Eu não sou herói coisa nenhuma. Meu objetivo é fazer meu trabalho e manter meus homens seguros. Só isso, se eu conseguir, será glória o bastante para mim.

Nosso comboio trafega por estradas próximas de Tsomet Nahson a caminho de Hartuv e, de lá, para Sha'ar HaGai. Jerusalém fica a cerca de 60 quilômetros de Tel Nof. Temos que cruzar a planície costeira e subir as montanhas. Pegamos as estradas secundárias porque os jordanianos têm morteiros e artilharia no alto das colinas apontados para a estrada principal. Esse é o desenho do nosso país de acordo com o armistício de 1948. Jerusalém fica na extremidade oposta de Tel Aviv, no fim de um corredor estreito que pode ser alvejado por fogo inimigo ao longo de toda a sua extensão.

A estrada por onde vamos é estreita, só tem uma via em cada sentido. O tráfego segue em uma direção, a de Jerusalém. Tanques de uma brigada de reservistas, os velhos Shermans, que não são páreo para os novos Pattons jordanianos, empurram nossos jipes para o acostamento. É uma bagunça. Um congestionamento de jipes, carros de comando, ambulâncias, caminhões-tanque e de transporte de munição.

Sei que os soldados da minha companhia estão zangados e frustrados por serem realocados para o que consideram uma tarefa de velhos – ocupar posições de defesa muito longe do combate de verdade no deserto do Sinai. Meu sentimento é o oposto.

Jerusalém! Será essa a hora, depois de dois mil anos? Seremos nós?

Meir Shalit é um sargento de 19 anos no 71º Batalhão de Paraquedistas.

Meu *kibutz* se chama Grofit. Em Israel, em 1967, dizer que você é de Grofit é como dizer que é da Lua. Aquele lugar é um pedaço de terra com palmeiras e melões no coração do deserto de Arava, a caminho de Eilat. Uma estrada asfaltada leva a Beer-sheva, 190 quilômetros. Existe uma expressão em hebraico, "*sof haolam smolah*" – "vá até o fim do mundo, e vire à esquerda". É onde eu moro.

Dezessete moradores de Grofit são paraquedistas no 71º Batalhão. Temos 19, 20 anos. Um de nós tem 21. É o mais velho. No *kibutz*, só temos um telefone. Nada de jornais. Não sabemos de nada. Um jipe chega, vindo de Eilat, e nos avisa: "Preparem-se, vocês vão ser convocados em breve". Então, ouvimos falar que um ônibus está a caminho. Nós nos reunimos na praça à noite com nossas namoradas. Sem armas, sem equipamentos, vestindo camisetas e shorts.

De repente, chega o ônibus e nós embarcamos. Ninguém nos diz aonde estamos indo. Tenho 30 segundos para abraçar minha namorada, Malka, que depois se tornará minha mulher. Ela chora. "Tome um ônibus e vá para Tel Aviv", digo a ela. "Diga à minha mãe que meu batalhão foi chamado e que eu estou bem."

Minha mãe não tem telefone também. Estamos em 1967.

Agora, algumas semanas depois, nossos 17 homens e mais uma centena de outros estão num outro ônibus, desta vez a caminho de Jerusalém.

LIVRO SEIS • JERUSALÉM

Você pode achar que um judeu sabe tudo de Jerusalém, mas eu sou ignorante como uma toupeira. O Muro das Lamentações é ali? Não chute minha canela. Monte Moriá? Diga-me mais uma vez, o que aconteceu nele de tão importante?

Há uma canção muito popular chamada "Jerusalém de Ouro". A rádio a toca a cada 20 minutos. Alguns dos caras no ônibus estão cantando agora. Parece que essa canção significa muito para eles.

Dentro dos ônibus, ficamos entulhados com nossos equipamentos e nossas armas. As pequenas submetralhadoras Uzi não são tão ruins, mas as bazucas e os rádios e, pior, os torpedos Bangalores e as cargas de demolição ocupam todo o espaço disponível. Faz calor. A estrada é horrível.

Um torpedo Bangalore é um equipamento para explodir fios de arame farpado e limpar trechos em campos minados. É basicamente um cano de ferro, de cerca de um metro e meio de comprimento, cheio de explosivos. No combate, nossos engenheiros, ou mesmo paraquedistas comuns como nós, vão rolar os Bangalores para a frente sob o emaranhado de fios da concertina, apertar o detonador e depois sair correndo para longe. Se uma barreira de arame farpado for grossa demais para um Bangalore atravessá-la, dois ou mais torpedos podem ser empacotados juntos para, em teoria, dar conta do serviço.

Será que vamos mesmo precisar dos Bangalores? Qual será nossa missão? Por que estamos indo para Jerusalém afinal? Nos ônibus, ficamos fazendo perguntas uns aos outros, como se o cara ao lado soubesse alguma coisa a mais do que de fato sabe.

Somos cegos guiando cegos.

Yoram Zamosh, comandante da Companhia A.

Em Latrun, a meio caminho de Jerusalém, nosso comboio começa a tomar fogo de morteiros. Um caminhão bem na frente do nosso jipe é atingido em cheio e explode pelos ares; uma explosão forte que enche o ar de poeira e fumaça e faz com que os homens se escondam dentro das valas e os médicos venham correndo socorrer os feridos. De repente, parece que é guerra. Tem cheiro de guerra.

Em Abu Gosh, tanques israelenses na cidade começam a disparar para o norte, na direção de Kiryat Anavim, Ma'ale HaHamisha e Givat

Har Adar, a colina do Radar. Dou uma olhada no relógio. São 17h30. Estamos na periferia da cidade agora. As ruas estão desertas. Há disparos aqui e ali, obuses caem a esmo, ambulâncias surgem no meio da fumaça, seguidas ou conduzidas por carros de polícia. Chegamos a um posto de gasolina na rua Malkei Israel. Dois meninos vestindo camisetas estão sentados num montinho de areia. "O que vocês estão fazendo aqui?", perguntamos. "Queremos ver a guerra." São os únicos na rua.

Campo Schneller é o quartel-general da Brigada de Jerusalém, a força de infantaria de reserva encarregada de defender a cidade. Feridos estão sendo carregados em macas para fora dos portões. Alguém diz que a artilharia jordaniana atingiu o complexo em cheio. É muito perigoso entrar.

Esbarro em meu amigo Amos Ne'eman, um *kibutznik* de Beit Hashita e oficial de operações da Brigada de Jerusalém. Ele nos dá alguns mapas – não tínhamos nenhum – e nos leva a uma laje próxima, no bairro de Batei Pagi.

"Você vai conseguir ver lá de cima."

"Ver o quê?"

"O que puder."

Sargento Moshe Milo, operador de rádio do capitão Zamosh.

Alguns homens dentro dos ônibus acham que é uma bobagem cantar "Jerusalém de Ouro", e duas horas atrás eu teria concordado com eles. Mas agora estamos aqui. A luz do sol poente reflete nas pedras brancas da cidade. Lembro-me da história do Rabi Akiva.

Quando ele e sua mulher eram bem jovens, antes mesmo dele se tornar um rabino, eram tão pobres que tinham que dormir num celeiro. Isso aconteceu 1.900 anos atrás, no primeiro século da Era Comum. Certa manhã, quando o Rabi Akiva acordou, os raios do sol alcançaram uns talos de palha que estavam presos no cabelo da sua mulher, que brilhavam como ouro. Ele era muito apaixonado por ela. Sentia-se envergonhado por passarem tanta necessidade, a ponto de precisarem se abrigar ao lado de ovelhas e cabras.

"Um dia", prometeu, "vou lhe dar uma Jerusalém de ouro."

LIVRO SEIS • JERUSALÉM

Por séculos, os judeus têm se perguntado o que o Rabi Akiva quis dizer. O que era uma "Jerusalém de ouro"? Algum tipo de joia? O sentido não podia ser literal. Como ele poderia dar à noiva uma cidade de ouro?

Penso o seguinte. Acho que para o Rabi Akiva a palavra "Jerusalém" significava algo inatingível, um grande prêmio, como o paraíso, a joia suprema da coroa, o dom do amor.

Quem somos nós, paraquedistas neste ônibus, para dizer, ou mesmo pensar, nesses assuntos? Mas, em muitos aspectos, é isso que Jerusalém significa para nós, mesmo que raramente pensemos nisso e não tenhamos como nos expressar em palavras.

Jerusalém não é uma capital de riqueza ou de um império. Não tem rios, portos ou rotas de comércio próximos. Não é um centro de finanças nem de comércio. A moda e as artes não têm lugar aqui. Jerusalém não possui recursos naturais. Sua localização não tem o mínimo valor estratégico. Não é Londres, nem Paris, nem Moscou, nem Nova York.

Jerusalém é uma cidade do espírito, a capital da alma.

Que nós possamos fazer uma peregrinação até ela, pelo menos uma vez na vida. Os miseráveis e os cansados, os destituídos e alquebrados de espírito, que possam pisar as pedras de Jerusalém por um momento apenas e eis que o todo se fará uno.

Essa é a Jerusalém a que o Rabi Akiva se referia quando a prometeu em ouro para a mulher que idolatrava. Acredito que isso, também, é o que o poeta William Blake quis dizer com este poema, que se tornou, até para os ingleses, um hino do espírito:

> I will not cease from Mental Fight,
> Nor shall my Sword sleep in my hand:
> Till we have built Jerusalem,
> In England's green and pleasant Land.*

Em hebraico, *har* significa "montanha". Com uma vista privilegiada sobre Jerusalém no alto do Har HaTsofim, o monte Scopus, há um encrave judaico cercado em três lados pelo território ocupado pelos

---

* N.T.: Não cessarei a Luta Mental, / Nem a Espada dormirá na minha mão: / Até erguermos Jerusalém, / Na verde e aprazível Inglaterra.

303

jordanianos. O local abriga o edifício original do Hospital Hadassah e vários prédios da Universidade Hebraica. O armistício de 1948 salvaguarda o lugar, que é operado por um destacamento de cerca de 120 israelenses – 85 policiais e 33 civis. A cada duas semanas, uma guarnição é substituída, e comida e suprimentos são levados para lá, protegidos por um comboio da ONU. Estive entre os soldados que tomavam conta desse posto; tínhamos que nos vestir como policiais para nos adequar ao armistício.

Do monte Scopus avista-se toda a Jerusalém. Dá para ver a Cidade Velha. Ao montar guarda, eu costumava ficar num ponto mais alto vasculhando com os olhos o bosque de álamos que se eleva sobre o Muro das Lamentações. Meu nome é Moshe, e eu me sentia como Moisés no monte Nebo: avistava a Terra Prometida, mas não tinha permissão para adentrá-la.

Assim é Jerusalém para todos os judeus. A Cidade Velha continua sendo sua mais elevada aspiração, o centro da alma do povo. Jerusalém é aquilo que tanto se almeja, se sonha, pelo que se reza e, ainda assim, é algo que você acredita que nunca vai ver nem tocar. Por dois mil anos, esse lugar tem estado sob controle alheio. Babilônios, persas, romanos, asmoneus, bizantinos, muçulmanos, cruzados, mamelucos, otomanos, britânicos – por dois milênios eles governaram essa capital, que é sagrada para nossa nação.

Onde estávamos ao longo desses séculos?

Degredados para além-mar, dispersados na Diáspora por terras de estranhos que nos odiavam – exilados, proscritos, alvo de inquisições, expurgos, *pogroms*. Barões e senadores das nações onde morávamos editaram leis que nos proibiam de possuir terras ou propriedades, de estudar ou ter ofícios eruditos, de governar a nós mesmos, de casar. Montam-se "encenações da Paixão", em que a agonia dos avatares que interpretam a nós é assistida com êxtase pelos fiéis. No coração desses rituais habita um demônio, e esse demônio somos nós: os judeus.

Descritos como ratos, parasitas, subumanos, grotescos. Representados com chifres e garras. Retratados como devoradores de bebês, vampiros sugadores de sangue em rituais satânicos. Vilipendiados, caluniados, injuriados, tudo por conta desse solitário chão, pelo fato de não possuirmos um Estado, um lar, um país, assim como qualquer outro povo na Terra.

LIVRO SEIS • JERUSALÉM

Sargento Moshe Milo.

Pelo menos agora, temos uma nação, finalmente. Existe um Estado judeu. Nosso país detém metade de Jerusalém. Mas é a metade vaga, a metade estéril, a metade que exclui a Cidade Velha e os lugares mais sagrados para nosso povo. É isso que penso no monte Scopus, enquanto ocupo meu posto no alto da antiga capital de Israel. Penso que o exílio dos judeus ainda não chegou ao fim.

Agora, aqui estamos, paraquedistas dentro de um ônibus.

Qual é nossa missão? Não sabemos. Por que estamos indo apressados para Jerusalém? Ninguém nos disse. Ainda assim, cada um de nós, em seu coração, não deixa de sentir e pensar: "Será que a libertação da cidade de Davi está ao alcance das nossas mãos? Chegou a hora finalmente?".

Ninguém ousa falar ou mesmo pensar nisso, então cantamos "Jerusalém de Ouro". Não sou o único a ter que esconder as lágrimas.

O RITMO DOS EVENTOS

Minhas ordens emitidas nesta tarde, 5 de junho, desconectam a 55º Brigada de Paraquedistas da Ugda Tal. Cancelei o salto de combate que tinha sido planejado para hoje em El Arish, no Sinai.

A 55ª Brigada foi realocada para defender Jerusalém Ocidental, a parte judaica da cidade. O comandante da brigada, Motta Gur, e seus oficiais seniores estão a caminho da cidade neste instante, viajando de Tel Nof num comboio de jipes. Receberam instruções para avaliar a condição tática e reportar ao Estado-Maior, assim que possível, suas conclusões e seus planos de ação.

Moshe Dayan é o ministro da Defesa.

Detesto ter que enviar tropas para Jerusalém. Esse ato é decorrente da imprudência de um homem: o rei Hussein da Jordânia. Conheço bem Hussein. Ele não é um líder precipitado nem costuma ser imprudente ou irresponsável, mas seu trono está assentado sobre o dorso de um tigre. Para preservá-lo, ele teve que enfiar a própria cabeça dentro da boca do tigre.

O tigre não é o Egito. É o fervor anti-israelense do próprio povo de Hussein. Dois terços da população da Jordânia são árabes palestinos, deslocados de seus lares durante a Guerra da Independência, em 1948. O general Riad, um homem de Nasser, agora comanda as Forças Armadas da Jordânia. Hussein cedeu a ele seu poder e também teve que fazer concessões à sua máfia. Quando Hussein retornou do Cairo seis dias atrás, formalizando uma aliança de guerra com o Egito, a multidão em júbilo recebeu sua limusine e literalmente tirou o veículo do chão.

Esta manhã, a Força Aérea de Hussein atacou Israel. Sua artilharia de longo alcance abriu fogo contra nossa base aérea em Ramat David, mas errou o alvo; os obuses caíram em bairros civis de Tel Aviv. As baterias de Hussein continuam a bombardear Jerusalém Ocidental. No final do dia, essa artilharia terá disparado seis mil tiros contra a cidade. O rei em pessoa, num pronunciamento às 9h30 na Rádio Amã, denunciou a "agressão sionista" e declarou que "havia chegado a hora da vingança árabe".

Esses atos de Hussein poderiam ser entendidos, possivelmente, como um jogo de cena para satisfazer seus aliados árabes. No entanto, nem os aliados do rei, nem os do general Riad se movimentam pelo chão de Jerusalém. Tropas da Legião Árabe tomaram Jebel Mukaber, o ponto culminante ao sul de Jerusalém, onde fica o prédio do governo, que foi residência dos altos comissários britânicos durante o Mandato Britânico e agora serve como quartel-general da ONUVT, a Organização das Nações Unidas para a Vigilância da Trégua. Esse local é crítico porque domina a estrada para Belém e Hebron, cidades jordanianas na Cisjordânia por onde podem avançar os reforços árabes – duas brigadas de Tanques Pattons de Hussein, para não mencionar as brigadas iraquianas que talvez já tenham adentrado a Jordânia a leste. Há relatos de tropas jordanianas avançando também sobre o encrave israelense no monte Scopus.

Ordenei que as forças reservistas desalojassem os legionários do prédio do governo e ocupassem todos os entroncamentos viários por onde as colunas inimigas possam se aproximar ao norte do monte Scopus. Fui compelido também a enviar colunas de blindados a Jenin, no norte da Cisjordânia, para silenciar os canhões jordanianos que disparam contra as cidades da nossa planície costeira. Essas ações precisam ser realizadas. Não há alternativa. Mas estamos brincando com fogo. A última coisa de que as forças de Israel, já sobrecarregadas, precisam nesta hora é abrir um segundo *front* a leste.

Qual é, afinal, o trabalho do ministro da Defesa? Não é o de planejar a guerra, nem qualquer batalha individual. Muito antes de eu assumir meu posto, esses projetos já estavam prontos. Não dirijo combates no solo, tampouco no ar. Meu papel como símbolo da determinação nacional foi crucial para manter o moral elevado nos três ou quatro dias antes do começo das hostilidades. No entanto, essa necessidade não existe mais há tempos.

Que tarefa, então, cabe a mim executar? Sim, devo gerenciar a guerra; mas, além e indissociadamente disso, minha tarefa é enxergar além da curvatura da Terra. Meu cargo é discernir a situação e direcionar o país para tirar partido, tanto quanto possível, do ritmo dos eventos.

O Exército quer a totalidade do Sinai. Quer ver seus tanques na margem oriental do canal de Suez. Esse é um elemento do ritmo dos eventos. Um segundo elemento está se desenrolando agora no nosso *front* oriental: o combate com Hussein e a Jordânia.

Nesse dia, em Jerusalém, abrigando-se do bombardeio inimigo num depósito de vassouras abaixo do Knesset, Menachem Begin começou a pressionar por um assalto à Cidade Velha. O comandante regional, general Uzi Narkiss, veio me sondar já com essa intenção. Até mesmo o rabino-chefe do Exército, Shlomo Goren, está citando as escrituras: "Naquele mesmo dia, fez o Senhor um pacto com Abraão, dizendo: 'À tua descendência consagrei esta terra, desde o rio do Egito até o grande rio Eufrates [...]'".

Em hebraico, existe a expressão *"Eretz Israel HaShlema"*, que significa "Grande Israel – Israel bíblico, a terra que Deus deu a Abraão, a Moisés, às Doze Tribos.

As fronteiras atuais de Israel não passam, na opinião dos advogados dessa causa, de uma parca e vexatória sombra de *Eretz Israel HaShlema*. A nação detém apenas metade da nossa antiga capital, Jerusalém. A Judeia e a Samaria definham sob o jugo árabe. Nossos locais mais sagrados, o Muro das Lamentações e a Tumba dos Patriarcas, continuam em mãos inimigas. Ali nenhum judeu pode se aventurar, muito menos realizar um culto.

A gana do povo judeu para recuperar esses tesouros é um componente importante e perigoso nessa lógica de acontecimentos.

Poderei contê-la?

Nas academias de guerra, os alunos são instruídos nos níveis tático, operacional e estratégico. Além disso, os ministros manipulam os níveis político, diplomático, internacional.

Tenho que lidar com tudo isso e com níveis ulteriores.

O componente mais crítico é o tempo. O futuro. É justo que Gavish, Tal ou Sharon declarem: "Tome o Sinai inteiro" e "Capture o canal". Esse é o papel dos comandantes dos combates, explorar o sucesso, aproveitar a vantagem.

Tampouco contesto a legitimidade da gana que Begin, Narkiss e Goren nutrem pela libertação da Cidade Velha de Jerusalém. Eu mesmo compartilho desse sonho. Que judeu não compartilha?

Entretanto, é preciso considerar o efeito desses atos, se é que serão concretizados, não apenas hoje, mas amanhã, na próxima semana. E considerá-lo não apenas aqui, neste teatro, o Oriente Médio, mas em Moscou e Washington, nas capitais políticas do mundo. Também não posso, nas minhas deliberações, excluir os centros financeiros, do petróleo e de energia, de comércio aéreo e marítimo.

Nós, em Israel, não lutamos contra um só oponente ou combatemos num único cenário. Atrás do Egito e da Síria, está a União Soviética, que teme a perda de influência e prestígio não apenas no Oriente Médio, mas também em outras regiões do globo. Um retrocesso no nosso teatro pode reverter as posições russas na África e no Sudeste Asiático. Só Deus sabe que tipo de debate está ocorrendo agora no Politburo e no Kremlin.

No extremo oposto da União Soviética, estão os Estados Unidos, cujos objetivos e preocupações, em sua maioria muito nobres, são ainda mais perigosos para nossa vulnerável nação, por conta de suas consequências imprevistas e imprevisíveis.

Além desses atores, espreita-se a opinião pública mundial, as imprevisíveis e insondáveis paixões do público global, que hoje pode se unir na defesa dos judeus desfavorecidos e, amanhã, mudar de lado e exigir de nós contenção e recuo.

Tal qual um incêndio numa montanha, os acontecimentos criam sua própria lógica. Quando criança, lutei contra tais conflagrações. Assistia às disparadas das minhas ovelhas e via minhas cabras quebrarem o pescoço saltando de precipícios.

Eshkol, agora, acredita no Exército. Até Abba Eban se tornou um falcão. Os eventos tomaram conta de ambos. Menachem Begin narra com paixão a história de um homem condenado pelos soviéticos, alguém que tinha vivido como ateu e internacionalista a vida inteira e, no momento da morte, a bordo de um trem com destino à prisão na Sibéria, suplicou a Begin e aos outros para cantarem para ele o hino de Israel, "*Hatikva*".

A terra.

Eretz Israel HaShlema.

De todos os ministros e comandantes de nossa nação, Begin representa a articulação mais apaixonada dessa visão de retorno e reconquista. Seu sangue ferve por ela. Não posso dizer que ele está errado; mas temo que, caso eu deixe passar despercebido esse fervor, que é compartilhado por outros do nosso povo, ele produzirá uma catástrofe ao final.

ANIMAIS NOTURNOS

Conheço bem Jerusalém. Depois da Campanha do Sinai, em 1956, servi por três meses como subcomandante do lendário paraquedista Meir Har-Zion, num batalhão de soldados de elites designados para proteger a cidade. Nossos soldados ocupavam postos ao longo da Linha Verde. Onde quer que houvesse uma posição israelense, havia um posto jordaniano bem em frente. Aprendemos a conhecer os legionários árabes. Trocávamos notícias com eles por entre os fios de arame farpado, entre os campos minados e das barricadas de sacas de areia.

O major Uzi Eilam comanda o 71º Batalhão da 55ª Brigada de Paraquedistas.

Voltei a morar em Jerusalém poucos anos depois, numa pausa do serviço militar. Era estudante de Engenharia. Minha esposa, Naomi, estava terminando a faculdade de Medicina. Vivíamos num pequeno apartamento no número 18 da rua Hapalmach, em Rehavia. Naomi e eu éramos um casal jovem, ainda não tínhamos filhos, e o nosso dinheiro era bem curto. Passávamos a maioria dos sábados perambulando e explorando a cidade. Foi uma época feliz. Tenho que confessar, no entanto, que durante essas *promenades* românticas eu ficava de olho, como qualquer oficial israelense, nas implicações táticas apresentadas pelos desníveis no solo, pelo traçado das ruas e das interseções e pela localização das fortificações e dos obstáculos construídos pela mão humana.

Duvido que algum oficial da 55ª Brigada conheça Jerusalém tão intimamente como eu.

Agora, no comboio de jipes que acelera rumo à cidade, vasculho minha memória em busca de pontos potenciais de penetração e de

LIVRO SEIS • JERUSALÉM

avanço. Tiros de morteiro caem quando passamos pelo Campo Schneller, quartel-general da brigada local de reservistas. Uma fumaça sufocante toma conta das ruas. Do oficial de operações dessa formação, nós, comandantes de companhia e do batalhão, recebemos um rápido *briefing* e uns poucos mapas. Então, Motta Gur, comandante da nossa brigada, nos chama de lado, para uma rua estreita longe dos bombardeios, e detalha o conceito do ataque. Ele o havia planejado durante a viagem para a cidade.

"Vamos tomar de assalto a Cidade Velha?", pergunta um comandante.

"Não!", é a resposta veemente de Motta. "Nossa tarefa agora é, em primeiro lugar, liberar a guarnição de 120 soldados israelenses que estão cercados no monte Scopus e, em segundo lugar, tomar posições em Jerusalém Oriental de onde possamos defender a cidade se o inimigo trouxer tanques e tropas do vale do Jordão.

Em outras palavras, teremos que romper as defesas da fronteira jordaniana e dominar o terreno estratégico a leste da Cidade Velha.

Motta diz que a brigada vai montar um assalto cruzando a Linha Verde – a fronteira do armistício de 1948 entre Israel e Jordânia – ao longo de um setor demarcado, ao norte, pela colina da Munição e pela Escola de Polícia da Jordânia; no centro, pelos bairros de Sheikh Jerrah e Wadi Joz; e, ao sul, pelo American Colony e pelo Museu Rockefeller.

Somos três comandantes de batalhão – eu comandando o 71º Batalhão, Yossi Yoffe lidera o 66º e Yossi Fratkin, o 28º. Motta nos dá uma hora para prepararmos o plano para sua aprovação. Os ônibus transportando os soldados da brigada já estão vindo de Givat Brenner. Atacaremos esta noite, assim que os homens chegarem e assumirem suas posições.

Cada um dos três batalhões da brigada recebe um objetivo específico para a operação desta noite. O 66º Batalhão vai capturar a colina da Munição e a Escola de Polícia da Jordânia e, então, assaltar o topo do terreno para liberar o encrave israelense no monte Scopus.

Meu batalhão, o 71º, vai avançar pelos bairros árabes de Sheikh Jerrah e Wadi Joz, "limpando" esses lugares dos defensores inimigos e das posições de resistência. Assumiremos posições de onde o batalhão poderá

313

A PORTA DOS LEÕES

assaltar o cume Augusta Victoria, adjacente ao monte Scopus, quando ou se as ordens forem dadas.

O 28º Batalhão vai romper as defesas jordanianas imediatamente depois do meu batalhão (nosso papel é limpar o caminho para eles), avançando pela nossa direita. Essas tropas vão neutralizar as defesas inimigas no quarteirão do American Colony e do Museu Rockefeller. Nosso batalhão e o deles tomarão o entroncamento viário na esquina noroeste das muralhas da Cidade Velha e o defenderão, caso o local venha a ser atacado, como é esperado, por reforços inimigos de blindados e da infantaria vindos do sul e do leste.

A brigada contará com o apoio de um punhado de velhos tanques Shermans e, possivelmente, com um pouco de artilharia. Levaremos nossos morteiros. Motta diz que poderá conseguir para nós alguns blindados leves que poderão ser usados como ambulâncias.

Nenhuma outra menção à Cidade Velha é feita.

Embora a 55ª Brigada seja uma formação de reserva, recém-constituída desse modo, não carece de comandantes experimentados e heróis que remontam aos dias da 101ª Unidade e à época anterior a ela. Meir Har-Zion juntou-se ao seu amigo Micha Kapusta, que trouxe ao Sinai sua companhia de reconhecimento, voluntariando-se para servir sob qualquer condição. Katcha Cahaner comanda uma companhia no 28° Batalhão; a cinco minutos do combate ele substituirá o vice-comandante do batalhão, morto em combate, e terminará a guerra nesse posto. Meu adjunto, Dan Ziv, detém a mais alta condecoração israelense por bravura, obtida no passo de Mitla em 1956. O comandante da nossa brigada, Motta Gur, liderou companhias na 101ª Unidade e no 890º Batalhão sob as ordens de Arik Sharon. Ele lutou em Mitla também. Tenho uma medalha por bravura, a Itur HaOz, pela Operação Flecha Negra. E também servi durante um ano como oficial da inteligência de Sharon no 890º Batalhão. Muitos dos comandantes de pelotão ou de companhia da 55ª Brigada treinaram e serviram ao lado de Dayan, Sharon e Rabin, assim como de Uzi Narkiss, Aharon Davidi, Raful Eitan, Dado Elazar e outros lendários comandantes de combate.

No entanto, nenhum de nós já havia atacado uma cidade. Ninguém havia combatido de casa em casa numa localidade desse porte. E ninguém

314

nunca havia elaborado um plano de ataque em 60 minutos, para em seguida colocá-lo em prática, à noite, sem contar com praticamente nenhum apoio de blindados ou armamentos pesados, num ambiente urbano labiríntico, um mistério para a maioria dos seus homens.

Essa cidade é Jerusalém.

Locais sagrados para as três grandes religiões se intrometem em cada eixo potencial de avanço. Como comandante de batalhão liderando mais de 500 homens, cada uma dessas vidas me é muito cara, e isso significa uma coisa: eu e meus paraquedistas ficaremos taticamente restritos de uma maneira que seria inimaginável em qualquer outro ambiente urbano. O inimigo pode disparar em nós a partir do jardim de Getsêmani. Podemos responder ao fogo vindo daquele lugar santo? Meus soldados podem ser bombardeados de posições vizinhas ao Domo da Rocha ou da Mesquita de Al-Aqsa. Nossas baterias de morteiros podem ser chamadas para responder ao fogo em locais vizinhos à Igreja do Santo Sepulcro. Como poderemos fazer isso? Qual é o grau de força que seremos obrigados a suportar?

Todo oficial está ciente dessas restrições excruciantes. O fato de que talvez sejamos obrigados a pôr em risco a vida de nossos homens em nome da inviolabilidade histórica e religiosa do campo de batalha é uma possibilidade que nenhum de nós ousa imaginar.

Zeev Barkai é um tenente de 23 anos, oficial de operações do 71º Batalhão de Paraquedistas.

Quem conhece a cidade? Eu mesmo não. O que é o American Colony? Onde fica Sheikh Jerrah? Augusta Victoria e o monte das Oliveiras para mim não passam de nomes. Sou o oficial de operações de Uzi! Deveria não apenas conhecer essas coisas, mas também ser capaz de explicar tudo aos sujeitos que vão combater nesses locais dentro de poucas horas.

Estamos sobre um telhado. Os obuses caem a esmo. Três horas atrás, preparávamos nosso equipamento para saltar sobre o deserto do Sinai, e agora estamos em Jerusalém.

"Você viu os mapas?"

Uzi Eilat se aproxima de mim. Ele tem 26 anos e comanda a Companhia B. É um *kibutznik* durão, de Beit Hashita, próximo ao monte Gilboa.

"Não vi coisa nenhuma."

"Tem um mapa do tamanho de um guardanapo, algumas fotos aéreas borradas e é isso."

Eilat me informa que ouviu de fonte segura que a Brigada de Jerusalém tem uma sala cheia de mapas belíssimos, que vêm sendo desenhados há anos, perfeitos para este momento.

"Como podemos pôr as mãos neles?"

Ele ri e balança a cabeça.

O tipo de prédio em cujo telhado estamos é chamado de *shikun*. Foi projetado para ser parte quartel, parte casamata. Os muros do lado jordaniano têm espessura tripla. Próximo ao teto há buracos por onde passam os canos das armas. Famílias vivem nos apartamentos dos andares de baixo. Na verdade, agora mesmo mães estão zanzando de um lado para o outro pela rua, trazendo chá quente e bolo para nossos paraquedistas. Obuses continuam a cair. Quando atingem um prédio, fazem buracos profundos e produzem um estrondo como o de um trovão. Se caem no meio da rua, o estrondo é enorme, agudo, e ecoa e reverbera pelos muros de pedra desses prédios. Disparos de metralhadora e de atiradores de elite são constantes o suficiente para você manter a cabeça abaixada, mas 90% deles parecem mirar em coisa nenhuma.

Cruzo o telhado procurando por Yoram Zamosh, comandante da Companhia A. Ele é um sujeito religioso. Conhece a cidade. Encontro-o conversando com seu operador de rádio, Moshe Milo. Zamosh me dá uma rápida orientação, ajoelhando-se e desenhando um mapa na laje do telhado.

"Imagine a cidade como a letra D."

Ele traça uma linha vertical com o dedo.

"Esta é a Linha Verde. Ela divide a cidade. Israelenses à esquerda, a oeste, jordanianos à direita."

A leste do traço vertical, Zamosh traça uma linha curva, bojuda como um D maiúsculo. Essa linha representa o cordão de colinas que dominam a cidade. Monte Scopus no topo, cume Augusta Victoria no meio, monte das Oliveiras ao fundo. Os jordanianos ocupam os três.

Zamosh diz que nossa brigada terá que tomar esses terrenos elevados. Primeiro, o encrave no monte Scopus, porque é lá que 120 dos nossos estão isolados e sitiados.

Na extremidade sul da linha curva, Zamosh rabisca um quadrado tosco. É a Cidade Velha, onde estão localizados o Muro das Lamentações e tantos outros lugares religiosos que ele nem tem tempo de me dizer quais.

A Cidade Velha é dominada pela Legião Árabe.

Isso eu sei.

Mas o mapa rabiscado a dedo por Zamosh vem a calhar. Estou começando a ter uma visão geral da cidade.

Uzi Eilat comanda a Companhia B do 71º Batalhão.

É ainda de tarde, mas as ruas já estão escuras. Há uma fumaça espessa, asfixiante. Nosso oficial de operações, Zeev Barkai, aponta para os carros estacionados ao longo da calçada. Todos os pneus estão murchos; todas as janelas, estilhaçadas. Nós e outros comandantes de companhia nos reunimos com o comandante do nosso batalhão, Uzi Eilam, abrigados atrás de um muro.

Uzi diz que o plano é atacar Jerusalém Oriental, mas ninguém sabe como ou por onde. Pergunto quando. "Logo", Uzi responde. Ele precisa se apressar para encontrar Motta Gur, o comandante da nossa brigada. "Subam num telhado", ele nos diz, "e observem o que puderem".

Não conheço a cidade. Os pontos de referência não significam nada para mim. Temos que saltar de um telhado para o outro porque os atiradores de elite jordanianos não param de atirar em nós. Alguém diz que poderemos atacar a Porta de Mandelbaum. Nem sei o que é isso.

Yoram Zamosh comanda a Companhia A.

Quando voltei a viver no *kibutz*, em 1966, depois de seis anos de serviço militar, me casei. Minha mulher e eu éramos muito felizes. Trabalhávamos duro. Estávamos planejando constituir uma família. O Exército, é claro, é muito secular. Depois de seis anos vivendo em barracas e no campo de batalha, confesso que perdi um pouco do meu foco espiritual.

Isso não passou despercebido numa comunidade religiosa como a minha, o *kibutz* Yavne. Certo dia, vários anciãos vieram falar comigo.

"Zamosh, é hora de você começar a se levar mais a sério. O inverno chegou; não há mais trabalho nas lavouras. Tire seis meses e vá estudar na *yeshiva*."

Havia uma excelente academia religiosa bem próxima do *kibutz* Yavne, mas não queria ficar indo e vindo. Queria estudar em tempo integral. "Vou fazer o que vocês estão sugerindo", eu disse aos anciãos, "mas tem que ser em Jerusalém".

Matriculei-me na Yeshiva Merkaz HaRav Kook. *HaRav Kook* se refere à academia do lendário rabino Abraham Isaac Kook, o primeiro rabino-chefe *ashkenazi* de Israel moderno, que morreu em 1935 e foi sucedido por seu filho, Zvi Yehuda Kook. Dizer que você estudou com qualquer um desses rabinos é como dizer que se sentou aos pés do papa no Vaticano. Essa experiência modificou minha vida em todos os aspectos. O que para mim era a superfície brilhante e rasa de um mar logo se tornou imensas profundezas de um oceano.

Nas noites depois das aulas, eu costumava levar grupos de estudantes para explorar as ruas da Cidade Sagrada. Acabei me metendo em encrencas por conta disso. Na *yeshiva*, esperam que você estude a Torá e nada mais. O caso foi levado ao rabino Kook. Ele avaliou meus passeios noturnos e deu seu aval. "Caminhar por Jerusalém é estudar a Torá", declarou,

Então, conheço bem a cidade. Percorri a pé cada uma destas ruas.

Beit HaKerem é um quarteirão na extremidade oeste da cidade. Deixamos nossos postos de reconhecimento nos telhados ao longo da Linha Verde e agora nos dirigimos para oeste, nos jipes, a 5 quilômetros do centro da cidade, longe dos bombardeios. Os soldados haviam chegado de Givat Brenner. Os ônibus despejam os homens na praça central de Beit HaKerem.

Aqui é seguro, um bom lugar para os preparativos, bem longe da artilharia jordaniana. Encontro meus homens. O comandante do nosso batalhão, Uzi Eilam, quer falar comigo um instante. Ele diz que desenhou o plano de ataque, só precisa da aprovação de Motta Gur, comandante da nossa brigada.

No primeiro telhado, 45 minutos atrás, tive a chance de falar com Uzi reservadamente. Fiz o seguinte pedido: se o batalhão receber sinal verde para entrar na Cidade Velha, ele vai permitir que a Companhia A vá primeiro? Ele vai deixar minha companhia abrir o caminho para a capital do rei Davi?

Uzi me prometeu que veria isso com Motta.

Uzi Eilat comanda a Companhia B do 71º Batalhão.

Está escuro agora. O comandante do nosso batalhão, Uzi Eilam, faz uma reunião breve, mas muito objetiva, com os comandantes num pequeno apartamento, na presença dos civis residentes no local. A mãe e as filhas nos servem café e sanduíches. Nas ruas, o moral das pessoas é muito baixo. Todos estão escondidos em abrigos, temem por nós e por si mesmos. No entanto, ninguém vai embora.

Zamosh pôs na cabeça a ideia de que nossa brigada pode receber ordens de entrar na Cidade Velha. Isso é muito importante para ele. Para mim? Eu não dou a mínima. Só consigo pensar numa coisa: tenho agora 70 soldados, vivos e inteiros; quero retornar com 70 soldados nas mesmas condições. Não dou a menor importância para a Cidade Velha.

Uzi nos mostra um mapa de Jerusalém. É o único que ele tem. Vai passando fotos aéreas desfocadas. Por mais que eu me concentre, não consigo enxergar do que se tratam.

Sou um *kibutznik* do norte, do vale de Jezreel. O que sei de Jerusalém? Como comandante, você só sabe de duas coisas: o que o alto-comando quer que seus homens façam e o que eles *realmente* podem fazer.

A cidade inteira está sob blecaute. Nós nos aglomeramos debaixo de uma única lâmpada. Uzi explica o plano que traçou. A rua onde o batalhão vai se concentrar se chama *Shmuel Hanavi* – rua Profeta Samuel.

"Onde fica?", pergunto.

"Suba a rua até chegar ao pomar."

"Que pomar?"

"Você vai descobrir quando o vir."

Dito isso, dirijo-me para os ônibus para transmitir as ordens aos meus soldados. Digo a eles que servi com Uzi Eilam durante seis anos e, em todas as operações, ele escolheu a Companhia B para ir primeiro.

"Entendido?"

Só mais uma coisa. Motta deu a Uzi e aos outros comandantes de batalhão a opção de adiar o ataque para a manhã, quando a brigada teria apoio aéreo.

Os comandantes preferiram não esperar.

Vamos agora.

Somos animais noturnos.

A RUA PROFETA SAMUEL

Não há rua tão escura como as de uma cidade em guerra durante um blecaute. Nossos motoristas vão tateando pelo labirinto de ruelas e becos à velocidade de um homem caminhando, guiados por faróis reduzidos a estreitas fendas e pintados de azul. Os ônibus já deram o fora dali.

Uzi Eilam comanda o 71º Batalhão de Paraquedistas.

Estamos a caminho da rua Profeta Samuel. Conheço um beco lá próximo chamado Gemul. Numa noite, dez anos atrás, quando eu servia como adjunto de Meir Har-Zion, fizemos uma emboscada naquele local para proteger um comboio de suprimentos que se dirigia ao monte Scopus.

Gemul, hoje à noite, será nosso ponto de ruptura.

Por que escolhi esse local? É escuro. Fora do caminho. O último local que alguém escolheria para atravessar. O avanço é seguro; uma linha de prédios nos protege do fogo inimigo e, o mais importante, de sermos observados.

Existem artérias próximas nas quais nossas companhias podem se agrupar antes de descer das colinas rumo à terra de ninguém. O beco Gemul é largo o bastante para avançarmos como força, mas estreito o suficiente para evitar que nossa coluna se espalhe para longe do eixo do avanço.

A Hora H será em 40 minutos. Com sorte, poderemos colocar todos os homens em posição em 15 ou 20 minutos.

Apresento dois planos a Motta. O primeiro é um ataque frontal à Porta de Mandelbaum. Em hebraico, existe a expressão "*hafooch al hafooch*", que pode ser traduzida como "avesso do avesso". No beisebol, se um arremessador está numa situação que pede uma bola curva, ele pode de fato arremessar essa bola curva, imaginando que o rebatedor jamais vai esperar que faça algo tão óbvio.

É essa a lógica do *hafooch al hafooch*.

Meu batalhão poderia atacar Mandelbaum, o posto mais fortificado da cidade, imaginando que os jordanianos nunca iriam pensar que faríamos uma coisa tão louca.

Motta sorri quando eu lhe sugiro isso.

"Uzi, isso é esperteza demais."

Então, cá estamos, na rua Profeta Samuel.

Dan Ziv é o meu segundo em comando. Ele é o melhor e mais experiente soldado do batalhão. Com um oficial assim, não é necessário transmitir informações muito detalhadas. Digo a Dan o que precisa ser feito, e ele descobre a melhor maneira de fazê-lo.

Retorno pelo mesmo trajeto até o morro, onde os soldados surgem do meio da escuridão. Os homens se movem rapidamente, agachados e em silêncio, para as sombras das ruas sob os edifícios. Nenhum de nós jamais havia passado por esse tipo de combate. O batalhão fez apenas um dia de treinamento de combate urbano, e eu tive uma discussão áspera com o estafe da brigada para conseguir fazer essas poucas horas de treino, apropriando-me de um complexo escolar em férias na aldeia de Ben Shemen para colocar meus soldados indo de porta em porta e exercitá-los em técnicas de combate fechado.

Quando os homens ocupam seus postos nos pelotões e nas companhias, converso com meus oficiais, em grupo e individualmente. Que homens! Dan Ziv, Zeev Barkai, Uzi Eilat, Moshe Peled, Yoram Zamosh e muitos outros. Encontro Zamosh com seu comandante do 1º Pelotão, Yair Levanon. "Seus homens estão cientes do que precisam fazer?"

Levanon aponta para leste, no escuro. "Seguir naquela direção e não parar até chegarmos em Amã." Ele e Zamosh estão prontos. Aperto-os calorosamente nos ombros.

Contra todas as probabilidades, um plano respeitável tomou forma. Ele é simples. Seus requisitos estão dentro das capacidades do batalhão. No papel, ele funciona.

Mas nós todos sabemos o que acontece com papéis e planos.

Dan Ziv é comandante-adjunto do 71º Batalhão de Paraquedistas.

À meia-noite, Uzi me diz para escolher o ponto exato de ruptura. Pego meus dois operadores de rádio e desço a ladeira do beco Gemul. A rua Profeta Samuel está atrás, acima de nós, e os primeiros homens do nosso batalhão e parte do 28ª estão subindo e tomando seus lugares nas sombras das ruas laterais.

Cem metros abaixo, nosso grupo esbarra no arame farpado. Os alambrados, os arames farpados e as lâminas da concertina se estendem por uma vala rasa de cerca de 150 metros de largura e 200 de extensão. Uma papelada e uma montanha de lixo vêm se acumulando ali há uns 20 anos. É uma loucura. Tudo minado, sem dúvida. Fogo de uma meia dúzia de posições jordanianas começa a zunir sobre as nossas cabeças.

Escolho um lugar e me sento.

A guerra não é como um filme de John Wayne. Às vezes, a melhor coisa a fazer é simplesmente parar, ficar quieto, observar e escutar. Depois de 20 minutos sob fogo pesado e incessante, tenho uma imagem da situação.

Os jordanianos têm ninhos de metralhadoras no teto dos prédios e em posições atrás de sacas de areia tanto nos andares altos quanto nos baixos. Disparam de posições no solo e de brechas nos porões. Mas ninguém está atirando em nós aqui no sopé do beco Gemul. Eles não conseguem nos ver. Por alguma razão, os jordanianos não estão cobrindo esse ponto aqui embaixo. Também não perceberam que nossos batalhões assumiram uma posição acima, na rua Profeta Samuel. Os inimigos atiram aleatoriamente, para manter a coragem em alta e evitar que os oficiais reclamem por não estarem fazendo nada.

Este local é bom. Será nosso ponto de ruptura.

Um grupo de avanço vai usar torpedos Bangalores para abrir caminho entre o arame farpado e detonar eventuais minas. Então, nosso batalhão e o 28º invadirão por lá.

Pode ser que funcione.

Se nossa coluna de paraquedistas puder atravessar o vale rapidamente, numa só corrida, estaremos além das defesas inimigas. Podemos alcançar a retaguarda do inimigo antes que ele perceba a invasão.

Uzi Eilat, comandante da Companhia B.

Não conseguimos encontrar os torpedos Bangalores. O que está acontecendo? No escuro, dois dos nossos ônibus fizeram uma curva errada e se perderam. Todos os nossos Bangalores estão naqueles ônibus.

Dan Ziv voltou para o alto da colina. Dois tanques Shermans chegam como reforço, e Dan os manda embora. Se os jordanianos virem ou ouvirem os Shermans, saberão que ali é o nosso ponto de passagem.

Meus homens tentam filar Bangalores de outras companhias. Finalmente, quando estamos de posse de uns seis ou sete, os ônibus perdidos chegam, faltando apenas uma ou duas equipes. Se eu acreditasse em Deus, agradeceria a Ele. Estamos prontos.

Shai Hermesh tem 23 anos e é atirador de bazuca na Companhia A de Yoram Zamosh.

Estou numa das equipes que se perderam. Ainda estamos perdidos.

Todo pelotão de uma companhia de paraquedistas israelense tem um "elemento de armas" adicional: dois homens com bazuca – um atirador e um carregador –, três atiradores para os morteiros leves, de 52 milímetros, e três para os Bangalores.

Nossa equipe havia recebido ordens para embarcar nos ônibus da frente porque nossos armamentos pesados seriam necessários para dar apoio ao avanço inicial. Foi assim que nos perdemos. A coluna de ônibus ficou sob fogo pesado de morteiros. Dois seguiram adiante; os outros recuaram. Então, nos separamos.

Estamos na rua. Sete de nós. Os morteiros continuam a chover forte, e isso nos deixa apavorados. As ruas estão escuras como breu. Estamos perdidos; sem nenhum oficial por perto, sem mapas. Ninguém aqui conhece Jerusalém.

Sabemos que nosso trabalho é dar apoio à ruptura mas não fazemos ideia de onde estamos, de onde é o ponto de ruptura nem de como chegar até ele.

Meir Shalit, 19 anos, sargento na Companhia B.

Um dos ônibus ainda está desaparecido. Pode ter sido atingido por um morteiro, ninguém sabe.

Estou na terceira equipe de Bangalores na companhia de Uzi Eilat. Estamos a salvo. Chegamos ao ponto de encontro para o ataque. Uma equipe de torpedos Bangalores consiste de três homens – dois com os Bangalores e um com uma metralhadora leve belga FN para cobri-los.

As primeiras duas equipes explodem o arame farpado. Minha equipe é a de reserva. "Empurre o Bangalore sob o arame, ative o fusível e saia correndo feito louco."

Uzi Eilam, comandante de batalhão.

Meu plano requer que a Companhia B, de Uzi Eilat, rompa o arame farpado. A companhia seguinte invadirá correndo e assumirá posições apontando para a direita e para a esquerda. O trabalho deles será proteger os flancos. Depois disso, o corpo principal do nosso batalhão, com o 28º Batalhão imediatamente atrás, vai avançar o mais rápido que puder, penetrando as defesas jordanianas o mais profundamente possível.

A uns 200 metros a leste do ponto de ruptura, fica a estrada Nablus, chamada em alguns mapas de estrada Shechem, o antigo nome da cidade de Nablus. Essa estrada é o nosso objetivo primeiro. Quando atacarmos essa via, que corre de norte a sul, metade do batalhão vai virar para a direita, em direção ao sul, e se descolar o mais rápido possível para capturar o bairro do American Colony e, mais adiante, o Museu Rockefeller.

As outras companhias continuarão avançando para leste, pelo bairro de Wadi Joz. Um *wadi* é um leito de rio seco. Morteiros jordanianos estão sendo disparados de algum lugar do *wadi*. Vamos eliminá-los, capturar o quarteirão inteiro e assumir posições no sopé da colina de frente à cadeia de colinas formada por monte Scopus, cume Augusta Victoria e monte das Oliveiras.

À nossa esquerda, centenas de metros a norte, fica a colina da Munição e a Escola de Polícia da Jordânia. O 66º vai atacar essas posições. Não sabemos ainda, e não saberemos até o nascer do sol de amanhã, que a luta por essas posições será a mais brutal e sangrenta da guerra.

Dan Ziv, subcomandante de batalhão.

A companhia de Eilat é a primeira a descer a ladeira. Eles vão explodir o arame farpado. Eilat é sólido e inteligente, não tem medo de nada. Zeev Barkai havia chegado; ele é nosso oficial de operações, jovem, outro bom combatente. E também temos Benny Ron, amigo de Uzi, outro braço forte, que nem faz parte do batalhão, mas deixou a unidade burocrática na qual servia para estar ao nosso lado neste combate.

As equipes com os torpedos Bangalores partem na frente. Eles vão meter os explosivos debaixo do arame. Atrás deles, agachados em fila única, estão os paraquedistas. Cinquenta que eu consigo ver e mais uns cem acima deles, subindo a ladeira. Estão com medo.

Lembro ao homem à minha frente o que todo soldado sabe: numa ruptura, os primeiros dez minutos são tudo.

Está vendo as metralhadoras jordanianas?

Está vendo de onde elas estão disparando?

Avance, chegue por trás dos atiradores e ataque por onde eles menos esperam.

Benny Ron trocou um cargo burocrático para se juntar ao 71º Batalhão.

Não faço nem parte do batalhão. Minha unidade é de pesquisa e desenvolvimento, uma função burocrática. Quando chegaram as ordens para a guerra, em 5 de junho, eu disse ao meu chefe que não havia possibilidade de eu ficar longe do combate.

Colei em Uzi. "Tem um emprego para mim?"

Uzi e eu somos amigos desde sempre. Ele disse, "Claro, Benny. Vou pensar num lugar para você".

É assim que funciona no Exército. Velhos camaradas de batalhão, aposentados, simplesmente dão as caras, não conseguem não tomar parte daquilo. Outros vêm dos Estados Unidos, da Inglaterra, da África do Sul. "Deixe-me trabalhar!"

LIVRO SEIS • JERUSALÉM

Uzi me põe na equipe de Dan Ziv para ajudar a organizar a ruptura. Você aprende muito observando um soldado como Ziv. Ele não ganhou uma medalha por bravura a troco de nada. A linguagem corporal de Ziv projeta destemor. Ele diz para os jovens soldados: "Não tenho pressa. Observem como faço meu trabalho. Façam o de vocês da mesma maneira."

O bairro onde estamos se chama Sheikh Jerrah. São poucas as casas. As famílias judaicas habitam o alto da rua Profeta Samuel. Bairros árabes se espalham pela colina abaixo, para além do arame farpado. As casas árabes são construções altas, com muros espessos, como fortes. A grande questão é onde os filhos vão viver quando se casarem. Você pode identificar uma casa árabe pelo telhado chato e inacabado.

2h25. Hora H. Fogo de morteiros e metralhadoras irrompe ao longo da fila. Holofotes poderosos instalados nos telhados iluminam a cidade à procura de alvos para a artilharia. Os homens de Eilat arrastam-se para a frente e acendem os Bangalores.

Nada acontece. Eles falham.

Nossos homens na retaguarda reclamam.

"Por que a demora, pessoal?"

"O que vocês estão fazendo, seus idiotas?"

Nossos morteiros acenderam fogueiras a um quilômetro ao norte, no bairro de Sanhedria. Gideon Bikel é o oficial de armas. Dan Ziv deu a ele ordens para cobrir de fogo aquela terra de ninguém e fazer os jordanianos manterem as cabeças abaixadas.

No meio da poeira e da fumaça, as equipes dos Bangalores tentam novamente explodir o arame. Desta vez, os explosivos detonam, mas apenas o fio se levanta numa massa retorcida e volta a cair no mesmo local em que estava!

De qualquer maneira, conseguimos abrir o caminho.

Os paraquedistas se precipitam ladeira abaixo e atravessam o vão aberto. Nós fazemos o mesmo. Vários e vários metros adiante, existe uma espécie de pátio industrial. Uma fábrica de tijolos, como vamos descobrir depois. O inimigo tem pelo menos uma metralhadora de grosso calibre ali, talvez duas. Ao norte da fábrica de tijolos, agora escondida pela poeira e pela fumaça, nos espreita um bastião que nossos companheiros chamarão de Casa da Morte.

327

A CASA DA MORTE

O batalhão conseguiu atravessar. Retorno a pé para o centro onde são recolhidos os corpos dos soldados mortos e feridos. Nosso grupo de soldados, com uma companhia, chegou à estrada de Nablus, mas há problemas na retaguarda que precisam ser resolvidos antes que avancemos.

Uzi Eilam, comandante do 71º Batalhão.

Nosso oficial médico, doutor Igal Ginat, requisitou uma residência e a transformou num centro de triagem. Ele e seus médicos foram assoberbados com um grande número de baixas. No ponto de ruptura, assim que nossos homens do 71º Batalhão avançaram pelo arame farpado, soldados do 28º seguiram atrás. De repente, os jordanianos começaram uma barreira de morteiros de 81 milímetros. Os tiros caíram bem em cima de onde as tropas estavam concentradas. Sessenta e quatro homens foram feridos ou mortos, uma catástrofe num batalhão de apenas 500 homens. O doutor Ginat e seus médicos permaneceram durante uma hora no ponto de ruptura, socorrendo e evacuando os feridos. O médico avançou pelo arame farpado para dentro do território jordaniano. Ele e sua equipe montaram um posto médico no pátio vizinho a uma casa árabe, ocupando vários de seus quartos.

No chão, eu vejo vultos humanos imóveis. Lençóis cobrem seus corpos e rostos. As botas, despontando, são vermelhas, a cor dos paraquedistas.

Em combate, não há tempo para luto. Um comandante precisa agir. Precisa dar o exemplo de determinação e certeza. Não importa a gravidade da situação, é preciso agir como se tudo estivesse sob controle. Se seus soldados perceberem medo no seu rosto ou alguma indecisão na sua postura, se sentirão traídos.

Agradeço ao doutor Ginat e aos seus médicos. Recomendo-os pelos esforços extraordinários que fizeram. "O pior já passou", asseguro a eles. "Nossas companhias da vanguarda já chegaram à estrada de Nablus. Elementos do 28º Batalhão se juntaram à nós. O inimigo está em fuga. Nossa força combinada está avançando."

O comandante em combate às vezes precisa agir como um ator. Isto é uma guerra. Você tem que recorrer a tudo. Tudo.

Dan Ziv, subcomandante de batalhão.

Quando reúno meus soldados, explico a eles como esse tipo de combate é percebido pelo inimigo. Quero aliviar um pouco o medo dos meus novatos. Eles precisam entender que os legionários árabes também estão apavorados. "Eu não trocaria de lugar com eles. Eles estão acabados e sabem muito bem disso."

Certifico-me de que meus jovens paraquedistas me escutam em alto e bom som. Onde estão os jordanianos? Estão dentro das casas, nos telhados, nos porões. "Vocês acham que essas posições são inexpugnáveis?" A noite é escura. O inimigo não consegue ver nada. Ele está usando essa casa como ninho de metralhadoras? Tem gente morando nessa casa! Não é um *bunker* ou uma casamata que ele construiu para ter de onde atirar. Não foi construída para servir como ponto de mira. A defesa inimiga precisou expulsar uma família e encontrar uma janela onde pudesse meter o cano de uma arma. De lá, pode cobrir apenas um trecho do terreno. Está cercado de pontos cegos, solo morto e ângulos de aproximação que os atacantes podem usar para chegar até lá.

O inimigo sabe que é um patinho de tiro ao alvo. Se as paredes da casa forem grossas, ele estará surdo além de cego. Se forem finas, nossas armas leves vão perfurá-las como papel. Com certeza, esses esconderijos civis não protegem nada contra uma metralhadora pesada, uma bazuca ou um canhão sem recuo de 106 milímetros.

Qual é a esperança do inimigo? Seu maior desejo é conter estes judeus loucos nem que seja por uns poucos minutos, para depois arrumar as malas e dar o fora correndo; porque ele sabe que, se ficar mais tempo ali, 20 caras de botas vermelhas vão descer as escadas para a toca onde ele se esconde, vindos de todos os lados, do teto, da casa vizinha, e a próxima coisa que ele vai ver é uma granada rolando pelo chão e indo parar bem no meio de suas pernas. O tempo sempre trabalha contra o defensor. O inimigo está preparado para o momento de ser morto, e sabe disso.

Uzi Eilam, comandante do 71º Batalhão.

Numa batalha, você sempre precisa avançar. Uma brecha se abriu? Enfie-se por ela. Não pare dez metros depois. Continue avançando por mais cem. Quanto mais você penetrar na retaguarda inimiga , mais ele fica desorientado e mais você drena o espírito de combate dele. O adversário pode ser corajoso, bem treinado, liderado por oficiais de muito brio; mas, quando escutar a voz dos seus homens vindo da direita, da esquerda e de trás, vai pegar suas coisas e fugir.

Ao mesmo tempo, você não pode avançar tão imprudentemente a ponto de deixar a retaguarda exposta e vulnerável a um contra-ataque. O comandante deve poder continuar se movimentando entre seus elementos de combate. Ir ao ponto. Sentir o solo. Quanto mais você se movimenta, mais vê seus soldados e mais eles o veem.

Meus oficiais estão conduzindo o combate com sabedoria? Estão no controle? Estão sendo agressivos? Eles têm uma imagem nítida do terreno e das posições nele, inclusive as do inimigo?

Às vezes, ao dar instruções para seus soldados, você percebe que a adrenalina e o medo são tão grandes que eles não escutam o que você fala, não compreendem o que quer dizer.

Faça perguntas simples.

"Onde está seu oficial comandante?"

"De onde vem o fogo inimigo?"

Dê suas ordens de maneira ainda mais simples.

"Vá para lá."

"Faça isso."

Na batalha, soldados se escondem. Oficiais se escondem. Eles têm medo. Não querem ser mortos. Alguém ordenou que tomassem determinada casa. Mas eles viram seis amigos entrarem nessa casa para não sair. Então, eles ficam invisíveis.

É assim que se contém um avanço. Um oficial não age deliberadamente como um covarde. Ele tenta por um minuto se recompor, reagrupar seus homens e seus pensamentos. Mas 60 segundos viram 20 minutos, e logo duas horas se passaram e aquela casa continua matando seus homens.

Você precisa ir até lá. Precisa encontrar o oficial no local. Quando ele o vir, vai agir. Se não puder, você tem que substituí-lo. Na hora.

O comandante tem responsabilidades mais graves que qualquer outro no batalhão. Precisa adquirir uma imagem do campo inteiro e mantê-la na mente. Deve saber onde ele mesmo está, onde está cada um dos seus companheiros e onde todos os elementos do inimigo estão, além de entender como essa dinâmica se altera e evolui.

Você recebe informes de batedores, de operadores de rádio. Um problema persiste aqui, uma oportunidade se abre lá. Você mantém a imagem da batalha em sua mente, não em três dimensões, mas em quatro. A quarta é o tempo.

Você se fia na iniciativa. Suas forças estão atacando. Elas que ditam a ação. O que você mais teme é o contra-ataque inimigo, porque ele mostra que o espírito do adversário é forte. Sua luta, lembre-se, não é contra os soldados inimigos nem contra as posições que eles ocupam, mas contra o espírito de luta deles. É por isso que avançamos, por isso que nos precipitamos para ocupar a retaguarda do adversário: para semear terror e confusão, para desestabilizar os esquemas que ele ensaiou, para obrigá-lo a decidir e agir assustado, no meio do caos.

No posto médico, tomo conhecimento de que um dos comandantes da minha companhia foi ferido. Onde está o adjunto dele? Desaparecido. O que aconteceu aos soldados? Ninguém sabe.

Zeev Barkai, meu oficial de operações, está comigo. Fico sabendo, por informes de rádio e relatos em primeira mão, que dois redutos inimigos na nossa retaguarda não foram eliminados. Ainda estão matando nossos soldados. Um deles é chamado por nossos homens de "Casa do Teto Queimado"; o outro, de "Casa da Morte".

Meu relógio marca 3h20. Ao amanhecer já deveremos ter passado pela estrada de Nablus. Designo Barkai para se encarregar da Casa do Teto Queimado. Ele pega vários homens, incluindo nosso oficial da inteligência, Barry Hazzak, e Gideon Bikel, comandante do nosso pelotão de morteiros.

Zeev Barkai é chefe de operações do 71º Batalhão.

Estou tentando encontrar a Casa do Teto Queimado. Enquanto nosso grupo se aproxima de um passadiço – que poderia ser a estrada de Nablus, mas quem vai saber? –, surge do meio da escuridão uma coluna de paraquedistas do 28º Batalhão. Reconheço o comandante. Ele é um amigo do *kibutz* Degânia Alef, próximo da minha casa. Está ferido. Sua cabeça está enfaixada.

"Barkai?"

"Nachshon, está tudo bem?" O nome do meu amigo é Nachshon Ben-Hamidar. Seu pai era o diretor da minha escola primária.

Passo um rádio para Uzi, alertando que uma coluna do 28ª Batalhão está na sua retaguarda. A última coisa que nossos homens querem é começar a atirar uns nos outros.

"Nachshon, que tal me ajudar a limpar uma casa cheia de franco-atiradores jordanianos?"

Ele ri. "Boa sorte, Barkai!" E parte com os seus pela estrada afora. Antes que meu grupo consiga avançar mais 50 metros, uma granada explode de repente. Bikel é atingido. Barry e eu o carregamos, segurando-o debaixo dos braços, de volta para o centro de coleta de baixas.

É essa a insanidade de lutar à noite num lugar cheio de prédios e estradas. Você não pode nem pensar nisso. Se o fizer, ficará paralisado de medo, porque a morte pode estar em cada janela, em cada sombra.

Ninguém me falou do problema dos redutos inimigos na nossa retaguarda. No entanto, não é difícil perceber. Os homens ficam apavorados. Seus amigos foram mortos ao entrar numa casa, então eles não querem ir para lá.

332

LIVRO SEIS • JERUSALÉM

Para piorar, o inimigo abandonou as posições defensivas iniciais e abrigou-se em várias residências civis. Essas novas posições não são mais casamatas nem postos de tiro. São apenas abrigos para quatro ou cinco legionários tentando sobreviver. Isso os torna muito perigosos. Você não sabe onde estão ou quando vão atacá-lo; atravessa um beco e, do nada, diante de seus olhos, o homem à sua frente tomba, morto.

Deixamos Bikel com o doutor Ginat e começamos a cruzar uma área aberta em direção a uns prédios escuros. Estou acompanhado de Barry, do operador de rádio de Bikel e do meu sargento de operações, Leizer Lavi. De repente, ouço um chamado vindo das sombras.

"Barkai! Barkai! Socorro!"

São homens de uma das nossas companhias. Como oficial de operações de um batalhão, tenho pouco contato com os soldados, então não reconheço ninguém. Mas eles me conhecem. Imploram para que eu assuma o comando e os lidere.

"Tem uma casa ali atrás..."

"Nós a atacamos..."

"Dois dos nossos foram baleados nas escadarias..."

"Ainda estão lá, Barkai!"

Não é uma coisa fácil de escutar. Os homens estão desesperados de angústia. Soldados, sem alguém para comandá-los, muitas vezes não conseguem se organizar para agir, ainda que saibam que é preciso e desejem desesperadamente fazê-lo. No entanto, assim que alguém dá a eles a dimensão do problema e propõe uma solução, eles respondem com vontade e coragem.

Consigo avistar a casa. O teto não está queimado.

Esta não é minha missão. Não é a tarefa que Uzi confiou a mim. Mas sou um oficial, tenho que agir de acordo com o que está diante de mim. Não posso deixar para trás um homem ferido ou dar as costas para uma emergência.

Rapidamente organizo os homens. Entrarei na Casa do Teto Queimado depois. Primeiro, atacamos esta outra casa, com fuzis, metralhadoras, canhões antitanques e granadas de mão. Eu e mais dois corremos para a escadaria, onde dois dos nossos homens foram atingidos. Conseguimos retirá-los de lá, ainda com vida. Um é David Giladi, que não

333

conheço, mas, como fica claro para mim, é extremamente benquisto no seu pelotão. Ele foi baleado na cabeça.

A escadaria está coberta de sangue. Não consigo acreditar que um homem que tenha sangrado tanto ainda possa estar vivo. Não temos macas. Quebramos duas portas de madeira e carregamos os homens sobre elas.

Assim que chegamos tropicando ao centro de coleta de baixas, meu operador de rádio pergunta se estou bem.

"Claro. Por quê?"

"Suas costas."

Aparentemente, minha camiseta está escura de tanto sangue. Lembro-me da explosão de uma granada mais cedo e de sentir algo como agulhas espetando minhas costas.

Não é nada.

Estou bem.

O tiroteio prossegue ao redor da Casa da Morte. Meus colegas não conseguiram invadir o lugar, mas conseguimos evacuar nossos feridos e organizei os soldados para manter o prédio sob fogo sem trégua. A aurora está próxima. O inimigo ou será morto ou fugirá.

Moshe Peled é comandante-adjunto da Companhia C.

Com que nosso avanço se parece? Com pequenas guerras. Lutamos pequenas guerras por todo o terreno. Uma casa, um *bunker*, um ninho de metralhadoras. Cada avanço é uma guerra que precisa ser travada por um pelotão, uma seção, às vezes por apenas três ou quatro homens. O que os mantém juntos? Eles são amigos, simples assim.

Nos filmes norte-americanos, a gente vê o típico esquadrão de soldados de infantaria, todos fazendo cara de durão: o sujeito sarcástico nascido no Brooklyn, o gordinho do Kansas, o tenente galã do Tennessee. Todos eles lutam como se fossem um só; mas, quando a guerra acaba, cada um volta para o seu lugar, no campo ou na cidade. Não importa o quanto eram próximos, eles nunca mais vão rever seus amigos.

Em Israel não é assim. Meus oficiais, meus homens, são conhecidos de uma vida inteira. Vou chamá-los de amigos até eu morrer. Lutaremos nesta guerra juntos, como lutamos na guerra anterior e lutaremos na próxima, todos no mesmo batalhão, nesta mesma companhia.

Quando dou um comando a um homem – "Ataque essa casa pela face norte" –, não me refiro a ele como "cabo" ou "sargento". Ele é o Mickey. Ele é o Avi.

Shai Hermesh, atirador de bazuca na Companhia A.

Finalmente, nossa "patrulha perdida" encontrou alguém. Uma equipe do Reconhecimento está nos guiando para o ponto de ruptura.

"Rápido!" Estamos desesperados para auxiliar nossos amigos, que estão sob fogo e precisam do nosso armamento pesado.

Aquelas horas foram um verdadeiro pesadelo. Atiradores de bazuca e de morteiro devem ter armas leves para se defender, Uzis ou pelo menos pistolas Webley. Não é possível se proteger de uma patrulha da Legião Árabe com uma bazuca. Mas nós não temos nada. O Exército é pobre demais.

"Não se preocupe", disse para mim um sargento três dias atrás no paiol. "Você vai encontrar um bocado de armas largadas pelo chão quando a matança começar."

Meir Shalit, 19 anos, sargento na Companhia B.

São 3h40. Nossa companhia se agrupou numa estrada. Qual estrada? Não sei. Indo para onde? Não tenho ideia.

Ainda estou carregando meu torpedo Bangalore. Por quê? Porque não consegui encontrar alguém a quem possa dá-lo e, se o jogar fora, vou arrumar problemas. Onde estamos? Dois minutos atrás, um cara da Companhia C passou por nós e disse com uma voz animada: "Levantem a vista, ali é o monte Scopus". De repente me dei conta de que estávamos em Jerusalém. Tinha esquecido completamente. Você acaba ficando burro assim nessas horas.

Meu trabalho agora é servir como mensageiro para o tenente Menachem Reineets, segundo em comando de Uzi Eilat. Tenho que sair correndo com os despachos. Carregando meu torpedo Bangalore.

Avançamos pela estrada com cautela, em duas colunas, uma em cada acostamento, as armas apontando para fora, mantendo um grande espaço entre um homem e outro. Ainda está escuro. Obuses caem, produzindo enormes estrondos. Disparos de metralhadoras e atiradores de elite de vez em quando irrompem de várias direções.

Aprendi uma coisa com tudo isso, minha primeira experiência de guerra: os líderes são tudo.

Individualmente, nós, soldados, podemos ser corajosos. Coletivamente, podemos formar uma unidade habilidosa e bem treinada. Entretanto, sem uma mão forte para nos guiar, empacamos e congelamos. Ficamos confusos e perdemos a mão.

Consigo ver Uzi Eilat lá na frente, liderando a coluna. Esse é o estilo de Israel. O comandante da companhia vai primeiro. É loucura? Ele se torna um alvo preferencial para um franco-atirador, mas com sua presença ali, na liderança, nós na coluna nos fortalecemos.

Posso não saber de nada, não conseguir ver nada; se Uzi me disser "Faça isso", vou fazer.

Uzi Eilam, comandante do 71º Batalhão.

Chegamos ao "Trampolim", ou ao local que os homens estão chamando assim. É um lugar amplo, com um posto de gasolina, num cruzamento da estrada de Nablus. Daqui vejo o campo de batalha. À minha direita, a estrada vai para o sul, em direção ao Museu Rockefeller. Ótimo. O cruzamento próximo ao museu é um dos nossos objetivos. Já havia enviado a companhia de Uzi Eilat na frente para tomá-lo – não a companhia de Eilat de verdade, mas elementos das Companhias B, C e A, com um bom punhado de paraquedistas do 28º Batalhão que acabaram separados das suas unidades e se uniram a qualquer formação que falasse hebraico e calçasse botas vermelhas.

À minha esquerda, aos primeiros sinas de luz do dia (que trabalha contra nós, porque vai ajudar os jordanianos a nos ver melhor), consigo divisar o extremo ocidental do leito seco de Wadi Joz. Os morteiros jordanianos estão em algum lugar por ali. Enviei uma força, e enviarei outra se for preciso, para localizar essa posição e destruí-la. Assim que for silenciada, reduziremos pela metade o perigo para o batalhão.

Uma rua residencial, também chamada Wadi Joz, segue paralela à ravina. Vou levar pessoalmente uma companhia, a Companhia A, de Yoram Zamosh, para avançar por esse eixo. Essa rua nos conduzirá para as portas do nosso outro objetivo: uma linha imaginária faceando o alto do cume Augusta Victoria.

Dez minutos atrás, tive que liderar um destacamento para eliminar um franco-atirador. Foi uma loucura, mas não tínhamos alternativa. Estávamos sob fogo. Perderíamos minutos preciosos para organizar outro grupo para fazer o trabalho. Quando acabamos com a primeira posição, outra metralhadora, localizada em outra casa, abriu fogo sobre nós. Tivemos que dar conta dela também.

É assim que o combate está se desenrolando em todos os quadrantes. Cada companhia, pelotão e esquadrão está lutando sua própria guerra.

Zeev Barkai, oficial de operações.

O céu está clareando. Trouxemos os feridos da Casa da Morte para o posto médico. Corpos de paraquedistas jazem em fila no chão, cobertos por lençóis. Uma pilha de armas que não serão mais necessárias não para de crescer ao lado deles.

A estação de coleta de baixas fica na residência de uma família árabe. Os donos permanecem na casa, apavorados, embora nossos homens os tratem com muita cortesia. Peço permissão ao pai para ir à cozinha beber um pouco de água. "Entre", ele diz em hebraico.

Ao entrar na cozinha, deparo-me com meu reflexo num espelho. Aquele ali sou eu? Estou tão pálido. Minha camisa está empapada de sangue. Por um capricho, decido que ela será minha camisa da sorte. Não vou tirá-la até o fim da guerra. De repente, lembro-me da piada sobre um oficial que de propósito veste uma camisa vermelha para ir à guerra: se for ferido, não vai manchá-la de sangue. Então, ele se mete num tiroteio violento. No meio da ação, olha para baixo e grita para o sargento: "Traga as minhas calças marrons!".

337

Dan Ziv, subcomandante de batalhão.

Eu acredito na estupidez. Numa guerra, você tem que ser estúpido; porque, se for esperto, nunca vai fazer o que precisa para sobreviver. Eis porque juventude é tão importante para ser um soldado. Quando se é jovem, não se conhece as coisas horríveis que podem acontecer ao corpo e à mente humanos.

Em Mitla, em 1956, conduzi um carro por uma estrada e me deram uma medalha. Fui corajoso? Fui estúpido, isso sim. Não sou mais tão estúpido, assim como também não sou mais tão corajoso. No entanto, aqui e agora sei de uma coisa: tenho três jipes com canhões sem recuo com seus respectivos ocupantes e preciso levá-los para o cruzamento da rua Sultão Suleiman com a estrada de Jericó, próximo ao Museu Rockefeller, onde a quina nordeste da muralha da Cidade Velha se projeta para fora. Tenho que fazê-los chegar lá antes de o dia amanhecer.

O que é um canhão sem recuo? É o tanque Sherman dos pobres.

O fuzil mesmo é só um tubo, parece uma bazuca grande. É pesado demais para um homem carregar, é necessário um jipe. Um canhão sem recuo dispara um projétil de 106 milímetros, capaz de mandar pelos ares o último andar de um prédio de três andares ou a torreta de um tanque Patton. Só nesta noite nossos canhões sem recuo eliminaram três ninhos de metralhadoras inimigos.

O problema de montar uma arma dessas num jipe é que ele se torna um alvo irresistível. Durante os treinamentos, a equipe que opera o canhão mira cuidadosamente disparando um marcador, um projétil calibre .50, de uma arma calibrada exatamente em paralelo ao cano do canhão sem recuo, e em seguida disparando o projétil de 106 milímetros. No combate, se fizer isso, você e sua equipe serão mortos cinco segundos depois que o inimigo os avistar. Então, o que fazemos é colocar o jipe em posição, desembarcar e ficar abrigados, tomando cuidado para não sermos avistados, em seguida pular de volta dentro do jipe, mirar rapidamente, disparar e dar no pé.

Esses jipes com canhões sem recuo são necessários no cruzamento da rua Sultão Suleiman com a estrada de Jericó para deter qualquer tanque jordaniano que se aproxime pelo leste ou pelo sul, do vale do Jordão, a fim de servir de reforço aos seus irmãos árabes. A topografia de Jerusalém é tal que o inimigo só pode avançar por essa estrada.

Precisamos pôr nossos canhões de 106 milímetros em ponto de tiro naquela estrada. Não vamos nos demorar ali, brigando com os tanques da Legião Árabe e suas tripulações treinadas pelos britânicos, mas talvez possamos nocautear um ou dois que venham na vanguarda e engarrafar a estrada com as carcaças destruídas.

Zeev Barkai, oficial de operações do batalhão.

Encontrei a Casa do Teto Queimado. Era a missão inicial que Uzi tinha me dado, parece que uns dois dias atrás, mas na verdade só tinham se passado 90 minutos. Não vai demorar para amanhecer. O céu está começando a clarear. Bikel não resistiu aos ferimentos. Meus outros homens – Barry, meu sargento de operações e o operador de rádio de Bikel –, se perderam pelo caminho.

Sou apenas eu, esgueirando-me pelos fundos da casa.

A metralhadora pesada lá dentro cessou fogo. Neste momento não estou escutando nada.

De repente, avisto soldados, paraquedistas do 28º Batalhão, em várias trincheiras rasas a poucos metros dos fundos da casa. Reconheço um deles. É de Beit Hashita. Anos depois, será eleito prefeito da cidade vizinha à minha. "O que vocês estão fazendo aqui?"

Ninguém responde.

Sei o que eles estão fazendo. Estão tentando sobreviver. Digo-lhes que irão entrar comigo na casa. Só então reparo que a porta dos fundos é feita de ferro maciço. "Olhe só isso! Como vamos entrar nessa porra?"

"Você quer entrar?", pergunta o futuro prefeito.

Ele mete uma granada no cano do fuzil e manda a porta para o espaço.

"Venham comigo!", eu grito já correndo para dentro da casa.

Ninguém vem atrás de mim.

Dois legionários árabes surgem de repente num vão de porta. É como num faroeste. Nós todos sacamos nossas armas. Eu ganho. Nem paro para olhar. Subo as escadas apressado em direção ao quarto onde está a metralhadora.

Os soldados lá fora não mexeram um músculo.

O quarto no alto está carbonizado e fede a fumaça. O teto e uma parede inteira desapareceram. Acho que os homens de Dan Ziv devem ter destruído essa posição com os canhões sem recuo. Por isso que os nossos estão chamando isso aqui de Casa do Teto Queimado.

Lá fora, os paraquedistas do 28º parecem aliviados ao me ver surgindo inteiro. Eles me perguntam o que devem fazer. Aponto para o *front*, ou para onde imagino que o *front* esteja agora.

Você tem que compreender como são os soldados. Os jordanianos dentro da casa não queriam trocar tiros com os israelenses lá fora, nem os israelenses queriam invadir o local e começar uma guerra com os jordanianos. Por que deveriam? Eles poderiam morrer.

Um soldado esperto, se não tiver recebido ordens de invadir uma casa, não vai invadi-la. Ficará de prontidão, limpará seu fuzil, buscará abrigo, até que um oficial chegue e diga a ele para agir.

Shai Hermesh, atirador de bazuca na Companhia A.

Finalmente nos juntamos à nossa companhia. Durante horas, não pensei noutra coisa a não ser encontrar meu comandante e amigo querido, Yoram Zamosh. Um atirador de bazuca não combate sozinho. Você não diz: "Oh, olhe ali, vou atirar naquele ninho de metralhadoras". Seu comandante dirige você. Seu trabalho é servir a ele.

Na rua Wadi Joz, um caminhão Ford de três toneladas aparece de repente, repleto de soldados da Legião Árabe. Zamosh aponta para o veículo e grita: "Shai, atire!". Em que eu penso? Em nada. Ali está o inimigo, acerte-o. Mal sinto o foguete saindo do cano.

Um segundo caminhão aparece.

"Atire de novo!", grita Zamosh.

Uzi Eilam, comandante de batalhão.

Os últimos combates violentos da noite ocorrem em Wadi Joz. No primeiro, dois caminhões lotados de soldados da Legião Árabe descem das posições no cume Augusta Victoria, tentando contra-atacar na extensão da rua Wadi Joz. Um dos jovens atiradores de bazuca de Zamosh, Shai Hermesh, que tempos depois se tornará um destacado membro do Knesset, dispara um foguete no motor do primeiro caminhão, matando vários soldados inimigos e detendo ambos os veículos no meio da rua. Os soldados de Zamosh dão cabo do restante num tiroteio que dura uma hora.

A outra troca de tiros ocorre no próprio *wadi*. Um esquadrão liderado pelo tenente Arye Dvir, que é chamado pelos seus homens de "Kooshie", esbarra com uma catacumba na parede do leito seco do rio. Mulheres e crianças árabes estão abrigadas lá dentro. Apavoradas, implorando aos paraquedistas para que não atirem. Kooshie se adianta para ajudar. Um soldado jordaniano está posicionado atrás de uma das mulheres e dá um tiro que atravessa a coluna cervical de Kooshie. Ele cai, paralisado para sempre.

Yoram Zamosh, comandante da Companhia A.

Um promontório desponta sobre leito seco de Wadi Joz. Ponho quatro MAGs junto à beirada. A MAG é uma metralhadora leve de fabricação belga. Nossos atiradores disparam pentes e mais pentes de munição, dando cobertura a Kooshie e ao seu pelotão.

Sentimos a fúria da noite começar a ceder.

Logo depois do amanhecer, pouco minutos antes da batalha com os soldados jordanianos nos dois caminhões, uma de nossas equipes de armas pesadas, que tinha se perdido, se junta a nós. Meu amigo Shai Hermesh é o homem da bazuca. Nós nos abraçamos, aliviados por estarmos vivos. O rosto de Shai está branco. Percebo que ele está segurando as lágrimas.

"Zamosh, acabo de vir do centro de coleta de baixas. Alguém nos levou até lá, dizendo que iríamos encontrar armas descartadas, que poderíamos pegá-las para nos defendermos..."

Shai luta para conter a emoção.

"Que visão horrível, Zamosh! No chão... uma fileira de lençóis... 20, talvez mais. Botas vermelhas saindo por baixo dos lençóis. Ao lado deles havia uma pilha de capacetes, Uzis e FNs. O médico disse: 'É só pegar'. Zamosh, não consegui pegar uma arma para mim. Não uma arma que pertenceu a um dos nossos que foi morto. Eram tantos! Zamosh, eram tantos!"

Noto que Shai conseguiu um fuzil não sei de onde.

341

"Você está bem, Shai?"

"Sim...". Ele se agarra em meu braço para se firmar. "Mas nunca mais quero ver uma coisa assim de novo."

Nosso batalhão até que se saiu bem. A maioria dos corpos que Shai viu era de paraquedistas do 66º Batalhão, mortos na carnificina que durou a noite inteira na colina da Munição. Shai não tinha como saber de nada disso quando os viu. Passarão dias para que saibamos o número total.

O plano do comandante do nosso batalhão funcionou. Uzi havia escolhido um lugar inteligente para romper a linha, e nós, soldados, atravessamos aquela terra de ninguém rápido o suficiente para ficarmos atrás das posições defensivas dos jordanianos antes que o inimigo pudesse nos infligir danos mais pesados. O sol nasce. A maioria dos legionários árabes deu no pé para salvar a própria pele.

Nossos batalhões irmãos não tiveram tanta sorte.

O 28º Batalhão sofreu terrivelmente na barragem de morteiros inicial, na rua Profeta Samuel. Suas companhias, avançando na direção do Museu Rockefeller, tiveram enormes baixas numa emboscada ao fazer uma curva errada na escuridão, entre a estrada de Nablus e rua Saladino. Agora mesmo, a maior parte do batalhão está represada por fogo inimigo vindo dos muros da Cidade Velha.

Na luz do dia, no alto de Wadi Joz, estamos eu e meu operador de rádio, Moshe Milo, quando avistamos Yossi Yoffe, comandante do 66º Batalhão, subindo com o comandante do nosso batalhão, Uzi Eilam. O rosto de Yoffe está empretecido de queimaduras e terra. Ele e Uzi conversam a sós. Por suas expressões sinistras, fica claro que estão perguntando das baixas nos respectivos batalhões. Quantos homens você perdeu hoje à noite?

O setor pelo qual o 66º Batalhão é responsável está localizado imediatamente ao norte do nosso. A missão deles era atacar a Escola de Polícia da Jordânia e as posições inimigas no alto da colina da Munição. Nós, do 71º Batalhão, ficaremos até o fim da tarde sem saber dos combates corpo a corpo que foram travados por aquele objetivo e da terrível matança que se estendeu por horas naquelas trincheiras.

Moshe e eu não conseguimos escutar o que Yoffe está dizendo a Uzi. Estamos muito distantes. Mas vemos o rosto dos comandantes perder a cor. Uzi inclina a cabeça para baixo e cobre o rosto com as mãos.

O LEGADO DO IMPÉRIO

Hussein desta vez perderá Jerusalém. Nossos paraquedistas vão completar a conquista da metade oriental da cidade. É só uma questão de tempo.

Moshe Dayan é o ministro da Defesa.

O dia começou para mim às 7h45, quando emiti as instruções ao chefe de gabinete Rabin, para que continuem as operações no *front* do Sinai. "Complete a conquista da Faixa de Gaza. Limpe o eixo de El Arish. Avance para oeste, mas fique a 10 quilômetros de distância do canal. Prepare-se para atacar Kusseima ao sul." Finalmente, disponho de alguns minutos para me dedicar a Jerusalém.

Por que o rei Hussein entrou na guerra? O primeiro-ministro Eshkol, na primeira manhã da guerra, enviou a ele uma mensagem, várias mensagens na verdade, comprometendo-se a não atacar a Jordânia se ela não tomasse nenhuma medida hostil contra Israel. Essas mensagens não foram enviadas por consideração pessoal a Hussein, embora Eshkol a tivesse, assim como eu. Elas foram enviadas em função do interesse próprio de Israel. Nossa contenda com as divisões de Nasser no Sinai basta para esgotar os recursos das FDI. A última coisa de que precisamos é um segundo *front* contra Hussein.

O rei compreende isso. Ele sabe muito bem que as forças de Israel, mesmo exigidas como estão nesta hora, ainda são capazes de derrotá-lo com cada tanque e canhão que possua. Sua Força Aérea já tinha sido reduzida a destroços. Se ele insistir na agressão, perderá seu Exército e, provavelmente, toda a Cisjordânia.

Mesmo assim Hussein atacou.

Esse é o Oriente Médio. Estamos todos algemados a linhas traçadas em mapas por britânicos e franceses, com a anuência dos russos, durante os extertores da Primeira Guerra Mundial.

A Jordânia de Hussein é uma nação inventada. Foi criada no papel, primeiro como Transjordânia, em 1921, pelas potências imperiais, para servir aos seus interesses. As fronteiras da Jordânia não correspondem a nenhuma realidade tribal ou política. O Iraque é outra ficção, um remendo composto de três satrapias otomanas. As fronteiras da Arábia são igualmente arbitrárias, assim como as da Síria e do Líbano.

E, é claro, as nossas também são.

Hussein não é considerado confiável pelos egípcios, é desprezado pelos sírios e apenas tolerado pela maioria do seu povo. Qual é o sangue dos jordanianos? Um terço é de beduínos, parentes do avô de Hussein e da ordem hachemita; os outros dois terços são árabes palestinos, muitos deles refugiados da guerra da nossa independência. Nas mangas de suas *galabiyas*, estão enfiadas as chaves das residências que eles perderam quando a Legião Árabe atacou o jovem Israel em 1948 e eles, aldeões e camponeses, atravessaram o Jordão em fuga, à espera de uma vitória e de um retorno que nunca aconteceram.

Hussein equilibra-se no topo dessa mistura incendiária.

Ele uniu-se por uma causa comum com seu inimigo Nasser, a quem agora chama de irmão. Quais cenários se passaram na cabeça do rei quando ele e seus conselheiros procuravam uma solução nos dias que antecederam à guerra? Uma vitória aliada a Nasser iria produzir o quê? Um segundo Holocausto sobre Israel, com multidões de palestinos jordanianos à frente dos tumultos?

O ditador egípcio, de alma lavada pelo triunfo, estabelecendo um estado pan-árabe em que ele seria o líder? Uma intervenção armada dos Estados Unidos e da União Soviética? Um confronto nuclear entre as superpotências? A Terceira Guerra Mundial?

Esse, para Hussein, seria o cenário mais animador. E quanto aos outros?

Se a Jordânia se mantiver alheia ao combate e o Egito perder, Nasser denunciará Hussein como traidor da causa árabe. Os palestinos vão se revoltar, talvez seguidos pelo Exército. Hussein será deposto, se não for

O rei Hussein, da Jordânia, faz um pronunciamento à imprensa internacional em 7 de junho de 1967.

executado imediatamente, com sua família. O governo será deposto e substituído por uma junta militar ou pela OLP, a Organização para a Libertação da Palestina. Se a Jordânia se mantiver distante e os árabes vencerem, Nasser nem precisará pedir a deposição de Hussein. O rei será morto pelas mãos do próprio povo ou enxotado para o exílio em Paris ou em Potomac, acompanhado da família real; enquanto isso, o Exército de Nasser avançará pelo Neguev para capturar Amã.

As perspectivas são igualmente sombrias em um quarto cenário.

Se Hussein se aliar a Nasser e Israel vencer, o rei perderá Jerusalém e, provavelmente, a Cisjordânia. No entanto, terá a chance de manter o trono e, talvez, um mínimo de honra. É notoriamente por essa razão que Hussein pôs seu Exército sob o comando egípcio, que será responsabilizado pela derrota, se ela vier. Não há como escapar dessa contingência. Mas ele poderá apontar o dedo para os outros responsáveis na esteira da derrota e continuar detendo a confiança de alguns dos seus.

Ocorre que uma catástrofe para sua honra reside no cerne dessa decisão, isto é, a perda dos lugares sagrados. Por séculos, os monarcas hachemitas se arvoram guardiães do islã, embora tenham perdido a guarda dos seus dois locais mais sagrados, Meca e Medina, para os sauditas. O ramo da família de Hussein ainda detém o controle das joias de Jerusalém, o Domo da Rocha e a Mesquita de Al-Aqsa. Esse é o fundamento no qual se baseia boa parte da legitimidade política do rei.

Hussein perderá esses locais sagrados agora.

Não vou me surpreender, se essa hora chegar, se o rei der cabo da própria vida.

Contudo, o perigo mais grave de um desfecho assim não recai sobre Hussein, mas sobre mim. O prejuízo maior não é para a Jordânia, mas para Israel.

Diante do sucesso do ataque preliminar dos paraquedistas, e com as Brigadas Harel e Jerusalém, além de outras unidades, controlando três dos quatro acessos por terra à cidade, existe agora a possibilidade – eu quase posso dizer inevitabilidade – de haver uma Jerusalém israelense.

Estou na cidade agora. Junto dos comandantes regionais, fiz uma breve incursão num comboio militar ao monte Scopus, nosso ponto de apoio nas elevações que cercam a extremidade leste oriental. A Legião Árabe de Hussein ainda domina o cume Augusta Victoria e o monte das Oliveiras. Ainda controla a Cidade Velha.

Devemos tomá-la?

O ritmo dos acontecimentos indica que sim. Com isso, refiro-me ao sangue derramado nesta noite e neste dia por nossos paraquedistas e pelos soldados das Brigadas Jerusalém e Harel; ao sentimento da nação ao perceber que não apenas não será destruída pelos seus inimigos, como se temia tão desesperadamente há menos de 48 horas, mas que nossas forças prevalecerão como nunca antes; e à pura necessidade militar de tomar todas as posições controladas pelo inimigo que o permitam trazer tropas e tanques adicionais com o propósito de desalojar nossas forças das conquistas já realizadas.

Deixando tudo isso em perspectiva, é claro, está o componente final: a oportunidade de retomar dos nossos inimigos o local mais sagrado para o povo judeu, o Muro das Lamentações. Dois mil anos de exílio clamam por isso. Desejo que isso se torne uma realidade, assim como qualquer compatriota. Qual é a alternativa? Quero ser lembrado como um comandante que esteve às portas da maior façanha militar da história judaica e recusou-se a deixar que seus irmãos a consumassem?

Ainda assim, não posso dar minha aprovação.

Ministros e generais podem se animar para ver suas promessas cumpridas. Não os culpo. Em seu lugar eu faria o mesmo. Mas meu papel é ver além da euforia imediata que esse resultado vai desencadear.

Sou assombrado pelo Sinai de 1957. Lembro-me dos ultimatos de Moscou e dos menos belicosos, mas igualmente insistentes, *communiqués* emitidos pela Casa Branca, por Whitehall e pelo Quai d'Orsay. Lembro-me dos cabogramas trocados pelo primeiro-ministro Ben-Gurion e pelo secretário-geral Dag Hammarskjöld e da prosa diplomática adornada com o timbre das Nações Unidas. Tradução: esse prêmio, que vocês, judeus, ganharam com o sangue dos seus filhos, deve ser restaurado àqueles que ardem pela destruição de vocês e diariamente se armam e rearmam para esse fim. Em nome de uma estabilidade regional. Em nome da razão. Em nome da paz.

Compreendo a posição dos Estados Unidos e das Nações Unidas. Compreendo até os soviéticos. Tanto quanto eles, não desejo uma Terceira Guerra Mundial.

Tomar o Sinai e ser forçado a abandoná-lo foi para Israel como amputar um membro. Viver esse mesmo suplício em Jerusalém seria impensável.

Isso é o que eu temo.

Como o mundo árabe reagirá ao notar a presença de paraquedistas israelenses no monte do Templo ou ao ver blindados leves judaicos na praça em frente ao Domo da Rocha? As outras nações islâmicas pegarão em armas, com o apoio dos soviéticos, enquanto os Estados Unidos, a França e a Grã-Bretanha se manterão à margem? O que 200 milhões de muçulmanos farão diante da tela de suas televisões assistindo à bandeira de Israel desfraldada sobre a Mesquita de Al-Aqsa?

Se entrarmos na Cidade Velha, nossos paraquedistas vão combater de porta em porta ao longo da Via Dolorosa. Como o Vaticano responderá a isso? Por onde os peregrinos cristãos caminham pelas Estações da Cruz estarão nossos soldados, avançando rua após rua, quarto após quarto, enquanto o inimigo resiste por meio de armadilhas camufladas, franco-atiradores e ambulância, um jogo extremamente sujo. Não posso autorizar ataques aéreos ou de artilharia nas proximidades dos locais sagrados, e a Cidade Velha não tem outra coisa senão locais sagrados.

Qual é a alternativa? Posso dizer aos bravos paraquedistas de Motta Gur, adolescentes recém-saídos do *kibutz*, que eles não podem responder ao fogo vindo de uma igreja em cuja torre o inimigo instalou uma metralhadora Guryonov? Ou que é proibido responder aos tiros disparados de uma mesquita de cujo minarete franco-atiradores árabes estão dilacerando nossos irmãos?

Tenho que dar apoio aos nossos paraquedistas. Vou me juntar a eles. E então o quê? Como 300 milhões de católicos romanos responderão quando morteiros israelenses rasgarem buracos no telhado da Igreja do Santo Sepulcro ou metralhadoras judaicas destruírem o santuário onde Jesus presidiu a Última Ceia?

Hussein estará desesperado para preservar sua honra aos olhos do mundo árabe. Na última hora, o que vai impedi-lo de dinamitar o Domo da Rocha e pôr a culpa nos judeus? As ordens para tal ato nem sequer precisarão partir do Cairo ou de Amã. Bastará um patriota desesperado, um fanático disposto a agir por conta própria.

Quem o mundo irá culpar?

Quais serão as consequências para Israel e para o futuro?

Odeio a mim mesmo por pensar assim. Daria dez anos da minha vida para estar no Sinai com Sharon e Gorodish gritando: "Sigam-me!". No entanto, alguém precisa dar conta dessas projeções.

Qual é, então, o meu plano? Qual alternativa proponho?

Tomar as colinas que circundam Jerusalém. Cortar a Cidade Velha. Dominar o cume Augusta Victoria. Tomar o monte das Oliveiras. Deixar nossa Força Aérea terminar a destruição dos blindados jordanianos e iraquianos que tentam se aproximar pelo vale do Jordão. Estabelecer um anel de aço israelense ao redor da Cidade Velha. Manter aberto um corredor de fuga para a Legião Árabe escapar à noite.

Preservar os locais sagrados.

Deixar a cidade cair por si só.

Eis a minha alternativa.

Então, digo *não* para Narkiss, não para Eshkol, Eban, Begin, Motta Gur e todos os outros.

Vocês não terão a Cidade Velha. Ainda não.

A CASA DO GUISADO DE GALINHA

Meus homens descobriram um excelente posto de comando. Fica numa casa na rua Wadi Joz, pertencente a uma família árabe de posses. O prédio tem quatro andares, margeando o leito seco e subindo pela colina que leva ao cume Augusta Victoria. Das janelas do segundo andar, consigo avistar o vale inteiro.

Uzi Eilam comanda o 71º Batalhão de Paraquedistas.

A manhã e a tarde já se passaram. Agora sabemos a dimensão das baixas sofridas pela brigada na noite passada. O 66º Batalhão perdeu 36 homens na colina da Munição. Não há lágrimas suficientes diante de um número tão grande. O 28º Batalhão, de Yossi Fratkin, também sofreu muitas baixas. Entretanto, ambos capturaram seus objetivos, assim como nós.

Meu grupo de soldados tomou um cuidado adicional para ser respeitoso com a família árabe a quem pertence a casa que estamos ocupando. Nossa equipe está usando apenas dois quartos. Dei ordens para que nenhum homem toque em nada nem fale com qualquer membro da família, especialmente com as mulheres, a não ser que o faça da mesma maneira como falaria com a sua própria mãe ou irmã.

A data é 6 de junho, segundo dia da guerra. Às 16h, os comandantes de batalhão e suas equipes se encontrarão com Motta Gur, o comandante da brigada, num pátio do Museu Rockefeller. O local ainda está sob fogo dos legionários árabes posicionados no alto das muralhas da Cidade Velha. Na verdade, o 28º está contido em vários terraços.

Recebemos a ordem de capturar o cume Augusta Victoria e o monte das Oliveiras esta noite. A tarefa é confiada ao meu batalhão. A formação será reforçada por duas companhias especiais, uma da nossa própria brigada e outra pertencente à brigada de paraquedistas de Danny Matt, embora o próprio Danny ainda esteja no Sinai com seus dois outros batalhões. Motta nos informa que teremos o apoio de tanques, assim como de morteiros e da artilharia. Essa tarefa foi atribuída ao meu batalhão porque sofremos o menor número de baixas até agora.

Os comandantes estão reunidos num pátio no lado oeste do museu. Já tenho em mente o conceito básico do ataque. Apresentarei o plano a Motta assim que acertar os detalhes.

Enquanto me concentro nisso, sinto uma mão no meu ombro. O rabino Shlomo Goren aparece. Ele é o oficial religioso chefe das FDI. Está calçado com as botas vermelhas dos paraquedistas e vestido com a farda de combate. Falar da estatura do rabino Goren é uma tarefa impossível. Ele é paraquedista, com patente de general, cultiva uma barba digna de um patriarca do Velho Testamento e é dono de um carisma equivalente.

Conversamos. O rabino Goren me conta que sua mãe está sepultada no cemitério judeu do monte das Oliveiras. Faço a ele uma promessa. Se o 71º Batalhão tiver êxito na captura do lugar, irei pessoalmente com ele visitar a lápide de sua mãe. O rabino Goren não fala nada sobre a Cidade Velha. Ninguém fala. A ideia de tomar o Muro das Lamentações ou o monte do Templo continua além da nossa esperança e da nossa imaginação.

O único que traz esse assunto à tona é o comandante da minha Companhia A, Yoram Zamosh. Pergunto a Motta sobre o pedido que Zamosh lhe fez na noite anterior. Se a brigada receber ordens de liberar a Cidade Velha, Motta permitirá que os homens de Zamosh abram caminho?

Novamente, Motta dá sua aprovação, sem hesitar nem sequer por um momento.

Uzi Eilat, comandante da Companhia B.

Não foi por acaso que nosso batalhão sofreu menos baixas. Isso foi obra de Uzi. Ele nunca vai falar sobre isso. É modesto demais. Mas os homens sabem. Nós sabemos.

Os soldados amam um comandante que zela por suas vidas. Ouvi falar que Uzi errou, por uma boa causa, ao pôr a própria vida em risco perseguindo franco-atiradores não uma, mas duas vezes, no meio da noite. Eu o vi em seu jipe indo de posição em posição pela rua Wadi Joz, expondo-se repetidamente ao fogo inimigo. Uzi responderá por isso, tenho certeza. No entanto, é por essa coragem que todos nós arriscamos nossas vidas por ele.

Hoje à noite? O batalhão está espalhado em grupos de cinco e de dez homens, em postos de combate ao longo do fundo do vale, defronte ao Augusta Victoria. A subida da colina fica bem diante de nós. Um terreno aberto com pouca cobertura – bosques de oliveiras, uns prédios esparsos e um estranho hotel chamado Palácio.

O cume tem esse nome por conta do enorme Hospital Augusta Victoria, que fica bem no alto. Alguém me conta que foi construído pelo kaiser Guilherme nos primeiros anos do século XX. Os jordanianos mantêm o controle do local desde 1948. Tiveram 19 anos para esticar arames farpados, enterrar minas e construir *bunkers*. Eles também estão no monte das Oliveiras. Assaltar esse vai ser ainda pior.

Como soldados a pé atacam uma colina? Só conheço uma maneira.

Meir Shalit, sargento na Companhia B.

O assalto foi adiado. Graças a Deus. Estão comunicando isso agora mesmo.

Tínhamos sido organizados em unidades de assalto. Seria outro ataque noturno. Os tanques abririam o caminho desta vez. De repente, do meio da escuridão, começamos a ouvir um tiroteio violento algumas centenas de metros atrás de nós, à nossa direita, abaixo das muralhas da Cidade Velha.

Ninguém sabe o que está se passando. Batedores chegam às várias unidades de assalto; informes de rádio chegam da brigada: "Saiam das posições de ataque. Assumam posições de defesa. Preparem-se para serem atacados".

Yoram Zamosh, comandante da Companhia A.

O que aconteceu foi um daqueles fiascos que ocorrem quando uma operação complicada é iniciada no escuro. Uma companhia de tanques Shermans foi designada para dar apoio, na verdade para liderar o assalto dos nossos batalhões à colina, mas os veículos vieram de duas unidades separadas cujos rádios não eram compatíveis. Improvisaram rapidamente uma gambiarra.

Os tanques foram reunidos longe da vista do inimigo, num pátio do Museu Rockefeller. Eles deverão descer para o vale entre as nossas posições e a encosta que leva ao cume Augusta Victoria. De lá vão liderar o ataque avançando por uma rua chamada Shmuel Ben Adaya.

Nós, da Companhia A, estamos prontos. Nossas ordens são para seguirmos os jipes do Sayeret, a Companhia de Reconhecimento sob o comando de Micha Kapusta. Eles vão avançar imediatamente após os tanques.

No entanto, no escuro, sob fogo pesado, o tanque líder fez uma curva errada. Em vez de virar à esquerda e depois à direita na rua Ben Adaya, que leva ao cume, virou à direita na estrada de Jericó, que corre paralela e fica rente ao muro oriental da Cidade Velha. Os demais tanques o seguiram. Agora estão encurralados. Legionários árabes no alto da muralha disparam fogo antitanque e de armas leves sobre eles, à queima-roupa.

Um tanque, como saberemos depois, fica preso numa ponte estreita que liga o jardim de Getsêmani à Igreja de Jeosafá. O tanque está sob o fogo implacável que parte das muralhas da Cidade Velha. O motorista ouve a ordem do seu comandante para avançar. A torreta está apontando para a frente, na mesma direção que o levaria em segurança para fora da ponte, mas na escuridão e na confusão ele não percebe que o tanque mesmo está na transversal. Quando acelera, o tanque mergulha no precipício. Um Sherman pesa 32 toneladas. Essa monstruosidade vira de cabeça para baixo em pleno ar e se estatela no *wadi*. Miraculosamente, a tripulação sobrevive. Esse foi só o começo do caos.

O combate segue por horas a fio. Quando os tanques cometem o erro de virar na estrada de Jericó, os heróis do Sayeret, Meir Har-Zion, Micha Kapusta e outros, percebem imediatamente o perigo. Eles saltam para dentro dos jipes e vão atrás dos tanques para trazê-los de volta, mas são apanhados no fogo cruzado. Antes que a noite acabe, eles perderão cinco grandes amigos, mortos. As ordens do nosso batalhão são para nos mantermos no local, na linha de partida. Das nossas posições junto ao Museu Rockefeller conseguimos ouvir o tiroteio logo ali na esquina. Os homens da Companhia de Reconhecimento, reforçada por elementos do 28º Batalhão, continuam sob fogo pesado, tentando se reorganizar e evacuar mortos e feridos da estrada de Jericó.

No meio dessa confusão, Motta Gur, comandante da nossa brigada, recebe um informe da inteligência dando conta de que uma coluna de Tanques Pattons jordanianos (para os quais nossos velhos Shermans não são páreo) está vindo à toda velocidade pelo vale do Jordão em direção à cidade.

Foi por isso que Motta cancelou o assalto a Augusta Victoria e deu ordens para que o nosso e o 28º Batalhão preparassem as posições de defesa.

Uzi Eilam, comandante do 71º Batalhão.

Os planos mudaram novamente. Aparentemente, o informe sobre tanques jordanianos a caminho era falso. Não teremos que resistir a um ataque dos blindados inimigos. A ofensiva ao cume Augusta Victoria será retomada. Atacaremos na luz do dia, amanhã de manhã.

Passo a noite indo de um lado para o outro, entre as posições do meu batalhão ao longo de Wadi Joz e o posto de comando de Motta no Museu Rockefeller. Estou há 48 horas sem dormir. Se comi alguma coisa, não lembro quando. A maioria dos meus soldados encontra-se na mesma situação. Dei ordens autorizando nossos homens a invadir lojas dos bairros árabes que ocupam. Eles só podem se apropriar do que for necessário para uma refeição, nada mais.

Nossas companhias passarão as horas de escuridão que restam preparando-se para retomar o assalto interrompido contra as posições inimigas no cume Augusta Victoria, desta vez ao amanhecer, em plena luz do dia.

Meir Shalit, sargento na Companhia B.

Você nunca acha que vai fazer frio em junho. Está um gelo. Temos café e cigarros, mas não podemos riscar um fósforo por conta dos franco-atiradores. Se você acender um cigarro, tem que ficar no fundo de um buraco para poder fumá-lo.

Recebemos ordens para não nos abrigarmos em casas onde haja civis. É impressionante a quantidade de gente que ainda está por aqui. Famílias árabes. Estão todos se cagando de medo, claro. Ora, como você acha que eu me sinto?

Parece loucura, mas ainda nem sei onde estou. À nossa direita, a umas centenas de metros, a operação de resgate dos nossos tanques ainda está acontecendo. Mas soldados só se preocupam com os próprios problemas. Ninguém está atirando em nós, então estamos bem. Somos quatro caras numa posição de tiro improvisada no vão livre do térreo de uma casa árabe de três andares. Encontrei um monte de entulho de construção e improvisei um belo lugar para uma soneca. O único problema é que está tão frio que não consigo dormir. Ainda estou com o torpedo Bangalore de ontem à noite. Cada vez que tento me livrar dele, alguém vê e não me deixa.

Zeev Barkai, oficial de operações do batalhão.

Você precisa entender como pensam os soldados. Quando estão com medo, vão dormir. É um mecanismo de defesa. Querem acordar e descobrir que tudo está bem, que o perigo passou.

Então, fico me movimentando entre as nossas posições para me certificar de que todo mundo sabe o que está se passando. Claro, eu também não sei de nada. Eu invento.

Soldados não dão a mínima para o que lhes contam, desde que lhes contem alguma coisa.

Yoram Zamosh, comandante da Companhia A.

Encontramos um local para nos assentarmos e esperar a manhã chegar, próximo à casa árabe de quatro andares onde Uzi estabeleceu seu posto de comando. Meu operador de rádio, Moshe Milo, conseguiu arrumar um bocado de pão pita e o distribui entre os soldados, com um tantinho de geleia da pouca ração de combate que os homens trouxeram consigo.

Dormir, para mim, está fora de questão. Preciso estar alerta se algo acontecer ou se Uzi precisar de mim. Pelo menos consigo descansar a cabeça apoiada num muro. Quando faço isso, sinto o volume dentro da minha rede na altura dos quadris. Uma bandeira de Israel.

Ontem, tarde da noite, enquanto os oficiais do batalhão chegavam à cidade e se espalhavam de telhado em telhado, tentando conhecer a topografia do lugar, nós – o grupo de comando de Uzi e os comandantes de companhias – nos reunimos no apartamento de uma família local, no número 10 da rua Beit HaKerem, espremidos num porão minúsculo.

A família se chamava Cohen. A mãe e duas filhas nos serviram chá quente com bolo. Nos deixaram usar o telefone, que ainda estava funcionando. Eles estavam com medo, mas também com muita expectativa. A guerra viria realmente para Jerusalém? As forças israelenses teriam permissão para avançar sobre a Cidade Velha? Em determinado momento, a avó da família, que já tinha mais de 80 anos, deixou o local. Sua filha nos disse que ela, a avó, viveu durante anos na Cidade Velha, no bairro judeu, antes de os jordanianos capturarem o lugar, em 1948. Seu marido já estava morto nessa época. A avó vivia ali, no pequeno apartamento contíguo, desde então.

Uzi estava explicando seu plano de ataque para nós, sublinhando a importância dos primeiros minutos. Precisávamos quebrar a resistência inicial dos jordanianos a qualquer custo. Enquanto eu maquinava um plano de ataque para a minha companhia, a avó, senhora Cohen, voltou do apartamento vizinho e surgiu atrás de mim. Eu estava sentado. Ela parou do meu lado.

"Tome isso", ela disse.

E pôs nas minhas mãos uma bandeira de Israel.

"Guardo isso aqui", a avó contou, "desde o dia em que meu marido e eu fomos expulsos de nossa casa. A última vez que ela tremulou foi na Cidade Velha."

A mulher chorou. Ainda hoje sinto o peso daquelas lágrimas.

Dobrei a bandeira e a enfiei na rede que envolvia meu equipamento. Prometi à senhora Cohen que, se a 55ª Brigada recebesse ordens de libertar a Cidade Velha, aquela bandeira seria a primeira a ser hasteada sobre as pedras sagradas.

Ninguém reparou nisso.

Então, na porta de saída, quando nós, comandantes, estávamos indo embora para nossas companhias, meu amigo Moshe Stempel me segurou pelo braço. Ele tinha escutado a conversa entre mim e a velha senhora Cohen. Ouviu minha promessa. Stempel era o número dois na brigada, segundo em comando de Motta Gur. Foi ele quem montou a brigada, menos de um ano atrás, e me pôs no posto que ocupo.

"Zamosh, ela está segura?"

"Quem?"

"A bandeira."

Stempel tinha o peito de um touro e os braços e punhos de ferro. Senti os dedos grossos dele vasculhando pela abertura da minha rede.

"Tome cuidado para ela não cair", disse ele, e enfiou a bandeira mais para dentro.

Agora, na segunda noite, meu operador de rádio, Moshe Milo, se senta no chão de terra ao meu lado.

"Zamosh, você ainda está com a bandeira?"

Dou um tapinha no local onde ela está, dizendo que sim, mas posso perceber pelo jeito como olha que ele quer ter certeza absoluta. Eu rolo de lado para que ele possa vê-la. Novamente, sinto os dedos, não tão grossos como os de Stempel, mas igualmente ansiosos, enfiando a bandeira para que fique bem firme ali dentro.

Uzi Eilam, comandante do 71º Batalhão.

Pouco depois das duas da manhã, volto à casa árabe que serve de posto de comando ao nosso batalhão. Fiquei no PC o dia inteiro, exceto durante as horas em que fiz a ronda pelas posições das nossas companhias.

O nome do meu sargento de operações é Leizer Lavi. Ele me chama assim que entro no quarto onde nosso grupo está apinhado. "Uzi, a senhora tem uma coisa que quer dar para você."

"A senhora?"

"A proprietária da casa. Passou a noite toda esperando você voltar."

Tiro o capacete e limpo a sujeira do rosto e das mãos. A senhora entra carregando uma bandeja laqueada. Nela há um prato coberto, talheres de prata enrolados num guardanapo de linho, uma taça e um galheteiro de porcelana e um pequeno bule de café. O prato é guisado de galinha. A senhora diz que o preparou especialmente para mim, pois sabia que eu estava há muitas horas sem comer.

Nesse momento não acontece como nos filmes. Nossa anfitriã só sabe uma ou duas palavras em hebraico. Ela simplesmente levanta a tampa para me mostrar o prato, em seguida põe a bandeja na cabeceira da mesa, com um gesto de gratidão pela consideração com que nossos soldados trataram sua família, e vai embora.

Fiz várias refeições maravilhosas na minha vida, mas nenhuma foi mais bem-vinda nem mais saborosa que aquele simples guisado de galinha.

AUGUSTA VICTORIA

O mundo de um soldado novato, tendo em vista o de um com mais experiência, pode ser comparado a uma série de círculos concêntricos. O círculo do calouro termina no limite do capacete. Isso é tudo que ele consegue ver ou pensar. Se o soldado for excepcionalmente lúcido, esse círculo pode envolver o homem à sua frente, talvez até o esquadrão inteiro.

Dan Ziv é subcomandante do 71º Batalhão.

O veterano, por sua vez, enxerga todo o campo de batalha. Esteve sob fogo o suficiente para saber como soam os disparos inimigos e ser capaz de dizer pelo barulho se eles estão vindo em sua direção ou indo para outra. Aprendeu a conservar as energias. Fica alerta, mas não se deixa tomar pelo medo.

É de manhã, 7 de junho, terceiro dia da guerra. Estamos subindo a colina em direção ao Augusta Victoria. Os tanques de Motta Gur vão na frente, em fila, pela rua Shmuel Ben Adaya. Há mais de uma hora, nossa Força Aérea está bombardeando lá do alto.

Posso ver mais adiante que os tanques de Motta não estão sob fogo. Quase chegaram ao cume, onde as posições jordanianas deveriam estar, mas ninguém está disparando contra eles. Estou no sopé da encosta, centenas de metros atrás dos tanques, com minhas equipes e os jipes com canhões sem recuo. Benny Ron está comigo.

"Não tem nada lá, Benny."

Temos que deixar os tanques chegarem ao topo antes de expormos nossos veículos ao fogo.

"Está limpo, vamos."

Zeev Barkai, oficial de operações do 71º Batalhão.

Acredite, a ideia de que vamos tomar a Cidade Velha não passa pela cabeça de ninguém. Nosso eixo de assalto fica, na verdade, *longe* dela.

Uma cadeia de colinas domina a Cidade Velha a leste: o monte Scopus, o cume Augusta Victoria e o monte das Oliveiras. O 66º Batalhão ocupa o monte Scopus. Seus corajosos paraquedistas o dominaram após um combate infernal ontem à noite na colina da Munição. Nós, do 71º Batalhão, estamos atacando o Augusta Victoria. Quando nos juntarmos ao 66º Batalhão, nossas forças combinadas irão para o sul, atacar o monte das Oliveiras.

A única razão para eu saber disso é porque sou oficial de operações de Uzi, então calhou de eu estar ao seu lado quando ele explicou isso. Lá embaixo, os paraquedistas sabem apenas que estamos subindo a colina.

Meir Shalit, sargento na Companhia B.

O cume parece o monte Everest, está muito acima de nós. Nem consigo vê-lo. Ninguém mais consegue. O pico está em chamas, escurecido pela fumaça preta dos bombardeios aéreos. Metralhadoras de grosso calibre estão disparando repetidamente contra as trincheiras jordanianas. Nossos morteiros de 81 milímetros, e outros ainda maiores, estão cobrindo uma barreira mortal em cima das posições jordanianas, ou pelo menos no local onde nos disseram que as posições jordanianas estão. Somos três companhias de paraquedistas morro acima, a pé, no meio do mato alto. A encosta é um olival. Caminhamos entre as árvores.

No meio da planície, há um prédio branco de cinco andares, à prova de balas, em cujo telhado está escrito "Palace Hotel" em letras enormes. Não tenho ideia do que um faz um hotel no meio das oliveiras num bairro pobre de Jerusalém Oriental. O cenário inteiro parece o de um filme maluco. Estou exausto. Todo mundo está exausto. Não consigo acreditar que ainda estou carregando esse torpedo Bangalore no meio das minhas coisas. Tenho menos medo de ser morto que de passar vergonha por ter um colapso e cair exausto a pouco mais da metade da subida.

A PORTA DOS LEÕES

GUERRA DOS PARAQUEDISTAS EM

Colina da Munição
Academia de Polícia
Colina Francesa
Hotel Ambassador
SHEIKH JERRAH
WADI JOZ
Beco Gemul
Rua Wadi Joz
Rua Profeta Samuel
Estrada de Nablus
AMERICAN COLONY
Museu Rockefeller
Rua Saladino
Estrada de Nablus
Rua Sultão Suleiman
Porta de Damasco
Via Dolorosa
Hospice de Notre Dame
Igreja do Santo Sepulcro
Hotel King David

MOVIMENTO DAS TROPAS:
.... Batalhão 71
- - - - Batalhão 66
-·-·-·- Batalhão 28
-··-··- QG da Brigada 55
⨯⨯⨯⨯ Linha do Armistício de 1948

360

Paraquedistas do 71º Batalhão avançam em direção ao cume Augusta Victoria.

Uzi Eilam, comandante do 71º Batalhão.

Será que as forças jordanianas recuaram? Não estamos levando fogo. Será que o inimigo retirou-se no meio da noite?

Estou com meus soldados subindo a encosta no meio das oliveiras. Minutos atrás, vi os tanques de Motta avançando numa colina a caminho do pico. Agora eles não estão mais à vista. Não escuto disparos dos canhões.

Zeev Barkai vem à minha esquerda. Meus dois operadores de rádio estão à minha direita. A Companhia B, de Uzi Eilat, está subindo na nossa frente. Meu amigo Benny Ron deveria estar na retaguarda com Dan Ziv e os jipes com os canhões sem recuo, mas agora eu ouço pelo rádio que ele e Dan estão subindo pela estrada no rastro dos tanques de Motta.

"Zeev, as posições lá no pico estão abandonadas."

"Não sei. Ainda ouço disparos."

Yoram Zamosh, comandante da Companhia A.

Uzi deixou minha companhia na reserva. Continuamos no sopé da colina. O Museu Rockefeller está imediatamente atrás e acima de nós. Mais atrás, à direita, fica a esquina nordeste das muralhas da Cidade Velha.

Uzi nos deixou para trás porque acha que nosso batalhão pode receber ordens para entrar na Cidade Velha. Pedi a ele, se estivesse na sua alçada, que deixasse a Companhia A ser a primeira a entrar.

Moshe Milo, operador de rádio de Zamosh.

Existe uma famosa foto de Motta Gur e seu grupo no topo do monte das Oliveiras, observando a Cidade Velha. A imagem registra o instante em que Gur deu a ordem para a 55ª Brigada avançar pela Porta dos Leões para entrar e tomar a Velha Jerusalém. A ordem ficou famosa porque Gur a emitiu "às claras", o que significa que o momento era tão histórico que ele não usou códigos para as unidades de brigada. Ele falou em hebraico para qualquer um escutar.

Nós, da Companhia A, perdemos esse momento. Estávamos monitorando o avanço dos nossos batalhões subindo o cume Augusta Victoria. Tínhamos dois rádios, o meu e o de outro soldado, mas estávamos nas redes das companhias e dos batalhões, e não nas das brigadas.

Nunca chegamos a ouvir a ordem histórica.

As instruções autorizadas pelo Estado-Maior naquele momento eram para tomar a cadeia de colinas – monte Scopus, cume Augusta Victoria e monte das Oliveiras – e manter essas posições. Sabíamos que Moshe Dayan vinha afirmando: "Não, não, não, eu não vou permitir que vocês tomem a Cidade Velha".

De repente, chega um rádio de Uzi para Zamosh: "Prossiga para a Porta dos Leões. Vá agora! Recebemos ordens para adentrar a Cidade Velha".

O que aconteceu, embora fiquemos sem saber disso durante dias, foi que pouco antes do amanhecer, Begin havia telefonado para Dayan num estado de emoção extrema, informando a ele que naquele momento o Conselho de Segurança da ONU estava se preparando para declarar um cessar-fogo. Todas as forças de combate receberiam ordens para interromper qualquer atividade.

"Se isso acontecer", diz Begin, "a Cidade Velha, o Muro das Lamentações e o monte do Templo permanecerão em mãos árabes. Não podemos permitir isso!".

Ainda assim, Dayan se recusava a dar sinal verde. Ele continuava a temer a indignação da comunidade mundial se os lugares sagrados fossem destruídos ou danificados pela ação militar israelense.

Finalmente, nossas brigadas no local emitem um comunicado, que é repassado ao ministro da Defesa do alto do cume Augusta Victoria, con-

Sobre o monte das Oliveiras, Motta Gur dá a ordem para entrarem na Cidade Velha. Sentado, sem capacete, está Gur. Em pé, ao centro, o comandante-adjunto da brigada, Moshe Stempel.

firmando que as forças jordanianas se retiraram, exceto por um ou outro elemento disperso.

Dayan emite a ordem para entrarmos na Cidade Velha.

O sinal parte dele e nos chega por meio do chefe do Estado-Maior adjunto, Haim Bar-Lev, para Uzi Narkiss, comandante de todas as forças na área de Jerusalém, que o retransmite para Motta Gur, comandante da brigada de paraquedistas, que em seguida instrui os comandantes do seu batalhão – sendo o primeiro o nosso Uzi Eilam – a executar essa ação histórica.

Há um fato curioso sobre esse momento. O código militar para a Porta dos Leões era Vietnã. Estritamente falando, a diretiva de Uzi deveria ter sido "Entrem no Vietnã" em vez de "Entrem na Porta dos Leões".

Mas até Uzi foi tomado pela emoção. Como Motta, ele deu a ordem às claras.

Meir Shalit, sargento na Companhia B.

Chegamos ao topo do Augusta Victoria. Os jordanianos já deram no pé. O local está todo preto e chamuscado. O chão fede a gasolina. Por centenas de metros, a terra carbonizada.

Ainda estou com o meu Bangalore. Não consigo nem pensar no quanto estou cansado.

Benny Ron está acompanhando Dan Ziv no cume Augusta Victoria.

No topo, uma trágica troca de tiros irrompe do nada. Um franco-atirador inimigo? Nossos homens do 66º Batalhão? Ninguém sabe. Um estimado comandante de companhia do 66º Batalhão, Giora Ashkenazi, é atingido e morto minutos antes de seus irmãos em armas entrarem na Porta dos Leões.

Meir Shalit, sargento na Companhia B.

Do alto do Augusta Victoria posso ver nossas companhias descendo a colina em direção aos portões da Cidade Velha. Tanques, blindados leves e carros de comando estão descendo a estrada do monte das Oliveiras. Não é uma sangria desatada. O inimigo ainda controla as muralhas da cidade. A luta está longe de terminar.

Pela primeira vez, posso realmente avistar a Cidade Velha. Parece algo saído de Hollywood ou da Bíblia, que é de onde vem de verdade, eu acho. Muros grandes, espessos, com parapeitos fortalecidos no topo. Dá para ver os legionários árabes lá.

Penso comigo: "Como vamos conseguir invadir isso?".

Paraquedistas do 71º Batalhão chegam ao topo do Augusta Victoria.

FOUGAS

Somos informados de que brigadas de tanques iraquianos e jordanianos estão avançando sobre Jerusalém a leste, e nossos próprios blindados não poderão chegar lá a tempo de detê-los. "Vocês, pilotos, são a última linha de defesa."

Zvi "Kantor" Kanor é o piloto mais jovem da FAI.

Nasci em 11 de junho de 1947. Não completei 20 anos ainda. O sistema israelense de treinamento dos pilotos é diferente do da maioria das Forças Aéreas. Nos Estados Unidos você faz faculdade primeiro. Quando está voando operacionalmente, já tem 24, 25 anos. Está casado. Tem filhos.

Em Israel, você vai para a escola de aviação direto do ensino fundamental. É um ótimo sistema. Pense bem. Você é jovem, sem filhos. Sem medo. Burro demais para saber o que é medo.

Nosso esquadrão foi criado unicamente para a emergência da guerra. O comando da Força Aérea nos agregou nas três semanas anteriores à eclosão das hostilidades. O esquadrão é composto de pilotos aposentados, pilotos de reserva da companhia aérea El Al e 9 de nós, recém-saídos da escola de pilotagem. A Força Aérea tem cerca de 50 Fougas Magister, os aviões nos quais treinamos na escola de pilotagem. Destes, 24 serão transformados em aviões de guerra.

Somos 24 pilotos. É isso. Vamos para a guerra.

Colei grau na escola de pilotagem apenas três meses atrás. Nem fui alocado num esquadrão ainda. Ainda pertenço à UOT, Unidade Operacional de Treinamento. Tenho apenas seis semanas de treinamento, em vez do pré-requisito de quatro meses. Nem posso receber o certificado de piloto operacional.

De repente, Nasser fecha o estreito de Tiran. A guerra se torna inevitável. O que a Força Aérea pode fazer conosco, os jovens pilotos? *En brera*. Não há alternativa. Eu e meus colegas recém-graduados somos mandados de volta ao único avião que sabemos pilotar: o *Fouga Magister*. Agora precisamos aprender a pilotar em combate. É como dizer a um estagiário que acabou de terminar a faculdade de Medicina: "Tome aqui, opere esse cérebro".

Treinamos em Beer-sheva. Não há nem alojamento para nós na base aérea de Hatzerim. O lugar ainda está em obras. Somos levados a um hotel – Neot Midbar, "Oásis do Deserto".

Beer-sheva hoje é a capital do Neguev. Naquele tempo, não passava de um vilarejo muito pequeno, sem o que fazer. O lugar está escuro por conta dos blecautes e vazio porque todo mundo foi convocado para a guerra – todo mundo menos as garotas, que vão em bandos para o hotel à noite, pois não há nada mais para fazer nem outro lugar para ir. Nós, pilotos, treinamos o dia inteiro, aprendendo a voar em formação, atacar colunas blindadas, usar foguetes e a dar rasantes muito, muito baixos. Se voássemos baixo assim na escola de pilotos pararíamos na cadeia.

O Fouga não pode voar à noite; então, quando o sol se põe, ficamos livres. Nossos comandantes, três oficiais da Força Aérea, são do tipo que não perdem tempo com bobagens. Eles permanecem na base, preparando o treinamento do dia seguinte. O restante de nós pega a estrada de terra para o Oásis do Deserto.

Nenhum dos novatos tem carro. Pegamos carona com os veteranos. Esses caras são uma espécie de James Bond para nós. Têm 30, 35 anos. Viajaram o mundo, capitães e primeiros-oficiais da El Al. Já dançaram no Hotel Plaza, em Nova York, já jantaram no George Cinq, em Paris. Eles roubam nossas meninas. Fazem a gente pagar as bebidas. Mas também nos põem debaixo das asas deles.

Perguntamos "Vai ter guerra mesmo?". "Podem contar com isso", declaram nossos mentores. "Fiquem por perto e façam como nós."

O Fouga Magister é um precursor do A-10 Warthog norte-americano, uma lata-velha pesada projetada para dar apoio aéreo a curta distância às tropas no solo. A piada é que os pilotos do Warthog treinam se enfiando em um balde de lixo e aguentando os foguetes que são disparados contra eles.

O Fouga não tem bombas e é equipado com um canhão de 5,62 milímetros, quase um estilingue. Não tinha painel de armas até os mecânicos acoplarem um, dias antes da guerra. O armamento dos Fougas são foguetes de 70 milímetros, pequenos demais. A versão original, norte-americana, era chamada de Super Mouse.

O Fouga não tem sistema de mira. A mira é uma cruz na janela do *cockpit*. Os cálculos até o alvo têm que ser feitos na sua cabeça. Você tem que ver o ângulo de mergulho e "jogar com o vento", como se estivesse chutando uma bola.

Para atacar uma coluna de tanques inimigos, você se aproxima a uma altitude zero, a cerca de 3 quilômetros de distância do alvo, arremete até atingir por volta de 450 metros de altitude (o que leva uma eternidade por conta do peso dos foguetes), alinha o avião e vai. Não há conversa de rádio, os canais precisam ficar abertos para emergências. Você ataca em rasante. Não precisa mergulhar, porque não está lançando bombas.

O Fouga tem 8 foguetes. Você dispara 4 por vez, em salvas, mirando o lote inteiro num único tanque. Quais as suas chances de atingi-lo? A 400 metros, zero; a 200, não tem como errar.

Se disser isso aos pilotos hoje, eles vão achar que você é louco ou está mentindo. Duzentos metros? O tanque fica tão grande no seu *cockpit* que é possível enxergar as soldas nas torretas.

Quão baixo é preciso voar para atacar uma coluna de tanques? O Fouga tem dois tanques de combustível, um em cada ponta da asa. No terceiro dia, em Jericó, cheguei a bater com um dos meus tanques no chão. Você é tão jovem que nem liga para isso. Tem uma missão a cumprir e vai fazer qualquer coisa – qualquer coisa – para cumpri-la.

No primeiro dia, perdi meu líder. Ele foi morto em um ataque vindo do solo. A velocidade é o que protege você do fogo antiaéreo, e o Fouga não é veloz. Estávamos sobre o passo Jiradi, no Sinai. Tínhamos acabado de atacar uma estação de radar próximo a El Arish. Todos os quatro aviões da nossa formação tinham sido atingidos por fogo triplo A quando sobrevoamos o passo pela primeira vez, embora sem danos mais sérios.

LIVRO SEIS • JERUSALÉM

Voltamos pela mesma rota, um erro grave. Atravessamos outra saraivada de tiros vindos do solo. Vi meu líder tombar dentro da cabine. A cabeça dele pendeu para o lado. Estava bem do lado quando seu avião embicou e mergulhou no solo.

Como isso me afetou? Na hora não entrei em pânico nem reagi com tristeza depois, mas passei a voar como um louco até o fim da guerra.

Você ataca uma coluna de tanques em formação quádrupla, com a primeira dupla um quilômetro à frente da segunda. A dupla líder mira na frente da coluna, a segunda pega a retaguarda. O objetivo é entulhar as extremidades com destroços e prender os veículos no meio.

Colunas militares têm composição mista. Caminhões, jipes e veículos de comando ficam intercalados entre os tanques. As tripulações dos tanques são treinadas para deixar um intervalo à frente e atrás. Elas mantêm os veículos afastados uns dos outros. Você só tem duas chances antes de usar os foguetes. Precisa escolher dois tanques e acertá-los. Não pode gastar sua preciosa munição com nada além disso.

Costumamos dizer que os Fougas são lentos, pesadões e velhos – e são mesmo –, mas, para os homens nos tanques sendo atacados, os aviões certamente parecem zunir nos céus a uma velocidade supersônica. Abaixo de nós, podemos ver as tripulações saindo pelas escotilhas e mergulhando nas valas ao lado da estrada. Os Pattons jordanianos, assim como os nossos, carregam os obuses nas torretas. Elas não são blindadas no topo. Acertar uma salva de foguetes ali é como detonar uma caixa de dinamite. A torreta inteira vai pelos ares.

Quando um ataque aéreo elimina os tanques da vanguarda e da retaguarda de uma coluna, a tripulação dos veículos presos no meio é tomada pelo pânico. Que tipo de homem vê veículos explodindo à frente e atrás e ainda tem coragem de voltar para o próprio tanque? Ele não sabe que só temos um esquadrão de Fougas com 24 aviões. Não sabe que se tratam de aeronaves de treinamento pilotadas por homens que já estão ficando carecas e por garotos que ainda nem fazem a barba. Para ele, nós trazemos a morte sobre asas e ele não tem aviões amigos para protegê-lo.

Depois da guerra, nós, pilotos, fomos de jipe com a infantaria inspecionar as estradas e rodovias que atacamos. Os soldados em solo não paravam de nos agradecer. Levavam-nos para ver os tanques de carcaça em carcaça.

Não conseguiam imaginar que tínhamos feito todo aquele estrago com aviões de treinamento da escola de pilotos.

Agora, deixe-me dizer uma coisa em favor dos Fougas Magister, esses aviões de nome engraçado. A história tratou de relegá-los ao passado, mesmo depois de seus feitos na Força Aérea de Israel. Como nosso esquadrão era temporário, já que seus aviões e seus pilotos se dispersaram em outras atividades imediatamente após a guerra, não tivemos oportunidade para concretizar nossa tradição. O 147º Esquadrão não tem quartel-general, nem historiador, nem tradição oral como outros esquadrões que voaram na época e ainda estão em atividade hoje. Só temos um número, e mesmo ele foi deixado às traças.

Além disso, muito do nosso trabalho foi realizado longe das vistas até daquelas pessoas cujas vidas salvamos. As colunas jordanianas e iraquianas que destruímos avançavam pelo vale do Jordão. Os soldados e habitantes de Jerusalém jamais deram por eles. Explodimos os tanques inimigos antes que chegassem ao alto da colina. Em cinco dias nosso esquadrão perdeu um quarto dos pilotos. Começamos a guerra com 24 e terminamos com 18.

Os Fougas, lentos e sem glamour nenhum, impediram o avanço dos jordanianos e dos iraquianos sobre Jerusalém. Salvaram a cidade e os soldados e nos deram a vitória na Cisjordânia.

O MURO DAS LAMENTAÇÕES

As ordens são para entrar na Cidade Velha pela Porta dos Leões, que fica na muralha da cidade, na face leste.

Yoram Zamosh comanda a Companhia A do 71º Batalhão de Paraquedistas.

Reza uma lenda sobre Jerusalém que, nas 40 ou mais vezes que a cidade caiu ao longo dos séculos, o invasor sempre veio pelo norte. Jeremias 1: "Do norte vem um mal".

Apenas duas vezes em três mil anos Jerusalém foi conquistada de uma direção diferente: uma vez pelo rei Davi e, agora, por nós. Uzi deixou minha companhia de reserva próxima ao Museu Rockefeller, enquanto as companhias de outros batalhões assaltavam o cume Augusta Victoria. A intenção dele era colocar a Companhia A em posição para tomar a Porta dos Leões rapidamente, caso o quartel-general dê sinal verde para entrarmos na Cidade Velha. Uzi deixou comigo dois blindados leves, os únicos veículos que o batalhão possuía, para ajudar se precisássemos forçar nossa entrada ou, uma vez lá dentro, para auxiliar no combate porta a porta.

A Companhia A começa a descer a estrada de Jericó bem abaixo das muralhas da Cidade Velha, a mesma estrada onde ocorreu a terrível batalha de tanques na noite anterior. Estou esperando a mesma feroz resistência. Os legionários árabes lutaram bem e bravamente ontem à noite. Esses soldados, pertencentes à brigada de elite Rei Talal e treinados pelos britânicos, mostraram ousadia, imaginação e profissionalismo. Surgiram por entre as muralhas da cidade e entraram em combate com nossos soldados, tirando partido da escuridão e da confusão. Deve-se dar crédito aos jordanianos. Eles conseguiram deter nosso ataque noturno ao Augusta Victoria.

Não sou o único oficial que vê esse momento com apreensão. Recebo agora um rádio do oficial de operações de Motta Gur, Uzi Frumer, a quem conheço bem, dando ordens para que a Companhia A não assalte a Porta dos Leões até que Motta possa enviar os tanques do monte das Oliveiras como reforço.

Chega-se a essa porta subindo uma ladeira através de uma estreita via murada, a estrada da Porta dos Leões. A passagem é fechada ao longo de toda sua extensão. Em ambos os lados, erguem-se espessos muros de pedra, de 5 a 10 metros de altura. A via tem entre 100 e 150 metros de extensão. Na extremidade de cima, há uma porta espessa, recoberta de metal. Não há nenhuma cobertura. Homens e veículos que avancem pela via não têm como se esconder.

Mantenho minha companhia recuada na estrada principal, na esquina da estrada da Porta dos Leões, aguardando os tanques de Motta. Surge um Sherman com um canhão de 90 milímetros. Na traseira do tanque fica um interfone num compartimento coberto. Corro até ele e tiro o fone do gancho. O comandante do tanque agora me escuta. Eu me identifico como comandante da companhia de paraquedistas e digo que tenho ordens para que ele dispare.

"Lance três obuses na porta."

O tanque dispara uma vez e arranca a porta direita das dobradiças.

Um ônibus Mercedes novinho aparece na mão direita da pista.

"Acerte o ônibus também." Pode estar cheio de armadilhas camufladas ou explosivos.

O canhão do tanque dispara novamente, e o ônibus é incendiado.

Meu relógio marca 9h45. A Companhia A marcha em frente. O ônibus arde como o inferno. Meus homens avançam um passo a cada vez, colados à muralha, com os dedos no gatilho das Uzis, FNs e MAGs. Grito para eles se prepararem para arremessar granadas de mão se abrirem fogo contra nós do portão ou da muralha. Outro grupo de paraquedistas se precipita pela estrada atrás de mim. Reconheço Katcha Cahaner, do 28º Batalhão. Meus soldados estão a 30 metros do portão, quando de repente o blindado leve de Motta Gur surge atrás de nós e acelera em direção à Porta dos Leões.

Motta passa com tudo ao meu lado exultante. Ultrapassa o tanque, passa por Katcha, acelera subindo a ladeira e atravessa o portão. Fico perplexo. Motta é o comandante da brigada. Como pode arriscar a vida assim tão imprudentemente?

Nesse instante, Uzi Eilam, comandante do meu batalhão, corre até mim.

"Zamosh, o que você está esperando? Avance! Entre!"

O blindado leve de Motta já está metros além do portão. Não ouvimos fogo inimigo. "Avance!", diz Uzi.

A Companhia A entra.

Atravessando a Porta dos Leões existe um pequeno largo. À esquerda, um pouco acima, vejo a Porta das Tribos, que leva ao monte do Templo. À frente, está a Via Dolorosa. Uzi ordenou que eu controlasse essa via, que serpenteia pelo centro da Cidade Velha. Um contra-ataque jordaniano poderia vir dali. Mando os dois blindados leves seguirem em frente com uma força de homens para bloquear essa aproximação.

O blindado leve de Motta passa roncando pela Porta das Tribos. Minha companhia inteira o acompanha. Centenas de pensamentos passam pela minha cabeça. O mais importante é este: "Passando o monte do Templo, não mais que algumas centenas de metros, nos aguarda o Muro das Lamentações".

O sargento Moshe Milo é operador de rádio do capitão Zamosh.

Estamos correndo atrás do blindado leve de Motta. Passamos pela Porta das Tribos. Lá dentro há barracas amarelas da Legião Árabe. É o acampamento dos soldados defensores. Passamos por Land Rovers, reboques de transporte de armas, pilhas de caixas de munição e de ração de combate. Estamos preparados para topar com arame farpado, minas, passagens bloqueadas e emboscadas, mas não há nenhum jordaniano à vista.

Varremos a colina em linha de combate. O local é grande e aberto. Alguns prédios à direita, aparentemente, foram utilizados como quartéis e postos de comando pelos jordanianos. Zamosh envia homens para vasculhar e controlar a área, entre eles Avremale Shechter, seu amigo de infância e nosso batedor.

O restante da companhia avança a passos rápidos, seguindo o blindado leve de Motta e se espalhando por ambos os flancos.

Avremale Shechter, sargento da Companhia A.

Os soldados da Jordânia são muito britânicos. Suas trilhas são delimitadas por fileiras de pedras brancas, impecáveis. Os escritórios da Legião Árabe, quando entro, estão limpos e organizados. Vejo bandeiras e quadros de aviso, uniformes pendurados em cabides, escrivaninhas bem arrumadas. Pego a flâmula escarlate do 8º Batalhão da Jordânia, que guardo há 40 anos.

Yoram Zamosh, comandante da Companhia A.

Consigo ver o Domo da Rocha lá adiante. Estamos a pelo menos uns 300 metros, talvez mais, da Porta das Tribos.

O elevado inteiro é um acampamento militar, há barracas, latrinas, cozinhas de campanha, morteiros em posição. A proteção desse local sagrado foi confiada ao 8º Batalhão, um dos três pertencentes à Brigada Rei Talal, a elite das tropas jordanianas. Desde que o rei Abdullah foi assassinado aqui, em 1951, somente a essa formação foi confiada a defesa do monte do Templo.

Pelo menos 50 veículos estão estacionados ordenadamente, alguns cobertos com lonas – Land Rovers, tanques de água e combustível, caminhões de munição e suprimentos. Disparos esporádicos irrompem das ruas dentro da cidade em nossa direção. Adiante, na praça, vemos soldados e alguns civis correndo pelo espaço aberto. A intenção deles é visivelmente não hostil. Alguns estão de pijamas. Podem ser militares que arrancaram o uniforme para escapar no meio da multidão de civis.

Dou ordem aos meus homens para não abrir fogo a não ser em resposta a algum disparo.

De repente, aparece Moshe Stempel. Ele bate nas minhas costas, exultante. Stempel, como eu disse anteriormente, é o subcomandante do batalhão. Ele está conosco agora, varrendo os degraus para chegar à ampla praça no alto do monte do Templo.

374

No monte do Templo, paraquedistas da Companhia A do 71º Batalhão avançam rumo ao Domo da Rocha.

Motta Gur desce do blindado leve. Stempel corre até ele e os dois se abraçam. Stempel é um palmo mais baixo que eu e tem a compleição física de um bloco de pedra. A cena dele abraçando Motta é quase cômica. A cúpula dourada se ergue acima deles. A Mesquita de Al-Aqsa pode ser vista mais além. O sentimento nesse momento não é de vitória ou de conquista. O inimigo pode estar em qualquer lugar. Ainda estamos em guerra. Ao mesmo tempo, sinto-me flutuando.

Stempel volta correndo em minha direção. "Zamosh! Você está com a bandeira?"

Estou olhando para o bosque de álamos. Claro que estou com a bandeira. Na juventude, fiz várias peregrinações ao monte Sião, do outro lado das muralhas da cidade, e lá ficava, na ponta dos pés, tentando vislumbrar um pouco que fosse do alto da copa dos álamos que marcam a vizinhança do Muro das Lamentações. Escalava até o telhado do Hospice de Notre Dame e procurava com meus olhos esse mesmo bosque que vejo agora. Sei exatamente onde o muro fica.

Paraquedistas do 71º Batalhão avançam rumo ao monte do Templo. O major Uzi Eilam vai na frente, no centro.

Moshe Milo, operador de rádio de Zamosh.

Não esperava que o monte do Templo estivesse tão calmo. Dá para escutar o clique de um fuzil à distância, o motor de um veículo ao longe; porém, aqui em cima, estamos num mundo à parte. Nossas botas quase não fazem barulho nas pedras. Penso comigo mesmo: "Agora entendo por que este local é sagrado".

Então, avisto os álamos.

"Zamosh!" Ele também tinha avistado o bosque. "São as mesmas copas que eu observava do monte Scopus anos atrás, sabendo que significam que o Muro está aqui perto, porém longe da vista. O Muro que eu jamais alcancei, jamais vi, jamais toquei, o muro do qual todos os judeus, salvo em raros intervalos, foram proibidos de se aproximar durante dois mil anos."

Estamos perto!

De repente, tiros.

Yoram Zamosh, comandante da Companhia A.

Estampidos de fuzil sobre nossas cabeças. Cerca de uma dúzia de jordanianos, soldados e civis – talvez soldados à paisana –, assumiram uma posição de tiro atrás de uma barricada de caminhões militares, jipes e Land Rovers. Nosso grupo se abriga atrás de uma mureta e procede na direção de onde partem os tiros.

Um pequeno grupo vai na frente, gritando para que os homens se rendam. Os adversários respondem com tiros. Stempel está conosco. Ficamos de bruços no chão na beirada de um lance de escadas. A posição jordaniana fica logo abaixo de nós, a 30 ou 40 metros, do outro lado de uma praça de pedra. Os veículos foram estacionados sob arcos diante de uma fileira de prédios, aparentemente para ficarem a salvo do fogo dos morteiros.

Um dos nossos homens, Shimon Arusi, dispara duas granadas de fuzil, uma atrás da outra. Arusi é cabo, um combatente formidável. Habilmente, ele mete as granadas debaixo dos veículos, para que detonem junto ao muro, bem no meio da concentração dos soldados da Legião Árabe. A carnificina é instantânea e horrível. Imediatamente, todo o fogo cessa e é substituído por gritos de agonia e pedidos de socorro. A explosão foi contida no espaço entre o muro e os veículos, concentrando-se numa zona de matança.

Deixamos que as tropas que vêm atrás de nós cuidem do inimigo. Nossa missão é encontrar o Muro e hastear a bandeira.

Moshe Milo, operador de rádio de Zamosh.

Então acontece a coisa mais louca. Para chegar ao Muro, como todos nós sabemos, precisamos passar pelo Sha'ar Mughrabim, a Porta Marroquina. Ninguém sabe onde ela fica ou se será um obstáculo difícil de transpor. Na verdade, estamos levando explosivos para abri-la assim que a localizarmos.

De repente, do nada, surge um ancião árabe usando um talar branco, com uma chave enorme, que devia pesar meio quilo, pendurada no pescoço.

Yair Levanon comanda o 1º Pelotão da Companhia A. Ele parte em direção ao cavalheiro idoso, que está nitidamente confuso, assustado e admirado. Yair pergunta a ele, em inglês: "Onde fica o Muro das Lamentações?".

377

O velho está assustado demais para responder. Levanon conversa com ele calmamente, garantindo que não vai machucá-lo. "Essa chave pendurada no seu pescoço? Para que serve?"

Aparentemente, o homem toma conta da Porta Mughrabim. Ele é seu guardião. Hesitante, ele nos leva até lá. É uma porta verde feita de madeira, com uma porta menor dentro de uma maior. Está trancada.

O segundo em comando de Zamosh é o tenente Rafi Malka. Ele agora conversa com o guardião em árabe. Um dos nossos sargentos, Ze'ev Parnes, fica ao seu lado. Parnes depois me diz que o velho homem respondeu em árabe, muito calmamente, sem medo, referindo-se a 1948, quando os jordanianos expulsaram os israelenses da Velha Jerusalém: "Espero por vocês há 19 anos. Sabia que viriam".

Ele dá a chave a Parnes e nós abrimos a porta. Assim que a atravessamos, avistamos o muro.

Yoram Zamosh, comandante da Companhia A.

Estamos num lance de degraus de pedra, olhando para baixo. Essa área não era nada do que é hoje. Em vez de uma ampla praça de pedra, vemos apenas um beco estreito, de dois metros de largura, repleto de cortiços árabes. O local está vazio. Sem soldados, sem civis. É uma via e ponto. Touceiras de mato brotam nas frestas entre as pedras.

Mas é ele, o Muro. Eu o reconheço imediatamente.

Assim como Moshe Stempel. "Zamosh, a bandeira!"

Ele me ordena que escolha um homem e o envie para o muro, para tomar posse dele. Então, aponta para um local no alto, uma cerca ou grade de ferro. "Vamos levantar a bandeira lá", diz Stempel, depois desce em direção ao muro.

Escolho um sargento, Dov Gruner, para descer os degraus de pedra até o muro e deixo dois homens encarregados de lhe dar cobertura. Continuamos a ouvir tiros de franco-atiradores. A luta pela Cidade Velha está longe de acabar. O restante de nós, liderado por Stempel, volta pela Porta Marroquina.

Os primeiros paraquedistas chegam ao Muro das Lamentações. Da esquerda para a direita, Moshe Stempel, Yoram Zamosh, Yair Levanon, Aryeh Ben Yaakov.

LIVRO SEIS • JERUSALÉM

Retornamos pelo mesmo caminho por onde viemos, tentando encontrar a grade de ferro que avistamos lá de baixo.

Sargento Moshe Milo.

De alguma maneira, ganhamos a companhia de um fotógrafo, Eli Landau, que um dia se tornará prefeito de Herzliya. Estamos voltando às pressas pelo mesmo caminho por onde chegamos aos degraus acima do Muro. A grade de ferro que buscamos não é tão fácil de encontrar.

Alguém aponta para um bloco de apartamentos e diz que a grade deve estar lá atrás. Porém, não há como nos aproximarmos. Cruzamos correndo a praça, que está muito quieta. Tem uma porta! Se pudermos atravessá-la, provavelmente encontraremos a grade em algum lugar do outro lado.

A porta é chamada de Porta da Corrente, embora ninguém saiba disso nesse instante. Passamos por ela e por baixo de uma fileira de arcos.

Então, as coisas ficam mais malucas ainda.

Yoram Zamosh, comandante da Companhia A.

Assim que cruzamos a porta, um jovem aparece. Tem cabelos escuros, é alto e magro. Com ele estão duas mulheres, uma loura e uma morena. "Está tudo bem", ele diz em inglês. "Sou do time dos mocinhos."

Ele é um judeu norte-americano do Brooklyn, Nova York, que se converteu ao islã e se mudou para a Jerusalém jordaniana para trabalhar num jornal de língua inglesa. Seu nome é Abdallah Schleifer, antes se chamava Marc, embora, claro, não façamos a menor ideia disso nesse instante. Ele se tornará um famoso jornalista e estudioso do Oriente Médio.

O jovem abre uma porta para nós. É o apartamento onde mora. "Podem entrar", ele diz. "Vocês estão bem em cima do Muro das Lamentações."

Entramos e seguimos para um terraço. A grade de ferro surge bem na nossa frente. Corremos na direção dela. Está bem fixada, desponta bem no alto, é visível de todas as direções, bem acima do muro.

Stempel retira a bandeira de dentro da minha rede. "Você tem que escrever nela, Zamosh."

As mãos de Stempel estão tremendo.

Passei a manhã inteira emocionalmente abalado. Agora, de repente, me descubro calmo.

"Escrevo o quê?" Pego uma caneta do bolso do meu peito, uma esferográfica em frangalhos que passei a semana usando para escrever informes de situação e bilhetes. Ponho a bandeira sobre os joelhos e uso minha coxa como apoio.

ESTA BANDEIRA DE ISRAEL FOI COLOCADA AQUI PELOS PARAQUEDISTAS DA 55ª BRIGADA

"Qual é a data de hoje?"
Ninguém sabe. Os dias correram tão rápido.
"7 de junho."
Passo a escrever sobre o degrau de pedra. É mais estável que os meus joelhos.

EM 7 DE JUNHO DE 1967, QUANDO TOMARAM A CIDADE VELHA.

"Espere, Zamosh!", Stempel me interrompe. "'Tomaram' não. Escreva 'libertaram'."

Faço a alteração. Rabisco uma palavra e escrevo a outra. Penduramos a bandeira e nos perfilamos. Os versos do hino "*Hatikva*", "Esperança", escapam roucos de nossas gargantas, terminando com este estribilho: "Para sermos um povo livre na nossa terra, a terra de Sião e Jerusalém."

Avremale Shechter, sargento da Companhia A.

Chegamos ao pé do muro. É de uma paz incrível. Ninguém por perto. Nem árabes, nem outros paraquedistas.

Dois dias atrás, assim que o batalhão alcançou Beit HaKerem, nosso ponto de entrada em Jerusalém, o capitão Zamosh me chamou de lado e perguntou se eu tinha trazido meus *tefilim* (filactérios). São artefatos judaicos de oração, pequenas caixinhas de couro contendo versos da Torá num pergaminho. Você ata um, o *shel rosh*, na testa e enrola o outro, o *shel yad*, em volta do braço.

Respondi a Zamosh que sim.
"Fique com eles."

Hasteando a bandeira sobre o Muro das Lamentações. Da esquerda para a direita, Shimon Arusi, Aryeh Ben Yaakov, Ilan Angel, Moshe Stempel, Avremale Shechter, Yair Levanon e Yoram Zamosh. Moshe Milo está parcialmente escondido atrás de Stempel.

Yoram Zamosh, comandante da Companhia A.

Conheço Avremale e os irmãos dele desde que éramos garotos. Seu pai era o homem mais generoso, simples e modesto que conheci. Trabalhou a vida inteira para a leiteria Tnuva, em Tel Aviv, para onde ia de bicicleta, criou os filhos sem exigir deles nada além que fossem judeus nessa terra, mas sempre com o sentimento de que o retorno do nosso povo continuava incompleto, com o Muro das Lamentações e a Cidade Velha nas mãos daqueles que nos odiavam.

Avremale Schechter no Muro das Lamentações.

A PORTA DOS LEÕES

Agora vejo Avremale, com o cabo de sua Uzi debaixo de um braço e os tefilim colocados em sua cabeça no outro braço. Sei que ele está pensando no pai.

Os outros querem rezar também, mas ninguém sabe como. Avremale precisa ensinar a eles.

As ordens que recebi de Uzi Eilam são para tomar o muro, mas também para isolar um quarteirão da Cidade Velha. Preciso reunir minha companhia. Ainda temos trabalho a fazer.

Zeev Barkai, oficial de operações do 71º Batalhão.

Se todos os que dizem que chegaram primeiro ao muro tivessem realmente chegado, haveria ali uma multidão de uns mil homens. Nosso grupo não foi o primeiro, eu sei. Zamosh e Moshe Stempel estavam lá antes de nós.

Eu estava com Uzi Eilam, comandante do nosso batalhão, Dan Ziv, Benny Ron e alguns outros do grupo do nosso quartel-general. Esbarramos com Motta Gur nos degraus defronte à Mesquita de Al-Aqsa. Uzi pediu permissão para ir até o Muro. Nenhum de nós sabia ao certo onde ele ficava. "Vão", disse Motta. Ele já tinha feito sua história naquele dia.

De alguma maneira, Uzi encontrou o Muro. Descemos os degraus de pedra. Não havia ninguém por lá. Descemos todos juntos, a tropa inteira. Lembro de alguém dizendo que o rabino Goren tinha acabado de chegar. Ele estava em algum lugar no monte do Templo, tentando chegar ao Muro. Uzi enviou um soldado para encontrá-lo e trazê-lo até nós.

Benny Ron, anexado ao 71º Batalhão.

Pergunte a mil israelenses: "Quem foi o primeiro a soprar o chifre do carneiro, o *shofar*, no Muro das Lamentações?". Todos responderão: "Foi o rabino Goren". Isso por causa da famosa foto de David Rubinger para a revista *Life*.

Não quero tirar nenhum crédito do rabino Goren. Eu o amo. Ele ficou junto ao muro por horas, estava lá quando Rubinger tirou a foto icônica dos três paraquedistas admirados olhando fixamente para o Muro. Estava lá quando Dayan chegou com Rabin e Uzi Narkiss.

No entanto, aquele primeiro sopro no chifre de carneiro não foi dado pelo rabino Goren, mas pelo comandante do nosso batalhão, Uzi Eilam, que toca

384

LIVRO SEIS • JERUSALÉM

O major Uzi Eliam faz soar o chifre de carneiro no Muro das Lamentações. O rabino Shlomo Goren está no centro, com Leizer Lavi ao lado. À esquerda de Eilam está Yoram Zamosh, comandante da Companhia A; à direita, o subcomandante do batalhão, Dan Ziv.

trompete desde criança. Quando o rabino Goren desceu ao Muro, ficou tão emocionado que mal tinha fôlego. Pôs o *shofar* nos lábios, mas o som não saía.

Uzi é um cara doce, modesto. Não estava querendo se gabar de nada. Apenas disse, naquele seu jeito manso: "Rabino Goren, eu toco trompete. Posso tentar?".

Eu fiz a foto. Nos anos que se seguiram, quando as pessoas perguntavam a Uzi sobre aquele momento, ele nunca contestava o relato do rabino Goren. Não queria tirar crédito nenhum desse personagem lendário. Mesmo depois que o rabino Goren faleceu, Uzi nunca quis se sobressair. Ele não é desse tipo.

LIVRO SETE
A BATALHA PROFUNDA

UMA CAMPANHA NAS ESTRADAS

Passei esta manhã, 6 de junho, em reuniões de gabinete debatendo sobre Jerusalém. Estive no alto do monte Scopus admirando a Cidade Velha, ainda em mãos árabes. Até cair a tarde, não tenho tempo para me debruçar sobre a rápida sucessão de eventos no Sinai.

Moshe Dayan é o ministro da Defesa.

Tal e Gorodish romperam a linha do norte ao longo do eixo de El Arish. Ao sul de Tal, a divisão de Yoffe alcançou Bir Laffan. A divisão de Arik Sharon esmagou a resistência egípcia em Um Katef, ao longo do eixo central. Os órgãos internos do inimigo ficaram expostos. Penetramos nas entranhas do monstro.

Na teoria das "guerras de movimento" – tal como foi desenvolvida e aplicada pelos alemães na Polônia, França, Bélgica e Holanda, na Rússia e no norte da África –, uma vez que a força de ataque tenha conseguido romper as linhas, a próxima coisa a fazer é atrair para a batalha e destruir a segunda linha de defesa do inimigo, suas divisões de reserva mantidas atrás das formações da linha do *front*.

Os elementos-chave da segunda linha de Nasser – a 3ª Divisão de Infantaria, a 4ª Divisão Blindada, de elite, e a 6ª Divisão Mecanizada (excetuando-se a Força Shazli, que momentaneamente cruzou a fronteira de Israel e iludiu nosso avanço) – agora aguardam no coração do Sinai. Cerca de 500 tanques egípcios estão mobilizados nos arredores de Bir Laffan, Jebel Libni, El Thamad, Bir Thamada e Bir Gafgafa. Conheço bem a área, assim como Gavish, Sharon, Tal, Yoffe, Gorodish e todos os nossos comandantes. Nosso objetivo é destruir o Exército egípcio. Para onde ele for, nós o perseguiremos. Onde estiver, atacaremos.

A guerra no Sinai é uma campanha nas estradas. Uma coluna de blindados procurando alcançar o canal vindo do leste pode proceder por apenas uma destas três artérias: a rodovia costeira de El Arish para Qantara, a estrada central via Bir Gafgafa para Ismailiya ou a rota setentrional através dos passos de Mitla, Giddi ou Sudr até chegar ao Grande Lago Amargo e à hidrovia ao norte de Suez.

Se as forças de Nasser tentarem fugir, serão obrigadas a tomar uma ou todas essas rotas. Não há outros corredores de escape. Se nossas forças puderem bloquear a passagem do inimigo por essas rotas, poderemos encurralá-los, atraí-los para a batalha e destruí-los.

Ao lançar mão dessa vantagem, entretanto, dois elementos de suprema importância entram em cena e devem ser considerados, por mim e pelo governo. O primeiro é o orgulho árabe e o imperativo dos governantes de livrar a própria cara. O presidente egípcio e seus homólogos na Jordânia e em outros Estados aliados não serão capazes de admitir a derrota, nem mesmo um contratempo. Nasser vai mentir. Hussein vai cometer perjúrio. As TVs e rádios árabes noticiarão vitórias fantasmas. Isso, na prática, é o que tem acontecido desde ontem de manhã cedo.

Esses "noticiários", fabricados pelo departamento de propaganda de Nasser e estimulados por declarações do rei Hussein, até agora felizmente serviram à causa de Israel. Serviram para evitar que a União Soviética pressionasse por um cessar-fogo para preservar as forças dos seus Estados-clientes e confundiram e enganaram as próprias forças e aliados dos inimigos.

"Três quartos da Força Aérea sionista foram destruídos! Colunas de tanques egípcios aproximam-se de Tel Aviv!"

Será que o próprio Nasser crê nessa ficção? O orgulho habitual e a obrigação de livrar a cara permeiam e infundem a cadeia de comando egípcio de alto a baixo, exercendo sobre os jovens oficiais uma compulsão quase irresistível, ao se reportarem aos superiores, de forjar sucessos e omitir informações (ou não informar coisa alguma) sobre dificuldades e reveses. Quem sabe quais relatos da inteligência estão sendo apresentados para Nasser e seus generais? Na guerra, o desejo de acreditar no melhor pode ser acachapante.

Contudo, se os êxitos de Israel continuarem e se Nasser vier a reconhecer sua veracidade, ele ficará tentado – será até mesmo compelido por seu gabinete e pelo mito da própria invencibilidade – a procurar maneiras de

LIVRO SETE • A BATALHA PROFUNDA

O major-general Yeshayahu "Shayke" Gavish (usando óculos de proteção), chefe do Comando Sul.

desviar o peso da vergonha diante de tais reveses. Ele poderá declarar diante do próprio povo e do mundo que os Estados Unidos e a Grã-Bretanha apoiaram Israel às escondidas. Poderá até acreditar nisso. Decerto, os judeus não podem humilhar sozinhos as forças egípcias.

Chega a ser cômico esse risco. Pois tal ficção pode adquirir o peso de um fato quando é divulgada por canais noticiosos legítimos (e até questionáveis) e tomada como verdade por dezenas de milhões de pessoas ao redor do globo.

Isso é exatamente o que está acontecendo, já no segundo dia. Uma carta despachada por Nasser para o premiê soviético, Alexei Kosygin, alega que aviões da 6ª Frota norte-americana estão atacando o Egito. O presidente egípcio clama por ajuda imediata. Informes da intervenção dos EUA são transmitidos por canais do governo em todo o Oriente Médio. Multidões começam a atacar embaixadas norte-americanas. A Arábia Saudita corta todo o fornecimento de petróleo para os Estados Unidos. Nasser convoca seu embaixador em Washington. Em poucas horas, Síria, Irã, Argélia, Mauritânia, Sudão e Iêmen cortam laços diplomáticos. Nasser pode estar levando uma goleada no campo de batalha, mas rapidamente recupera fôlego na arena da propaganda, onde se disputa a política internacional.

Então, o segundo elemento intangível comum a todos os conflitos árabe-israelenses ingressará no cenário. Trata-se do cessar-fogo imposto de fora.

Estados patrocinadores dos beligerantes, desejando proteger seus clientes e preservar as próprias esferas de influência (para não mencionar evitar a eclosão de uma Terceira Guerra Mundial), começarão a pressionar esses clientes para que interrompam o conflito.

Como as potências farão isso? Por meio de organismos internacionais, como a ONU, ou, mais imediatamente, de canais diplomáticos, embaixadas, indivíduos influentes e por cabos e *communiqués* pessoa a pessoa. Em Israel, seremos contactados diretamente pelos russos. Cabos enviados pelo Kremlin nos ameaçarão com "graves consequências" e "desfechos críticos". Kosygin e Brejnev advertirão sobre uma ação militar iminente. Israel provavelmente levará essas ameaças muito a sério. Rugindo para nós: "Moscou age como um urso adulto intimidando um filhotinho. Com uma patada os russos podem nos achatar".

Os norte-americanos, por outro lado, recomendarão prudência. Johnson, Rusk, McNamara e seus substitutos vão nos exortar a pensar a longo prazo e apostar que a vitória "lançará os fundamentos para a paz". A diplomacia dos EUA defenderá um "período de reflexão" para fazer a "temperatura baixar". Os norte-americanos vão argumentar que Israel deve se guiar pela razão, trilhar o caminho dos bons, tomar a iniciativa de falar amistosamente e agir de acordo com o desejo mundial de paz.

As potências desejarão que Israel cesse o combate antes de obter a vitória completa.

Essas são as dificuldades que o governo e eu teremos que enfrentar. Os soldados no campo de batalha ignoram tudo isso. Seu objetivo se mantém inalterado: continuar avançando a qualquer custo, tomando o máximo que puderem. "Abocanhar e comer tudo o que estiver no prato."

UM ARCO-ÍRIS INVISÍVEL

Acabaram nossos cigarros. Uma busca na carcaça de um caminhão egípcio não rende mais do que nossos soldados gritando para nós: "Ei, nada de saques!". Damos com umas barracas abandonadas, estacionamos e entramos nelas. Ah, cigarros! Cleópatra, uma marca egípcia de qualidade.

Yael Dayan avança com a divisão de Sharon pelo Sinai central.

Topamos com um acampamento de oficiais egípcios. Os tesouros abundam. Colônias francesas, garrafas de Johnnie Walker Black pela metade, uniformes passados e botas de equitação, roupas de baixo de seda dobradas em gavetas. Numa mesinha de cabeceira, *kits* de delineadores Revlon, maquiagem, meias de náilon com rótulos da Alemanha Oriental.

"Está vendo nossos recrutas caminhando ali fora?", pergunta um dos nossos camaradas. "Os pobres têm sorte de estarem calçando sapatos."

"Chega", diz Dov. Ele nos tira de lá.

Noite. A coluna se arrasta lentamente, subindo num platô, pela pior estrada que já passei. Estamos avançando na direção de Nakhl, no Sinai central. Os relatórios dizem que a Força Shazli, com 9 mil homens e 200 tanques, partindo de El Thamad e Kuntilla, está tentando fugir para oeste. Dov aponta para Nakhl no mapa. "Se conseguirmos chegar lá antes dos egípcios, poderemos bloquear a retirada deles."

Contudo, em questão de minutos, um jipe da Companhia de Reconhecimento abandona o início da coluna e retorna pela contramão. "Campo minado adiante! Todos os veículos, alto!" Engenheiros de combate são chamados para abrir caminho.

Dov tenta um atalho, mas nossos jipes atolam num *wadi*. Começa a fazer frio. Voltamos para onde estão Arik e os blindados leves do comando. Sharon está no rádio. "Um jipe acabou de esbarrar numa mina", ele diz. "Dois soldados morreram." Então, pelo fone de ouvido ele escuta outra coisa.

A expressão no rosto de Sharon muda. Ele tira o fone de ouvido e se vira para mim e para Dov.

"A Cidade Velha de Jerusalém está nas nossas mãos."

A notícia se espalha por toda a coluna. Imundos e exaustos, os homens levam a informação aos tanques, blindados leves, tratores dos engenheiros, caminhões de munição. Dov distribui uísque e chocolates. Homens descem dos veículos e se abraçam em rodas de três ou quatro pessoas. Versos de "Jerusalém de Ouro" irrompem no ar gelado, cantados não em triunfo ou com orgulho, mas como uma oração, que é uma resposta para tantos milhões de pessoas ao longo dos séculos. Eu escrevi depois, no *Israel Journal*:

> Junho, 1967
>
> Não podíamos nos mover, mas tínhamos asas. A noite estava fria e o vento nos escovava com ásperos grãos de areia, mas havia calor brotando de sentimentos e um arco-íris invisível no céu do deserto.

O reabastecimento é retomado com a claridade do dia. Um helicóptero aterrissa trazendo correspondências e jornais. "FAIXA DE GAZA NAS NOSSAS MÃOS", "RAMALLAH É NOSSA", "CIDADES DA CISJORDÂNIA CAPTURADAS".

Mais tarde ouviremos falar da chegada do meu pai ao Muro das Lamentações com o chefe de gabinete, Rabin, e do Comando Central, Narkiss. Dayan rabisca algumas palavras num pedacinho de papel, de acordo com a tradição, e o enfia numa fenda entre as pedras. "O que você pediu?", quer saber um repórter.

"Paz", responde Moshe Dayan.

Nessa mesma noite, no Sinai, no rádio eu ouço – e tenho certeza de que meus irmãos, Assi e Udi, em suas unidades no campo de batalha, minha mãe e meus avós, todos os israelenses e todos os judeus dispersos pelo mundo inteiro também ouvem – o texto integral do pronunciamento que meu pai faz no Muro das Lamentações:

LIVRO SETE • A BATALHA PROFUNDA

Retornamos ao mais sagrado dos nossos locais sagrados, para nunca mais nos apartamos dele novamente. Aos nossos vizinhos árabes, Israel estende a mão da paz e, para os povos de todas as fés, garantimos a plena liberdade de culto e de direitos religiosos. Viemos não para conquistar os locais sagrados alheios nem para reduzir um milímetro dos seus direitos religiosos, mas para assegurar a unidade da cidade e para viver com os outros em harmonia.

Na manhã seguinte, devorando um desjejum de bolachas e sardinhas em lata, Sharon esboça um plano para emboscar a coluna egípcia que recua em direção a Nakhl.

Nosso Exército acelera adiante.

O inimigo cai na armadilha.

Em 90 minutos, 150 tanques inimigos, com um número incontável de veículos de suporte, foi reduzindo a um monte de destroços fumegantes.

É o vale da Morte para o Exército egípcio.

Passamos em silêncio ao lado das carcaças retorcidas. Uma tristeza que beira o ódio deixa Dov deprimido. Ele está de luto pelos inimigos caídos, pelo humilde *felaim* recrutado no delta e abandonado por seus comandantes.

"Como é possível que tenhamos apenas um ou dois oficiais egípcios prisioneiros, mas centenas de soldados rasos?"

Até mesmo Arik, o lendário guerreiro, observa o local com um semblante desprovido de qualquer brilho. "É horrível", ele diz. "Odeio isso."

Nakhl é o deserto bíblico de Parã. Foi nesse local que Agar exilou-se com seu filho Ismael, expulso por Abraão. Esse é, com certeza, o lugar mais feio do mundo.

A NOITE MAIS LONGA

Ori Orr tem 28 anos e é comandante da Companhia de Reconhecimento da 7ª Brigada Blindada.

"Cinco" é a nomenclatura militar de rádio para uma companhia de reconhecimento. Também designa o comandante dessa companhia. Eu sou o Cinco. Vinte é o comandante da brigada, Gorodish. Quarenta é o comandante da divisão, Israel Tal.

É quinta-feira, 8 de junho, quarto dia da guerra. Pouco antes do pôr do sol, o Vinte recebe uma transmissão de rádio do Quarenta, dando conta de que acabava de ser informado que a ONU está debatendo uma resolução de cessar-fogo.

"Vinte, a que distância você está do canal?"

"Cerca de 30 quilômetros."

"Chegue lá o mais rápido possível."

Imediatamente, Gorodish arregimenta um miniexército, capaz de se locomover rapidamente – nossa companhia do Reconhecimento, meia companhia de tanques e um pequeno destacamento de artilharia. Ele me põe no comando.

"Seu pessoal está exausto, Ori. A estrada para o canal vai estar congestionada de veículos egípcios em fuga. Você vai ficar bem?"

"Vamos ficar bem."

"Espere", diz Gorodish. Ele é muito corajoso. "Vou com você."

Gorodish passa um rádio para o Quarenta, que o impede de ir. "Vinte, você fica com a sua brigada. Confio no seu Cinco. Deixe ele ir."

Menachem Shoval, soldado do Reconhecimento.

Estamos na estrada principal rumo ao canal. O caminho está preto como breu, exceto onde há veículos egípcios queimados, despedaçados por nossa Força Aérea e nossos tanques.

Meu jipe é o sexto veículo na coluna, atrás dos jipes de Oris, Elis, Amos e de dois tanques. Atrás de nós vêm mais tanques. A artilharia segue na lanterna.

Tanques e caminhões egípcios estão se movimentando pela estrada conosco. Vamos todos na mesma direção. Os egípcios estão fugindo em direção ao canal em busca de segurança. Nós estamos tentando chegar lá a fim de podermos reclamar todo o Sinai antes que a ONU puxe o fio da tomada.

Os egípcios não percebem que há israelenses entre eles. Estão extenuados pela fadiga, tanto quanto nós. A estrada está bloqueada em trechos por carcaças fumegantes e destroços carbonizados. Dirigir nessas condições requer o máximo de concentração. Desviamos de um lado para o outro, assim como os egípcios.

Estamos tão cansados que dirigimos como se estivéssemos bêbados. Por duas vezes eu saí da estrada e só acordei ao me assustar com o barulho do meu capacete acertando o volante, quando o fundo do jipe derrapou na areia. Além disso, estamos bloqueando mentalmente uma grande quantidade de traumas: tudo que aconteceu, amigos mortos, até mesmo o massacre do inimigo.

Grito para Eli, perguntando que horas são. Chutaria umas três ou quatro da manhã.

"Nem deu meia-noite ainda."

Eli Rikovitz, comandante de pelotão do Reconhecimento.

Nessa estrada nós destruímos os blindados egípcios de um jeito que o manual não prevê. Nossos jipes seguem por ela. Os Tanques Pattons acham o próprio caminho pelo acostamento e pelas laterais. Quando nós, nos jipes, avistamos um tanque egípcio, o iluminamos com nossos faróis e fazemos um sinal para os tanques dispararem.

Eles disparam, a uma distância incrivelmente próxima.

Quando um tanque egípcio explode, nenhum compatriota para e o socorre. Todos os motoristas só pensam em chegar ao canal para estar em segurança.

Menachem Shoval, soldado do Reconhecimento.

De repente, diante do nosso jipe, aparece um soldado egípcio. Ele está no meio da estrada, acenando para nós.

Seu T-54 está atolado na areia. Ele acha que somos egípcios e acena pedindo socorro. Iluminamos o tanque com os faróis, avisando a um dos nossos Pattons para destruí-lo. O jipe de Ori acelera. Ele chama a atenção do soldado egípcio e faz um sinal para que ele e a tripulação se salvem. Para ter certeza de que o egípcio entenda, Ori fica em pé e aponta para ele a metralhadora calibre .30 sobre o capô do jipe.

O soldado deixa cair o sinalizador vermelho e dá no pé na escuridão. Os egípcios não conseguem acreditar que há israelenses por todos os lados. Nosso jipe afasta-se de ré, enquanto um de nossos Pattons chega tão perto do T-54 que o comandante tem que se agachar na escotilha quando o tanque inimigo explode. Um disparo de canhão à queima-roupa transforma os rolamentos e as esteiras do tanque egípcio em sucata.

Não é preciso destruir o tanque inteiro. Nossas equipes de rescaldo cuidarão disso amanhã.

Ori Orr, comandante da Companhia de Reconhecimento.

Trabalhar num caos assim não é divertido. Deixa a gente com o coração pesado. Sempre existe um medo enorme, mesmo com tanta fadiga. Qualquer um daqueles soldados inimigos pode abrir fogo na escuridão. Vimos como uma vida pode ser facilmente tirada.

Nossos jovens soldados estão tentando dar o melhor de si. Dormiram apenas algumas horas em cinco dias. Levam no peito a dor dos amigos perdidos e a angústia pelos inimigos abatidos.

O trabalho do líder é carregar nos ombros não apenas o peso tático da decisão que toma, mas também o fardo moral. Nossos adolescentes de 19, 20 anos estão se esforçando para saber o que é preciso fazer e para não pensar nas consequências.

Essa responsabilidade é de Eli, de Amos e minha.

Dubi Tevet, soldado do Reconhecimento, 19 anos.

Não dormi mais do que uma hora em cinco dias. Dentro do jipe, tenho constantes pesadelos, *flashbacks* e algo que pode ser chamado de realidade, se é que é possível discerni-la dos outros estados mentais.

Ontem, ou talvez tenha sido há dois dias, nosso grupo de soldados avistou uma enorme nuvem de poeira ao sul. Sim, foi ontem, quarta-feira, 7 de junho. A poeira parecia estar se movendo para o norte.

Eli foi convocado para o grupo de comando de Gorodish, que tinha traçado um local chamado Ponto 68 na estrada entre Jebell Maara e Bir Gafgafa. O general Tal, comandante da divisão, estava lá também. Estavam todos observando pelos binóculos aquele enorme monte de poeira. Gorodish, sob ordens de Tal, instruiu Eli para pegar dois jipes e avançar com cuidado pela estrada a oeste para descobrir o que estava levantando aquela poeira toda.

Eli e eu partimos num terceiro jipe. Não me lembro quem estava conosco. Tínhamos um avião Piper nos dando apoio aéreo, mas nossos jipes estavam sozinhos, bem na frente de todo mundo. Podíamos ver, enquanto avançávamos, que a poeira vinha da estrada principal ao sul de Bir Gafgafa.

"Esta é melhor parte de uma divisão", disse Eli.

Ele cogitava que uma grande formação egípcia estivesse se locomovendo de Bir Thamada para Bir Gafgafa, tentando alcançar a principal rota leste-oeste – a mesma por onde avançava a nossa brigada –, para então fugir pelo oeste, para o canal.

Eli Rikovitz, comandante de pelotão do Reconhecimento.

Passei um rádio para Gorodish. A estrada pela qual a coluna egípcia estava se movendo fica numa planície aberta, sem cobertura de ambos os lados. Pela poeira que subia, estimei o número de veículos em mais de 200.

Gorodish nos instruiu para retornar imediatamente ao seu posto de comando no Ponto 68. Ele ordenou que os dois batalhões de tanques da brigada se preparassem para agir.

Aquela era a oportunidade pela qual um comandante de blindado passa a vida inteira sonhando.

Tanques Pattons do 79º Batalhão e a Companhia de Reconhecimento no Ponto 68 preparando-se para se deslocar pela estrada de nome-código "Blokada".

Dubi Tevet, soldado do Reconhecimento.

Gorodish nos mandou na frente de novo, dessa vez liderando os tanques. Seguimos por uma estrada de terra chamada nos mapas em código de "Blokada". Ela nos conduziu direto para a estrada entre Bir Thamada e Bir Gafgafa.

Conseguíamos ver os tanques e caminhões egípcios indo da esquerda para a direita – do sul para o norte – bem diante de nós.

Nossos jipes posicionaram ambos os batalhão, o 79º e o 82º, na crista de um elevado. Lá embaixo, na estrada, seguia a coluna inimiga, se arrastando pelo campo de batalha como patinhos num estande de tiro ao alvo.

Eli Rikovitz, comandante de pelotão do Reconhecimento.

A coluna egípcia estava tentando escapar da divisão de Arik Sharon, que avançava pelo sudeste, e provavelmente também da divisão de Yoffe, que vinha varrendo a leste, além da nossa 60ª Brigada Blindada, que acompanhava nosso avanço em paralelo, uns poucos quilômetros mais ao sul. Eu estava estudando o mapa. A melhor parte de aniquilar a coluna egípcia naquele local e naquele momento era que os destroços bloqueariam o corredor de fuga para todas as demais formações naquele quadrante do deserto.

Todas as forças egípcias que permanecessem no sul estariam à mercê de Sharon e Yoffe e dos nossos aviões.

Dubi Tevet, soldado do Reconhecimento.

Os dois batalhões de tanques da brigada se posicionaram no topo de uma colina a cerca de dois mil metros da coluna inimiga. Dois mil metros é o que os manuais chamam de "alcance de batalha". É a mesma distância que usamos nos exercícios de tiro.

Eli Rikovitz, comandante de pelotão do Reconhecimento.

Nossos Pattons e Centurions dispararam nos veículos na vanguarda da coluna. Isso bloqueou todas as possibilidades de fuga pela frente. Ao mesmo tempo, outros canhoneiros trataram de selar a retaguarda do corredor. Os egípcios ficaram presos no meio. Podíamos ver as tripulações abandonando os veículos e fugindo a pé.

O inimigo nunca chegou a manobrar e assumir uma posição de combate. Eles apenas tentavam chegar à estrada principal a oeste para ir embora dali. Talvez tivessem ordens de fugir a todo custo, salvando o que podiam deles mesmos e dos veículos.

Dubi Tevet, soldado do Reconhecimento.

Depois que você vê com os próprios olhos seus amigos desmembrados e incinerados, é muito gratificante dar o troco.

Os egípcios nunca retornaram fogo. As tripulações todas fugiram. Nem nós, no Reconhecimento, precisamos apontar nossos canhões antitanque. Ficamos só sentados, assistindo ao espetáculo.

Quando a noite caiu, levamos os tanques de volta ao Ponto 68, o local de onde havíamos saído na estrada principal e tomamos a estrada de terra denominada "Blokada" para chegar às planícies ao sul de Bir Gafgafa. Os tanques assumiram posições defensivas, conhecida como "liga noturna".

Eli Rikovitz, comandante de pelotão do Reconhecimento.

Não tivemos tempo de comemorar. Os tanques estavam sem combustível e munição. As tripulações passaram a noite inteira trabalhando, reabastecendo óleo, gasolina, água, munição dos canhões e metralhadoras e executando as várias tarefas de reparo e manutenção que os tanques requerem no deserto – apertando esteiras, trocando filtros, lubrificando pontos de atrito, limpando a areia e a sujeira de mecanismos essenciais, como engrenagens e torretas.

No Reconhecimento, conseguimos reabastecer nossos jipes em questão de minutos usando galões de reserva. No entanto, um tanque, para ser reabastecido, recebe um número, fica numa fila, estaciona próximo a um caminhão de reabastecimento e, depois, precisa esperar novamente se houver algo errado durante o procedimento, o que sempre costuma acontecer. As tripulações têm sorte quando conseguem comer um pouco de sardinha e algumas bolachas e, talvez, beber uma caneca de chá, aquecida num fogão Primos ou num monobloco de motor.

Os homens sabem que eliminaram a maior parte de uma divisão inimiga esta tarde. Isso compensa o fato de perderem mais uma noite de sono.

Ori Orr, comandante da Companhia de Reconhecimento.

Já se passaram dois dias. Está escuro, é entre quinta e sexta-feira, 8 e 9 de junho.

A Longa Noite continua.

Meu relógio diz que são 3h20. Estamos passando por um caminhão em chamas fabricado na Alemanha Oriental. Esse veículo é o quê? O 500º que vimos até agora?

De certa maneira, é uma sorte ser comandante. Coisas que podem apavorar ou preocupar outros abaixo na linha hierárquica não produzem o mesmo efeito em você. Por quê? Porque você não deixa.

Às vezes, eu me pergunto: "Ori, você está com medo?". A resposta é: "Não tenho tempo para ter medo".

O comandante tem a responsabilidade não apenas sobre a conclusão da missão, mas também sobre a vida dos seus homens. Uma unidade militar, particularmente uma companhia de reconhecimento, é como uma gangue de rua. Somos mais próximos do que irmãos. Cada vida é preciosa para você. De cada homem sob minha responsabilidade, vejo na minha mente seu pai e sua mãe, sua namorada ou esposa, mesmo se ele ainda não tem uma, seus filhos, os que já existem e os que ainda vão nascer. Todos vão sofrer se ele morrer. Essas preocupações fazem as outras, como medo pessoal, as perdas e até mesmo a própria morte, parecerem triviais.

A guerra, para o comandante, não é a mesma guerra que para um soldado individualmente. O que se passa na realidade externa, para mim, é apenas contexto. A guerra real está na minha cabeça. É na minha cabeça que eu não posso negligenciar nada, esquecer nada, deixar de agir por falta de aviso ou de intuição.

Tenho sorte. Minha posição não me permite o luxo da dúvida, ou da hesitação, ou do medo.

Eli Rikovitz, comandante de pelotão do Reconhecimento.

O nível de destruição ao longo desse percurso está além de qualquer coisa que eu pudesse imaginar. Se estende quilômetro após quilômetro.

Começamos às 20h esta noite. Mais oito horas se passaram desde então. Durante todo esse tempo passamos por tanques, caminhões, ambulâncias, reboques de canhões, carros de comando, canhões antitanque, cozinhas de campanha, transportes de tropas e blindados leves, todos destruídos ou queimados. O fedor de carne incinerada não nos deixou durante todo esse tempo.

É esse o cheiro da guerra. Borracha queimada, gasolina, pólvora, cordite, asfalto derretido. Os caminhões do Exército egípcio estão virados ou com as rodas no chão, os pneus derreteram a ponto de liquidificar. Dos motores, não sobrou nada a não ser os monoblocos. Nas cabines, só se consegue ver as molas dos assentos.

Entre Bir Gafgafa e o canal de Suez.

A estrada por onde vamos é a principal, que liga Bir Gafgafa a Ismailiya. Bir Gafgafa é uma grande base egípcia, com tanques, infantaria, um aeródromo, tudo. É de lá que a maioria desse tráfego procura escapar. De lá e das colunas que fogem das divisões de Sharon e Yoffe.

Ismailiya é um entroncamento-chave do canal de Suez. A ponte Firdan fica lá. Os egípcios estão fugindo em direção a esse trecho.

Estão tentando cruzar o canal para ficar a salvo.

Dubi Tevet, soldado do Reconhecimento.

A noite é como um pesadelo. O que você vê com os próprios olhos parece uma espécie de sonho terrível, mas quando acorda percebe que é real, continua a ser real, e você e seus amigos ainda estão nele. No entanto, esta noite não é a pior. A pior foi a primeira noite, em El Arish, contando os nossos mortos.

Esta noite até que não está tão ruim. Esta noite vai terminar. Vamos chegar ao canal. A guerra vai acabar.

O SÉTIMO DIA
DA GUERRA DOS SEIS DIAS

Sou apenas um major, comandante de um esquadrão de helicópteros, mas posso lhe dizer o seguinte: nenhum outro oficial, inclusive o próprio Dayan, tem uma visão panorâmica dessa guerra como eu. Por quê? Porque meus homens estão pilotando em missões em todos os teatros. Estamos na Cisjordânia, em Gaza, no norte de Golã e em toda a margem oeste do canal.

Chita Cohen comanda o 124º Esquadrão de Helicópteros.

Manhã do terceiro dia. Meus homens estão evacuando feridos e voando em missões de reabastecimento de emergência que cobrem três quartos da península do Sinai. Você consegue identificar as rodovias além do horizonte pela fumaça que sobe dos veículos egípcios queimando.

Sinto muito pelos egípcios. Os pobres soldados rasos, a maioria apenas humildes *felaim* – camponeses do delta –, foram abandonados por seus oficiais. Eles vagueiam rumo ao oeste, em filas de 50 ou 100 homens, às vezes apenas 10, ou mesmo sozinhos, descalços e cabeça descoberta. Deus sabe o que devem estar sofrendo de sede, calor, luto e orgulho ferido.

Nossos helicópteros vasculham o setor norte da estrada Bir Gafgafa-Bir Thamada. Nosso Exército deve ter atingido uns 300 tanques, caminhões e veículos de transporte de Nasser. Os destroços se espalham por quilômetros. Corpos infestam as encostas. O vento já começa a cobri-los de areia.

Rafi Sivron, planejador da Operação Moked.

Meu trabalho terminou assim que a Moked destruiu a Força Aérea egípcia. Fiquei no Poço, em Tel Aviv, na maior parte do primeiro e do segundo dia, ocupado com as funções de comando e com o controle das operações em andamento. Mas, por fim, fui até Motti Hod, meu chefe, comandante da Força Aérea. "Quero voar em missões antes que a guerra termine."

"Ótimo", ele disse. "Saia já daqui."

Chita Cohen comanda o 124º Esquadrão de Helicópteros.

Rafi Sivron se juntou a nós, vindo do Poço, em Tel Aviv. É quarta-feira, 7 de junho, terceiro dia da guerra. Provoco Rafi: "Finalmente você saiu das profundezas!".

Embora Rafi seja um planejador brilhante, é antes de tudo um aviador. Ele quer estar nas missões.

Rafi pilota helicópteros desde 1958. É o copiloto mais corajoso e o melhor navegador do Oriente Médio. Recebeu a Itur HaMofet e uma citação do Estado-Maior por bravura e já voou em missões secretas comigo e com outras equipes no coração do território inimigo.

Pense só na habilidade que é preciso para fazer isso. Você precisa cruzar a fronteira à noite, sem luzes, com o rádio mudo, voando tão baixo para não ser detectado pelo radar que não pode navegar por marcos, então precisa encontrar o caminho usando apenas o tempo, a velocidade e a direção. Depois, tem que achar e recolher uma equipe de operações especiais em pleno planalto sírio ou em algum canto esquecido por Deus no Sinai, sabendo que se for avistado pelo inimigo estará pondo em risco não apenas a própria vida e a vida da sua tripulação, mas também a vida da equipe de operações especiais. Isso sem mencionar as consequências políticas e de segurança nacional.

O trabalho dos pilotos é fácil. O navegador é quem carrega o piano. Quando recebo uma missão assim, não digo: "Deem-me alguém como o Rafi". Declaro: "Ou me dão o Rafi ou esqueçam!".

LIVRO SETE • A BATALHA PROFUNDA

Nosso esquadrão está sobrevoando o norte de Sharm el-Sheikh. Levamos paraquedistas para proteger o estreito de Tiran, que foi o estopim da guerra quando Nasser enviou os paraquedistas dele para lá no final de maio. Agora, enquanto voamos de volta ao longo de uma costa de falésias vermelho-douradas e um mar azul brilhante, chega uma transmissão do quartel-general da Força Aérea: "Reúna todos os helicópteros que tiver. Prossiga imediatamente para as colinas de Golã".

Faz três dias que meus homens não dormem. Em Eilat, ordeno ao esquadrão que pouse. Invadimos o Hotel Red Rock, 50 ou 60 pilotos e tripulantes, sem permissão ou autorização. O comando da Força Aérea fica furioso. Digo a eles: "Escutem aqui, meus pilotos estão tão exaustos que mal conseguem ler os instrumentos, nem eu consigo".

"De quanto sono você precisa?"

"Vou dizer quando eu acordar."

Uzi Eilam, comandante de 71º Batalhão de Paraquedistas, acaba de concluir a libertação da Cidade Velha de Jerusalém.

Motta Gur reúne os comandantes do seu batalhão e nos diz que a brigada não vai mais operar como tal. "Vocês têm permissão para fazer o que quiserem com os seus batalhões."

Decido imediatamente que o 71º seguirá para o norte, rumo às colinas de Golã. Por quê? Onde há batalha é onde você tem que estar.

Chita Cohen comanda o 124º Esquadrão de Helicópteros.

Voamos para um local chamado Poriya. Rafi Sivron está comigo. Ele é meu copiloto.

Poriya é um ponto elevado com vista para o Kinneret, o mar da Galileia, a oeste. No nosso lado esquerdo, quando nos aproximamos, podemos ver Nazaré, onde Jesus viveu até chegar à idade adulta. Tiberíades, um antigo centro da sabedoria hebraica, está sob nós. O monte Tabor, onde o comandante Baraque defendeu Débora dos canaanitas, surge a oeste. Adiante estão os Chifres de Hattin, onde Saladino repeliu os cruzados em 1187. Mais além fica Cafarnaum, onde certo homem andou sobre as águas.

Aterrissamos num grande campo. Não faltam campos vastos por lá. Temos dois esquadrões – o meu, o 124º, com 17 helicópteros Sikorsky S-58, e o 114º, comandado pelo meu amigo Haim Naveh, composto de Super Frelons franceses.

Eis aqui a história de Haim em quatro frases: aos 11 anos, em Budapeste, em 1942, Haim e seus pais foram tangidos com centenas de famílias judaicas para uma ponte no centro da cidade. Seu pai, sua mãe, todo mundo foi enviado para campos de concentração. Haim escapou. Sobreviveu a dois invernos, sozinho nas ruas, até ser resgatado e enviado para a Palestina sob o Mandato Britânico.

Agora, aqui está ele, 23 anos depois, comandando um esquadrão de helicópteros num combate contra outros inimigos cujo objetivo também é destruir nosso povo. Do outro lado do mar da Galileia, erguem-se as colinas de Golã. Olhando para o leste, de Poriya, vemos o platô, grande, quadrado e alto. Vulcânico. Ali os tanques têm que usar esteiras de aço, e não de borracha, como no Sinai.

Em solo, a primeira pessoa em quem esbarro é Danny Matt. Seus paraquedistas estão chegando em ônibus e caminhões.

"Danny! Achei que você ainda estava no Sinai."

"Acabou. Eles nos tiraram de lá. Estávamos em Belém e Hebron ontem, mas ali também está terminando."

Quero dar um abraço em Danny, mas ele é um coronel e eu sou apenas um major.

Em vez disso, é ele quem me abraça.

"Quais são as suas ordens, Chita?"

"As minhas? Quais são as *suas*?"

Rafi Sivron.

As ordens que recebo da Força Aérea são para estabelecer um posto de comando aéreo avançado. Não estarei no comando dos esquadrões 124 e 114, mas vou dirigir suas ações em consonância com as forças terrestres.

Os comandantes dos paraquedistas e da infantaria e eu vamos definir o que queremos fazer, o que podemos fazer e o que o alto-comando nos deixará fazer.

Chita Cohen.

Rafi e seus homens montam o PC avançado no meio do campo. Ao redor, helicópteros pousam. As colinas de Golã têm apenas 65 quilômetros de extensão de norte a sul e entre 20 e 25 quilômetros de largura. Nossas aeronaves poderão levar os paraquedistas de Danny a qualquer ponto das colinas assim que recebermos as ordens.

Será que vão nos dar essas ordens?

O PC improvisado de Rafi consiste de duas mesas com rádios e outros equipamentos de comunicação. Estamos tirando leite de pedra, com informes conflitantes chegando de todos os lugares.

Do quartel-general do Exército, Rafi soube que as forças terrestres do Comando do Norte, sob as ordens do general David "Dado" Elazar, acompanhadas por outras vindas do Sinai e de mais alguns lugares, haviam rompido o setor norte das colinas. O 51º Batalhão da Brigada Golani tinha tomado Tel Fakhr, Tel Azzaiat e Darbashiya, e outras unidades estavam avançando também. Os confrontos têm sido ferozes e amargos, em muitos lugares corpo a corpo, com nossas tropas assaltando posições fortemente entrincheiradas no alto das colinas. As perdas são pesadas, tanto de homens como de veículos. Ouço um informe sobre um batalhão das FDI que começou um assalto com 26 tanques e terminou com apenas 2.

Rafi Sivron.

Kuneitra é a principal cidade das colinas de Golã. Fica ao norte, a menos de 80 quilômetros de Damasco, capital da Síria. Às 10h, escutamos relatos de que forças israelenses, apoiadas por ataques consecutivos de Vautours, Mystères, Super Mystères e Mirages, isolaram a cidade.

Se nossas forças terrestres puderem tomar Kuneitra, a estrada para Damasco estará totalmente aberta.

Chita Cohen.

A rádio síria relata que Kuneitra caiu. O informe, contudo, se revelará prematuro. Mas nossos homens da inteligência em Tel Aviv aproveitam a oportunidade e retransmitem pelo rádio essa informação sem parar.

Quem é que sabe? Talvez isso possa assustar o inimigo e acelerar a sua fuga.

Rafi Sivron.

As forças sírias estão se retirando. Todos os informes confirmam isso, mas não sabemos a que velocidade, nem com quantos homens, nem de onde.

Ainda não recebemos ordens.

Ao meio-dia Kuneitra cai. Onde estão nossos generais? A caminho, aparentemente. Não conseguimos falar com eles.

Temos dois esquadrões de helicópteros e a maior parte de uma brigada de paraquedistas, mas não recebemos ordens de ninguém.

Danny Matt.

Estou ao lado de Chita, observando as colinas de Golã do outro lado do mar da Galileia. Nós dois estamos pensando a mesma coisa: se os sírios estão se retirando de Kuneitra, correndo para casa para defender Damasco, um cessar-fogo deve ser iminente.

Na ONU, em Nova York, não há dúvida de que o embaixador sírio deve estar exigindo uma resolução neste instante. Se tal resolução for aprovada e nosso governo for obrigado a respeitá-la, como de fato será, as linhas do cessar-fogo serão estabelecidas com base nas posições atuais dos dois Exércitos.

Embora os sírios estejam se retirando do norte das colinas, não arredaram pé do centro e do sul.

"Danny", Chita diz, "não podemos deixar esta guerra terminar com os sírios ainda controlando dois terços das colinas."

Rafi Sivron.

Durante três anos, entre 1962 e 1965, fui adjunto de operações no quartel-general da Força Aérea. Dois dias por semana, minhas funções me traziam aqui para a Galileia. Eu me apaixonei pelo Golã. Nenhum lugar do mundo é mais belo que essas colinas na primavera, quando as encostas ficam atapetadas de flores silvestres. Mas a luta aqui nunca terminou.

As colinas de Golã são um platô vulcânico, uma elevação de cerca de 900 metros de altura, com vista para o canto sudeste do mar da Galileia, que fica 200 metros abaixo do nível do mar. Por décadas, os canhoneiros sírios posicionados nos terrenos elevados atormentaram os fazendeiros israelenses nas terras baixas com disparos de artilharia russa contra as lavouras dos *kibutzim*, violando o armistício de 1948. Não é um jogo para amadores. Nossos fazendeiros estão tão próximos que os sírios podem arremessar pedras e atingi-los. Eles alvejam tratores nas lavouras e bombardeiam estábulos e celeiros, residências e escolas. As crianças dos *kibutzim* passam metade da vida em abrigos no subsolo.

Desde quarta-feira, o terceiro dia da guerra, delegações desses assentamentos estão pressionando Eshkol, Rabin e Dayan, que nasceu num desses *kibutzim*, Degânia Alef, e cresceu no *moshav* Nahalal, apenas 50 quilômetros a oeste daqui.

"Tomem as colinas!", imploraram os fazendeiros. "Protejam-nos dos sírios!"

"As provocações deles começaram esta guerra. Não podemos deixar que fiquem impunes!"

Danny Matt.

Antes de a minha brigada de paraquedistas ser enviada ao norte de Golã, recebemos ordens para ir à Cisjordânia capturar Hebron e Belém. Como jovem líder de esquadrão no Haganá durante a Guerra da Independência, lutei nesse mesmo local contra a Legião Árabe jordaniana, defendendo um aglomerado de aldeias chamado Gush Etzion, o Bloco Etzion.

A campanha durou de novembro de 1947 a maio de 1948, quando os quatro assentamentos pioneiros – Kfar Etzion, Ein Tzurim, Massu'ot Yitzhak e Revadim – finalmente se renderam. A Legião Árabe massacrou todos os judeus, 127 almas, e pilhou e queimou tudo por onde passou.

Essa é uma revanche que eu sempre quis ver.

Contudo, quando meus paraquedistas e eu chegamos a Belém e Hebron, o inimigo já tinha saído correndo.

Agora aqui estamos, em Golã, diante de mais uma oportunidade.

Não podemos jogá-la na lata do lixo.

O piloto Giora Romm abate três MiGs no primeiro dia da guerra.

Golã me fez ir para o hospital. A culpa foi minha. No segundo dia, recebi a missão de liderar um voo às colinas. Não é minha especialidade liderar uma formação. Tenho 22 anos de idade. Havia estado em meu primeiro combate 24 horas antes. Mas porque derrubei três MiGs, ganhei certa fama.

Agi de maneira muito inconsequente. Esqueci que os sírios sabiam que uma guerra estava acontecendo. Eu achava que ainda era o primeiro dia e tinha que voar abaixo do radar.

Se tivesse usado metade do meu cérebro, teria me aproximado das colinas de Golã a seis mil metros de altura, bem acima do triplo A sírio, escolhido meus alvos e conduzido meus aviões a salvo pelo alto. Em vez disso, fiz um voo rasante, à queima-roupa, sobre a artilharia antiaérea inimiga.

Agora estou internado no hospital em Afula; tenho muita sorte de ainda estar vivo depois de ser atingido bem abaixo do assento e mal ter conseguido pousar meu Mirage em Ramat David. Minha perna esquerda está cheia de estilhaços. As enfermeiras me aplicaram anestésicos. Estou usando um daqueles aventais de hospital ridículos. Olho em volta do quarto do hospital e digo a mim mesmo: "Giora, você pode ficar aqui sentado nessa cama lendo revistas ou, então, demonstrar um pouco de iniciativa e voltar à ação".

Decido fugir do hospital. Telefono para Tel Nof. A base aérea manda um caminhão me buscar. O uniforme de piloto que eu estava usando havia sido incinerado. Sou obrigado a voltar para a base vestindo roupão de banho. Chegando lá, o comandante do meu esquadrão, Ran Ronen, não quer me deixar voar por conta da minha perna ferida. Ele me manda procurar o médico da base. "Giora", diz o médico da Força Aérea, "me mostre se você pode dobrar a perna". Aí eu dobro a perna sadia.

Três horas depois, estou novamente num Mirage a seis mil metros de altura sobre o Sinai.

Meu número um é Motti Yeshurun, o número dois é Avramik Salmon. Os aviões deles lideram o meu. De repente, avisto um clarão lá embaixo. "Contato visual! Sigam-me!" Um jovem piloto dizer isso é muito atrevimento. Baixo o nariz do avião, com os pós-combustores à toda.

Ou você é um caçador de MiGs ou não é.

Mergulho numa perseguição que já está em curso, na qual meu amigo Yigal Shochat, num Super Mystère, consegue derrubar lindamente um MiG-17 enquanto dois outros se bandeiam para oeste. Meus companheiros ficaram muito para trás. Digo a eles pelo rádio que estou perseguindo dois MiGs-17. Eles perguntam em que direção estou indo. Sei que, se trouxer meus companheiros de formação, nunca vou derrubar os dois MiGs. Na melhor das hipóteses, derrubarei um. Então, digo que estou indo para leste.

Estou indo para oeste.

Meus companheiros seguem para leste, e eu derrubo os dois MiGs, um logo de cara e outro depois, sobre o canal.

Ninguém nunca me desautorizou. Ninguém reclamou. Por quê? Porque a guerra é mil vezes maior do que essas picuinhas.

E sei que tenho uma desculpa que ninguém poderá contestar. Posso dizer que cometi um erro. Direi que falei em japonês, então que me processem.

Menahem Shmul é companheiro de Giora Romm no 119º Esquadrão de Mirages.

Terça-feira, 8 de junho. Estou com Avramik Salmon sobre o canal quando o CIS, o controle de interceptação em solo, nos avisa que temos alvos no ar: quatro MiGs-19 estão atacando nossos blindados e nossa infantaria. Surpreendentemente, os egípcios ainda têm aviões no ar.

Soltamos nossos tanques de combustível, despejamos nossas bombas. Escolho um MiG-19 e erro o disparo quando minha mira primária falha. Chego mais perto, em alta velocidade, miro bem no seu nariz a 80 metros, o MiG vai crescendo à medida que se aproxima da minha janela, até ficar enorme como um celeiro, puxo o gatilho, as balas acertam bem no motor, ele já era.

Salmon pega dois, eu pego um.

No ataque seguinte, Jacob Agassi é meu líder, tenente-coronel, prestes a ser promovido à comandante da base de Ramat David, voando no nosso esquadrão, um grande piloto.

Agassi e eu estamos sobrevoando a mesma área próxima ao canal quando tropas em solo pedem ajuda pelo rádio. Estão sendo atacados por aviões egípcios. É uma sensação ótima fazer parte da cavalaria e ser capaz de correr em auxílio dos nossos guerreiros sob fogo. Pego um Ilyushin-28, um bombardeiro leve. Sobre o lago Bardawill, sem nem mesmo precisar derrubar os tanques, executo um ataque pela retaguarda. Ele tem um canhão de 23 milímetros, então não posso chegar diretamente por trás. Atinjo-o a uma distância de 600 metros. Ele explode bem em cima das nossas tropas.

O dia ainda não terminou. O CIS avisa: "Há quatro MiGs na área de vocês". Fazemos uma curva para oeste. Em meio minuto, lá estão eles. Sou mais jovem e mais rápido que Agassi, então escolho um e o persigo, bem rente ao solo, ponho a mira no *cockpit*, três disparos, e o MiG já era.

Então, derrubei três no mesmo dia.

Se penso no meu pai? Sim. E no seu irmão mais novo, Yaakov, meu tio, que aos 18 anos, na Guerra da Independência, foi um dos 35 soldados que correram em socorro dos colonos de Gush Etzion e foram torturados e mortos por falangistas árabes naquele massacre horrível.

Essa foi a minha guerra, a primeira de cinco. Destruí aviões inimigos e alvos no solo, até mesmo um navio na baía de Sharm el-Sheikh. Fui atingido por fogo triplo A e trouxe meu Mirage de volta em segurança. Cumpri a promessa que fiz a Ran, o comandante do meu esquadrão, que manteve meu nome no quadro de missões quando tinha tudo para me deixar em solo.

Mantive intacta a linhagem de guerreiros da minha família.

Rafi Sivron.

Os helicópteros de Chita e Haim começaram a transportar paraquedistas para o setor sul das colinas de Golã. Levaram a manhã inteira para obter permissão.

Fiquei aguardando em solo ao lado do comandante, Elad Peled. O alto-comando estava cauteloso, temendo que, se atacássemos e tivéssemos êxito, os russos entrariam na guerra para proteger seus aliados sírios.

Finalmente, no começo da tarde, a inteligência confirma que o inimigo está se retirando de Golã por todos os lados das colinas.

Estou no rádio com Rafi Har-Lev, do comando de operações da Força Aérea. "Vá", diz ele. "Estou lhe dando sinal verde."

Chita Cohen.

O plano é mandar os helicópteros para averiguar a situação. Meus pilotos levarão os paraquedistas de Danny para lá. Os Super Frelons de Haim voarão conosco, embora já estejam passando por problemas mecânicos, com seus filtros de ar entupindo por causa da poeira vulcânica.

Avançaremos pelas colinas em busca de focos de resistência. Quando encontrarmos um, vamos eliminá-lo e passar logo para o próximo.

Danny Matt.

Nossas forças agora estão disputando uma corrida, não apenas contra os sírios, mas também contra as Nações Unidas. Quanto tempo temos até que um cessar-fogo seja declarado? Quanto tempo até que os primeiros oficiais da ONU apareçam?

Rafi Sivron.

Não existe uma doutrina para o que estamos fazendo. Nem mesmo as unidades aerotransportadas dos norte-americanos no Vietnã tinham um plano para uma situação desse tipo. Ele é elaborado em plena ação.

Funciona mais ou menos assim: os helicópteros de Chita estão indo em direção ao entroncamento viário de Fiq, na crista que dá para o mar da Galileia e conecta o sul de Golã a Kuneitra no norte e ao monte Hermon. Sua missão é pôr em terra uma força de paraquedistas de Danny, que vai tomar essa interseção e estabelecer a presença israelense ali.

Estou no rádio. "Chita, onde você está?"

"Estamos em Butamiya."

"O quê? Você devia estar aqui em Fiq." "Acabamos de sair de lá. Depois de um combate, os sírios foram embora. Então, voamos atrás deles e tomamos Butamiya."

Não suporto não estar fazendo parte disso. Quando Chita retorna para Poriya para reabastecer a apanhar mais paraquedistas, vou direto falar com seu copiloto, Moshe Carmeli.

"Moshe, me desculpe, preciso voar. Vou tomar seu lugar."

Chita Cohen.

As colinas estão rapidamente ficando desertas. Dos helicópteros, é possível ver com nossos próprios olhos. Soldados inimigos se apinham em caminhões e se precipitam para defender Damasco. Nossos aviões já estão atacando a capital síria. Pelo menos é o que a rádio inimiga informa.

Será verdade?

Quem sabe?

Rafi Sivron.

Nossos pilotos, exaustos, voando sem parar antes que venha o cessar-fogo, continuam transportando tropas para interseções cruciais e pontos estratégicos. Em Butamiya, 16 helicópteros em formações duplas e triplas aterrissam com cerca de 150 a 180 paraquedistas a cada viagem. Quando a noite cai, temos mais de 500 homens em solo. Com isso, nossas forças bloqueiam todo o sul de Golã. Assim que os paraquedistas estabelecem a cabeça de ponte, forças de solo convencionais chegam em seus veículos para consolidar a posição. Então, as forças transportadas pelos helicópteros seguem adiante para tomar o ponto estratégico seguinte.

Chita Cohen.

Se Dayan soubesse o que estávamos fazendo, teria um ataque do coração. Se os russos soubessem, já teriam trazido umas 20 divisões.

Ora, esse é o jeito israelense de improvisar.

É o que fazemos melhor.

Rafi Sivron.

Os helicópteros passam o dia voando, até ficar escuro demais para aterrissarem em segurança. Cai a noite de 10 de junho, sexto dia da Guerra dos Seis Dias. Do ponto de inserção inicial em Fiq, paraquedistas israelenses agora controlam as artérias principais das colinas de Golã e a maior parte do caminho para Kuneitra, com tropas em terra subindo pelo sul para consolidar essas posições.

À noite, um cessar-fogo está tecnicamente estabelecido.

No entanto, nenhuma equipe da ONU está aqui.

De volta a Poriya, nossos pilotos desabam exaustos dentro da única barraca que conseguimos armar para eles. Sou o único ainda acordado e de prontidão. De repente, depois da meia-noite, o telefone toca.

É Dado, o general David Elazar, comandante do *front* norte. Um dos comandantes da sua brigada, chamado Bar-Kochva, foi ferido nas colinas. Dado quer um helicóptero para encontrar esse oficial e evacuá-lo.

Argumento que a noite está muito escura e as colinas ainda estão cheias de sírios em posições de defesa. Nenhum helicóptero pode aterrissar em tais condições (na verdade, um até já caiu nessa noite por conta da escuridão), para não mencionar que todos os pilotos estiveram voando por cinco dias a fio, estão tão esgotados que nem mesmo a claridade da manhã consegue despertá-los.

Dado retruca: "Estou lhe dando uma ordem". Na verdade, ele não pode fazer isso; estou sob o comando da Força Aérea, e não do Exército. Mas percebo como isso é importante para ele. Prometo que vou tentar. Dado diz: "Muito bem, vamos nos mexer. A propósito, sei o tipo de soldado que é o coronel Bar-Kochva. Ele não vai querer ser evacuado".

Dado pede para eu levar uma pistola. "Estou autorizando você a usar a força."

Nas camas de campanha dentro da nossa barraca estão dormindo 20 pilotos. É quase como se estivessem dentro de covas. Nem chutes fazem com que se mexam, nada funciona. Finalmente, consigo acordar um deles, um jovem e corajoso piloto chamado Itzhak Segev. Ele diz: "OK, vamos lá".

O problema é que não fazemos a menor ideia do paradeiro do coronel Bar-Kochva. Rumamos para o norte, reabastecendo primeiro em Kiryat Shmona, a cidade mais setentrional de Israel, e, em seguida, partimos para nossa busca. Por volta das 21h, enquanto sobrevoamos uma aldeia na parte mais ao norte das colinas, olhamos para baixo e vemos, estacionado num campo de futebol, um grupo de caminhões no que parece ser um posto de comando.

Aterrissamos.

"Estamos procurando o comandante de brigada Bar-Kochva."

O coronel está tomando café na margem da estrada. O local fica no extremo norte das colinas de Golã, em frente ao monte Hermon, próximo a uma aldeia drusa chamada Majdal Shams.

"Senhor", eu digo, "tenho ordens de Dado para tirá-lo daqui."

"Eu me recuso a ir."

"Dado já esperava que o senhor dissesse isso, então me autorizou a usar a força. O senhor foi ferido e Dado quer que o levemos para um hospital."

O coronel suspira e põe a mão no meu ombro. "Meu jovem, você está cansando. Nem tomou café ainda. Sente-se, deixe-me preparar alguma coisa para você. Vamos conversar quando você estiver de barriga cheia."

Então,tomamos um café e comemos alguma coisa.

A PORTA DOS LEÕES

Bar-Kochva me chama de lado e mostra o ferimento, que é no pé e superficial o bastante para que ele continue caminhando sem dificuldade.

"Qual é seu nome? Rafi? Olhe, Rafi, está vendo este combate aqui nas colinas, deste lado da fronteira? É a coisa mais importante que já fiz ou vou fazer na vida. Você está vendo que não estou sangrando. Se eu deixar minha formação, meu adjunto vai assumir, e ele é uma besta."

Este é o sétimo dia da Guerra dos Seis Dias. Ontem, Dayan e o governo formalmente concordaram com um cessar-fogo. Mas aqui em cima, onde estamos, ainda é o faroeste. A extremidade norte das colinas de Golã continua em mãos sírias.

"Rafi, vou lhe dar um jipe. Venha comigo. O inimigo está fugindo. Vamos conquistar cada metro quadrado de terra que ele deixar para trás. Tudo o que precisamos fazer é levar nossas tropas. Hoje é 11 de junho. Dou minha palavra que no final do dia, aconteça o que acontecer, você pode me levar para o hospital."

Subimos no jipe. O coronel segue na frente num carro de comando. Segev e eu deixamos o helicóptero no campo de futebol e partimos para conquistar o nordeste das colinas de Golã.

Passamos o dia inteiro num carro subindo e descendo colinas, passando por encruzilhadas e postos sírios abandonados. Aqui e ali, o grupo do coronel encontra resistência. Há troca de tiros, campos minados que precisam ser superados, mas, na maior parte, o platô está quieto, agreste, belo. No final da tarde, quando Bar-Kochva completa o percurso a alguns quilômetros ao norte de Kuneitra, nossas forças ao sul já estão indo ao seu encontro. Ao mesmo tempo, do leste chega uma equipe de cessar-fogo da ONU, acompanhada de oficiais sírios.

Um coronel sírio corre em direção a Bar-Kochva, suando, agitado. "Eu lhe imploro, pare, pare aqui! O que você tomou é seu. Mas não avance mais!"

O comandante da missão da ONU declarou aquele momento o fim oficial das hostilidades. Ali, naquele ponto, ambos os lados teriam que parar.

"OK, Rafi", Bar-Kochva disse para mim. "Agora você pode me levar para o hospital."

E aquele local se tornou a nova linha de cessar-fogo e a fronteira sírio-israelense *de facto*, no término oficial da Guerra dos Seis Dias, às 16h do dia 11 de junho de 1967.

418

LIVRO OITO
A PORTA DOS LEÕES

A BIOGRAFIA DA NAÇÃO

Nunca gostei de Dayan. Por vezes, cheguei a odiá-lo. Convivi de perto com ele em vários momentos. Enquanto eu trabalhava em questões delicadas, antes e depois da guerra, para Ben-Gurion e para outros, nossos caminhos, meu e de Dayan, não paravam de se cruzar.

Dezenove anos depois de liderar as missões de combate de 1948 que salvaram Tel Aviv, Lou Lenart continua servindo a Israel como piloto e em outras funções.

    Havia alguém mais esperto do que Dayan? Não na opinião de Dayan. Ele era o cara mais inteligente em qualquer reunião e não tinha o menor pudor de deixar isso bem claro. Uma coisa é não ter paciência com gente estúpida; mas Dayan não tinha com ninguém. Ele ia aonde bem entendesse e pegava o que desejava. Quero dizer: qualquer coisa. Ele operava como se estivesse acima da lei, e ninguém, incluindo Ben-Gurion, jamais o advertiu.
    Dayan foi a pessoa mais carismática que já conheci. Ele ligava e desligava esse carisma como se acionasse um interruptor de luz. Ou você o amava ou o odiava, às vezes ao mesmo tempo. Eu costumava me perguntar: "O que esse cara tem que deixa as pessoas tão loucas? Por que os generais vêm cobri-lo de elogios e, no minuto seguinte, conspiram para lhe roubar o crédito? Por que o povo de Israel o coloca sobre um pedestal e, em seguida, tem tanto prazer em arrancá-lo de lá?".
    Certo dia me dei conta. Ele é exatamente como eles; Dayan *é* Israel, mais do que Ben-Gurion. A força de Dayan é a mesma força de Israel, e sua fraqueza é a fraqueza de Israel. Às vezes, sua força e sua fraqueza são a mesma coisa: sua rispidez, sua agressividade, sua vontade de agir como se obedecesse a uma lei própria.

A biografia de Dayan é a biografia de Israel: a primeira criança (alguns dizem que foi a segunda) nascida no primeiro *kibutz*, herdeiro ungido do Partido Trabalhista, marido da adorável e culta Ruth, pai da precoce e ambiciosa Yael. Os britânicos o puseram na cadeia em 1930 e depois o soltaram, em 1941, para que lutasse ao seu lado. Ele perdeu o olho lutando contra o Eixo. Seu irmão foi morto em combate pelo adversário sírio, mas Dayan estendeu a mão para esse inimigo, para os próprios homens que realizaram os disparos fatais, e conseguiu trazê-los para o lado de Israel. Ele os transformou em amigos.

Como chefe do Estado-Maior, Dayan conformou o Exército à imagem da "falta de alternativa", da obrigação de "completar a missão", do princípio de "avançar a qualquer custo" e à sua própria imagem. Ele inventou um novo tipo de judeu e incorporou essa identidade ousada e aventureira, com tapa-olho e tudo, para o mundo inteiro ver.

No Sinai e em Jerusalém, o Exército que Dayan inventou faz exatamente o que ele ensinou. Ele ignora a vontade de Dayan. Toma decisões próprias. Seus oficiais atacam primeiro e depois leem as ordens. Dayan não pode detê-los.

Comecei a gostar dele aí.

A guerra está chegando ao clímax. Dayan quer ser Josué, quer ser Davi. Mas como ministro da Defesa, não pode mais operar apenas pela espada. Precisa agir como um homem sábio agora. Tem que ser o estadista. Consigo vê-lo lutando contra o próprio coração, que bate pelo Velho Testamento.

Dayan disse certa vez: "Prefiro ter que refrear o cavalo de batalha ansioso a ter que açoitar a mula relutante".

Esse cavalo agora é a história. É o ritmo dos acontecimentos. Dayan segura os arreios pelo tempo que pode. Ele estava certo ao dizer não aos seus generais quando quiseram tomar a Cidade Velha, e estava certo quando finalmente ordenou: "Adentrem a Porta dos Leões".

O general Uzi Narkiss, o ministro da Defesa Moshe Dayan
e o chefe do Estado-Maior Yitzhak Rabin adentram
a Cidade Velha de Jerusalém em 7 de junho de 1967.

Os inimigos de Dayan o acusaram de transformar a marcha para o Muro das Lamentações, em 7 de junho, num evento calculado, uma oportunidade encenada por ele para se colocar diante dos fotojornalistas e das câmeras de televisão. Claro que foi isso. Como poderia não ter sido?

O Muro era tudo. Aonde mais ele poderia ir?

Dayan privou o primeiro-ministro Eshkol de participar desse momento? Com certeza. E tinha toda razão para isso. Ele foi para o Muro com seus generais, com Rabin e Narkiss.

Por que os capacetes? Por que as cintas afiveladas? Por que entrar pela Porta dos Leões?

Para fazer daquela ação um momento de guerreiros, e não de políticos. Para honrar os paraquedistas, para trilhar seus passos. Para encenar diante dos olhos do mundo que os judeus tinham retornado ao seu lugar mais sagrado *sob fogo*. Ainda estavam disparando tiros. Estávamos operando por questões militares, mostram as fotografias na imprensa, e não pelo desejo de aumentar nosso território.

Funcionou.

Dê o crédito a Dayan. Ele sabe que é um ícone. Sabe que seu modo de falar e seu tapa-olho são a imagem das Forças Armadas de Israel para o mundo. Ele está certo em desempenhar esse papel agora – e desempenhá-lo por inteiro.

O VELHO

Estou sentado com o coronel Shmuel Gorodish, comandante da 7ª Brigada Blindada, na margem leste do canal de Suez, no dia 10 de junho, o último dia da guerra. Gorodish diz: "Se me derem a ordem, posso ir até a Mauritânia. Até o Atlântico. Nada no caminho poderá nos deter".

Michael Bar-Zohar é autor de Ben-Gurion: The Armed Prophet *(Ben-Gurion: o profeta armado), biografia autorizada de David Ben-Gurion. Ele é um paraquedista alocado durante a guerra na Galei Zahal, a rádio das* FDI.

É esse o sentimento do momento. Mais cedo, neste mesmo dia, estive mais ao norte, na ponte Firdan, onde Denis Cameron, da revista *Life*, fez a foto de Yosi Ben-Hanan nas águas do canal que se tornaria uma das mais icônicas imagens da guerra.

Ori Orr, comandante da Companhia de Reconhecimento da 7ª Brigada Blindada, estava lá, com dois dos comandantes de pelotão que sobreviveram, Eli Rikovitz e Amos Ayalon. A unidade deles sofreu terrivelmente. Ninguém conhecia os números então, mas descobriríamos em breve que eles perderam mais homens na guerra do que qualquer outro contingente do mesmo porte. Você podia ver no rosto deles, queimado de fuligem, pólvora e sol, e pela maneira como se mantinham um ao lado do outro, como se não confiassem em ninguém mais a não ser neles mesmos. Sua unidade foi a primeira a chegar ao canal, a mais condecorada. Dezesseis homens mortos, dez medalhas por bravura.

Outra vítima da guerra foi Ben-Gurion, porque esteve errado o tempo inteiro. Acreditou que as Forças Armadas de Israel não poderiam resistir a Egito, Síria e Jordânia, resguardados pela União Soviética, sem o apoio dos Estados Unidos ou de outra grande potência.

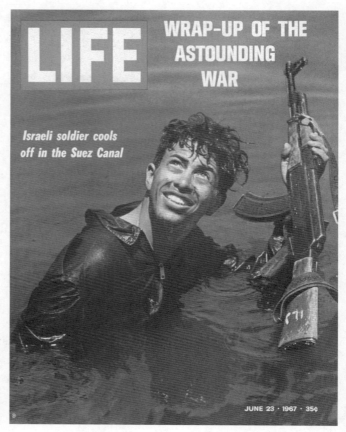

O tenente Yosi Ben-Hanan, fotografado por Denis Cameron. [Na capa, lê-se: "O desfecho da guerra atordoante"; "Soldado israelense refresca-se no canal de Suez".]

Dayan tinha razão.

Sharon tinha razão, assim como Gavish, Tal e Gorodish.

Begin tinha razão. Ele agora tinha se transformado num protagonista.

Fui eu quem, a quatro dias da guerra, disse a Dayan que ele seria nomeado ministro da Defesa na manhã seguinte. Persegui-o por todo o país, tentando dar a notícia. Cada vez que chegava a um lugar, Dayan tinha acabado de sair. Finalmente, à noite, consegui encontrá-lo em casa. "Como você sabe?", ele perguntou. "Eu sei", respondi. E Dayan disse: "Você vai trabalhar para mim após a guerra". Dias depois, nas margens do canal, aparece um soldado. "Há alguém chamado Bar-Zohar aqui? Tem um telefonema para você na barraca de comunicações."

LIVRO OITO • A PORTA DOS LEÕES

Vou até lá. Dayan está na linha. Ele diz: "Michael, venha já para Tel Aviv. Você começa a trabalhar amanhã às 8h".

"Moshe, você sabe onde estou? Estou no canal!"

"OK", ele diz. "8h30 então."

Pego carona e viajo a noite inteira. Em Tel Aviv, faço uma parada diante da casa de Ben-Gurion, porque sei que ele adora ver os soldados chegando do *front*. Ele está de farda, imundo feito o cão. É a única vez que Ben-Gurion me dá um abraço. Trabalhei com ele durante anos, e ele nunca havia feito isso antes.

Ter conhecido Ben-Gurion nos seus dias de poder foi como servir com... Quem? Moisés? Não é muito diferente disso.

Ben-Gurion fundou Israel. Ele *era* Israel. Um homem atarracado, por vezes rude, com aquele cabelo branco arrepiado. Mas quando chefes de Estado ficavam diante dele, dava para vê-los encolherem. Encolherem! Tal era o respeito e o temor com que se dirigiam a Ben-Gurion.

Ele amava Dayan. "Michael, venha comigo", ele dizia. "Precisamos ir ao plenário do Knesset."

"Por quê?"

"Porque Moshe está falando."

Dayan adorava Ben-Gurion. Certa tarde, ele e eu fomos a um encontro na cobertura do Edifício Histadrut, em Jerusalém. O velho estava se dirigindo a uma delegação. "Michael", Dayan disse, "você e eu jamais chegaremos aos pés desse homem. Nunca".

Mas, para Ben-Gurion, aquele momento passou.

Antes da guerra, ele se encontrou com Dayan num hotel em Beer-sheva, onde Dayan ficou ao excursionar pelas unidades do Exército no *front*. Dayan fez com que Ben-Gurion viesse até ele. Isso seria impensável um ano antes.

Em 4 de junho, o dia anterior à guerra, Dayan teve a consideração de enviar seu assessor, Chaim Israeli, para informar a Ben-Gurion que a guerra iria começar na manhã seguinte. Em público, o velho deu sua bênção. Mas, em seu diário, escreveu: "Eles estão cometendo um grande erro". Na manhã seguinte, quando as notícias do *front* egípcio eram todas ruins, Ben-Gurion pensou: "É, vou dar um pouco de razão a Moshe".

Dayan nunca falou com Ben-Gurion durante a guerra. Isso magoou muito o velho. Ele percebeu que não era mais necessário. Essa foi sua verdadeira morte.

427

Passei anos insistindo para que ele escrevesse suas memórias. Ele sempre menosprezou isso. "A história você não escreve, você faz!" Mas, depois da guerra, me disse: "Michael, estou começando a escrever minhas memórias". A princípio não entendi. Foi esse o momento em que Ben-Gurion começou a mudar, a estender a mão para seus velhos inimigos, a abraçar o papel de "pai da pátria".

Dayan é o rei agora. Não apenas em Israel ou no Oriente Médio, mas em todo o mundo. Seu tapa-olho é reconhecível em Moscou ou na Mongólia. Ele é uma celebridade mundial em pé de igualdade com qualquer outra. Digo a ele: "Moshe, você é maior que os Beatles".

Dayan não quer ser primeiro-ministro. Executar as tarefas tediosas de chefe de Estado? Isso não é coisa para um homem como ele. Sharon, que em tempo assumirá esse posto, compreende que não se pode governar como um lobo solitário. É preciso construir um movimento. É necessário cortejar o Sindicato de Enfermeiras, os agricultores das fazendas de melões e os rabinos malucos que acham que as mulheres são inferiores aos homens.

Dayan percebe a necessidade de montar uma coalizão, mas não consegue fazê-lo. Ele é Josué. Entende a espada e a terra e não quer saber de nada mais. De certa forma, o tempo de Dayan também já está passando. Meses depois da guerra, os líderes árabes na Cisjordânia deflagraram uma greve. Dayan os convocou, os notáveis da Judeia e da Samaria, todos. Ele os respeitava, e eles o respeitavam. Ele disse: "Escutem, sou ministro da Defesa. Minha preocupação é segurança. Se quiserem fazer greve, não vou impedi-los, a não ser que causem violência. Então, se uma mulher de Tel Aviv decidir comprar elásticos para as meias-calças dela, vai fazê-lo em Tel Aviv, e não em Ramallah. E aí? Vou tirar o Exército das suas aldeias e cidades. Se quiserem fazer a greve, façam."

Vinte e quatro horas depois, a greve terminou.

No entanto, o mundo está mudando. A ideia de autonomia local para os árabes nos territórios ocupados não é boa o bastante. Não é um acordo que resistirá ao tempo. A Jordânia não vai retomar a Cisjordânia, não em condições que Israel aceite. Hussein tampouco quer os palestinos.

Temos um impasse. Dayan sabe disso, percebe o que está por vir, mas não tem respostas.

Ninguém tem.

A COMPANHIA FANTASMA

Eli Rikovitz, comandante de pelotão na Companhia de Reconhecimento da 7ª Brigada Blindada.

A guerra terminou. Uma semana se passou. Nossa brigada foi retirada do canal. Unidades da reserva chegaram para assumir nosso lugar. Nossa companhia está agora aquartelada em Bir Gafgafa, no Sinai central. Bir Gafgafa é uma enorme base egípcia, com um campo de pouso e espaço para abrigar uma divisão inteira.

Estamos assentados em barracas. Durante o dia, treinamos para nos manter ocupados, mas à noite não temos o que fazer. Isso começa a nos abater; finalmente, nos damos conta de quantos amigos perdemos.

Ori Orr, comandante da Companhia de Reconhecimento.

Como a 7ª Brigada Blindada é uma unidade regular do Exército, os homens na nossa companhia não serão desligados e mandados para casa como os demais reservistas. Ganharemos uma folga, provavelmente em breve. Mas nós, do Reconhecimento, continuaremos no serviço regular e na ativa, alguns ainda por dois anos ou mais. Alguns vão fazer carreira no Exército.

Eu vou. Ficarei aqui.

Menachem Shoval, soldado do Reconhecimento.

No deserto, costumávamos fazer uma fogueira à noite. Ficávamos juntos. Cantávamos músicas, contávamos histórias.

Mas agora não mais. Não podemos.

O Exército está enviando artistas para nós. Cantores e comediantes fazem shows para levantar o moral das tropas. Soldados de outras unidades riem e aplaudem. Nós não. Só conseguimos tolerar a companhia de nós mesmos, ainda que não digamos nada quando estamos juntos. Não superamos o que aconteceu. Não conversamos com ninguém e ficamos remoendo nossos sentimentos. Mantemos a boca fechada. Todo mundo está preso em si mesmo.

Dubi Tevet, soldado do Reconhecimento.

Poucas famílias israelenses obtiveram permissão para vir ao Sinai, para ver o local onde seus entes queridos tombaram. Elas chegam, sem dizer palavra e abatidas pela dor, dirigindo os próprios veículos – Peugeots e Studebaker Larks, Dodges Dart e Citroëns Deux Cheveaux.

Não pode existir visão mais dilacerante do que a de uma mãe enlutada ou, pior, de uma esposa transformada em viúva com o olhar perdido diante deste deserto.

Menachem Shoval, soldado do Reconhecimento.

A euforia da vitória tomou posse de todo Israel. Nossa companhia não é afetada por isso. Estamos totalmente alheios.

Em Jebel Libni, a brigada faz um desfile da vitória. Gorodish sobe numa plataforma e faz um discurso – alguns dizem que um grande discurso –, que a rádio não para de repetir. "Sejam fortes e bravos, meus irmãos, heróis da glória!"

Isso não quer dizer nada para nós. Não sabemos do que ele está falando.

Eli Rikovitz, comandante de pelotão do Reconhecimento.

A frase mais aclamada no pronunciamento de Gorodish é: "Encaramos a morte, e ela desviou o rosto".

Isso pode ser verdade para a brigada. Não é verdade para nós, do Reconhecimento. Encaramos a morte, mas ela não virou o rosto. Ela levou quantos de nós quis.

Eli Rikovitz e Ori Orr em Bir Gafgafa.
Na flâmula está escrito "Companhia Fantasma".

Boaz Amitai, comandante de pelotão do Reconhecimento.

Posso levar você agora à vala na entrada do Jiradi, onde fiquei com a cabeça abaixada protegendo-me das rajadas egípcias, e ao local em El Arish onde fui atingido. Posso mostrar a você a curva da estrada onde Yossi Elgamis morreu, a encosta onde Avigdor Kahalani foi queimado, o lugar onde Ehud Elad foi morto.

Menachem Shoval, soldado do Reconhecimento.

Trago comigo o estojo de barbear de Shaul Groag. Peguei-o na traseira do jipe depois que ele foi morto. É uma loucura guardar isso. Um *kit* de toalete do Exército. Uma toalha do Exército. Não tem nada pessoal de Shaul nisso.

Mesmo assim, não consigo jogá-lo fora. Faz um mês e meio que carrego esse negócio comigo, para que um dia possa entregá-lo aos pais de Shaul. E, então, vou dizer a eles o quê? "Foi só isso que sobrou"?

Eli Rikovitz.

Quando uma companhia com laços tão fortes como a nossa sofre perdas tão grandes, os indivíduos fazem uma destas duas coisas: ou se unem ainda mais ou se dispersam de vez.

A nossa está se dispersando.

Dubi Tevet.

Alguém fez uma flâmula com a nossa insígnia e pôs este título: Companhia Fantasma. É isso que somos. E será pior quando formos para casa.

Ori Orr.

Eli chegou para mim e sugeriu que visitássemos todas as famílias que sofreram perdas.

A primeira pessoa que visitamos foi Boaz, no hospital. Os ferimentos dele estavam cicatrizando.

"Eu vou com vocês", ele disse.

Menachem Shoval.

O Exército tem um sistema oficial para notificar as famílias da morte dos seus entes queridos. Contudo, quem sabe quanto esse processo pode durar, ou como uma notificação dessas pode ser impessoal?

Decido ir pessoalmente, assim que possível, visitar os familiares dos que eram meus amigos.

Eli Rikovitz.

A pior coisa é aquela família que nos dá as costas. A mãe olha pela janela e vê a mim, Ori e Boaz chegando pela calçada.

"Vão embora! Saiam já daqui! Vocês levaram o meu filho!" Ela tranca a porta e se recusa até a falar conosco.

Não conseguimos visitar outra família nesse dia.

Ori Orr.

Pela maneira como aquela mãe nos recebeu, dava para ver que ela não estava nos culpando nem nos responsabilizando pela morte do filho. Ela simplesmente não conseguia aceitar a realidade, que seu amado filho jamais retornaria.

Talvez ela acreditasse que, se nunca ouvisse as palavras "Seu filho foi morto", ele ainda estaria vivo.

Menachem Shoval.

O que posso dizer a um pai que me pergunta como seu filho morreu? O que posso dizer para aliviar aquele sofrimento?

Fico tão perplexo e me sinto tão inútil.

E mesmo a menor lembrança, uma piada que o filho contou, uma brincadeira juvenil boba que ele fez... a lembrança dessas coisas significa tudo. Uma mãe, um pai se agarram a essas pequenas coisas.

"Seu filho não tinha medo."

"Ele liderou o nosso avanço."

Os pais ficam extremamente emocionados ainda que não consigam perceber a dimensão do que seus filhos fizeram ou das palavras que disseram.

Moshe Perry.

Chen Rosenberg era meu amigo. Dez anos depois de ele ser morto, ainda carrego sua foto na minha carteira. Estou fora do Exército, casado, com filhos. Mesmo assim, a foto de Chen ainda está na minha carteira.

Nehama Nissenbaum, mãe de Benzi Nissenbaum.

Sobrevivi ao Holocausto, mas meu filho não sobreviveu à Guerra dos Seis Dias. Uma vez a cada três semanas faço uma visita ao cemitério. Acendo uma vela, deixo algumas flores, vou para casa e penso: "Se ele ainda estivesse vivo...".

Mas isso foi o que a vida nos deu, o que o destino nos reservou.

Bat-Sheva Hofert, irmã de Shlomo Kenigsbuch.

Perdi meus dois irmãos na Guerra dos Seis Dias, e 36 anos depois perdi meus dois filhos. Todos os quatro estão enterrados no cemitério militar de Kfar Sava. Na tradição judaica, quando alguém visita um túmulo, deve pôr uma pedrinha sobre ele como símbolo da sua lembrança. Mas quantas pedras aguenta um coração?

Costumo pensar: "Como seríamos felizes se eles todos ainda estivessem vivos". Só o que sei é que isso não está nas nossas mãos, pelo menos não nas minhas. Tudo o que fica é a dor e o luto, mas você tem que seguir em frente.

Eu não vou desistir.

Nunca.

UM CASAMENTO EM ZAHALA

Não tomei parte na euforia do pós-guerra. Perdi amigos queridos, e isso para mim ofuscou a alegria tão genuína que outras pessoas pareciam estar sentindo.

A tenente da reserva Yael Dayan completou sua missão de correspondente na divisão de Arik Sharon e recebeu baixa da ativa.

Os dias passaram com uma rapidez surpreendente. Você acordava a cada manhã esperando finalmente compreender aquela realidade alterada e, ao fim do dia, se dava conta de que tinha sido novamente iludido. Nitidamente, a equação de poder tinha sido desestabilizada. Velhas fronteiras e armistícios foram anulados e invalidados. Israel tinha se tornado uma potência indiscutível na região. Podia falar em outro tom e devia ser abordado de uma outra maneira.

Dov e eu fomos de carro para Jerusalém. Ele lutou aqui na Cidade Velha em 1948 e conhecia todas as curvas e becos da cidade, mas eu não conseguia ouvir as histórias que ele contava. Era uma experiência muito acachapante.

Visitamos o Muro das Lamentações. Quase tomei um susto ao ver que era um muro de verdade. Eu esperava o que, um receptáculo de lágrimas, uma abstração, um refúgio de esperança e saudade?

Meu pai havia me contado que numa das reuniões de gabinete em que a libertação da Cidade Velha estava sendo debatida, dois ministros defenderam deixar os locais sagrados em mãos jordanianas. Era melhor que esses locais continuassem a ser um sonho, argumentavam os ministros. O mesmo sentimento podia ser visto nas expressões dos soldados armados que caminhavam, estupefatos, pelos *souks** e pelas ruas.

O Muro era um muro. Blocos de pedra cinza, numa escala monumental e adoravelmente antigos, com ramos de hissopos brotando no meio das fissuras. Porta de Jafa, Porta de Damasco, Torre de Davi, Porta dos Leões. Não conseguia absorver nada disso. Era cedo demais.

Fomos a Belém, à Igreja da Natividade. Ontem, tanques e blindados leves patrulhavam aquelas ruas. Hoje, caçadores de suvenir disputam camelos esculpidos em madeira, maravilhados com as pechinchas, enquanto turistas enfiam os narizes em pátios de residências particulares como se fossem os donos daquilo tudo. Fiquei dividida entre a relutância e a aceitação. "Por favor, podemos ir embora daqui?"

Dov nos levou de volta ao monte Scopus. A Velha Jerusalém se estendia diante de nós como um sonho que havia se tornado real, mas uma realidade na qual ainda não conseguimos acreditar. No caminho de volta para casa, Dov me pediu em casamento.

Eu tinha quase 28 anos. Meu irmão Assi já havia marcado a data do casamento com sua namorada de colégio, Aharona. Eu sabia que tinha encontrado em Dov o homem com quem desejava passar o resto da minha vida. Com muita alegria, planejamos um casamento duplo. A data foi 22 de julho, *Yud Aleph beTammuz* pelo calendário hebraico, a mesma data em que os pais da minha mãe se casaram em 1915 e, 20 anos depois, minha mãe e meu pai também.

O casamento foi realizado no jardim em Zahala. Ben-Gurion veio, estava muito feliz. Danny Kaye, um antigo amigo da família, também. Arik Sharon foi o padrinho de Dov. Vários sheiks e prefeitos da Cisjordânia participaram da celebração também. Todos eram amigos da minha mãe e do meu pai.

---

* Espécie de mercado ao ar livre, típico das cidades do norte da África.

O JUDEU GUERREIRO

Moshe Dayan.

 Poucos meses antes da Guerra dos Seis Dias, fui ao Vietnã. Viajei como jornalista. Escrevi uma série de artigos para o jornal israelense *Ma'ariv* e para o *New York Times*. Contudo, claro, a qualquer lugar que eu fosse era tratado como soldado.

 Os norte-americanos são o povo mais gentil do mundo, principalmente quando se trata de soldados e fuzileiros no campo de batalha. Acompanhei esses jovens em muitas patrulhas pela selva e, sem dúvida alguma, fui responsável por fazer nascer uns fios de cabelos brancos nos oficiais encarregados da minha segurança. O campo é o único lugar em que sei estar quando há um combate. Mapas e despachos dão uma pálida dimensão da realidade do terreno, e um passeio de helicóptero a 1.500 metros de altura acima das árvores não me diz nada.

 No início, os soldados e fuzileiros norte-americanos não acreditavam que eu era o mesmo Moshe Dayan de quem tinham ouvido falar. Eles reconheciam meu tapa-olho dos cinejornais e da televisão, mas não conseguiam crer que um grande general estava ali, enfiando os pés na lama ao lado deles. Somente quando falei, e eles ouviram meu inglês com forte sotaque hebraico, os soldados sorriram e se aproximaram.

 O que aconteceu depois foi extraordinário, e se repetiu várias vezes. Um tenente em uma das aeronaves quis ter uma palavrinha comigo longe dos ouvidos dos seus comandantes.

 "Nós deveríamos lutar como vocês, israelenses."

 "Como assim?", perguntei.

 "Quero dizer, nos embrenhando nos lugares e fodendo a vida de certas pessoas."

Moshe Dayan acompanha soldados norte-americanos no Vietnã como jornalista, poucos meses antes da Guerra dos Seis Dias.

Às vezes, oficiais de alta patente achavam que eu detinha algum segredo. Perguntavam-me como eu combateria uma guerra no sudeste asiático. "Como as FDI lidariam com isso?"

Eu preferia não responder. A Guerra do Vietnã já estava perdida no momento em que começou.

No entanto, o que me impressionou foi o tremendo respeito com que os combatentes norte-americanos viam os militares de Israel. Eu não parava de ver sorrisos largos e punhos levantados.

Eu estava no quartel-general do Exército em Tel Aviv quando recebi a notícia, em 7 de junho de 1967, de que nossos paraquedistas tinham chegado ao Muro das Lamentações. Eu sabia que tinha que ir imediatamente. Fui com o chefe do Estado-Maior, Rabin, e do Comando Central, Uzi Narkiss. "Nós três temos que chegar ao muro juntos", declarei, "e de farda, com capacetes".

Por quê? Não apenas pelo povo de Israel, mas para os olhos do mundo. Para os fuzileiros norte-americanos nos arrozais. Para os russos e ingleses e para os judeus da Diáspora espalhados pelo planeta.

Israel precisa dos Estados Unidos. Precisa de aliados em todos os países. Nossa história não é apenas dos judeus. É um testamento para o mundo inteiro.

Quando os historiadores colocarem os eventos do século XX em perspectiva, acredito que acontecimentos monumentais como a ascensão e queda do totalitarismo, do comunismo e do fascismo serão ofuscados pela saga do retorno do povo judeu à sua antiga pátria. Por quê? Por que creio que o destino de um país tão pequeno é digno de tanta significância? Porque toda nação da Terra representa uma parte da alma coletiva.

O povo judeu não simboliza apenas ele próprio, mas um arquétipo contido na dimensão maior da psiquê do mundo. Assim como os britânicos e os romanos, por exemplo, podem ser considerados representantes do império em todas as suas facetas, e as raças da África (e os árabes em certa medida), representantes daqueles que por séculos foram os conquistados, os oprimidos, os explorados, coube a nós, judeus, carregar o fardo de ser o povo em Diáspora, a nação em exílio.

Exílio significa fraqueza. Significa vulnerabilidade. O exilado é o bode expiatório. É o último a embarcar e o primeiro a ser lançado ao mar.

Na porta do exilado são assentados os males da sociedade na qual ele habita como um estranho. Nele está projetada a maldade do coração daqueles de cujo socorro depende sua sobrevivência. Ele se torna inevitavelmente o sinistro, o conspirador, o desonesto, o traiçoeiro. Essa é a realidade de qualquer exilado em qualquer país e em qualquer século.

Se existe uma doença universal da Era Moderna, creio que seja o exílio. Essa aflição – a agonia de não se sentir parte de nada, de não pertencer a nada e a ninguém – é sentida tanto no nível individual como no nacional e no racial.

O exílio é o tormento de ser mantido apartado (ou de se manter apartado) da sua mais profunda essência e do seu legado mais verdadeiro e mais primevo. O que tira uma nação ou um indivíduo do exílio? Somente o retorno – físico, emocional e espiritual – ao seu local de nascimento.

No Exército da França, em 1890, houve um oficial de ascendência judaica chamado Alfred Dreyfus, que foi injustamente condenado por traição e submetido aos mais violentos e desprezíveis ataques antissemitas. Émile Zola escreveu seu famoso artigo *"J'Accuse"* ("Eu acuso") em defesa de Dreyfus em 1898.

A PORTA DOS LEÕES

O repórter Theodor Herzl, um judeu secular, foi escalado para cobrir o julgamento de Dreyfus. Herzl ficou horrorizado ao ouvir a multidão entoando: "Morte ao judeu! Morte ao judeu!". O fato de tal ódio poder existir numa nação culta e civilizada, na qual a comunidade judaica prosperou durante séculos (e pela qual dezenas de milhares de soldados judeus deram suas vidas em guerras pela França), significava para ele a futilidade do conceito de assimilação cultural. Se isso aconteceu na França, Herzl concluiu, pode acontecer em qualquer lugar.

Hoje, se você sair da Embaixada israelense na rua Rabelais e tomar o rumo sudeste pela rua Faubourg Saint-Honoré, em direção à praça Vendôme, vai passar diante da Igreja de Notre-Dame-de-l'Assomption e, seguindo em frente, dar numa rua tranquila, de residências abastadas, chamada rua Cambon. Caminhe agora até um pequeno hotel no número 36. Olhe para o alto do muro. Você verá uma placa de mármore branco com as seguintes palavras escritas em francês e em hebraico:

> AQUI, EM 1895, THEODOR HERZL, FUNDADOR DO MOVIMENTO SIONISTA, ESCREVEU O *ESTADO JUDEU*, A PROFÉTICA OBRA QUE PREVIU E ANUNCIOU A RESSURREIÇÃO DO ESTADO DE ISRAEL.

Nas décadas subsequentes, nós, judeus, voltamos para casa. Havia um poderoso senso de justiça, que o mundo percebia e aprovava. Um povo que vagou sem raízes por dois mil anos finalmente reclamava seu antigo pedaço de terra. O povo judeu agora tinha um lar. Tínhamos terra. Tínhamos armas. Em 1948, tínhamos uma bandeira. Contudo, essa repatriação seguia incompleta, porque a metade oriental da nossa antiga capital, Jerusalém, lar dos nossos locais mais sagrados, tardava nas mãos dos nossos inimigos.

A vitória no Sinai em 1956 pôs Israel no mapa como uma força militar. Mas esse triunfo terminou sendo inconclusivo em razão da percepção de que ele só ocorreu sob a égide das potências aliadas, Inglaterra e França. Muitos, até mesmo entre o nosso próprio povo, acreditavam que os judeus não teriam conquistado essa vitória sozinhos.

Agora, em junho de 1967, revogou-se essa percepção. Sozinhas e por conta própria, as forças de Israel repeliram poderosos inimigos obceca-

440

LIVRO OITO • A PORTA DOS LEÕES

dos pela sua destruição e triunfaram diante desses adversários de maneira espetacular. Um novo arquétipo foi apresentado aos olhos do mundo: o do judeu guerreiro. Agora, aos nomes de Josué e Gedeão, Saul e Davi, Judas Macabeu e Simão Bar-Kochba, devem ser acrescentados os de Rabin, Gavish, Sharon, Tal, Yoffe e de centenas de outros. O Exército de Israel assumiu seu lugar na elite mundial de *corps-et-arms*. Comandantes das FDI agora serão convidados a falar nas salas de conferência das grandes nações guerreiras, em Sandhurst e na École de Guerre, em Annapolis e em West Point, nas escolas de guerra e academias militares pelo mundo.

O coração dos judeus da Diáspora bate agora com orgulho. Cabos e telegramas de congratulações inundam nossas embaixadas. O mundo inteiro parece compartilhar nosso júbilo.

Entretanto, isso vai mudar.

Esse novo conquistador, o judeu guerreiro, tem agora que se encarregar de 1,25 milhão de árabes que o odeiam, que nunca se resignarão diante de seu jugo e que querem comê-lo vivo na calada da noite.

O que ele fará?

Meus instintos clamam por misericórdia, generosidade, grandeza de espírito. Será loucura?

A única vez durante a guerra que perdi a calma foi quando soube que um dos nossos paraquedistas tinha hasteado a bandeira de Israel no alto do Domo da Rocha. Se tivesse asas, teria voado até lá e estraçalhado aquela bandeira com meus dentes.

Já me acusaram de ser amistoso demais com os nossos vizinhos árabes. "Ele é árabe", disse um ministro de mim. Esse homem quis dizer que minha natureza é mentir e trapacear, maquinar com astúcia, em favor apenas dos argumentos que beneficiam minha própria causa.

Nesse particular, meu acusador tem razão: tenho, sim, o mais profundo respeito e afeição por meus amigos árabes.

Quando soube que após o cessar-fogo nossos tanques tinham cruzado o Jordão, ordenei a todas as forças israelenses que se retirassem de lá e destruíssem as pontes assim que as atravessassem. A mensagem era: Israel não tem ambições territoriais a leste do Rio Jordão. Quando tomei conhecimento, não muito tempo depois, de que homens e mulheres árabes estavam cruzando o curso de água sazonalmente raso, trazendo a produção

441

das suas fazendas para comercializá-las nas cidades da margem oriental do Jordão, determinei que os acessos fossem restabelecidos. Pontes temporárias foram imediatamente instaladas, uma em Jericó e outra em Damia, abaixo de Nablus.

A vida das famílias da Cisjordânia envolve o contato diário com parentes e amigos do lado leste do rio. Fazendeiros e comerciantes fazem negócios, mulheres vão aos mercados, estudantes frequentam as escolas. Que retomemos esse comércio. Que não mais o interrompamos. Que a vida seja como sempre foi para as pessoas de Jerusalém Oriental, Nablus e Jericó, de Hebron, Ramallah e Belém. O 11º mandamento afirma o imperativo da fortaleza; mas a força, como qualquer arma, pode ser usada com excesso e ser mal aplicada. Pode se tornar uma deficiência.

De que maneira, então, nós israelenses devemos ser fortes? Devemos ser fortes o bastante para ceder, quando isso servir ao bem comum. Devemos ser fortes o bastante para enxergar o lado do nosso companheiro, para agir com clemência, para estender a mão amiga.

Nas primeiras horas do cessar-fogo, não sonhei que Israel ficaria com as terras que nossas forças tinham capturado da Jordânia, às quais nós, judeus, chamamos de Judeia e Samaria, e o mundo se refere como Cisjordânia. Achei que devolveríamos esses territórios em questão de meses. Um assentamento seria negociado. O rei Hussein acenaria com a paz e nós concordaríamos.

No entanto, quando viajei para Jericó e Belém nos dias que se seguiram, mudei de ideia. Ontem fui num carro do comando militar até o Túmulo dos Patriarcas, em Hebron. Conta-se que a caverna e os campos ao redor foram comprados por Abraão para abrigar seus despojos mortais, assim como os de Isaac, Jacó, Sara, Rebeca e Lea. Nunca me ocorreu que o Estado tomaria posse desse local. Presumi, sem refletir, que ele seria devolvido no devido tempo à Jordânia. Mas quando cheguei lá e senti a emoção do lugar, soube que isso nunca iria ocorrer.

A Judeia e a Samaria são as terras nas quais habitavam os antigos hebreus. Essas colinas compõem a espinha dorsal do reino bíblico de Israel. Nessas encostas, e não na planície costeira abaixo, nossos ancestrais armaram suas tendas e pastorearam seus rebanhos. Nossa raça guerreira deitou raízes aqui, nesses promontórios pedregosos dos quais seus filhos foram apartados por dois milênios.

Moshe Dayan reúne-se com xeques da Cisjordânia.

Devemos retornar para esses elevados agora. Afirmaremos a posse deles, mas não para mantê-los fechados e negar aos outros o acesso a eles. Esses erros que foram cometidos contra o povo judeu nós jamais devemos infligir aos outros. Devemos trocar a malícia pela justiça e estender a mão aberta a um punho cerrado. Não apenas porque tais ações são corretas, ou porque ao agir assim melhoramos nosso conceito entre as nações, mas porque um gesto de boa vontade será ao fim e ao cabo correspondido pelo inimigo, nem que tenhamos que esperar mil anos.

Muitos dos meus compatriotas me acusaram de estar desperdiçando, naquele momento, uma oportunidade única na vida. "A guerra abriu as porteiras", declararam meus críticos. "As fronteiras podem ser redesenhadas. As populações podem ser deslocadas."

"Os árabes que migrem", dizem eles. "Construa uma rodovia dourada para que saiam de Israel. Kalkilya e uma centena de outras cidades ficarão desertas da noite para o dia. Você só precisa se afastar e deixar as coisas acontecerem."

Eu não podia fazer isso.

Quando criança, em Nahalal, minha família e outras compartilhavam a terra com um clã beduíno que trazia seu rebanho para pastar nesses campos desde tempos imemoriais. Aqueles garotos eram meus companheiros de brincadeiras. Ao arar a terra, eles se punham ao meu lado. Almoçávamos juntos no meio dos sulcos. Dancei nos seus casamentos e eles dançaram no meu.

Recolhi o corpo do meu irmão, Zorik, num outro tipo de sulco, num campo não muito distante dos de Nahalal, abatido por drusos sírios durante a Guerra da Independência. Ainda assim, chamei para um acordo os mesmos homens que o mataram e expliquei para eles que suas vidas seriam melhores se fizessem parte de Israel do que se se mantivessem sob o jugo da Síria.

Para aqueles guerreiros tribais, sangue por sangue é a lei eterna. Eles não acreditavam que alguém cujo irmão havia sido morto poucos dias atrás pudesse vir estender a mão da amizade àqueles que tinham ceifado a vida daquele bravo homem.

Eles se tornaram meus amigos, e assim permanecem até hoje.

Quando eu avistava nas lavouras uma mulher árabe curvando-se para acender uma fogueira ou cuidar de uma criança, via minha própria mãe. Via Devorah Dayan e via Débora do Livro dos Juízes. Esta terra embebeu-

LIVRO OITO • A PORTA DOS LEÕES

se do sangue de judeus e árabes por quase quatro mil anos. Não podemos partilhá-la agora em paz?

Zalman Shoval, embaixador de Israel nos Estados Unidos em 1990-1993 e 1998-2000.

Dayan enxergou mais longe do que todos os seus contemporâneos, exceto Ben-Gurion, que já estava muito idoso em 1967. Mas mesmo ele não conseguiu enxergar longe o bastante. Quem consegue, afinal?

Os chefes de Estado árabes só trabalham em proveito próprio, ou quando muito em proveito dos seus próprios países. Os russos, gananciosos e belicosos, nunca mudam. Mesmo o bem-intencionado Ocidente não foi capaz de produzir um estadista com visão suficiente.

Não existe nenhum, até hoje.

Mordechai "Morele" Bar-On serviu como chefe de gabinete de Moshe Dayan de 1956 a 1957 e, mais tarde, como chefe dos historiadores do Estado-Maior das FDI. Ele é autor de uma série de obras sobre a história e a política de Israel e do Oriente Médio, incluindo Moshe Dayan: Israel's Controversial Hero (*Moshe Dayan: o controverso herói de Israel*) (2012).

O que se precisa compreender sobre Dayan, a fim de que as decisões que ele tomou naquele momento façam sentido, é que ele cresceu no meio de árabes. Ele os amava. Via os árabes, particularmente os beduínos, como figuras bíblicas.

Dayan tinha um grande respeito não apenas pela elite árabe culta, mas também pelos árabes tribais e pelos pastores de rebanhos. Há uma famosa história da juventude de Dayan. Ele tinha um amigo beduíno chamado Wahsh (Lobo), de uma tribo que vivia próxima a Nahalal. Em criança, eles aravam os campos juntos, trabalhavam lado a lado, dividiam as refeições, então ficaram muito próximos. Mais tarde, quando Dayan tinha 19 anos ou por volta disso, ocorreu um conflito entre aquela tribo e os judeus de Nahalal. Deu-se uma briga, e o amigo Lobo atingiu a cabeça de Dayan com um taco, nocauteando-o e fraturando seu crânio. Mesmo assim, Dayan convidou Lobo e os chefes da tribo para o seu casamento, um ano depois, e apertou a mão do amigo em um gesto de reconciliação.

Esse tipo de relacionamento estava entranhado profundamente em Dayan.

Seu objetivo primordial na administração dos territórios recém-conquistados era que a vida continuasse a ser, para a população local, como sempre tinha sido. Dayan imaginava um "governo de ocupação invisível". Ele não afastaria prefeitos ou conselhos rurais, não mudaria autoridades locais. A bandeira de Israel não tremularia sobre prédios municipais. Postos militares, quando fossem criados, ficariam longe do alcance da vista, no interior. "Devemos permitir que os árabes locais levem suas vidas sem terem que ver ou falar com nenhum oficial israelense, contanto que não violem a lei."

Claro que um arranjo assim era impossível. Nenhum tipo de autonomia, nem mesmo de prosperidade, poderia aplacar a aspiração do povo árabe por uma nação numa terra da qual ele se considerava dono. Em Israel, começamos a ouvir falar de um novo nome: Yasser Arafat, chefe do Fatah, a organização palestina guerrilheira.

Bombas árabes começaram a explodir em cidades judaicas, minas foram enterradas ao longo das estradas, civis israelenses estavam sendo alvejados e mortos nas ruas.

Em agosto de 1967, apenas dois meses depois da guerra, a campanha de terror árabe já estava em curso.

Shlomo Gazit, ministro encarregado dos Territórios, em 1967-1974, e chefe da Direção de Inteligência Militar, em 1974-1978.

Dayan é o autor de uma eulogia que proferiu uma década antes da guerra de 1967, a qual eu considerava, e ainda considero, um dos maiores discursos do século XX. Seguramente está entre os mais verdadeiros.

Um jovem israelense chamado Roy Rotberg tinha se mudado do sul de Tel Aviv para se encarregar da defesa e trabalhar no cultivo da terra do *kibutz* Nahal Oz, próximo à Faixa de Gaza. A poucos metros das lavouras judaicas, espalhavam-se os campos de refugiados de árabes que tinham sido desalojados dessas terras pela guerra.

Certa manhã, a caminho da lavoura, Roy foi morto por um grupo desses assentamentos árabes. Estas são as palavras proferidas por Moshe Dayan, então chefe do Estado-Maior, diante da sepultura de Roy Rotberg, em 19 de abril de 1957:

LIVRO OITO • A PORTA DOS LEÕES

Ontem de manhã cedo, Roy foi assassinado. A quietude da manhã de primavera o deixou maravilhado, e ele não percebeu aqueles que lhe preparavam uma emboscada escondidos dentro de uma vala.

Não culpemos os assassinos de Roy neste dia. É inútil mencionar o ódio inextinguível que sentem por nós. Há oito anos, eles estão assentados em campos de refugiados em Gaza, enquanto nós, diante dos seus olhos, estamos transformando as terras e aldeias que eles e seus pais chamavam de suas em propriedades nossas.

Não é entre os árabes em Gaza, mas entre os nossos, que devemos buscar o sangue de Roy. Como foi possível fecharmos nossos olhos e nos recusarmos a olhar diretamente para nós mesmos e reconhecer, em toda a sua crueldade, a vocação da nossa geração? Acaso esquecemos que esse grupo de jovens que constroem o futuro dos judeus em Nahal Oz carrega sobre os ombros o fardo dos pesados portões da Gaza árabe? Atrás desses portões, centenas de milhares de olhos e mãos rezam para que nos enfraqueçamos, a fim de que possam nos estraçalhar. Acaso esquecemos isso?

Somos a geração dos colonos. Sabemos que sem o aço dos capacetes e dos canos dos canhões não teremos como plantar uma árvore ou construir um lar. Nossos filhos não sobreviverão se não cavarmos abrigos, e sem arame farpado e metralhadoras não conseguiremos pavimentar estradas e perfurar poços de água. Milhões de judeus que foram aniquilados porque não tinham um país clamam por nós das cinzas da história, exortando-nos a colonizar e construir uma terra para o nosso povo.

Contudo, para além dos limites dos campos arados fermenta um mar de ódio e vingança, esperando o dia em que a tranquilidade drene a nossa vigilância, o dia em que atenderemos ao pedido dos embaixadores de uma hipocrisia malévola para que deponhamos nossas armas.

O sangue de Roy grita para nós através do seu corpo dilacerado. Mil vezes juramos para nós mesmos que nosso sangue não seria derramado em vão, mas ontem novamente fomos tentados, ouvimos, acreditamos. Façamos hoje um acerto de contas conosco. Não nos deixemos enganar; em vez disso, encaremos os fatos e enxerguemos o ódio duradouro que preenche a vida de centenas de milhares de árabes que vivem ao nosso redor, esperando o momento de derramar o nosso sangue. Não desviemos nossos olhos nem afrouxemos nossos braços.

É esse o imperativo da nossa geração. É essa a escolha das nossas vidas – estar preparados e armados, fortes e determinados, a fim de que a espada não seja tomada do nosso punho e nossas vidas, ceifadas.

O jovem Roy, que deixou Tel Aviv para construir seu lar às portas de Gaza e servir de baluarte para nós, foi cegado pela luz do seu coração. Ele não viu o brilho da espada. O anseio de paz o fez surdo diante da voz do assassino à espreita. Os portões de Gaza eram demasiado pesados para ele e o soterraram.

A ascensão do judeu guerreiro marcará um passo adiante, mais próximo da paz no Oriente Médio? Ou nos impulsionará para mais longe no caminho das guerras sem fim?

Uma coisa é certa. O que foi feito não pode ser desfeito. Não há agora, nem haverá no futuro, possibilidade de retrocedermos.

"SE EU ME ESQUECER DE TI, Ó JERUSALÉM"

Atrás da Mesquita de Al-Aqsa, na manhã em que nossos paraquedistas chegaram ao Muro das Lamentações, reparei numa fileira de bicas de água ao ar livre imediatamente atrás do local sagrado, com uma pia de concreto e drenos bem abaixo. Imaginei que fossem para os fiéis lavarem as mãos e os pés antes de entrar no recinto sagrado.

Yoram Zamosh, comandante da Companhia A do 71º Batalhão de Paraquedistas.

Prisioneiros árabes estavam sendo reunidos, não apenas soldados, mas também oficiais e dignitários locais. Eles compreendiam agora a magnitude daquela calamidade. Vi mais de um homem corajoso chorando, com o rosto afundado nas mãos.

Ouvimos dizer que um soldado tinha colocado uma bandeira de Israel no topo do Domo da Rocha. Furioso, Moshe Dayan ordenou que ela fosse retirada de lá. Ele estava certo, é claro. Que na hora da vitória nós demonstrássemos o respeito à crença dos nossos inimigos, respeito que eles não demonstraram à nossa.

Seguindo ordens, os paraquedistas começaram a soltar os oficiais árabes. Que fossem para casa. Que a vida normal retornasse. Que nossos vizinhos pudessem rezar, viver, trabalhar, estudar e criar suas famílias como antes.

As barricadas entre a Jerusalém árabe e a judaica serão retiradas agora; as minas e o arame farpado, removidos. Teremos uma única Jerusalém.

Eu não sou o oficial mais importante do meu batalhão nem o favorito do meu comandante. Uzi permitiu que a minha formação, a Companhia A, fosse a primeira a cruzar a Porta dos Leões porque eu queria muito isso. Imagino que ele tenha pensado: "Zamosh é religioso. Vamos deixá-lo ir primeiro".

Mas o que significa "ser religioso"?

A religião judaica não é uma fé que preza a obediência cega ou a adesão coletiva a um dogma. Nossa tradição é cerebral. Nós debatemos, discutimos. A pergunta é sempre mais sagrada do que a resposta.

A questão primeira do judaísmo é a justiça. O judaísmo é uma religião da lei, e o conceito seminal da lei é que as minorias devem ser protegidas.

Na fé judaica, você estuda. Você peleja e teima com determinadas questões. Você estuda. Delibera, disputa. Um judeu não cansa de se perguntar: "O que é justo? O que é a justiça? O que é um bom homem, e por quê?".

Passei apenas um inverno na *yeshiva*. O que aprendi, mais do que a Torá, foi a amar os mestres, o rabino Zvi Yehuda Kook e o "sagrado Nazir", rabino David Cohen, que encarnava essas buscas com tanta honra e integridade. Aprendi não tanto pelo que diziam, mas pelo que faziam, observando-os agir, escutando-os falar, atento à maneira como conduziam a si próprios. Aprendi sobre a história do povo judeu, o incrível sofrimento imposto a milhões de pessoas durante tantos séculos, e sobre Jerusalém, a centralidade desse lugar na alma do povo, sua *neshama*, e por que nosso retorno a esse local significa tanto.

O *Kotel*, ou Muro das Lamentações, como é conhecido. Como tamanha esperança e paixão podem estar tão associadas a um muro? Nem mesmo a parede do templo, que o *Kotel* não é, mas algo muito mais humilde, um vestígio do muro de arrimo sobre o qual um dia se ergueu o templo destruído. Uma ruína. Como pode significar tanto para mim? Como pode significar tanto para nossos paraquedistas que nunca estudaram, que nada sabiam da Torá, que nem sequer sabiam rezar?

Um muro é diferente de qualquer outro local sagrado. Um muro é uma fundação. É o que sobra quando tudo o que tinha se erguido sobre ele foi derrubado.

Um muro evoca uma emoção primal, particularmente quando é construído dentro da terra, quando o alicerce não é um espaço aberto, mas a própria fundação da terra. Quando alguém se perfila com intuito religioso diante da extensão de um muro, especialmente se esse muro ofuscar sua pessoa, erguer-se e alargar-se diante dele, a emoção que brota dentro do coração é diferente de qualquer sentimento evocado por outras experiências religiosas. É muito diferente comparado a, digamos, participar de um culto numa catedral, ou dentro de um grande salão, ou aos pés de uma torre monumental.

Nós nos aproximamos do Muro das Lamentações como indivíduos. Não há nenhum rabino ao seu lado. Ponha as palmas das mãos sobre as pedras. Deus está presente? As pedras levarão suas preces a Ele? Ao seu redor estão outros que compartilham a sua fé. Você sente a presença deles e a intenção pela qual estão ali, mas você continua sozinho.

Você se sente desesperançado? Seu espírito está enfraquecido? Apoie sua testa na pedra. Sinta a superfície com a ponta dos seus dedos. Eu mesmo não consigo me aproximar do muro sem cair em lágrimas.

Os gregos antigos consideravam Delfos o epicentro do mundo. É isso que o Muro é para mim. Tudo o que é supérfluo foi despojado desse local, e de nós mesmos.

Aqui os inimigos do meu povo devastaram tudo o que conseguiram. O que sobrou? Apenas esse fundamento, que não conseguiram destruir porque passou despercebido. As legiões armadas dos nossos inimigos passaram, deixando apenas esse Muro. Nos 20 séculos que se seguiram, aqueles que nos odiavam o profanaram, jogaram lixo e até mesmo se aliviaram ao pé dele. Eles o negligenciaram, permitiram que construíssem cortiços em seu entorno. Isso só o faz mais precioso para nós.

Naquela manhã de 7 de junho, não lembro exatamente em que momento aconteceu, talvez descendo para o muro com Moshe Stempel e os outros. Em determinado ponto, quando estávamos subindo as escadas – Yair Levanon, Dov Gruner, Moshe Milo e eu –, reparamos numa inscrição, recém-riscada na pedra, em hebraico:

SE EU ME ESQUECER DE TI, Ó JERUSALÉM, QUE MINHA MÃO DIREITA PERCA SUA DESTREZA.

Esse é um verso do Salmo 137, que também contém o trecho "Nas margens dos rios da Babilônia, sentamo-nos e choramos quando nos recordamos de Sião". É o lamento de um exilado e uma promessa de voltar, de alguma maneira, à terra da qual foi banido.

Quem teria escrito aquele verso? Discutimos isso depois. Um judeu, decerto. Mas de onde? E quando?

Poderia ter sido um soldado, do Canadá talvez, integrante da força de paz da ONU. Os jordanianos permitiam que estrangeiros visitassem a Cidade Velha em determinadas épocas do ano. Talvez esse soldado judeu tenha conseguido forjar um batistério, exigido pelos jordanianos, e se passado por cristão. Incluiu-se num grupo de visitantes e, aproveitando-se de um instante em que passou despercebido, ajoelhou-se e rabiscou aquela oração na face da pedra.

Quem de nós não está no exílio? O exílio não é a condição espiritual da raça humana? Não é o que compartilhamos, quando nos despojamos de todas as nossas diferenças linguísticas, tribais e históricas? A sensação de que em nosso coração estamos tão alheios a... a quê? A Deus? À nossa natureza superior? Àquilo que podemos ser ou nos tornar, a quem realmente somos?

O que, então, o exilado deseja acima de qualquer outra bênção? O lar. Voltar para o lar. Pôr os pés sobre as pedras que são suas, que lhe pertencem e às quais ele pertence.

Quando nós, da Companhia A, adentramos a Porta dos Leões na manhã de 7 de junho, nosso objetivo, apesar dos tiroteios em curso e do perigo dos franco-atiradores inimigos, era unicamente chegar ao Muro. Moshe Stempel, meu caro amigo e comandante-adjunto da nossa brigada, se uniu a nós. Juntos, varremos o monte do Templo e passamos pela Porta Marroquina. Estávamos nos degraus acima do Muro, mas ainda não tínhamos descido para nos apossar dele.

Stempel ordenou que eu enviasse um dos meus homens para lá, enquanto o restante de nós voltou com ele tentando encontrar algum local acima do Muro onde pudéssemos hastear a bandeira de Israel que passei um dia inteiro, uma noite e mais um dia carregando comigo. Escolhi um jovem sargento chamado Dov Gruner.

Ele não foi o primeiro a ter esse nome. O Dov Gruner original, em homenagem a quem o nosso recebeu seu nome, era um combatente do Irgun Zvai Leumi, a organização paramilitar clandestina que combateu os britânicos durante o Mandato, antes de Israel conquistar sua soberania.

Os soldados ingleses capturaram esse primeiro Dov Gruner e o julgaram por participar de um ataque ao posto policial de Ramat Gan. Ele foi condenado à morte por enforcamento. Na hora final lhe ofereceram uma comutação de pena, se ele admitisse a culpa. Dov Gruner não aceitou.

Recusou-se a se defender, afirmando que se o fizesse estaria reconhecendo a legitimidade do tribunal britânico. No último dia de sua vida, Dov Gruner escreveu ao seu comandante, Menachem Begin, e aos seus camaradas do Irgun:

> Claro que quero viver. Quem não quer? Eu também poderia ter dito: "Deixemos o futuro para depois...". Poderia até mesmo deixar o país de vez para viver uma vida mais segura nos Estados Unidos, mas isso não me satisfaria nem como judeu, nem como sionista.
>
> Há muitas escolas de pensamento que dizem como um judeu deve escolher seu modo de vida. Uma é a dos assimilacionistas, que renunciaram ao seu judaísmo. Existe também outro modo, a maneira dos que se chamam de sionistas – o caminho da negociação e do comprometimento [...].
>
> Para mim, a única maneira que parece correta é a do Irgun Zvai Leumi, o caminho da coragem e da ousadia sem renunciar a uma única polegada da nossa terra natal [...].
>
> Escrevo estas linhas enquanto aguardo o carrasco. Não é um momento em que eu possa mentir, e juro que, se tivesse que começar minha vida novamente, escolheria o mesmo caminho, não importam as consequências que eu viesse a sofrer.

Dov Gruner foi enforcado na prisão de Acre em 16 de abril de 1947. Como a mulher do seu irmão havia recentemente dado à luz um filho, ele foi chamado de Dov.

Esse garoto cresceu e se tornou nosso Dov.

Moshe Stempel certa vez foi questionado por um jornalista: "Por que você escolheu Dov Gruner para ser o primeiro a chegar ao Muro?".

"Não fui eu", respondeu Stempel. "Foi a história."

Moshe Stempel foi morto um ano depois, no vale do Jordão, perseguindo terroristas palestinos que tinham cruzado a fronteira. Foi atingido na primeira troca de tiros, mas continuou a liderar a perseguição, sob fogo, até ser morto. Anos antes, em 1955, ele havia recebido a Itur HaOz pela bravura que demonstrou numa operação próximo a Khan Younis, na qual foi ferido, mas continuou a lutar até a missão ser completada, como ocorreu novamente na ocasião em que foi morto.

Stempel montou a nossa brigada. Ele quem a construiu, ninguém mais. Tinha o peito forte como o de um touro e punhos grossos como a maioria dos braços de homens.

Quando fixamos a bandeira de Israel na grade acima do Muro, nosso pequeno grupo se pôs de pé e entoou o hino nacional de Israel. Um fotógrafo, Eli Landau, registrou o momento histórico com sua câmera. Stempel me puxou para me colocar entre ele e as lentes. Escondeu seu rosto para que filme nenhum capturasse suas lágrimas.

Stempel segurou meu braço com seu punho de ferro. Por duas vezes, tentou dizer alguma coisa, mas sua voz falhou. Puxou-me para tão perto dele que as bordas dos nossos capacetes ficaram roçando uma na outra.

"Zamosh!", disse Stempel com tanta emoção que ainda consigo ouvir sua voz, embora ele tenha dito isso há quase 50 anos. "Zamosh, se meu avô, se meu bisavô, se algum membro da minha família morto nos *pogroms* e nos campos de concentração... Se eles soubessem, de alguma maneira, nem que fosse por um segundo, que eu, neto deles, estaria aqui nesta hora, neste lugar, calçando as botas vermelhas dos paraquedistas israelenses... Se soubessem disso, Zamosh, por um breve instante que fosse, enfrentariam a morte mil vezes como se nada fosse."

Stempel agarrou meu braço como se nunca mais fosse largá-lo.

"Nunca deixaremos esse lugar, nunca", ele disse. "Nunca desistiremos dele. Nunca."

A CASA DE NECHEMIAH

No fim da guerra, levei Arik Sharon para fora do Sinai no meu helicóptero. Na sua autobiografia *Warrior* (Guerreiro), de 1989, Sharon escreveu que eu estava pilotando às lágrimas porque tinha acabado de saber da morte do meu irmão, Nechemiah.

Depois de se aposentar da Força Aérea como coronel em 1974, Chita Cohen voou por 25 anos como capitão da El Al. Foi eleito para o Knesset em 1999 e cumpriu dois mandatos, dedicando-se a elaborar uma Constituição para o Estado de Israel. Aposentou-se pela terceira vez em 2006.

Não tenho lembrança desse voo. Sei que muitos perderam irmãos, filhos e pai, até mesmo a família inteira, por causa dessa ideia, desse sonho de uma pátria que pertencesse apenas ao povo judeu.

Penso no meu avô, que plantava e vendia as frutas dos seus pomares na Turquia. Meu avô Eliezer, em homenagem a quem recebi meu nome, que reuniu sua família em 1918, após a queda do Império Otomano, e declarou: "Vou emigrar para começar uma vida nova em Jerusalém. Quem de vocês virá comigo?". Ele chegou nesse novo velho país, Eretz Yisrael, que não era exatamente uma nação, mas apenas uma fazenda aqui, um lote de pastagens acolá, adquiridos de senhores otomanos ausentes e registrados sob os britânicos, um terreno de cada vez, durante o período do Mandato. Não era em nada um país, somente um sonho, o sonho de Herzl, de Jabotinsky e de Joseph Trumpeldor. A família de Yosi Ben-Hanan também veio para Jerusalém, assim como vieram o pai e a mãe de Moshe Dayan, para se assentar próximos à Galileia, no primeiro *kibutz*, e veio uma família chamada Scheinermann, que hebraizou o nome para Sharon, e mais centenas e depois milhares de judeus.

Hoje, uma criança que nasce em Israel quer ser artista, músico, constituir família, montar um negócio e talvez até enriquecer quando crescer. Naquele tempo, essas aspirações pareciam estar décadas à nossa frente, se é que um dia seriam realidade. Você então só sonhava com a terra, a terra impiedosa e bela, sonhava em como fazer o solo render o bastante para que sua família pudesse sobreviver por mais de uma estação naquele local, que era nosso sonho, nossa vida, nosso antigo lar. Você pensava na terra e em como protegê-la, proteger os jovens laranjais, defender os aquedutos, abrigar os rebanhos. Você aprendia a montar guarda, a lutar se preciso fosse, a nunca relaxar a vigilância, como tragicamente faziam nossos irmãos e irmãs europeus naquela mesma hora.

As famílias que, como a minha, se assentaram em Jerusalém enfrentavam outro tipo de desafio. A cidade de então era pequena e muito pobre, sem indústrias ou comércio, confinada quase inteiramente ao um quilômetro quadrado da praça cercada pelas muralhas da Cidade Velha. Os judeus que vieram para Jerusalém o fizeram por razões do espírito, para ficar próximos aos locais sagrados. Não tinham vergonha nenhuma de ser pobres. Estar naquele local era tudo para eles.

Meu avô construiu sua casa além dos muros, acreditando no futuro da cidade. A vida era dura. Muitos não aguentaram. Meus irmãos e eu vimos famílias vacilarem e sucumbirem. Assistimos aos desafios se tornarem maiores do que elas conseguiam suportar.

O primeiro a partir era o pai. "Ele está indo para os Estados Unidos", diziam os filhos. Um dia qualquer, chegavam as passagens pelo correio. Os jovens eram os próximos a desaparecer. Finalmente, a esposa. Ela era sempre a última. Ia embora na calada da noite. No dia seguinte, a casa daquela família estava vazia.

De alguma maneira, uma nação se ergueu a partir daqueles poucos judeus despossuídos, que sonharam o sonho de Herzl, o sonho de Weizmann, o sonho de Ben-Gurion e lutaram para torná-lo real. Sou piloto de caça e comandante de esquadrão de helicópteros. Um dos meus filhos, Amir, é capitão da corporação de tanques; o outro, Yuval, é capitão e piloto de caça; e Tamar, minha filha, serviu como sargento de operações num esquadrão de helicópteros.

Uma nação nasce do sangue e do direito que adquire com esse sangue de figurar entre as demais nações.

Minha Guerra dos Seis Dias terminou da seguinte forma:

Naquele sábado, voei das colinas de Golã de volta para a base aérea de Tel Nof. Meu esquadrão tinha transportado os paraquedistas de Danny Matt para vários cruzamentos e pontos estratégicos, numa corrida alucinada para tomar o alto das colinas e evitar que nossos inimigos as utilizassem novamente para bombardear fazendeiros inocentes nas planícies abaixo.

Tínhamos vencido! A palavra "vitória" corria de boca em boca. Em Tel Nof, o clima era de júbilo.

Não lembro como, talvez alguém tenha me chamado, mas fui convocado para o gabinete do comandante da base. O coronel Shefer havia sido ferido e substituído pelo seu adjunto, o tenente-coronel Jacob Agassi.

Eu conhecia bem Agassi, era um bom piloto e um bom homem.

Ele disse: "Chita, prepare-se para uma notícia terrível".

Então, contou-me que Nechemiah tinha sido morto.

"Seu irmão morreu no primeiro dia da guerra, nas primeiras horas. A decisão tomada foi a de não lhe contar. Seu papel no combate era importante demais. A Força Aérea precisava muito de você."

Não me lembro de mais nada depois disso.

Puseram-me num carro, talvez naquele mesmo dia, talvez no dia seguinte. Os oficiais estavam me levando para algum lugar. Eu não tinha condições de dirigir. O automóvel parou bem diante da casa dos meus pais. Lembro que pensei: "Não posso sair deste carro. Não posso entrar naquela casa".

A parte mais dolorosa, naquelas terríveis semanas iniciais, foi que o corpo de Nechemiah tinha sido sepultado por seus camaradas próximo ao local onde ele tombou, em Gaza, no *kibutz* Be'eri, ao sul de Nahal Oz. Então, não pudemos trazê-lo para Jerusalém. Quando procurei o Exército para transladar os restos mortais do meu irmão, eles me informaram que isso não seria possível.

"Você tem que esperar um ano", me disseram.

Essa é a lei, a lei religiosa.

Quando contei à minha mãe, achei que ela ia dissolver de tanto desespero. Primeiro, ela se sentiu magoada, depois enlutada, depois in-

A PORTA DOS LEÕES

dignada. De algum modo, conseguiu chegar ao rabino Goren, oficial religioso chefe do Exército, o homem que tinha feito soar o *shofar* no Muro das Lamentações.

O rabino passou uma hora sentado conversando com meu pai e minha mãe. Quando o encontro terminou, minha mãe tinha recobrado a calma. Estava resignada. Se a lei era aquela, como o rabino Goren tinha explicado, então deveria ser obedecida.

O corpo de Nechemiah foi trasladado para Jerusalém e enterrado no cemitério militar do monte Herzl em 15 de maio de 1968. Meu pai nunca visitou o túmulo. Não conseguiria suportar. Só consegui sobreviver àqueles dias por conta da minha esposa, Ela, e pela necessidade de continuar pilotando em missões.

Israel tinha vencido uma guerra, mas outra guerra se seguia àquela. Haveria mais outras guerras subsequentes. A necessidade de defender o nosso povo nunca iria terminar.

Menos de três meses depois do cessar-fogo, em 1º de setembro de 1967, os líderes das nações árabes se reuniram em Cartum. Nessa cúpula, declararam, em relação a Israel, os notórios "três nãos": "não reconhecemos, não negociamos, não à paz".

As ondas de terror já tinham começado. Em nossos helicópteros, perseguíamos os *fedaim* e os terroristas infiltrados, transportando forças de assalto e elementos de intervenção.

Certo dia, seis meses depois da guerra, recebi um telefonema de Avram Arnan, comandante do Sayeret Matkal, as Forças Especiais de Israel em que Nechemiah tinha servido.

"Chita, talvez você não saiba quanto o seu irmão era amado pelos homens da unidade. Sabemos como Nechemiah era modesto. Ele nunca diria isso, nem a você, nem a ninguém, mesmo que soubesse quanto os amigos o adoravam."

Arnan me disse que ele e os homens do Sayeret Matkal tinham adquirido uma casa em Jerusalém.

"Queremos dedicar essa casa a Nechemiah, transformá-la num local para honrar sua memória."

Fiquei sem palavras. Esse tipo de honraria normalmente é dedicado a marechais de campo, e não a capitães.

458

Nechemiah Cohen.

Arnan disse que queria me mostrar a casa. "Você pode deixar o seu esquadrão, Chita, só por algumas horas, e vir comigo no meu jipe? É uma bela casa, mas quero ter certeza de que você vai aprová-la. Se não, encontraremos outra."

Então fomos, Arnan e eu.

Quando chegamos à velha estação ferroviária britânica na estrada de Belém, pensei cá comigo: "Este é o bairro onde ficava o posto de combate do meu irmão no dia em que Ela, eu e nossos filhos o visitamos, pouco antes da guerra".

O jipe de Arnan começou a subir a ladeira em direção a Abu Tor.

Eu disse a ele: "Sabia que a última vez que falei com Nechemiah foi aqui em Abu Tor, na varanda de uma casa árabe abandonada que ele e seus homens estavam usando como posto de comando?".

"Não, eu não sabia."

O jipe de Arnan fez uma curva e entrou numa via estreita. Saímos da sombra e fomos dar num largo iluminado.

"Aí está", ele disse. Era a tal casa, a mesma.

"Avram, você sabia? Você escolheu essa casa porque foi o último posto de Nechemiah?"

"Não tinha ideia."

Os olhos de Arnan marejaram. Nunca o tinha visto chorar e nunca voltei a ver.

"Tem certeza, Chita? Tem certeza de que é esta casa?"

"Claro! Abracei meu irmão pela última vez ali, naquele terraço."

A casa foi dedicada a ele em 31 de dezembro de 1967. Recebeu o nome de Bet Nechemiah – "Casa de Nechemiah".

Duzentas pessoas participaram da cerimônia. O chefe do Estado-Maior, Yitzhak Rabin, estava bem na frente. Teddy Kollek, prefeito de Jerusalém, ficou ao lado dele. A dedicatória foi feita por Ehud Barak, futuro primeiro-ministro, amigo próximo de Nechemiah e seu companheiro como comandante do Sayeret Matkal, e o único soldado de Israel a merecer tantas citações por bravura quanto ele.

Minha família, vale lembrar, é de pessoas simples. Para meu pai e minha mãe, essa homenagem foi maior do que podiam compreender. Eles sabiam que seu filho mais novo era um herói, mas não tinham ideia de quanto seu Nechemiah era amado como homem e como amigo.

Eu também fiquei emocionado. Tinha ido à cerimônia direto do esquadrão. Não estava preparado para a dor que de repente tomou conta de mim. Minha família chorava. Eles não sabiam o que fazer com tantas personalidades ilustres ali presentes, emocionadas, prestando homenagem ao seu filho. Você precisa levar em conta, também, que tudo o que as Forças Especiais faziam era secreto. Nem mesmo os nomes dos homens eram conhecidos fora da unidade.

Os feitos que Nechemiah realizou nunca foram mencionados na imprensa, nem mesmo no Exército. A reputação dele não era pública. Ele só era conhecido dentro da própria formação.

Ehud Barak, em sua fala, mal mencionou a guerra nem glorificou as ações e conquistas de Nechemiah. Em vez disso, falou, numa prosa simples e direta, de como meu irmão se esforçou para se preparar e preparar seus homens para o combate, de como ele diligentemente treinou a si mesmo e a eles em busca da excelência e de como ele não se vangloriava ao receber atenção e crédito. O tributo de Barak não poderia ser mais sincero e eloquente. Se bem que, na verdade, eu lembre muito pouco do que ele disse. O momento era de muita emoção.

Meu irmão tinha partido.

Nenhuma vitória, por mais doce que fosse, nenhuma façanha de armas, nenhum malfeito corrigido, nem mesmo a retomada da Cidade Velha, poderia trazê-lo de volta ou devolver à nação seus outros filhos caídos, naquela e em outras guerras.

Pelo menos dessa vez nossos corações ganharam um consolo: Nechemiah tinha voltado para casa.

Ali pelo menos, nas ladeiras de pedra onde ele, eu e Uri brincamos quando crianças, meu irmão finalmente poderia descansar.

A cerimônia chegou ao fim. A família e os amigos começaram, sobriamente e em silêncio, a ir embora. O dia estava frio e claro. O ar limpo de dezembro deixava a vista ir até onde alcançasse.

Lá fora, no terraço onde eu e meu irmão nos despedimos para sempre, me detive e olhei para o norte. Do alto de Abu Tor, as muralhas da Cidade Velha pareciam tão próximas que quase podia tocá-las. Avistei o bosque de álamos acima do Muro das Lamentações, assim como as próprias pedras do Muro, banhadas pelo sol da tarde.

Pensei: "Nunca mais este local, o mais sagrado da nossa nação, será tirado do povo judeu. Nunca mais será profanado e desonrado. Nunca mais residirá nas mãos dos nossos inimigos".

Esta é a nossa Jerusalém, minha e do meu irmão. Aqui nós nascemos. Esta cidade é o nosso lar.

POSFÁCIO

Eu estava debruçado sobre uma banca de revistas naquele instante. O dono, estendendo a mão para alcançar o meu jornal, de repente ficou teso ao escutar a voz. Arregalou os olhos, mirando além de mim, e exclamou: "Ah, também me convocaram!".

Empilhou os jornais e se foi. Do outro lado da rua, uma vendedora estava deixando sua loja. Parou por um momento na porta, inclinou a cabeça. Depois abotoou a jaqueta, fechou a bolsa com um gesto firme e foi embora. O açougueiro vizinho arrancou o avental, fechou as persianas e partiu. Num gramado próximo, havia um grupo de homens amontoados em volta de um rádio transistor. À medida que um código era anunciado, um deles ia embora, depois outro, em seguida um terceiro, silenciosamente, como um feixe de galhos que desmoronasse. Caminhando na minha direção, uma garota estalava os saltos altos na calçada. Ela também foi arrebatada pela voz e parou abruptamente. Primeiro, escutou; então, deu meia-volta e se foi. Um silêncio como nenhum outro envolveu a cidade.

Já vi cidades em momentos decisivos. Já vi nações partindo para a guerra. Já vi homens marchando ao som de alto-falantes ensurdecedores. Já os vi entupindo as estações de trem, abraçados por esposas em pranto e mães aflitas. E já os vi desfilando pelas ruas, recebendo os beijos das mulheres de pé nas calçadas...

No entanto, nunca, jamais, tinha visto uma cidade retomar suas atividades em tamanho silêncio, nem uma nação prosseguir na sua faina diária tão silente, enlutada, comprometida. Foi assim que eles foram para Nathania, Kiriat Shmoneh, Jerusalém, Tel Aviv e Beer-sheva. E eram minha gente, uma gente que eu desconhecia.

Abba Kovner, *After These Things*
(Depois daquelas coisas).

AGRADECIMENTOS

Em minha experiência, a escrita de um livro é marcada por duas características. Um, a experiência é solitária. Dois, a pesquisa é um estudo aprofundado, baseada em livros.

A *Porta dos Leões* foi exatamente o oposto.

O processo de escrita deste livro foi eminentemente colaborativo. E, apesar da quantidade monumental de leituras, o assunto sobre o qual este livro versa foi absorvido quase inteiramente por meio de conversas cara a cara e contatos pessoais – entrevistas (algumas que se estenderam por dias), almoços e jantares, expedições conjuntas, passeios, excursões, eventos, e assim por diante.

Inicialmente, obrigado a David Mamet, que me convidou para uma ceia de *Shabbat* no verão de 2011 e me apresentou a Lou Lenart, primeiro herói da Força Aérea de Israel, que se tornou o farol e o padrinho deste livro, dedicado a ele.

Em Israel, Lou me pôs em contato com o lendário piloto de caça e general aposentado Ran Ronen, que por sua vez me apresentou ao tenente-coronel da FAI Danny Grossman, meu mentor e rabino, guia espiritual e conselheiro (mais sobre Danny a seguir).

Os agradecimentos de sempre vão para o meu inigualável editor/agente/parceiro e amigo Shawn Coyne, insubstituível em cada fase deste projeto, desde a concepção até o texto final. Obrigado, parceiro!

Não tenho palavras para agradecer a Kate Snow, que viveu e morreu na construção desta arca, cúbito a cúbito.

Obrigado a Randall Wallace, por conservar meu coração valente em mais de um momento crítico.

A PORTA DOS LEÕES

Minha gratidão profunda ao rabino Mordechai Finley, da Sinagoga Ohr HaTorah, de Los Angeles, meu mentor em todas as questões bíblicas e judaicas.

A Christy Henspetter, que concebeu e desenhou os mapas, e a Jasmine Quinsier, pela soberba computação gráfica.

Obrigado, também, a Adrian Zackheim e Niki Papadopoulos, por sua fé em mim e nesta obra, e a Kary Perez, que pôs este livro de pé, tiro após tiro.

Minha gratidão a todos os homens e todas as mulheres, veteranos e participantes da Guerra dos Seis Dias (e aos fotógrafos que a registraram), que se sentaram comigo e pacientemente responderam às minhas indagações, que me ciceronearam por Israel, traduzindo, instruindo, orientando. Estou em débito com todos os que concordaram em aparecer neste livro. As contribuições daqueles que, infelizmente, não puderam ser incluídos foram igualmente indispensáveis: Jacob Agassi, Boaz Amitai, Micha Bar-Am, Zeev Barkai, Itzik Barnoach, Morele Bar-On, Danny Baror, Michael Bar-Zohar, Michal Ben-Gal, Joel Bernstein, Shimon "Katcha" Cahaner, Denis Cameron, Eitan Campbell, Eliezer "Chita" Cohen e Ela Cohen, Amir Cohen, Ruth Dayan, Uzi Dayan, Yael Dayan, Uzi Eilat, Shlomo Gazit, Roni Gilo, Raanan Gissin, Coleman "Collie" Goldstein, Yoel Gorodish, Yerah Halperin, Motty Havakuk, Shai Hermesh, Sharona Justman, Avigdor Kahalani, Zvi "Kantor" Kanor, Aliza Klainman, Haim Koren, Eli Landau, Arnon Levushin, Gary Littwin, Dana Lustig, Neora Matalon-Barnoach, Danny Matt, Moshe Milo, Nataniel em Givat Hatochmoshet, Ori Orr, Moshe Peled, Yossi Peled, Shirley Reuveni, Benny Ron, Gary Rubenstein, David Rubinger, Jakob "Kobe" Segal, Meir Shalit, Danny Shapira, Avremale Shechter, Menahem Shmul, Menachem Shoval, Zalman Shoval, Smoky Simon, Rafi Sivron, Nancy Spielberg, Dubi Tevet, Bentzi Tal, Matan Vilnai, Aharon Yadlin, Yonni Yaari, Yoram Zamosh, Dan Ziv e Zvi na cidade de David.

Obrigado a Michael Kovner, pela gentileza de me permitir incluir uma citação do livro *After These Things*, de seu pai, Abba Kovner, no posfácio deste livro.

Um agradecimento especial a Maya Eshet, que traduziu do hebraico para o inglês para mim *A Good Spot on the Side*, de Neora Matalon-Barnoach.

Yosi Ben-Hanan passou cinco dias comigo e com Danny Grossman em Paris, não apenas fornecendo riquíssimos detalhes e *insights* das operações

466

AGRADECIMENTOS

da 7ª Brigada Blindada no Sinai, mas também contribuindo com inúmeras fotos que tirou daquela campanha, muitas das quais nunca tinham sido publicadas.

Raanan Gissin, comandante de batalhão de paraquedistas e ex-porta-voz do primeiro-ministro Ariel Sharon, passou dois dias em Los Angeles e mais dois em Israel. Sua família era proprietária de uma empresa de viação. Estou em débito com Raanan por seus *insights* tanto sobre a personalidade e história de Ariel Sharon – sua juventude, seus anos na guerra e seu legado – como sobre o contexto e o modo de pensar e viver dos pioneiros da Palestina.

Rachel Nir (sra. Lou Lenart) estava fortuitamente assistindo ao Canal 10 de Tel Aviv certa noite, quando se deparou com um documentário intitulado *We Looked Death in the Eye...*, sobre as experiências da Companhia de Reconhecimento da 7ª Brigada Blindada na península do Sinai durante a guerra de 1967. Rachel entrou em contato com o produtor do filme (e comandante de pelotão naquela unidade), Eli Rikovitz, e nos apresentou um ao outro. Obrigado, Rachel!

Eli passou dias comigo, levou-me a Gaza, às colinas de Golã, às instalações de treinamento da atual Companhia de Reconhecimento da 7ª Brigada Blindada. Ele me levou a lugares dos quais nunca tinha ouvido falar e a partes de Israel que ignorava que existissem. Com uma paciência infinita, sentou-se comigo e detalhou façanhas e tragédias pelas quais passaram ele e seus companheiros. Apresentou-me a veteranos daquela companhia – a primeira a chegar ao canal de Suez –, que sofreu o maior número de baixas e à qual foram concedidas mais condecorações por bravura do que a qualquer outra unidade de porte semelhante nas FDI.

Agradeço igualmente aos veteranos e parentes dessa formação, os quais não cheguei a entrevistar, mas cujos depoimentos e histórias estão documentadas no filme e aparecem neste livro: Gabi Gazit, Tani Geva, Bat Sheva Hofert, Itzhak Kissilov, Zvika Kornblit, Nehama Nissenbaum, Moshe Perry, Moti Shoval e Moki Yishby. Obrigado também à esposa de Eli, Ruthy.

Giora e Miriam Romm me receberam com extrema hospitalidade em sua casa em Savyon, me acompanharam em acontecimentos sociais e eventos da Força Aérea e me levaram à sua casa de veraneio em Adamit, na fronteira com o Líbano. E Giora me ensinou sobre a rajada mortal, que se revelou indispensável na elaboração deste livro.

Meus agradecimentos igualmente a Uzi e Naomi Eilam, que abriram sua residência para mim mais de uma vez. Uzi, comandante do 71º Batalhão de Paraquedistas, e seu amigo e companheiro veterano Benny Ron, me levaram a Jerusalém e percorreram comigo, passo a passo, o longo caminho que eles e os paraquedistas do 71º Batalhão trilharam durante a libertação da Cidade Velha.

Yoram Zamosh, comandante da Companhia A desse batalhão, e seus companheiros Moshe Milo (meu tutor e advogado em muitas pesquisas e negociações) e Avremale Shechter me acompanharam ao longo da trilha que passa pela Porta dos Leões, pelo monte do Templo e chega no Muro das Lamentações, a mesma que percorreram como paraquedistas em 7 de junho de 1967. Phyllis Gil-Ad nos assessorou como guia bíblica e histórica.

O processo de pesquisa e escrita deste livro levou três anos. Durante uma fração significativa desse tempo, Danny Grossman e eu ficamos inseparáveis um do outro.

Quando cheguei a Israel, tinha em mente o conceito e a estrutura deste livro. Sabia que queria entrevistar os primeiros paraquedistas que chegaram ao Muro das Lamentações, os primeiros soldados da corporação de blindados que chegaram ao canal de Suez, assim como vários pilotos de Mirage que voaram na primeira onda da Operação Moked. Sabia, também, que queria falar com o maior número possível de indivíduos que pudessem lançar luz sobre as ações e a personalidade de Moshe Dayan.

Danny Grossman ajudou a transformar essa ideia em realidade. Danny não apenas marcou todas as entrevistas e me acompanhou nelas, como também influenciou o livro sugerindo e selecionando os entrevistados. Ele me levou a Masada, me acompanhou quatro vezes ao Muro das Lamentações. Em minha primeira noite em Israel, Danny me levou ao alto de uma colina próximo à sua casa em Kochav Yair. Daquele ponto privilegiado, cuja altura não ultrapassava a de um prédio de cinco andares, podíamos ver a leste um modesto pedaço de pastagem na fronteira jordaniana de 1967. A oeste, era fácil avistar a costa do Mediterrâneo e o clarão do céu acima de Tel Aviv.

Não é preciso ser um artilheiro do Exército para saber o que isso significa.

Quando o primeiro rascunho deste livro foi concluído, o trabalho de Danny ao meu lado tinha apenas começado. Foi ele quem levou as páginas de volta para cada entrevistado (menos as dos membros da Companhia de Reconhecimento da 7ª Brigada; Eli Rikovitz encarregou-se dessas) e releu o texto para ter certeza de que os detalhes eram fidedignos, ou o mais próximo disso a que conseguimos chegar. Ele trabalhou comigo durante horas preparando essas páginas, antes que as expusemos às personagens, para ter certeza de que a minha versão dos eventos era fiel não apenas aos fatos segundo contados pelo entrevistado, mas, talvez mais importante ainda, ao tom e à intenção, ao contexto e às nuanças de cada relato.

Por intermédio de Danny, comecei a perceber que os pilotos, motoristas de tanque e paraquedistas israelenses não são apenas norte-americanos, que por acaso falam hebraico. Eles são israelenses que pensam, falam e agem diferentemente de nós, ianques. Danny, que é cidadão norte-americano e fez carreira na USAF, a Força Aérea norte-americana, para em seguida imigrar para Israel e voar por mais 20 anos na FAI (ganhando uma medalha por bravura numa operação além-fronteira que permanece secreta até hoje), me expôs às sutilezas (às vezes nem tão sutis assim) para as quais meus ouvidos de soldado de infantaria eram às vezes surdos.

Eu disse a Danny quando nos conhecemos que seu sotaque de Long Island e seu senso de humor me faziam lembrar do meu primo Bill. Dois anos e meio depois, acabamos nos tornando mais próximos que irmãos.

Obrigado, Danny (e Lisa, Orli, Nili, Kivi, Ariella e Yonatan), pela gentileza além da conta. Este livro não poderia ter sido escrito sem vocês.

A Editora Contexto agradece a Giovani Bassanesi pela consultoria técnica.

OS QUE TOMBARAM E OS QUE FORAM CONDECORADOS NA COMPANHIA DE RECONHECIMENTO DA 7ª BRIGADA BLINDADA

MORTOS EM AÇÃO
Yoram Abolnik
Avi David
Tenente Yossi Elgamis
Sargento Haim Fenikel
Eliyahu Goshen
Tenente Shaul Groag
Eliahu Joseph
Tenente Shlomo Kenigsbuch
Shmuel "Borvil" Hacham
Ben-Zion Nissenbaum
Michael Polak
Chen Rosenberg
Yaakov Yaakovi
Tenente Yaakov Yarkoni
Ben-Zion Zur
Mordechai "Max" Zvili

CONDECORAÇÕES POR MÉRITO
Itur HaOz (medalha de coragem)
Sargento Haim Fenikel (postumamente)
Itur HaMofet (medalha por serviços com distinção)
Tenente Amos Ayalon
Sargento Shmuel Beilis
Tenente Shaul Groag (postumamente)
Sargento-Major Haim Lavi
Moshe Perry
Tenente Eli Rikovitz
Tenente Yaakov Yarkoni (postumamente)
Moshe "Moki" Yishby
Uri Zand

Foto de Micha Bar-Am, cedida por Magnum Photos

BIBLIOGRAFIA

ADAN, Avraham. *On the Banks of the Suez*. Jerusalem: Presidio Press, 1980.
Against All Odds: The Six Day War and the Raid on Entebbe. A&E Television Networks/Art and Design, 1996.
ALLON, Yigal. *Shield of David*: The Story of Israels Armed Forces. New York: Random House, 1970.
ALONI, Shlomo. *Arab-Israeli Air Wars, 1947–82*. Oxford: Osprey, 2001.
_____. *Israeli Mirage and Nesher Aces*. Oxford: Osprey, 2004.
_____. *Mirage III vs. MiG-21*: Six Day War 1967. Oxford: Osprey, 2010.
AVNER, Yehuda. *The Prime Ministers*: An Intimate Narrative of Israeli Leadership. New Milford, CT: Toby Press, 2010.
BARER, Shlomo. *The Week End War*. Tel Aviv: Karni Publishers, 1959.
BAR-ON, Mordechai. *The Gates of Gaza*. New York: St. Martins/Griffin, 1999.
_____. *Moshe Dayan*: Israels Controversial Hero. New Haven and London: Yale University Press, 2012.
Bar-Zohar, Michael. *Ben-Gurion*: The Armed Prophet. Englewood Cliffs, NJ: Prentice-Hall, 1966.
_____. *Embassies in Crisis*: Diplomats and Demagogues Behind the Six-Day War. Englewood Cliffs, NJ: Prentice-Hall, 1970.
Battle for Survival. Goldhill Video/Scott Entertainment, 1998.
BEGIN, Menachem. *The Revolt*. Jerusalem: Steimatzkys Agency, 1952.
BILBY, Kenneth W. *New Star in the Near East*. Garden City, NY: Doubleday, 1950.
BOROVIK, Yehuda. *Israeli Air Force 1948 to the Present*. London: Arms and Armour Press, 1984.
BOWEN, Jeremy. *Six Days*: How the 1967 War Shaped the Middle East. New York: Thomas Dunne, 2003.
BYFORD-JONES, W. *The Lightning War*. Indianapolis: Bobbs-Merrill, 1967.
CHURCHILL, Randolph S.; CHURCHILL, Winston S.. *The Six Day War*. Boston: Houghton Mifflin, 1967.
COHEN, Aaron; CENTURY, Douglas. *Brotherhood of Warriors*. New York: HarperCollins/Ecco, 2008.
COHEN, Eliezer Cheetah. *Israels Best Defense*: The First Full Story of the Israeli Air Force. New York: Orion, 1993.
COHEN, Rich. *Israel Is Real*. New York: Picador, 2009.
COLLINS, Larry; Lapierre, Dominique. *O Jerusalem!* New York: Simon and Schuster, 1972.
CRISTOL, Jay A. *The Liberty Incident*: The 1967 Israeli Attack on the U.S. Navy. Washington, D.C.: Brasseys, 2002.
DAN, Uri. *Ariel Sharon*: An Intimate Portrait. New York: Palgrave Macmillan, 2006.
DAYAN, David. *Strike First!* New York: Pitman, 1967.
DAYAN, Moshe. *Diary of the Sinai Campaign*. New York: Schocken, 1965.
_____. *Story of My Life*. New York: William Morrow, 1976.
_____. *Living with the Bible*. New York: William Morrow, 1978.
DAYAN, Ruth; DUDMAN, Helga. *And Perhaps...*: The Story of Ruth Dayan. New York: Harcourt Brace Jovanovich, 1973.
_____. *... Or Did I Dream a Dream?*: The Story of Ruth Dayan. London: Weidenfeld and Nicolson, 1973.
DAYAN, Yael. *Israel Journal*: June, 1967. New York: McGraw-Hill, 1967.
_____. *My Father, His Daughter*. New York: Farrar, Straus and Giroux, 1985.
DERSHOWITZ, Alan. *The Case for Israel*. Hoboken, NJ: John Wiley and Sons, 2003.
Dog Fights. A&E Television Networks/Digital Ranch, 2006.
DUNSTAN, Simon. *Centurion Universal Tank, 1943-2003*. Oxford: Osprey, 2003.
_____. *The Yom Kippur War*: The Arab-Israeli War of 1973. Oxford: Osprey, 2007.
_____. *The Six Day War 1967*: Jordan and Syria Campaign. Oxford: Osprey, 2009.

_____. *The Six Day War 1967*: Sinai. Oxford: Osprey, 2009.

DUPUY, Trevor N. *Elusive Victory*: The Arab-Israeli War, 1947-1974. Harper and Row, 1978.

EILAM, Uzi. *Eilams Arc*: How Israel Became a Military Powerhouse. Brighton, UK: Sussex Academic Press, 2011.

ELON, Amos. *Flight into Egypt*. New York: Pinnacle, 1980.

_____. *Jerusalem*: Battlegrounds of Memory. New York: Kodansha International, 1989.

_____. *Jerusalem*: City of Mirrors. London: Weidenfeld and Nicolson, 1989.

_____. *A Blood-Dimmed Tide*: Dispatches from the Middle East. New York: Columbia University Press, 1997.

ESHEL, David. *Chariots of the Desert*: The Story of the Israel Armored Corps. London: Brasseys Defence Publishers, 1989.

_____. *Bravery in Battle*: Stories from the Front Line. London: Arms and Armour Press, 1997.

FALLACI, Oriana. *The Rage and the Pride*. New York: Rizzoli, 2001.

FAST, Howard. *The Jews*: Story of a People. New York: Dell, 1968.

Follow Me: The Story of the Six Day War. Israel Film Service, 1968.

GAWRYCH, George W. *Key to the Sinai*: The Battles for Abu Ageila in the 1956 and 1967 Arab-Israeli Wars. Fort Leavenworth, KS: U.S. Army Command and Staff College, Combat Studies Institute, 1990.

GAZIT, Shlomo. *Trapped Fools*: Thirty Years of Israeli Policy in the Territories. London: Frank Cass, 2003.

GILBERT, Martin. *Atlas of the Arab-Israeli Conflict*. London: Orion, 1974.

_____. *Israel*: A History. New York: Harper Perennial, 1998.

GILUSKA, Amos. *The Israeli Military and the Origins of the 1967 War*. London: Routledge, 2007.

GUR, Mordechai. *The Battle for Jerusalem*. New York: Popular Library, 1974.

HALPERIN, Merav; Lapidot, Aharon. *G-Suit*: Pages from the Log Book of the Israel Air Force. London: Sphere Books, 1990.

HAMMEL, Eric. *Six Days in June*: How Israel Won the 1967 Arab-Israeli War. New York: Charles Scribners Sons, 1992.

HAMMER, Reuven. *The Jerusalem Anthology*: A Literary Guide. Philadelphia: Jewish Publication Society, 1995.

HEIKAL, Mohamed H. *Cutting the Lions Tail*: Suez Through Egyptian Eyes. London: Andre Deutsch, 1986.

HENRIQUES, Robert. *A Hundred Hours to Suez*: An Account of Israels Campaign in the Sinai Peninsula. New York: Viking, 1957.

HERZL, Theodor. *The Jewish State*. New York: Dover, 1946.

HERZOG, Chaim. *The War of Atonement*: October, 1973. Boston: Little, Brown, 1975.

JOSEPHUS. *The Jewish War*. Translated by G. A. Williamson. London: Penguin, 1956. Kahalani, Avigdor. *The Heights of Courage*: A Tank Leaders War on the Golan. Westport, CT: Greenwood Press, 1984.

_____. *A Warriors Way*. Bnei-Brak, Israel: Steimatzky, 1999.

KATZ, Samuel M. *Israeli Elite Units Since 1948*. London: Osprey, 1988.

KEINON, Herb. *Lone Soldiers*: Israels Defenders from Around the World. New York: Devora, 2009.

KOLLEK, Teddy; Kollek, Am. *For Jerusalem*: A Life. New York: Random House, 1978.

_____; PEARLMAN, Moshe. *Jerusalem*: A History of Forty Centuries. New York: Random House, 1968.

_____; EISNER, Shulamith. *My Jerusalem*: Twelve Walks in the Worlds Holiest City. New York: Summit Books, 1990.

KURZMAN, Dan. *Genesis 1948*: The First Arab-Israeli War. New York: World Publishing, 1970.

LAFFIN, John. *The Israeli Army in the Middle East Wars, 1948-73*. London: Osprey, 1982.

LANDAU, Eli. *Jerusalem the Eternal*: The Paratroopers Battle for the City of David. Tel Aviv: Otpaz, 1968.

_____. *Suez*: Fire on the Water. Tel Aviv: Otpaz, 1970.

LAU-LAVIE, Naphtali. *Moshe Dayan*: A Biography. Hartford, CT: Hartmore House, 1968.

LENART, Lou. *Destiny*: The Story of My Life. N.P.: Venice Printing, 2011.

LEW, Alan. *This Is Real and You Are Completely Unprepared*. Boston: Little, Brown, 2003.

_____; JAFFE, Sherril. *One God Clapping*: The Spiritual Path of a Zen Rabbi. New York: Kodansha International, 1999.

LIEBLICH, Amia. *Kibbutz Makom*: Report from an Israeli Kibbutz. New York: Pantheon, 1981.

LOFTUS, John; AARONS, Mark. *The Secret War Against the Jews*: How Western Espionage Betrayed the Jewish People. New York: St. Martins, 1994.

LOVE, Kennett. *Suez*: The Twice-Fought War. New York: McGraw-Hill, 1969.

LUTTWAK, Edward; HOROWITZ, Dan. *The Israeli Army*. Harper and Row, 1975.

McNAB, Chris. *The Uzi Submachine Gun*. Oxford: Osprey, 2011.

MARSHALL, S. L. A. *Sinai Victory*. New York: William Morrow, 1958.

_____. *Swift Sword*: The Historical Record of Israels Victory, June 1967. New York: American Heritage, 1967.

BIBLIOGRAFIA

MATALON-BARNOACH, Neora. *A Good Spot on the Side* (Hebrew). Israel: KIP-Kotarim International, 2009.

MORRIS, Benny. *1948: A History of the First Arab-Israeli War*. New Haven, CT: Yale University Press, 2008.

MOSKIN, Robert J. *Among Lions*: The Battle for Jerusalem, June 5-7, 1967. New York: Arbor House, 1982.

NARKISS, Uzi. *The Liberation of Jerusalem*: The Battle of 1967. London: Vallentine Mitchell, 1983.

_____. *Soldier of Jerusalem*. London: Vallentine Mitchell, 1998.

NEFF, Donald. *Warriors for Jerusalem*: The Six Days That Changed the Middle East. New York: Simon and Schuster/Linden Press, 1984.

NETANYAHU, Cela. *Self-Portrait of a Hero*: The Letters of Jonathan Netanyahu. New York: Ballantine, 1980.

NORDEEN, Lon. *Fighters over Israel*. London: Guild Publishing, 1990.

_____; NICOLLE, David. *Phoenix over the Nile*: A History of Egyptian Air Power, 1932-1994. Washington, D.C.: Smithsonian Institution Press, 1996.

O'BALLANCE, Edgar. *The Sinai Campaign, 1956*. London: Faber and Faber, 1959.

_____. *The Third Arab-Israeli War*. Hamden, CT: Archon Books, 1972.

_____. *No Victor, No Vanquished*: The Yom Kippur War. San Rafael, CA: Presidio Press, 1978.

OREN, Michael B. *Six Days of War*: June 1967 and the Making of the Modern Middle East. Oxford: Oxford University Press, 2002.

PARKER, Richard B. *The Six-Day War*: A Retrospective. Gainesville: University Press of Florida, 1996.

PAWEL, Ernst. *The Labyrinth of Exile*: A Life of Theodor Herzl. New York: Farrar, Straus and Giroux, 1989.

QUANDT, William B. *Peace Process*: American Diplomacy and the Arab-Israeli Conflict Since 1967. Washington, D.C.: Brookings Institution, 1993.

RABIN, Yitzhak. *The Rabin Memoirs*. Boston: Little, Brown, 1979.

RABINOVICH, Abraham. *The Battle for Jerusalem*: June 5-7, 1967. Philadelphia: Jewish Publication Society, 1987.

_____. *The Yom Kippur War*: The Epic Encounter That Transformed the Middle East. New York: Schocken, 2004.

ROMM, Giora. *Tulip Four* (Hebrew). Tel Aviv: Yedioth Ahronoth Books, 2008.

ROMM, Miriam. *Ostrich Feathers*. Jerusalem: Gefen Publishing, 2009.

RONEN, Ran. *Eagle in the Sky*. Tel Aviv: Contento de Semrik Publishing, 2012.

SEGEV, Tom. *1967*: Israel, the War, and the Year That Transformed the Middle East. New York: Henry Holt, 2005.

SHAPIRA, Avraham, ed. *The Seventh Day*: Soldiers Talk About the Six-Day War. New York: Charles Scribners Sons, 1970.

SHARON, Ariel; CHANOFF, David. *Warrior*: The Autobiography of Ariel Sharon. New York: Simon and Schuster, 1989.

SHARON, Gilad. *Sharon*: The Life of a Leader. New York: HarperCollins, 2011.

SHAW, Robert L. *Fighter Combat*: Tactics and Maneuvering. Annapolis, MD: Naval Institute Press, 1985.

SHLAIM, Avi. *The Iron Wall*: Israel and the Arab World. New York: W. W. Norton, 2000.

Six Days in June: The War That Redefined the Middle East (DVD). 2007.

SLATER, Robert. *Warrior Statesman*: The Life of Moshe Dayan. New York: St. Martins, 1991.

SYKES, Christopher. *Orde Wingate*: A Biography. Cleveland: World Publishing, 1959.

TEVETH, Shabtai. *The Tanks of Tammuz*. London: Sphere Books, 1968.

_____. *Moshe Dayan*. London: Quartet Books, 1972.

THOMAS, Gordon. *Gideons Spies*: The Secret History of the Mossad. New York: Thomas Dunne, 1999.

VANCE, Vick; Lauer, Pierre. *Hussein of Jordan*: My War with Israel. New York: William Morrow, 1969.

VAN CREVELD, Martin. *The Sword and the Olive*: A Critical History of the Israeli Defense Force. New York: PublicAffairs, 1998.

_____. *Moshe Dayan*. London: Orion, 2004.

WANDERLE, William. *Through the Lens of Cultural Awareness*: A Primer for U.S. Armed Forces Deploying to Arab and Middle Eastern Countries. Fort Leavenworth, KS: Combat Studies Institute Press, 1962.

WEIZMAN, Ezer. *On Eagles Wings*. New York: Berkley Medallion, 1976.

_____. *The Battle for Peace*. Toronto: Bantam, 1981.

We Looked Death in the Eye... (DVD). Shlomo Avidan/Eli Rikovitz.

YONAY, Ehud. *No Margin for Error*: The Making of the Israeli Air Force. New York: Pantheon, 1993.

ZALOGA, Steven J. *The M47 and M48 Patton Tanks*. London: Osprey, 1980.

CRÉDITOS DAS IMAGENS

LIVRO UM

p. 20 Foto cedida por Associated Press, p. 29 Foto cedida por Time & Life Pictures/Getty Images, p. 40 Foto cedida por Miriam Romm, p. 45 Arquivo de Gan-Shmuel (PikiWiki–Israel Free Image Collection Project)

LIVRO DOIS

p. 65 Foto cedida por Lou Lenart, p. 73 Foto cedida por Getty Images, p. 113 Foto cedida por Chita Cohen

LIVRO TRÊS

p. 145 Foto de Denis Cameron, p. 151 © Bettmann/Corbis, p. 154 Foto cedida por AFP/Getty Images

LIVRO QUATRO

p. 171 Foto cedida por Menahem Shmul, p. 189 Foto cedida por Giora Romm, p. 196 Foto cedida por Jacob Agassi e Menahem Shmul, p. 206 Foto cedida por Ran Ronen

LIVRO CINCO

p. 211 Foto de Yosi Ben-Hanan, p. 214 Foto cedida por IDF & Defense Establishment Archives, foto de Alex Agor, p. 215 Foto cedida por Eli Rikovitz, p. 223 © Hulton-Deutsch Collection/Corbis, p. 226 Foto de Yosi Ben-Hanan, p. 233 Eli Rikovitz, p. 235 Eli Rikovitz, p. 237 Eli Rikovitz, p. 249 Foto de Yosi Ben-Hanan, p. 251 Foto cedida por Eli Rikovitz, p. 252 Foto de Yosi Ben-Hanan, p. 255 Foto cedida por Eli Rikovitz, p. 257 Foto de Yosi Ben-Hanan, p. 260 Foto de Yosi Ben-Hanan, p. 265 Foto cedida por Chita Cohen, p. 269 Foto cedida por Gamma-Keystone via Getty Images, p. 281 Coleção de Yosi Ben-Hanan

LIVRO SEIS

p. 305 Foto cedida por Moshe Milo, p. 345 Foto cedida por Associated Press, p. 362 Foto de Bentzi Tal, p. 364 Foto cedida por Associated Press, p. 365 Foto de Bentzi Tal, p. 375 Foto de Yerah Halperin, p. 376 Foto cedida por Uzi Eilam, p. 379 Foto cedida por IDF & Defense Establishment Archives, foto de Amos Zuker, p. 382 Foto cedida por IDF & Defense Establishment Archives, foto de Amos Zuker, p. 383 Foto cedida por IDF & Defense Establishment Archives, p. 385 Foto de Benny Ron, cedida por Uzi Eilam

LIVRO SETE

p. 391 Foto de Yosi Ben-Hanan, p. 400 Foto cedida por Eli Rikovitz, p. 404 Foto cedida por Eli Rikovitz

LIVRO OITO

p. 423 Foto cedida por Associated Press, p. 426 © Time Inc., foto de Denis Cameron, p. 431 Foto cedida por Eli Rikovitz, p. 438 Foto cedida por IDF & Defense Establishment Archives, p. 443 Foto de Micha Bar-Am, cedida por Magnum Photos, p. 459 Foto cedida por Amir Cohen

O AUTOR

Steven Pressfield graduou-se na Duke University e, depois, serviu no Corpo de Fuzileiros Navais dos Estados Unidos. É roteirista e autor de uma dúzia de livros de não ficção e ficção, como o romance histórico *Gates of Fire*.

GRÁFICA PAYM
Tel. [11] 4392-3344
paym@graficapaym.com.br